기독교 콘서트

일러두기

1. 괄호 속의 설명 중 원문과 옮긴이의 역주는 별도로 구분 표기를 하였습니다.

2. 본문 속에서 인용한 성경 구절은 원서를 기준으로, 천주교 서울대교구에서 제공하는
   공식 앱을 참고하였습니다.

3. 그에 따라 '하느님'으로 표기를 통일하였습니다.

기독교 콘서트

교양인이 알아야 할 기독교 2천 년의 스캔들과 진실

만프레트 뤼츠 지음 | 오공훈 옮김

더봄

저자의 말

　기독교는 서구 세계에서 가장 베일에 싸여 있는 종교다. 이는 정보가 부족해서가 아니라, 오히려 정반대로 너무 많은 정보 때문이다. 그러나 이런 정보들은 대개 유별나고 진기한 특색이 있다. 즉 기괴할 만큼 잘못된 정보라는 점이다.

　이는 그 자체로는 나쁘다고 할 수만은 없다. 잘못된 신념을 지니고 있어도 충분히 잘 살 수 있다. 인간은 오랫동안 동맥에 공기가 흐른다고 믿었고, 이보다 훨씬 오랫동안 용이 실제로 존재한다고 생각했고, 심지어 지구는 평평한 원반과 같다고 확신했다. 그럼에도 인간은 의미 있는 삶을 이어나가는 데 아무런 지장이 없었다.

　심지어 가짜뉴스는 즐거움을 선사할 수 있다. 세상을 아침부터 저녁까지 있는 그대로만 보려는 사람이 누가 있을까? 또한 완전히 개인적인 측면에서만 보아도, 감정과 심리를 억압하는 기술은 인생을 노련하게 살아가는 데 필요한 중요한 능력이다. 끊임없이 인생사의 어두운 면만 잔뜩 짊어지고 가다 보면, 삶이 힘들어진다.

　하지만 기독교에 관한 잘못된 정보의 경우는, 어떤 사소한 오류라든가 서투른 위조 또는 해롭지 않은 속임수라고 할 수가 없다. 이러한 잘못된 정보는 기독교의 근본을 지속적으로 흔들고 만들고, 절대적인 불신을 야기한다.

프란치스코 교황을 무작정 존경하고 테레사 수녀를 숭배하자는 이야기가 아니다. 그들은 기독교인이라는 사실 때문이 아니라, 기독교인이라는 사실에도 불구하고 존경과 숭배를 받는다. 말하자면 그들이 기독교인이라는 사실을 나쁘게 여기지 않는다. 그리고 사람들은 기독교 단체가 자선활동에 헌신하는 것도 존경하고, 더욱이 이를 일컬어 항상 실천해야 할 '기독교적 가치'라고 즐겨 부른다.

하지만 사람들은 기독교 신앙, 기독교 교회사, 심지어 기독교 자체를 불쾌하게 생각한다. 지식인들의 논쟁에서 어떤 사람이 자기가 기독교를 믿는다고 신앙고백을 하거나 기독교를 지지하면, 대부분 입 밖으로 표현을 하지는 않지만 그 사람과는 논쟁할 가치도 없다고 여긴다. 근본주의라는 표현은 광신도를 통용하는 말일 뿐만 아니라, 오늘날에는 종교를 믿는다는 사람들을, 기독교 신앙고백을 하는 사람들, 즉 종교를 종교학적으로 설명할 뿐만 아니라 참되고 사실이라고 굳게 믿는 사람들 모두를 통용하는 용어가 되었다. 이는 현실의 기독교가 문화 전반에 영향력을 끼치던 시절은 끝났다는 의미다.

그럼에도 기독교 교회가 오늘날에도 여전히 상당한 수준의 기관이라는 것을 입증할 수 있다는 이의를 제기할 수도 있다. 예를 들면 독일의 경우, 기독교 교회는 엄청난 규모의 자금을 보유하고 있다. 하지만 과거 엄청난 규모를 과시하던 국교 제도가 철폐되면서 기독교 교회에 수많은 세력이 흡수되었으며, 오히려 제도화된 기독교의 가장 자리에서 새롭게 출발했다는 역사를 간과해서는 안 된다. 이때 기독교 선교는 인간이 영적으로 직접적인 감동을 받고 신앙인 공동체를 체험하고 개인의 삶을 새로 시작하는 지점에서 가장 먼저 성공한다. 그러나 역설적으로 들릴지 모르지만 우리의 현 상황에서 기독교, 기독교사, 기독교 제도, 기독교를 대표하는 인물은 기독교 선교 면에서 볼 때 확실히 매력적이지 않고, 오히려 방해 요소로 작용한다.

상황이 이렇게 된 이유는 기독교가 치명타를 입었기 때문이다. 세월이 흐르면서, 기독교사가 스캔들의 역사라는 것은 누구도 반박할 수 없을 정도로 확고한 사실이 됐다. 이러한 사실은 실제로 기독교 신앙의 핵심을 뒤흔들고 있다. 인간이 되어 강생한, 그러니까 역사가 된 신을 믿는 종교는, 가차 없이 역사를 비판적으로 평가받는 상황에 직면하고 있다. 그리고 이러한 평가는 매몰차고 파괴적이다.

《기독교를 파문한다Der Fluch des Christentums》는 저명한 철학자 헤르베르트 슈네델바흐Herbert Schnädelbach가 2000년에 발표해 화제를 불러일으킨 글의 제목이다. 이 글의 주제인 기독교 비판은 "기독교가 인류를 위해 할 수 있는 최선의 행위는 바로 소멸이다"라는 문장에서 정점에 이른다! 그리고 슈네델바흐가 이렇게 사형선고를 내린 근거는 결코 철학이나 신학적인 이유에서 비롯된 게 아니다. 슈네델바흐는 삼위일체나 예수의 강생에 대한 의심을 피력하는 것이 아니라, 거의 전적으로 기독교 역사의 문제를 논하고 있다. 여기서 그는 어떠한 역사 연구와도 연관시키지 않고, 스캔들로 얼룩진 기독교사를 바라보는 광범위한 사회적 의견에 근거를 두고 있다. 학식이 높은 철학자인 슈네델바흐는 혐오스러운 십자군 전쟁, 잔혹한 종교재판, 끔찍한 반유대주의를 열거·언급하면서, 이러한 악행이 오늘날 누구나 당연히 달이 지구 주위를 돌고 에베레스트가 지구에서 가장 높은 산이라고 여기는 것처럼 이론의 여지가 없는 사실임을 솔직하게 제시한다. 이러한 사실을 증명하기 위해 증거를 내놓을 필요는 없다. 이러한 면으로 인해,《기독교를 파문한다》는 글은 오로지 모든 이가 기독교를 어떻게 생각하는가에 대해서만 명확하고 간결하게 서술한다.

공산주의가 붕괴되고 10년 뒤에 나온《기독교를 파문한다》는 기독교에 보내는 열렬하면서도 단호한 추도사다.

이런 움직임은 이미 예전부터 있었다. 공산주의의 경우와 똑같이, 신호음을 제대로 듣지 않고 오랫동안 타성에 젖어 비판 정신을 잃은 채 향수에 젖어, 마치 아무 일도 일어나지 않은 듯이 계속 완고하게 행동하는 무리는 늘 있어왔다. 하지만 실제로 슈네델바흐의 텍스트는 기독교라는 종교의 본질과 실체를 파고든다. 슈네델바흐의 주장이 옳다면, 기독교는 탄생한 지 2천 년 만에 종말을 맞이했다.

그런데 슈네델바흐가 옳았을까? 그가 쓴《기독교를 파문한다》가 출간된 뒤 큰 물의와 논란이 일어났다. 그리고 전혀 예기치 않은 일이 일어났다. 즉 세계적인 명성을 누리는 어느 역사학자가 도전을 받아들여, 슈네델바흐가 펼친 기독교에 대한 비난을 오늘날의 학문 상황을 바탕으로 정밀하게 실태를 규명한 것이다. 무엇이 사실이고, 무엇이 사실이 아닐까? 이 역사학자의 이름은 아르놀트 안게넨트^{Arnold Angenendt} 박사다.

그는 2007년 놀라우면서도 강력한 저작을 내놓았다. 제목은《관용과 폭력-성경과 검劍 사이에 있는 기독교》^{Toleranz und Gewalt -Das Christentum}

zwischen Bibel und Schwert다. 이 책은 출간 후 지금까지, 기독교와 교회를 비판적으로 깊이 생각하고 싶은 사람이라면 누구나 읽어야 할 필독서로 자리매김했다.

안게넨트가 이 책에서 보여준 학문적인 철저함과 정확성은 매우 보기 드문 수준이다. 그는 객관적인 규명으로 논증을 설득적으로 전개하여, 헤르베르트 슈네델바흐의 주장이 정정되어야 한다는 결론을 내렸다. 슈네델바흐는 아르놀트 안게넨트에 대해 "내가 쓴 글에 시각적 왜곡이 몇 가지 있다는 점을 알려주신 분"이라고 고마워했다. 기독교사에 대한 널리 퍼진 견해는 진지한 학문적 탐구를 당해내지 못한다는 점이 드러났다.

하지만 이러한 놀라운 성과가 여전히 일반 사람들에게는 퍼지지 못했다. 왜냐하면 3천 개가 넘는 주석이 달린 800쪽짜리 학술서의 경우, 어떤 이유로든 기독교와 특별한 연관을 맺고 있는 사람들의 눈에만 들어오기 때문이다. 또한 순전히 기독교를 증오하기 때문에 이 책을 선택할 수도 있다.

그래서 안게넨트의 연구가 거둔 결정적인 성과를 보다 광범위한 대중이 접근할 수 있도록 읽기 쉬운 형태로 만드는 노력이 과연 가치가 있을지 의문이 생긴다. 왜냐하면 헤르베르트 슈네델바흐처럼 교양수준이 높은 사람도 기독교에 대한 어떤 잘못된 일반적 견해를 의심의 여지가 없는 진실이라고 여기는데, 하물며 평범한 대부분의 사람들은 어떻겠는가. 그러므로 최선의 차원에서 단순한 설명이 필요하다.

다시 한 번 강조하지만 이런 단순한 설명이 절실히 필요하다. 왜냐하면 그동안 결합력을 발휘해 오던 기독교가 몰락하면, 사회 전체가 심각한 위기에 빠지기 때문이다. 이는 좌파에서 우파에 이르기까지 모두가 솔직하게 인정하는 사실이다.

독일 좌파당 원내대표인 그레고르 기지^{Gregor Gysi}는 투칭 개신교 아카데미에서 자신은 무신론자이지만 신을 부정하는 사회는 두렵다고 밝혔다. 왜냐하면 무신론적인 사회는 단결력과 연대 의식이 없어지고, 사회주의는 결국 세속화된 기독교나 마찬가지기 때문이라고 한다. 그리고 그는 내가 쓴 책《신-가장 거대한 존재의 작은 역사》(Gott -Eine kleine Geschichte des Größ ten)에 대한 소감을 밝히면서, 좌파는 수십 년 동안 우리 사회의 가치문제에서 신용을 잃었다고 솔직하게 털어놓았다. 우리 사회의 가치문제와 계속 중대한 관련을 맺고 있는 유일한 공공기관이 바로 기독교 교회라는 것이다. 그리고 무신론이 교회를 반대하고 부정하는 것을 의미한다면, 자신은 무신론자가 아니고 아직 신앙을 갖지 않은 비종교인이라고 했다.

그런데 기묘하게도 '페기다'^{Pegida}(서양의 이슬람화를 반대하는 애국 유럽인-옮긴이)를 비롯한 우파 또한 명확하게 서양 기독교 사회를 찬양한다. 비록 그들은 기독교에 대해 아는 게 별로 없어서, 강림절(성탄절 4주 전 주일을 포함하는 주 예수의 탄생일을 준비하는 기간으로, 가톨릭에서는 대림절이라고 부른다-옮긴이)에 큰 소리로 크리스마스 캐럴을 부르기는 하지만 말이다.

그러나 이는 사실상 빈껍데기에 충성을 맹세하는 것이나 마찬가지다. 기독교 자체는 공산주의처럼 70년 동안이 아니라 분명 2천 년 동안 광범위하게 신용을 잃어, 그 결과 기독교에 충성을 서약한 사람들도 기독교가 유지될 가치가 있다고 생각한다고 자신있게 말하지 못할 지경이다-물론 기독교가 인도주의적 자세를 몇 가지 보여주기는 했다. 하지만 이러한 자세는 성실하고 정직한 무신론자도 다를 바가 없다. 그러므로 기독교에 대한 설명과 진상 규명은 이 사회를 걱정하는 사람이라면 누구나, 심지어 이성적인 무신론자에게도 마음에 와 닿을 것이 분명하다.

대단히 유명한 독일 철학자 위르겐 하버마스^{Jürgen Habermas}는 자신이 '종교적으로 음치'라고 밝힌 바 있는데, 그런 까닭으로 인간이 신의 모양으로 만들어졌다는 유대교-기독교의 개념에 대해 적어도 극적이고 인상적인 단어로 '구원으로 이끌어주는 해석'을 해달라고 요구했다. 하버마스는 오로지 그렇게 해야만, 사람들이 우리 사회질서의 중심인 인간의 품위라는 개념을 계속 받아들일 것이라고 믿는다. 그리고 하버마스는 기독교인이 사회의 일반적인 담론에서 종교를 믿는 국민으로 인식되기를 소망한다. 하지만 불가지론자 하버마스가 이렇게 경건하게 품은 소망은, 자신의 신앙을 사적인 일로 여기고 종교에 대해 언급을 삼가는 성향의 기독교인에게만 부합된다. 특히 기독교사를 부끄럽게 생각해 언급을 삼가는 신자들에게 해당된다.

이러한 부끄러움은 기독교 신자들이 스캔들로 점철된 기독교사에 대해 두 가지 방식의 태도를 보인다는 것과도 관련이 있다. 그런데 이 두 가지 방법 모두 그리 납득이 가지는 않는다.

첫 번째는 기독교사를 옹호하면서 결백함을 밝히려고, 교회가 저지른 실패 사례를 어떤 대가를 치르더라도 모조리 부정하려고 애쓰는 태도다. 이때 2천 년 동안 멈추지 않고 지속된 기독교 성인들의 이야기는 예수가 교회에 예언한 내용이 절대 아닐 것이다. 예수가 몸소 사명을 부여한 교회의 기둥인 사도들은 여러모로 복잡하게 뒤엉킨 성격과 특성으로 이루어진 인물들이었다.

그런데 왜 후세에는 훨씬 나은 인물로 여겨져야 하는가? 두 번째 태도는 첫 번째와는 정반대의 자세다. 이러한 태도를 보이는 기독교 신자들은 기독교의 역사적 약점을 부인하지 않았으며, 심지어 과거 스캔들로 점철된 기독교사의 음침하고 음울한 배경을 대비시켜, 오늘날 현대 기독교는 훨씬 밝고 양질이라는 태도를 보였다. 하지만 이는 다음과 같은 의미를 뚜렷하게 드러낸다. 즉 기독교는 2천 년 동안 길을 잃고 헤맸으며, 그러다가 나 같은 사람이라든지 X교수나 Y교수 또는 제2차 바티칸 공의회나 그 밖에 다른 굉장히 천진난만한 인물들이 등장했다는 의미다. 영리하고 이성적인 무신론자라면 누구나 이에 대해 당연히 다음과 같이 대답할 뿐이다. "그렇다면 우리는 이제 앞으로 2천 년 동안 기독교가 정말로 잘 돌아갈 것으로 기대를 하고, 계속 지켜보도록 하겠습니다."

이렇게 기독교 신자들이 기독교사를 대하는 양극단의 태도는, 기독교사의 일그러진 모습을 훨씬 두드러지게 하고 있다. 왜냐하면 양쪽 태도 모두, 역사는 오로지 순수 과학 연구를 통해 얼마든지 흔들릴 수 있다는 선입견의 내용물일 뿐이기 때문이다.

반면 아르놀트 안게넨트가 취한 행동 방식은 완전히 달랐다. 그는 절대 교회가 결백하다고 주장하지는 않았지만, 스캔들로 점철된 기독교사를 아주 불쾌하게 여긴다든지 여러 곳에서 계속 언급되기 때문에 수용하는 행동도 하지 않았다. 이 세계적으로 저명한 학자는 자신의 이성과 학문적 전문 지식을 활용해 객관적으로 연구·조사했다. 그 결과는 인상적이었다. 이렇게 그가 여러 해에 걸쳐 작업한 결과가 이 책의 바탕을 이루고 있다.

그래서 이 책도 일체의 선입견 없이 학문이라는 수술용 칼을 들고 스캔들로 점철된 기독교사에 단호하게 돌진해 해부하는 작업이라 할 수 있다. 그렇게 하면 결국 스캔들은 실제로 스캔들이 될지도 모르고, 비록 역사적 사실이 완전히 다른 형상을 드러내는 게 불가피하겠지만, 그럼에도 앞으로는 당연히 기독교 신자가 되는 이유가 기독교사에 스캔들이 없기 때문이라고 여기는 경우는 절대 없을 것이다. 완전히 제정신이 아닌 신념은 대단히 유익한 역사적 교훈을 효과적으로 보여주기도 한다. 그러므로 이 책은 고백이나 참회록이 아니라 역사, 인류 역사상 가장 커다란 종교의 엄청나게 흥미진진한 실제 역사를 다루고 있다. 그리고 특히 서양 교육과 유럽 계몽주의에 관심이 많은 독자가 이 책을 보면 최상의 의미를 얻을 수 있다.

내가 이 책을 썼지만, 이 책의 역사학적 본질과 핵심은 상당 부분 아르놀트 안게넨트 교수와 그의 동료들에게 빚을 지고 있다. 그들은 이 책이 '관용과 폭력'을 뛰어넘는 역사 연구의 최신 상황을 수록할 수 있도록 배려와 지원을 아끼지 않았다. 이 책은 아주 새롭게 정리·분류되어 있으며, 기독교사의 결정적인 사건을 가급적 전부 기록하려고 몇 가지 주제를 보완했다. 여기에 덧붙여 나는 이 책에서 다룬 내용이 모두 사실임을 분명히 하기 위해, 근대사학자이자 박사·명예박사 학위가 다수 있는 하인츠 실링^{Heinz Schilling} 교수, 개신교 교회사학자이자 박사·명예박사 학위가 다수 있는 크리스토프 마르크쉬스^{Christoph Markschies} 교수, 가톨릭 교회사학자이자 박사 학위가 다수 있는 후베르투스 드로브너Hubertus Drobner 교수, 현대사학자이자 박사인 카를 요제프 홈멜Karl-Josef Hummel 교수, 조직신학자이자 박사인 베르트람 슈투벤라우흐Bertram Stubenrauch 교수에게 원고 검토를 부탁했다. 그들이 기꺼이 베풀어준 노고에 진심으로 감사의 말씀을 드린다. 그리고 언제나 그렇듯 편집자가 모든 내용을 이해하기 쉽게, 크게 어렵지 않도록, 읽기 쉽도록 감독·관리했다. 그런데 무엇보다 내가 기독교사를 이야기하는 이유는 사람들이 역사에 대해 이야기할 때, 특히 그 역사가 극적으로 전개되어 오늘날까지 우리 모두에게 원하든 원하지 않든 계속 영향을 끼칠 때, 역사는 생생하게 살아나기 때문이다.

그래서 이 책을 읽으며 유대교의 작은 종파였던 기독교가 어떻게 로마 제국에서 세계적인 종교로 발돋움했는지, 기독교가 어떻게 로마 제국을 기독교 제국으로 만들었는지, 어떻게 무적의 게르만족이 결국 기독교에 귀의하게 됐는지 생생하게 체험할 수 있다. 또한 십자군의 진짜 정체가 무엇인지, 그동안 이루어진 종교재판, 마녀사냥, 아메리카 인디언 선교에 대한 최신 연구를 바탕으로 한 이야기를 통해 놀라운 깨달음과 통찰을 얻을 수 있다.

아울러 우리가 계몽주의를 통해 얻은 긍정적인 영향은 무엇이고 부정적인 영향은 무엇인지도 알 수 있다. 인권 개념이 관철될 때 기독교의 입장은 어떠했을까. 급브레이크를 밟았을까 아니면 가속 페달을 밟았을까? 아니면 둘 다 밟았을까? 기독교는 여성해방과 성 혁명에 대해서는 어떤 입장을 보였을까. 그리고 무엇보다 기독교는 홀로코스트(2차 세계대전 중에 자행된 나치의 유대인 대학살-옮긴이)에 대해서는 어떤 입장을 취했을까?

그래서 이 책은 결국 진실을 두려워하지 않는 기독교인을 위한 책이다. 아울러 자신이 어디서 비롯됐는지 더 잘 이해하고 싶은 모든 이를 위한 책이기도 하다.

2018년 1월 1일 보른하임에서

의학박사이자 신학학위 보유자 만프레트 뤼츠

차례

들어가는 말

옛날에는 모든 게 훨씬 좋았다! 이 말은 역사가 시작하면서부터, 황금시대를 지지하는 사람들의 구호로 자리매김 되어 오고 있다. 고대 그리스 시인 헤시오도스^{Hesiodos}가 말하길, "역사란 전체적으로 한탄스러운 몰락의 기록일 뿐이며, 역사를 그런 시각으로 보는 시인과 사상가가 어느 시대든지 존재한다"고 말했다. 오늘날도 마찬가지다.

그런데 고대에는 인류가 끊임없는 진보의 길을 걷고 있다고 본 또 다른 사람들도 있었다. 이러한 역사의 낙관적인 상태는 결국 '존재하지 않는 곳'^{u-topos}이라는 의미인 유토피아에 이른다. 이 유토피아는 특히 근대의 수많은 사상가, 무엇보다 공산주의자와 사회주의자들로부터 에리히 호네커^{Erich Honecker}(동독 서기장을 지낸 정치인-옮긴이) 같은 단순한 정신의 소유자들에 이르기까지 많은 이를 매료시켰다. 그중 에리히 호네커는 모두를 깜짝 놀라게 한 사임을 단행하기 직전에도 샴페인 잔을 손에 쥐고 건배사로 유명한 격언을 인용했다. "황소도 당나귀도 사회주의의 도도한 발걸음을 막지 못한다." 하지만 이후 전개된 상황은 예상을 완전히 뛰어넘었고, 이는 황소와 당나귀 탓이 아니었다.

역사는 자기 의지대로 행동할 수 있으며, 역사 그 자체로는 가치가 없다는 두 가지 관점이 있다. 역사는 태고부터 계속 보존된 귀중품으로서의 가치를 지니고 있거나, 엄청난 종말을 일깨우는 사건으로서의 가치를 지니고 있다. 역사 그 자체는 잊힐 수 있다.

하지만 역사를 외면한 채 살지는 못한다. 역사가 없는 인간은 중증 장애를 안고 살아가는 것과 다르지 않다. 왜냐하면 자신이 누구인지 모르기 때문이다. 그리고 역사를 경멸하고 외면하는 사회 또한 향수에 빠진 사람들과 공상적 사회 개선가들이 불건전하게 혼재할 위험에 놓인다. 그들은 현재를 공격적으로 외면하고 탈피해 비현실적인 꿈을 꾸기 때문이다.

이는 2천 년이나 된 기관인 교회에도 마찬가지로 적용된다. 교회에도 온갖 종류의 급진적 퇴행을 지향하는 사람들은 물론이고 급진적인 진보를 맹신하는 사람들이 활발하게 활동하고 있다. 그들 모두에게 교회의 실재 역사는 절대 만족스럽지 못하다.

하지만 그다지 급진적인 태도를 취하지 않는다면, 역사를 올바르게 판단하기 위해 두 가지 상반된 관점이 꼭 필요하다. 즉 당연히 우선 역사에서 일어난 사건을 사건 당시 관점에서 이해해야 하지만, 그런 다음에는 오늘날의 견해를 기준으로 판단해야 할 것이다. 오늘날의 인권 개념을 역사에서 우연하게 일어난 결과가 아니라 시대를 초월해 가치 있고 유효한 것으로 여긴다면, 역사에서 일어난 사건을 오늘날 통용되는 인권에 대한 생각에 접근할지 아닐지 정한 뒤에 평가해야 할 것이다.

다른 한편으로 특히 교회사도 상반된 방향에서, 즉 교회의 기원부터 조명해야 한다. 그렇다면 교회의 개별적 발전 양상이 교회의 기원에 대한 생각과 기원을 이루는 사명, 즉 예수와 그의 첫 제자들이 생각한 의도와 멀어졌는지 아닌지가 중대한 고찰 기준이다. 우리는 사실을 명확히 밝힌 다음에, 이 두 가지 조명하는 태도를 적극 활용해야 한다.

그렇다면 기독교가 도대체 역사적으로 발전해야 할 이유나 당위성이 있느냐라는, 대단히 근본적인 질문을 당연히 제기할 수 있다. 결국 2천 년 전 기독교의 견해에 따르면 성자聖子 예수 그리스도가 강생한 결과 신의 최종적인 계시가 이루어졌으며, 신의 말씀은 성경에 나와 있다는 것이다. 그렇다면 이후 2천 년 동안 주교, 교황, 공의회公議會가 만들어낸 문서와 행위는 전부 완전히 무의미하거나, 더 나쁘게 표현하면 이단이자 배교背敎 행위였을까? 그래서 많은 기독교 종파가 가차 없이 초기 기독교로의 복귀를 요구해왔다. 그리고 이로 인해 번번이 치명적인 결과가 일어났다. 저명한 교회사학자 요제프 로르츠Joseph Lortz는 이러한 질문을 적극적으로 받아들였다. 로르츠에 따르면, 2천 년 전에 일어난 예수 그리스도의 계시는 단순히 개별적인 사건이 아니다. 기독교 신자가 믿는 역사에서의 신의 등장은, 오히려 교회의 역사가 수 세기 동안 전개되면서 점차적으로 펼쳐졌다. 예를 들어 기독교 신자들이 유대교 메시아 신앙을 받아들이는 상황이 기독교 설립 이후 3백 년이 지나 그리스·로마의 기독교인 사상계에 나타난 것은 결코 우연히 일어난 게 아니다. 오히려 이러한 역사 과정을 통해 기독교인들에게 아주 생생한 예수 그리스도 계시 사건으로 자리매김했다. 따라서 초기 공의회는 하느님의 삼위일체설을 정립하면서 마찬가지로 신의 계시라는 표현도 확립했다. 또한 다른 역사 전개 양상을 통해 기독교 신자들이 계시의 특성을 파악하는 상황을 볼 수 있다. 즉 중세 시대 아리스토텔레스^{Aritsoteles} 철학의 재발견, 근대 초기 개인이라는 개념의 발전, 계몽주의, 근·현대 자연과학을 통한 통찰 등이다. 이 모든 것을 통해 기독교 신자들은 계시의 본래 의미가 무엇인지 보다 분명하게 이해할 수 있다. 그러니까 요제프 로르츠에 따르면, 계시란 죽은 단어가 아니라 생생한 역사 속에 일어난 생생한 계시다. 그렇기 때문에 기독교 신자에게 역사는 결정적이고 의미가 깊다.

그런데 외부에서는 특히 기독교와 교회에 완전히 다른 문제가 있다고 보고 있다. 그들의 교리가 가짜뉴스라는 것이다! 누구든지 6개월 동안 일어나는 연방의회 선거전에서 한 정당이 다른 정당에게 하는 공격이 얼마나 터무니없는지, 이른바 품위와 분별이 있는 선거전의 기본 장비에 매번 다른 정당이나 후보의 입장에 대한 고의적인 왜곡이 얼마나 있는지 계속 추적한다면, 교회가 대체로 2천 년 동안 말하자면 선거전에 뛰어든 상태나 똑같다는 점을 염두에 두어야 한다.

지난 5백 년 동안 가톨릭이 개신교에 대해서, 그리고 거꾸로 개신교가 가톨릭에 대해 터무니없는 소문을 얼마나 많이 퍼뜨렸던가! 그 밖에 20세기 우파 및 좌파 독재정치가 기독교를 겨냥해 쏟아낸, 믿기 힘든 이데올로기 폐기물도 빼놓을 수 없다. 기독교는 인간을 경멸하는 독재 체제에는 절대 어울리지 않는 신을 내세워 독재정부의 권능에 대항했다. 나치의 시각에서 기독교는 '유대화 된' 종교이고, 공산주의 시각에서는 저주 받을 마약이자, 인민의 아편일 뿐이다. 그들은 엄청나게 단순한 논거와 선동적인 비방 캠페인을 동원해 기독교를 우습고 낡아빠졌으며 비과학적인 것으로 묘사하기 위해 무엇이든 한다. 예를 들어 에리히 호네커와 마르고트^{Margot} 호네커 부부는 이 같은 행동은 '과학'이라고 여겼다. 그래서 이 양대 권력체제는 기독교를 박멸하는 투쟁을 전개시켰다. 이러한 섬멸전은 놀랄 만한 성공을 거두었다! 비록 신앙심이 투철한 기독교 신자들이 히틀러에 대한 저항 활동을 한 것으로 각인되어 있고, 1989년 기독교 교회가 비폭력 혁명을 촉발시키기는 했지만, 독재체제가 국가 전체에 퍼뜨리고 촉구했던 무신론은 이 썩은 이데올로기의 거의 유일하게 남은 유물로 살아남아, 지금도 기독교에 대해 불합리하고 터무니없는 비방을 지속하고 있다. 그래서 특히 가톨릭교회만큼 대중이 생각하는 이미지가 기괴할 정도로 잘못된 기관은 없다는 것이 전혀 놀랍지 않다. 가톨릭교회의 역사는 개신교처럼 지난 5백 년뿐만 아니라 2천 년이라는 까마득한 세월까지 포함시켜야 한다. 그 결과, 사람들에게는 젖먹이 시절부터 기독교사를 둘러싼 상투적인 생각이 단단히 자리 잡게 되었다.

"저는 선생님 말씀이 믿기지 않습니다." 아르놀트 안게넨트가 이러한 상투적인 생각 몇 가지에 문제를 제기하자, 한 학생이 이렇게 말했다. 그리고 친애하는 독자 여러분 중에서도 아마도 우선적으로 이렇게 말할 분들이 있을 것이다. 그렇기 때문에 여러분은 단순히 기독교를 믿고 싶을 뿐만 아니라 기독교에 대해 진정으로 알고 싶어야, 비로소 이 책에서 무언가를 얻게 될 것이다. 그러니까 여러분이 선입견에 사로잡힌 바람에 이 책에서 소개하는 사실에 찬물을 뒤집어쓴 듯 실망할 가능성이 있다면 말이다. 기독교와 교회의 역사에 대해 지나친 애정 또는 지나친 증오가 없는 사람만이 제대로 알 수 있고, 찬물을 뒤집어쓴 듯한 기분이 들지 않을 것이다. 그러므로 여기서는 오늘날의 역사학 관점에서 이른바 교회의 모든 스캔들을 비판적으로 규명하고, 이를 통해 기독교의 은밀한 역사를 분명하게 파악하는 것이 중요하다. 독자 여러분은 굉장히 흥미진진한 결과물을 기대해도 좋다! 왜냐하면 오늘날 학문 연구 결과, 기독교에 대해 일반적으로 통용되는 생각에 반하는, 정말로 믿기 힘들지만 그럼에도 진실인 내용이 밝혀졌기 때문이다.

1장

유대교, 기독교, 이슬람교

유일신교는 인류의 위협인가?

신은 위대하다! 오늘날 세상에서는 어디선가 이러한 외침이 갑자기 들리면, 사람들은 자연스럽게 몸을 피한다. 많은 사람은 이슬람 테러가 결정적으로 종교의 외침을 망가뜨렸다고 여긴다. 사람들은 종교란 말을 들으면 폭력, 배타주의, 몰상식을 떠올린다. 평화를 사랑하는 상당수 무슬림을 보호하기 위해, 많은 기독교 신자는 기독교에도 폭력의 역사가 있다고 단언한다. 그러나 사실 이렇게 말한다고 해서 상황이 나아지는 것은 아니다. 인도에서 힌두교도들이 이슬람 사원에 불을 지르고, 미얀마에서는 불교도들이 무슬림 자국민을 모조리 절멸시키려고 한다는 소식을 들으면, 결국 종교를 완전히 배제하고 사랑과 평화를 추구해야겠다는 생각이 떠오른다. 20세기에 이러한 생각을 실천으로 옮기려는 시도가 있었다. 결과는 충격적이었다. 세 명의 독재자인 이오시프 스탈린^{Josef Stalin}, 아돌프 히틀러^{Adolf Hitler}, 마오쩌둥^{毛澤東}은 공통적으로 무신론 이데올로기를 신봉했는데, 그들의 국가에서 약 1억 6천5백만 명의 사람들이 살해당했다. 2천 년 전 인류 전체 수가 이 정도였다. 그럼에도 불구하고, 종교에 대한 회의는 여전히 기승을 부리고 있다.

유일신교의 출현

고대 이집트를 연구하는 고고학자 얀 아스만$^{Jan\ Assmann}$은 유일신만이 진실이라고 주장하는 것이 문제의 핵심이라는 논제를 발표해 세계적으로 커다란 주목을 받았다. 유일신을 믿는 사람들이 오로지 자기들만 진실을 소유하고 있다고 주장하는 것이 고약한 결과를 초래한다는 것이다. 철학자 오도 마르쿠아르트$^{Odo\ Marquardt}$는 다신교를 열렬히 찬양한 바 있다. 왜냐하면 다신교 신자는 여러 신 중에서 자신이 섬길 신을 자유롭게 고를 수 있으며, 다른 신을 믿는 이들을 죽이는 일은 없기 때문이란다. 누구나 자기 취향에 따라 신을 선택하고 믿는다. 한편으로는 납득이 될 만한 주장이다. 하지만 안타깝게도 이론에서나 가능한 일이다. 과학이 추악한 사실을 드러냄으로써 이 멋진 이론을 없애버릴 수 있다는 점을 깨달았던 알베르트 아인슈타인$^{Albert\ Einstein}$을 기반으로 삼아, 오늘날 역사학은 목소리를 높여야 한다. 그리고 이때 우리는 그 민족만 섬기는 신들로 이루어진 민족 신화에는 치명적인 부작용이 있다는 사실을 깨달았다. 즉 권리, 특히 생존권이 전적으로 자기 민족에게만 있으며 다른 민족에게는 없다고 여기는 바람에 다른 민족을 상대로 벌이는 무자비하고 잔혹한 전쟁이 일상다반사로 일어났다. 왜냐하면 이 사람들에게 살인과 살육은 전혀 살인과 살육이 아니기 때문이다. 그들이 자기 민족에 소속되어 있으면 다른 사람과 이 민족을 무자비하게 학살하는 데 반대할 이유가 전혀 없기 때문이다.

통례상 부족 사회에서는 자기 민족에 대해 일반적으로 '인간'이라고 칭한다. 이를 통해 드러나는 사실은 다른 민족은 인간이 아니라고 여긴다는 점이다. 어찌됐든 완전한 의미의 인간으로 여기지 않는 게 확실하다. 미국의 고대사학자 모지스 핀리Moses Finley는 고대 그리스 세계에 등장하는 오디세우스Odysseus를 다음과 같이 본다. "사회의식이 전혀 없고, 신의 계명을 받은 흔적이 전혀 없으며, 가족 외에는 책임감도 없다. 또한 용맹한 태도와 승리와 권력을 향해 힘차게 나아가는 것을 빼고는, 누군가 또는 무엇인가에 대해 의무와 책임도 지지 않는다." 여기에는 모든 사람이 평등하다는 생각은 물론, 평화나 관용이라는 의식도 전혀 없다. 부족 종교는 이야기와 외부에 보이는 의식儀式으로 이루어지며, 이를 통해 부족민은 안락함과 포근함을 느꼈고, 자신과 세상의 과거·현재·미래에 대해 말할 수 있었다. 그들은 자신이 살고 있는 세상을 설명했고, 좌절하지 않으려면 세상을 어떻게 다루어야 하는지 가르쳤다. 이러한 부족 종교를 노련하게 이용하는 것이, 마치 오늘날 세탁기 사용법에 능한 것처럼 세상살이를 잘하는 것이었다. 무언가를 잘못하면, 불쾌한 결과를 초래할 수 있다. 그래서 비록 부족 종교나 세탁기 모두 부담스럽고 번거로워도 참고 집중해야 한다. 근본적으로 우리가 세탁기를 맹신하지 않는 것처럼, 사람들은 부족 종교도 절대적으로 믿지는 않았다. 이러한 부족 종교는 당연히 그저 자신의 삶의 일부에 속했다.

그런데 갑자기 엄청난 일이 일어났다. 대략 기원전 1300년에 어떤 민족에 속하는 어떤 사람들이 위태롭고 막연하게 유일신을 믿기 시작했는데, 시간이 지날수록 유일신의 정체는 점점 명확하게 드러났다.

즉 이 유일신은 온 세상을, 온 민족을, 온 인류를 창조했다. 이것은 혁명적이었다! 각각의 종족이 섬기는 신들은 자기 부족만 관장하는 존재일 뿐이었고, 이 신들은 자신을 섬기는 민족이 치르는 유혈이 낭자한 대전투에서, 자신의 시각에서는 허약하기 짝이 없어 보이는 상대방 민족의 신들에게 분노를 표출하며 싸우는 경우가 드물지 않았다. 그런데 지금 갑자기 모두를 위한 신이 등장한 것이다! 고대 이집트에서는 파라오 아멘호텝 4세Amenophis IV 치하에서 이런 일이 시작됐다. 아멘호텝이라는 명칭의 의미는 '아멘Amun 신은 만족스럽다'는 뜻이다. 그런데 아멘은 다른 모든 무수히 많은 이집트 신들과 함께 신의 제국에 존재했다. 하지만 아멘호텝 4세는 더 이상 아멘을 신봉하지 않았고, 이제 그는 유일무이한 태양신인 아톤을 믿었다. 그리고 파라오는 일을 어중간하게 처리하지 않았기 때문에, 자신의 이름을 아크나톤Akhnaton으로 고쳤다. 이 명칭은 '아톤의 종'이라는 뜻이다. 그는 새로운 제국수도인 아케트-아톤Achet-Aton을 세웠고, 새로운 예술양식을 만들었다. 이 예술양식은 어느새 현실적인 인간, 개인의 감정을 지닌 사람을 묘사하게 되었다. 그의 아내는 네페르티티Nofretete인데, 오늘날에도 베를린 신 박물관을 방문하는 관객은 이 여인의 매력적인 흉상을 보고 경탄한다. 그러나 현재 아크나톤은 오직 에피소드로만 남아 있다. 아크나톤이 죽은 뒤 이집트인들은 그와 그의 신앙을 떠올리게 하는 것은 모조리 뜯어냈고, 이집트는 다시 오래된 다신들의 제국을 복권시켰다.

그러나 이 태양신이 발산하는 빛이, 그로부터 머지않아 야훼가 모세에게 십계명이 새겨진 돌판을 준 곳인 시나이 산까지는 이르지 않았다고 누가 말하겠는가. 이 돌판에는 첫 번째 계명이 명백하고도 뚜렷하게 새겨져 있었다. "나는 주(야훼), 너의 하느님이다. 너에게는 나 말고 다른 신이 있어서는 안 된다!" 그리고 점차 이스라엘 민족은 이 말씀이 무슨 의미인지 보다 정확하게 이해했다. 즉 너의 하느님 야훼 가 모든 인간의 신이라는 의미를.

이것이 바로 유일신교의 출현이었다. 하지만 여기에 담긴 의미는 겉보기보다 훨씬 더 많았다. 즉 이제 사람들은 이 유일신을 신심의 차 원은 물론 이성적 차원으로도 믿었거나, 아니면 아예 믿지 않았다. 또 한 사람들은 신의 말씀에 기꺼이 귀를 기울였거나, 아니면 전혀 경청 하지 않았다. 그리고 이는 내면적인 것, 심리적인 것, 그러니까 정신적 인 것이었다. 그리고 이는 개인적인 것이었다. 얀 아스만은 다음과 같 이 썼다. 인간은 "공생하는 세상과의 관계에서 해방되고, 세상 밖에 있지만 세상에 관심을 기울이는 유일신과 파트너 관계를 맺어 자주적 이거나 또는 신의 지배를 받는 개인으로 발달한다." 그렇기 때문에 종 교는 더 이상 단순히 외적 의식을 통해 부족의 영원한 질서를 확인 하기 위해 필요한 것이 아니고, 복수심에 찬 신들의 욕구를 진정시키 기 위해 희생 제물, 심지어 사람을 희생시키는 제도를 유지하지 않았 다. 욕구가 없고 초월적인 유일신은 개인적이고, 자유로우며, 윤리적인 판단을 인간에게 요구했다. 신은 내면적인 것을 요구했다. 결국 시대 는 이러한 신들의 법정에 서게 됐다. 이후 인간은 오로지 홀로, 단독 으로, 신 앞에 섰다. 왜냐하면 이제부터는 인간보다 신에게 더 복종해 야 한다고 여겼기 때문이다. 그리고 특히 인간의 그런 생각은 시간이 지날수록 너무나 명백해져서, 인간은 자유로웠고, 자유롭게 판단했 고, 자신이 내린 판단이나 대답에 책임을 져야 했다. 여기서 대답이란

신의 심판도 감수한다는 의미에서의 대답이다. 이런 방식으로 인간은 종교의 자유라고는 전혀 모르던 부족 종교라는 감옥에서 탈출했고, 관용을 배워야 했다. 신 자신은 오로지 내면적인 복종만 바라서, 강요된 복종은 전부 의미가 없게 됐다. 자유롭게 신앙을 갖는 유일신교이기 때문에, 유일신교의 기원은 오늘날 인간의 자유와 자율로 이해할 수 있는 성향을 보인다. 당연히 이 모든 것은 짧은 시간 동안 일어난 게 아니라, 수 세기 동안 발전하는 과정을 거쳤다. 이스라엘 예언자들과 고대 그리스 철학자들은 오래 전부터 다신교에서 해방되어 외부 종교 유형과는 거리를 둔 채 이와 같은 발전을 촉진시켰다.─얀 아스만이 말했던 것처럼 이스라엘에서는 '마음의 문화'로, 고대 그리스에서는 '영혼의 문화'로 향했다.

세계사회는 어떻게 발명되었는가

그리고 유일신교를 통해, 이 하나뿐인 신 앞에 자유로울 뿐 아니라 모든 인간은 평등하다는 시각도 등장했다. 십계명 중 제6계명인 "너는 살인하지 말라"는 같은 부족 사람을 살해하지 말라는 것뿐만 아니라 결국에는 인간을 죽이지 말라는 보편적인 의미로 해석됐다. 첫 번째로 이 유일신을 상대로 인류라든가 세계사에 대해 말한다는 의미가 되는 것이다. 기독교는 우선 이를 지나칠 정도로 분명하게 했다. 예수 그리스도는 선택된 민족뿐만 아니라 모든 민족에 기독교 교리를 전파할 신자들을 보냈다. 그리고 결국 유대인인 베드로도 이를 깨닫는다. "베드로가 입을 열어 말하였다. '나는 이제 참으로 깨달았습니다. 하느님께서는 사람을 차별하지 않으시고, 어떤 민족에서건 당신을 경외하며 의로운 일을 하는 사람은 다 받아주십니다.'"(사도행전 10장 34~35절) 기독교는 모든 민족이 평등한 권리를 행사하도록 했다. 독창적인 사회학자 니클라스 루만^{Niklas Luhmann}이 단언하기를, 세계종교는 "말하자면 세계사회를 미리 구현한다." 그렇기 때문에 고대 그리스 세계에 대해서, '근대 국제법의 의미에서의 입법화와 인간화에 가까운 것'은 아직 존재하지 않았다고 말할 수 있다. 하지만 예수는 계속 앞으로 나아갔다. 예수는 "너희 원수를 사랑하라!"고 요구했다. 원수 죽이기를 포기할 뿐만 아니라 심지어 사랑하라는 것은, 당시 사람들에게는 완전히 세상 물정에 어두운, 정신 나간 도발로 보였을 것이 분명하다.

이전에는 친척, 씨족, 부족, 인종을 우선적으로 중요하게 여긴 반면, 기독교는 사람들을 어떤 민족이냐에 상관없이 완전히 동등하게 교회로 불러 모았다. 그래서 기독교인들에게는 더 이상 선택된 민족이라는 개념이 없었다. 왜냐하면 예수를 믿는 사람들이 바로 선택된 민족이고, 이는 모든 민족에서 비롯되었기 때문이다. 그렇게 기독교는 처음부터 사람들이 사는 세상 전체를, 또는 오늘날 쓰는 용어로는 글로벌화를 목표로 삼았다. 아고바르^{Agobard} 리용 주교(769~840)는, 카를 (샤를마뉴) 대제의 서로마 제국을 위해 기독교의 나아갈 방향을 명백히 밝혔다. 즉 "여기에는 더 이상 아퀴타니족도 랑고바르드족도 부르고뉴족도 알라만족도 없습니다." 그리고 아고바르 주교는 종교적이면서도 사회혁명에 대한 직접적인 호응이 다소 섞인 내용을 천명했다. "그들은 모두 똑같은 형제들이 됐고, 한 분이신 아버지 하느님의 은총을 간구하기 때문입니다. 하인과 주인, 가난한 이와 부유한 이, 무지한 이와 교육받은 이, 약자와 강자, 비천한 노동자와 고귀한 황제 모두 똑같은 형제들입니다." 이러한 보편성을 실현하기 위해 일찍부터 기독교 훈련 프로그램이 생겼는데, 이에 따라 정기적으로 이방인들과 함께 사는 훈련을 받아야 했다. 기원후 2세기에 나온 디오그네투스에게 보낸 편지에는 기독교 신자에 대해 다음과 같은 내용이 있다. "타향이 어디든 당신의 조국이며, 당신의 조국이 어디든 그곳은 타향입니다." 기독교는 이처럼 방랑하는 수도 생활을 수행하도록 강력하게 독려했고, 이러한 생활은 성경에 나오는 하느님이 아브람에게 요구한 내용을 봐도 명확하게 나타나 있다. "네 고향과 친족과 아버지의 집을 떠나라." 프랑크푸르트 출신 사회학자 카를 O. 혼드리히^{Karl O. Hondrich}는 '기독교의 온 인류를 포괄하는 형제애 윤리에서, 예언적인 구원종교의 강력한 수행은 물론 그때까지 알려진 항상 자기 혈족만 우선시하는 모든 도덕에 대한 엄청난 조롱'을 보았다. 이후 근대에 이르러 국수주의가 대두되면서 다시 민족 혈통을 널리 선전하고 이를 자양분 삼아 국가 쇼비니즘을 키웠다. 이와 대조적으로 성경에서 콜로새 신자들에게 보낸 서간을 보면 "여기에는 더 이상 그리스인도 유대인도, 할례 받은 이도 할례 받지 않은 이도, 야만인도, 스키티아인도, 종도 자유인도 없습니다"라는 내용이 나온다. 그리고 이 모든 한계는 기독교 신앙 안에서 극복된다. 그리고 요한복음서에는 이러한 생각의 바탕을 도발적으로 제시한다. 기독교인들은 '혈통이나 육욕이나 남자의 욕망에서 난 것이 아니라 하느님에게서 난 사람들'(요한복음서 1장 13절)이기 때문에, 모두 똑같은 하느님의 자녀라는 것이다. 이는 기독교 신자들에게는 익숙하게 들리는 말씀이지만, 당시에는 '도덕 혁명'으로 여길 정도로 충격적이었다.

실제로 신약성경은 혈통을 요구하는 것, 혈통이나 가문 덕분에 유익한 특권을 누리는 것을 매우 반대하는 입장이다. 이 외에 다른 것은 거의 반대하지 않는다. 어떤 이가 예수에게 그의 어머니와 형제들이 바깥에서 그를 기다리고 있다고 전하자, 예수는 무뚝뚝한 반응을 보였다. "누가 내 어머니이고 누가 내 형제들이냐? 하늘에 계신 내 아버지의 뜻을 실행하는 사람이 내 형제요, 누이요, 어머니다." 이와 대조적으로 사회가 출생혈통에 따라 신분을 정하고 이에 걸맞게 계급을 나누는 것은 사회사적으로 보면 당연한 것에 속한다. 어느 사회든지 신적 존재인 시조始祖가 있다. 시조는 신으로 태어났으며, 모든 민족 구성원은 혈통을 통해 시조의 우월한 피를 물려받는다. 하지만 물려받은 정도에 따라 여러 계급으로 나누어진다. 일단 순수한 혈통을 온전히 지닌 귀족이 있으며, 그 다음으로는 혈통의 순수함이 덜한 평민이 있다. 이에 비해 기독교는 노골적으로 반反가족적인 태도를 보인다. 기독교는 처음부터 평등을 옹호하기 때문이다. 사도행전에 다음과 같은 구절이 나온다. "신자들의 공동체는 한마음 한뜻이 되어, 아무도 자기 소유를 자기 것이라 하지 않고 모든 것을 공동으로 소유하였다." (4장 32절) 괴팅겐 막스 플랑크 역사연구소 교수를 역임한 오토 G. 왹슬Otto G. Oexle은 이 구절에 대해 다음과 같이 말했다. "당시 쓰인 구절 중에서 가장 중요하고 큰 파장을 몰고 왔다." 왜냐하면 이 구절로부터 사회 평준화를 동반한 공익을 약속하는 결과가 나왔기 때문이다. 고대사학자 요헨 마르틴Jochen Martin은 다음과 같이 결론을 내린다. "기독교가 승리하면서 가족은 전반적으로 문화단일체로 몰락했다." 캐나다 출신 철학자이자 정치학자인 찰스 테일러^{Charles Taylor}는 이를 인도의 가족과 비교·대조했다. 인도에서는 가족의 개입 없이 어떤 결정을 내리기란 아주 어렵다.

신약성경은 귀족을 무시하거나 아예 모른 척한다. 하지만 기독교가 게르만족 계급사회에 서서히 스며들던 중세 초기에, 처음에는 기독교에 전혀 익숙하지 않던 귀족 기관도 교회에서 특별한 역할을 맡기 시작했다. 이와 대조적으로 자유운동은 다음과 같은 모토를 높이 올렸다. "아담이 땅을 갈고 하와가 바느질을 할 때 귀족은 도대체 어디에 있었는가?" 이후 마르틴 루터^{Martin Luther}는 '그리스도교도의 자유'를 강조하며 초기 평등했던 기독교에 다시 주목하기 시작했다. 하지만 그는 농민전쟁이라는 자신을 깜짝 놀라게 한 사건 이후 태도를 급격히 바꾸었다. 즉 루터는 개신교 교회를 군주의 지배하에 두었다. 그러나 이는 훗날, 예를 들어 작센 지역에서 개신교 신학자들이 군주에게 저항하는 상황을 막지는 못했다. 어쨌든 이로써 귀족은 사실상 다시 복권했다. 개신교 신학자 하인츠 E. 퇴트^{Heinz E. Tödt}는 이에 대해 다음처럼 설명한다. "참회자의 특성을 내세우던 개신교는 장차 권위를, 군주의 왕권신수설을, 최소한 기독교 시각에서는 도덕적이지만 관료주의 체제인 국가, 그러니까 반민주주의 국가를 지향하고 순응한다." 그래서 기독교 복음과는 완전히 동떨어진 귀족의 특권은 가톨릭은 물론 개신교 분야에서도 여러 방식으로 20세기까지 오래도록 살아남았다.

더욱이 이러한 주제는 이미 구약성경에서 근본적인 변화를 겪은 바 있다. 고대 그리스인들이 인류의 원형을 훨씬 많이 알았던 반면, 이스라엘 민족은 아담을 단 하나뿐인 인류 전체의 아버지라고 본다. 아담과 하와 이야기는 자연과학과 신학 간에 일어나는 논쟁에서 너무나 자주 오해를 받는다. 그런데 이 이야기는 사실은 근본적으로 정치신학을 담은 내용으로 입증됐다. 즉 특정 사람들이나 민족의 특권을 부여받은 혈통은 존재하지 않으며, 오히려 모든 인간은 단 하나의 부모로부터 유래되었기 때문에 그들의 출신 성분은 모두 동등하다는 내용이다. 이러한 내용은 이미 혁명적인 변혁을 담은 것이나 다름없다. 이후 18세기에 성경의 천지창조 역사가 자연과학으로부터 비판을 받고 여러 인종의 다양한 혈통이 논의되면서, 천지창조론에 담긴 보편적이고 이상적인 인도주의는 위험에 빠졌고, 이제 '흑인 노예제' 또한 인종론적 차원에서 합법으로 인정받는 상황으로 이어졌다. 또한 국가사회주의 체제에서 독일 교회투쟁이 전개되던 시절, 인류가 단일하다는 기독교의 입장은 계속 권력자들에게 눈엣가시였다.

이렇게 인간은 원래 동등하지 않다는 기본 견해는 부족 종교를 가능하게 했고, 그리하여 현세에서의 불평등이 내세에서도 그대로 모사되기 때문에 불평등을 정당화·합법화할 수 있다는 표현도 가능하게 됐다. 왜냐하면 현세에서 왕이 존재하면 천국에도 왕이 있으며, 현세에 노예가 있으면 내세에도 노예가 존재하기 때문이다. 이와 대조적으로 유일신교는 모든 인간은 참으로 동등한 존재라고 보는 전제를, 또한 그들 모두 똑같은 품위와 존엄성을 누린다는 전제를 만들어냈다. 얀 아스만도 그렇다고 생각했다.

아울러 유일신교에는 또 다른 기원이 싹을 틔우고 있다. 선사시대 우주론적인 종교에서는 일상적으로 남성은 태양, 여성은 달과 일치시켰다. 이로 인해 여성은 항상 남성을 반영하는 존재일 뿐이며 절대 동등한 권리를 얻지 못했다. 이와 반대로 유일신교는 남성과 여성 모두 똑같이 인간의 품위를 누린다고 생각한다. 이러한 생각은 예를 들어 결혼에 대한 개념도 바꾸었는데, 이제 결혼은 점차 동반자 관계에 합의하는 형태가 되었다.

세계사의 전개 과정을 보면 자유, 평등, 인간의 품위는 유일신교를 통해 비로소 실현됐다. 근대 법치국가는 이러한 정신적 토대를 바탕으로 한다. 근대 법치국가는 시민의 내적 동의를 기반으로 법과 정의를 열렬히 추구하며, 이에 따라 폭력의 감소에 결정적으로 기여한다.

유일신교는 혁신적, 혁명적이었던 반면 부족 종교는 기존 관계가 옳다고 계속 고집했다. 오직 유일신교만 성모 마리아가 부른 찬양가인 '마니피캇'Magnificat을 만들 수 있었다. "그분께서는 통치자들을 왕좌에서 끌어내리시고 비천한 이들을 들어 높이셨습니다!" 기독교에서 강조하는 신의 심판은 무엇보다 억압받는 자, 약자, 인생의 희생자를 위한 희망이었고, 신의 정의가 마침내 성취될 거라는 희망이었다.

이 모든 것은 유일신교가 치러야 할 대가에 대해서도 설명해야 제대로 고려할 수 있다. 얀 아스만은 인간이 자기만이 진실을 소유하고 있다고 믿으면 유혹에 빠진 것이라고 했는데, 그의 말이 확실히 맞다. 그리고 유일신을 믿는 종교의 광신도들의 경우, 이론뿐만 아니라 실제로도 비관용과 과도한 폭력을 보인다. 하지만 결정적인 질문은, 역사적으로 보면 대안, 즉 유일신교가 없는 세상이 훨씬 평화적이고 인간다웠냐는 것이다. 그리고 이 질문에 대한 결과는 최근에 이루어진 학문 연구에서 명확하게 나온다. 즉 전혀 그렇지 않다는 결론이다! 심지어 얀 아스만도 원래 주장했던 논제를 2015년에 수정했는데, 그는 결국 유일신교의 전환기에는 "과도한 폭력과 유혈사태가 뚜렷하게 나타나기는 하지만", 이전의 부족 종교도 똑같은 현상이 있었으며 이러한 폭력 형태 중 상당수는 "유일신교 세력이 신장되는 변화 과정에서, 유일신교에 의해 억제되고 교화되고 근절되었다"고 옹호했다. 그래서 얀 아스만이 결국 다음과 같이 요약하는 상황은 전혀 놀랍지 않다. "유일신교가 세상에 폭력을 몰고 왔다고 비난할 생각은 전혀 없다. 이와 반대로 유일신교는 살인을 금지하고, 사람을 희생물로 삼는 것과 억압을 혐오하고, 하나뿐인 신 앞에서 모든 인간이 평등하다는 것을 옹호하고, 이 세상에서 폭력적인 행위를 줄이기 위해 최선을 다했다."

이슬람교는 왜 논리적으로 가장 관대할까

유일신을 믿는 세 가지 세계 종교 중에서, 이슬람교가 가장 관대하다. 이론적으로는 그렇다. 여기에는 논리적인 이유가 있다. 세 종류의 유일신교 모두 자기들이 궁극적인 종교라고 했고, 이런 이유로 나중에 나오는 교리와 해석을 거부했다. 이러한 교리와 해석은 이미 도달한 궁극성을 변형시킨다는 의미이기 때문이다. 그 결과 유대교는 기독교와 이슬람교를 거부했다. 기독교는 자기들보다 나중에 등장한 이슬람교를 거부했지만, 자기들의 뿌리인 유대교는 부분적으로 인정해야 했다. 이슬람교는 구약성경은 물론 신약성경도 받아들였고 이런 이유로 유대교 및 기독교를 최소한 부분적이나마 인정해야 했다. 이러한 인정은 다만 인간은 종교를 자유롭게 동의하기를 원하고 그렇기 때문에 대안을 감내해야 한다는 사실에서 나온 결과다. 그러나 세 가지 유일신교 모두 자기들만이 단 하나뿐인 진리를 품고 있다고 적극 강조하고 그렇게 믿으라고 요구하는 데다 이러한 진리가 보편적이라고 이해했기 때문에, 인정을 한다고 해서 이것이 서로 동등하게 어깨를 나란히 한다는 의미는 절대 아니었다. 그래서 이슬람교, 유대교, 기독교에게 내부적으로 제식을 집전하도록 허용하고 시민으로서의 기본권을 행사할 수 있도록 했다. 하지만 동시에 특정 부문에서 제약 조건을 부과했으며, 특히 세금 납부를 늘렸다. 기독교는 이와 비슷한 규정을 유대교도에게 공포했다.

유대교는 자기들이 최초이자 유일무이한 종교라고 이해하기 때문에 기독교와 이슬람교를 '허용된 종교'로 용인할 이유가 전혀 없었다. 하지만 유대교는-전설에 휩싸인 이란의 카자르 왕조라는 특별한 경우를 제외하면-어느 곳에서도 지배적인 종교의 위치에 올라서지 못했고, 그래서 다른 종교를 관대하게 허용해야 할 필요도 없었다. 왜냐하면 인류 공통의 역사가 진행되는 동안 유대인은 항상 힘없는 소수로 남았기 때문이다. 이들은 억압받고 쫓겨나고 추방당하고, 종종 말살당할 위기에 처했다-이는 2천 년이나 지속된 '눈물 골짜기'에서 유대인의 역사기록이 오늘날까지 이어져 온다고 말하는 것을 보면 알 수 있다. 그런데 유대인들은 항상 두들겨 맞기는 했지만, 오랫동안 관용과 허용이라는 도전을 방어하는 상태를 유지했다. 다른 두 유일신교 못지않게, 유대교는 절대로 '허용된 종교'의 틀을 직접 적극적으로 정해서는 안 되었다. 심지어 미국 정치학자 게리 레머Gary Remer는 만약 중세에 유대 국가가 있었다면, "수많은 이교도가 박해받는 상황에 놓였을 것"이라는 견해를 보인다. 오늘날에도 이스라엘 국가는 종교의 다양성을 규정해야 하는 과제에 직면하고 있다.

반면 기독교의 경우는 이와 다르다. 기독교가 로마 제국에서 국가 권력을 획득하자마자, 유대교에 대한 관용의 문제가 제기됐다. 이때 기독교를 믿는 황제들은 이미 전임 이교도 황제들로 인해 잘 알려진 '허용된 종교'라는 관행을 넘겨받았다. 당시 이 관행은 유대교에게만 전적으로 허락됐다. 서로마 제국 시대가 끝나자, 교회가 유대교의 합법적인 보호를 떠맡았다. 이에 대한 기반을 마련한 인물이 대교황 그레고리오Gregorius Magnus(대략 540~604)다. 이는 오스트리아 빈 출신의 유대학자 귄터 슈테른베르거Günther Sternberger가 '대단히 균형 잡힌 유대인 정책'이라고 일컫는 것이기도 하다. 예루살렘 히브리대학교 미하엘 토흐Michael Toch 교수는 다음과 같이 강조한다. "이 정책은 중세 후기에서 근대에 이르는 변화된 조건 아래에서도 극도로 오래 지속된 것으로 증명됐다."

이슬람교에서 '허용된 종교'는 굉장히 폭넓은 의미를 획득했고, 특히 이 의미는 대개 기독교도들이 거주하는 대규모 지역에서 확산됐다. 적어도 8세기 초 첫 번째 팽창 시기에는 겨우 10%의 무슬림이 90%가 넘는 비무슬림을 지배했다. 12~13세기가 되어서야 북아프리카에서, 15~16세기가 되어서야 아나톨리아(옛날의 소아시아, 현재의 터키-옮긴이)에서 광범위하게 이슬람교로 개종한 것으로 간주된다. '경전이 있는 종교'인 유대교와 기독교는 '보호'를 받기는 했지만, 충성을 요구받았음은 물론 특별한 세금을 납부해야 했고, 구별되는 복장으로 종교를 식별하기 쉽도록 했다. 그 결과 종교 및 제식의 자유가 비교적 잘 이루어졌지만, 이러한 자유는 자체 문화 공간 안에서만 엄격하게 이루어졌으며, 절대로 일반 대중의 주목을 받아서는 안 되었다-항상 미나레트^{Minaret}(이슬람교의 예배당인 모스크의 일부를 이루는 첨탑-옮긴이)가 가장 높은 건물로 유지되어야 했다. 하지만 자치 및 자체 판결권은 물론 소유권과 취득권도 보장받았다.

이와는 대조적으로, 기독교는 자신들이 지배하는 구역에 사는 코란 신봉자들에게도 '허용된 종교'의 지위를 허락하는 것이 가능하지 않았다. 왜냐하면 그들을 잘못된 낙오자로 여겼기 때문이다. 바로 이러한 이유로 인해, 기독교도들은 유대교도들에게는 허락한 것을 무슬림에게는 승낙할 수 없었다. 이 점에 있어 실제로 기독교의 관용은 훨씬 편협했다. 그럼에도 불구하고 적어도 기독교가 지배력을 탈환한 스페인의 경우에는 관용을 시도했다. 즉 12세기 발렌시아 지방의 무슬림은 방해받지 않고 이슬람 사원을 방문할 권리, 주거 및 소유 보장, 독립적인 재판권과 비교적 자주적인 자치권, 더 나아가 비이슬람교도의 법적 판결을 받아들이지 않아도 된다는 확약을 얻었다.

하지만 이런 혼합 지역은 대체로 드물었고 결국에는 없어졌으며, 정확히 말하면 양편으로 갈라졌다. 한편에서는 지중해 섬과 스페인 일부가 연속적으로 재^{再}기독교화되었고, 다른 편에서는 북아프리카와 아나톨리아가 완전히 이슬람화되었다. 이슬람에서는 특수한 문제가 여전히 있었다. 즉 기독교의 지배를 받는 경우, 영국 태생의 미국 사학자 버나드 루이스$^{Bernard\ Lewis}$가 단언한 것처럼 "이슬람 법률학교는 최소한 이주를 추천했으며, 대부분의 경우에는 이주를 의무로 간주했다."

가령 자발적으로 기독교 지배하에 계속 남으려는 사람은 "이슬람 지역으로 이주한 사람들은 물론 기독교에 굴복하지 않은 무슬림으로부터도 엄청난 멸시"를 받았다. 왜냐하면 아무리 나쁜 형태의 무슬림 지배라도 최상의 형태의 비신자 지배보다는 훨씬 받아들일 만하다고 여겼기 때문이라고 한다. 이러한 배경을 보면, 오늘날 비무슬림 국가로 이민 온 무슬림이 예전에는 이슬람이 절대 몰랐던 문제에 직면한다는 것을 잘 이해할 수 있다.

'허용된 종교'라는 체계는 자연스럽게 이원화된 계급 사회를 만들어냈다. 이러한 사회는 관용의 대상이 된 종교의 구성원에게 수많은 불이익을 주어 항상 일정한 정도의 압력을 가했다. 그리고 이는 이중 종교라는 독특한 현상으로 이어질 수 있었다. 예를 들면 은밀하게 유대교를 믿는 신자, 비밀리에 기독교를 믿는 신자, 겉으로 드러내지는 않지만 속으로는 이슬람교를 믿는 신자같은 경우다. 15세기 스페인에서 수만 명의 유대인이 세례를 받자, 아마도 습관이나 무지에서 비롯된 듯한 이중행동이 곳곳에서 발생했다. 즉 안식일에는 유대교당에 가고 일요일에는 미사에 참석한다든지, 집에서는 유대교 관습에 맞는 식사를 하다가 바깥에서는 돼지고기를 먹는다든지 하는 것이다. 세례 받은 무슬림도 이와 비슷한 이중행동을 했다. 예를 들면 알바니아에서는 비밀리에 기독교를 믿는 신자들이 있었는데, 남편은 무슬림처럼 살고 아내는 기독교도처럼 살거나, 가정에서는 기독교도로 살다가도 공개적으로는 무슬림 방식으로 활동한다든지, 집에서는 기독교 사순절 단식 계율을 지키다가도 이슬람 사원에서는 라마단을 지킨다든지, 죽을 때 종부성사를 받았지만 무슬림 방식으로 매장된다든지, 세금

징수를 할 때는 가장이 무슬림이라고 밝힌다든지(기독교도에게 높게 부과되는 과세를 피하기 위해서다) 병역 징집과 관련해서는(군 면제 때문에) 기독교도로 행세한다. 옛날은 물론 오늘날까지도 종종 기독교와 이슬람교가 공통으로 찾는 성지 및 순례지가 있다.

　이 모든 규정은 실제로 세 유일신교가 당시 절대성 요구(종교, 철학, 정치 분야의 학설·교리와 관련해 절대적인 정당성과 유효성을 요구하는 것을 지칭-옮긴이)를 명분으로 몇 백 년 동안 전쟁을 지속하며 뒤엉키는 상황이 일어나지 않도록 막는 역할을 했다. 그럼에도 불구하고 근대에 이르러서는 진정으로 새로운 것, 즉 모든 이가 어느 곳에서도 동등하게 종교의 자유를 누릴 권리가 등장했다는 사실은 분명하다.

2장

기원후 천 년

사랑의 종교가 폭력과 마주하다

관용은 기독교가 발명한 개념이다. 고전 라틴어 'tolerantia'는 신체적 부담과 수고, 또는 부당함, 고문, 폭력을 견디는 것을 의미했다. 절대로 다른 견해나 다른 사람을 감내하는 것을 뜻하는 것이 아니었다. 그런데 기독교도들은 이 단어의 의미를 완전히 바꾸었다. 그때부터 사람들은 이 단어를 다른 사람들을 세심하게 존중하고, 생각이 다른 사람들에게 관용을 베푼다는 뜻으로 이해한다. 이는 기독교 신앙의 양대 핵심 계명과 밀접한 관련이 있다.

"첫째는 이것이다. '이스라엘아, 들어라. 주 우리 하느님은 한 분이신 주님이시다. 그러므로 너는 마음을 다하고 목숨을 다하고 정신을 다하고 힘을 다하여 주 너의 하느님을 사랑해야 한다.' 둘째는 이것이다. '네 이웃을 너 자신처럼 사랑해야 한다.' 이보다 더 큰 계명은 없다."(마르코복음서 12장 29~31절) 그리고 사도 바오로는 이 말씀으로부터 결론을 내린다. "여러분이 하는 모든 일이 사랑으로 이루어지게 하십시오." 이는 관용에 대한 직접적인 결과였다. 이 말은 다음과 같은 의미다. 사람들을 사랑하라. 하지만 그들이 저지른 비행은 혐오하라. 이

기독교 콘서트

것이 바로 새로운 기독교식 관용이었다. 사람들은 죄악에도 불구하고 생존권을 누려야 하고 심지어 사랑받아야 한다. 서양의 위대한 기독교 교부敎父인 아우렐리우스 아우구스티누스Aurelius Augustinus(354~430)는 이를 아주 실용적이면서 현실적으로 설명했다. "죄인을 사랑하라. 하지만 죄인이라서가 아니라 인간이라서 사랑하는 것이다." 800년 뒤 토마스 아퀴나스Thomas Aquinas(1225~1274)도 이와 똑같은 의미로 설명한다. "우리는 죄인이 지은 죄를 미워하고, 그가 인간임을 사랑해야 한다." 이런 교리는 다른 종교에는 없었다. 왜냐하면 모든 죄는 신을 모욕하는 것이며, 신을 모욕하면 벌을 받아야 했기 때문이다.

쭉정이는 어디로? 비유가 종교사를 바꾸다

'네 온 생각을 다 바쳐' 신을 사랑한다. 이것이 바로 신에 대해 깊이 생각하는 신학이 탄생하는 순간이다. 그리고 가장 초기에 나온 기독교 신학은 이미 관용을 지지하는 태도를 보였다. 북아프리카 출신의 위대한 법률가이자 신학자인 테르툴리아누스Tertullian(150~220)는 명료한 언어로 종교적 압박과 맞서 싸웠다. "모든 이에게 종교의 자유를 빼앗고 자신의 신을 자유롭게 선택하는 행위를 금지하는 바람에, 더이상 자기 뜻대로 누구를 숭배할지 스스로 결정하지 못하고 자기 뜻에 어긋나는 신을 숭배하도록 강요당한다. 하지만 어느 누구도, 심지어 신도, 별로 내켜하지 않는 사람들에게 숭배를 받고 싶어 하지 않는다." 테르툴리아누스는 이러한 자유를 일컬어 '인권'이라고 명시적으로 표현했다. 이는 새로운 개념이었다.

하지만 이는 인간의 모습을 한 신의 아들인 예수 그리스도를 믿는 기독교도들에게는 어떤 단순한 임의의 견해에 불과한 게 아니었다. 예수 그리스도는 신의 진리다. 기독교도들은 이를 신봉하며, 이를 위해 필요한 경우에는 비폭력적인 자세로 목숨까지 바쳤다. 그래서 사도 바오로는 다른 복음을 믿는 것을 경고했고, 사교도邪敎徒와 이른바 가짜 형제들을 공동체에서 내쫓으라고 촉구했다. 사도 바오로는 그들에 대해 저주를 퍼부었고, 그들은 세상의 종말이 오면 신의 심판대로 넘겨질 것이라고 했다. 그런데 사도 바오로는 이러한 이탈자들에게 어떤 형태로든 폭력을 가하라고 권하는 말은 결코 하지 않았다. 이 또한 새로운 개념이었다.

이와 대조적으로 이교도들은 마음과 정신을 다하여 무수한 신들을 신봉하라고 요구하지는 않았지만, 어떤 의식을 수행하도록 하면서 외적인 복종을 요구했다. 이를 거부하면 사형 판결을 받을 수도 있었다. 기원후 1세기의 기독교도들은 이런 위기감을 계속 걷잡을 수 없이 느꼈다. 자세히 말하면 근대 이전의 모든 종교에서는 다음과 같은 것이 통용됐다. 즉 신에게 적대적인 행위를 한 사람은 죽음을 당할 수 있었고, 그런 일을 당하지 않더라도 그 사람과 주변 사람들뿐만 아니라 그가 속한 사회와 국가도 신의 분노를 한가득 받았다. 누군가가 신성모독 행위를 하면 신 또는 신들의 분노를 불러일으킨다는 생각은 전반적으로 가장 강력하면서도 효과적인 종교 메커니즘이라고 일컬어야 할 것이다. 이러한 신의 분노를 방지하기 위해, 모든 문화권에서는 공익을 위해 신을 올바르게 숭배하라고 장려하는 것이 통치자의 당연한 의무였다. 또한 신을 모욕하는 행위, 신성모독, 신에 대한 적개심

기독교 콘서트

을 드러내는 행위는 이로 인해 모두의 실존을 위태롭게 하는 파괴적이고 두려운 신의 형벌을 받으므로, 온갖 수단을 다 써서 막는 것도 통치자의 당연한 의무였다. 신을 적대한 이는 참수형, 화형 또는 십자가형으로 처벌받았다. 이미 고대 바빌로니아의 함무라비^{Hammurabi}(기원전 1792~1750) 왕이 제정한 법전은 사형을 규정했다. 고대 그리스에서 소크라테스^{Socrates}(기원전 469~399)는 신성모독으로 기소된 가장 유명한 희생자이고, 진기하게도 그의 제자인 플라톤^{Platon}(대략 기원전 428~347)은 신의 존재를 부정해 사형선고를 받은 스승이 스스로 한 변론을 기록했다. 고대 그리스·로마의 형법은 훗날에도 이런 규정을 고수했다. 기원후 1세기에는 플라비우스(로마 제국의 두 번째 왕조-옮긴이) 황가 일원이 유대교나 기독교로 개종하면 참수형에 처해졌다. 고대 이스라엘에서도 이와 다르지 않아, 기독교도인 스테파노^{Stephanus}의 경우 이 때문에 사람들은 "그를 성 밖으로 몰아내고서는 그에게 돌을 던졌다."(사도행전 7장 58절)

이 모든 것을 분명하게 알면, 모든 종교에서 신을 적대시하는 이에게 신체적 몰살을 가하던 관례를 기독교가 급진적으로 타파한 사실이 종교사에서 얼마나 엄청나게 새로운 것인지 제대로 이해할 수 있다. 제자들이 유대인의 시각에서는 무신론자인 사마리아인들을 보고 "주님, 저희가 하늘에서 불을 불러내려 저들을 불살라 버리기를 원하십니까?"(루카복음서 9장 54절)라고 묻자, 예수는 꾸짖었다. 그리고 산상설교에서 예수는 일체의 폭력을 금지시켰다. "너희는 원수를 사랑하여라. 그리고 너희를 박해하는 자들을 위하여 기도하여라. 그래야 너희가 하늘에 계신 너희 아버지의 자녀가 될 수 있다."(마태오복음서 5장

44~45절) 그래서 기독교도들은 오로지 길을 잘못 든 사람을 바른 길로 이끌려 노력하고, 구원해달라고 기도하는 행위만 계속 했다. 살해 행위는 금지됐다.

그 대신 기독교도들은 논거와 반론을 번갈아가며 토론했다. 그들은 격렬하게 토론했다. 사도 바오로는 베드로의 면전에서 반대 의견을 극력 주장했다. 결국 기원후 48년 무렵 예루살렘에서 연 이른바 사도 회의에서 엄숙하고 품위 있는 상투구로 합의했다. "성령과 우리는 결정하였습니다." 또한 이후 기원후 첫 천 년 동안 열린 회의에서 격렬한 토론이 진행됐고, 신앙이라는 진실을 위해 교리가 비판받았고, 주교들이 파면됐고, 여러 단체가 통째로 교회에서 축출되었지만, 어느 누구도 결국 목숨을 잃게 될까 봐 두려워하는 일은 없었다. 기존과 다른 교리, 이단은 전체 신자 중 일부만 믿는 것이고 가톨릭이 아닌 것을 의미했다. 이는 교회가 신앙고백(사도신경이라고도 한다-옮긴이)에서 언급했던 것처럼, '보편되었다'는 뜻이다. 하지만 저주는 오로지 이단 자체에게만 하고 이단을 믿는 사람들에게는 하지 말아야 하는 것이 원칙으로 통용됐다. 오히려 그들을 소중히 여기고 구원받을 수 있도록 기도해야 한다고 강조했다.

이렇게 급진적으로 비폭력의 자세를 보이는 까닭은 유명한 성경 구절에서 비롯된다. 이 구절은 수 세기에 걸쳐 수천 명의 목숨을 구했다. 이 성경 구절은 마태오복음서 13장에 있다.

"예수님께서 또 다른 비유를 들어 그들에게 말씀하셨다. '하늘나라는 자기 밭에 좋은 씨를 뿌리는 사람에 비길 수 있다. 사람들이 자는 동안에 그의 원수가 와서 밀 가운데에 가라지를 덧뿌리고 갔다. 줄기가 나서 열매를 맺을 때에 가라지들도 드러났다. 그래서 종들이 집 주인에게 가서, '주인님, 밭에 좋은 씨를 뿌리지 않았습니까? 그런데 가라지는 어디서 생겼습니까?'라고 묻자, '원수가 그렇게 하였구나.' 하고 집주인이 말하였다. 종들이 '그러면 저희가 가서 그것들을 거두어 낼까요?' 하고 묻자, 그는 이렇게 일렀다. '아니다. 너희가 가라지들을 거두어 내다가 밀까지 함께 뽑을지도 모른다. 수확 때까지 둘 다 함께 자라도록 내버려 두어라. 수확 때에 내가 일꾼들에게, 먼저 가라지를 거두어서 단으로 묶어 태워버리고 밀은 내 곳간으로 모아들이라고 하겠다.' (……) 그러자 제자들이 그분께 다가와 '밭의 가라지 비유를 저희에게 설명해 주십시오.' 하고 청하였다. 예수님께서 이렇게 이르셨다. '좋은 씨를 뿌리는 이는 사람의 아들이고, 밭은 세상이다. 그리고 좋은 씨는 하늘나라의 자녀들이고 가라지는 악한 자의 자녀들이며, 가라지를 뿌린 원수는 악마다. 그리고 수확 때는 세상 종말이고 일꾼들은 천사들이다. 그러므로 가라지를 거두어 불에 태우듯이, 세상 종말에도 그렇게 될 것이다. 사람의 아들이 자기 천사들을 보낼 터인데, 그들은 그의 나라에서 남을 죄짓게 하는 모든 자들과 불의를 저지르는 자들을 거두어, 불구덩이에 던져버릴 것이다. 그러면 그들은 거기에서 울며 이를 갈 것이다. 그때에 의인들은 아버지의 나라에서 해처럼 빛 날 것이다.'"

비록 우리 귀에는 지옥에 대한 묘사가 낯설게 들리지만, 그 내용은 명확하다. 이단 전도자와 악마에 대한 판결은 최후의 심판 날에 신에게 맡겨야 한다는 것이다. 그때까지는 사도 바오로의 권고인 "사랑은 모든 것을 견뎌낸다."Caritas omnia sustinet가 계속 유효하다. 가라지—밀 비유는 종교가 행하는 폭력을 전부 끝내라는 요구를 명확히 나타낸 것이며, 이는 관용의 대헌장^{大憲章}이었다. 이 비유가 기원후 1세기에 등장한 여러 문헌은 물론 그 뒤에 나온 문헌에서도 얼마나 자주 인용되었는지 이루 말할 수 없다. 가라지-밀 비유는 초기 기독교의 본질이자 핵심이다.

실제로 기원후 1세기에 전 세계에서 이단 전도자, 이단을 믿는 사람, 이교도 중 종교 이탈 혐의로 교회의 승인 아래 사형을 당한 사람이 한 명도 없었던 것은 바로 이 비유와 관련이 깊다. 기원후 385년 스페인 출신의 이단 지도자인 프리스킬리안^{Priscillian}이 주교회의가 유죄 판결을 내린 뒤 황제 고관들의 촉구로 트리어의 궁정에서 사형당할 위기에 놓이자, 밀라노 대주교 성^聖 암브로시우스^{Ambrosius}(339~397)와 저명한 투르 대주교 성 마르탱^{Martin}은 사형 집행을 막기 위해 멀고 힘든 트리어 길을 두 차례나 몸소 부랴부랴 달려왔다. 그럼에도 불구하고 고관들의 간청을 받아들인 황제의 결정으로 프리스킬리안이 처형당하자, 교황 시리치오^{Siricius}의 엄숙한 명령으로 트리어와 관련된 주교들은 모두 교회에서 파문됐다. 이 스캔들의 결과로, 기원후 1000년까지 이교도나 이단자를 살해하는 일은 더 이상 일절 없었다. 심지어 동방교회에서는 이후로도 이런 관행은 1453년 비잔티움 제국이 멸망할 때까지 계속 지켜졌다.

그래서 기독교도는 이탈자와 맞서 싸우기 위해 오로지 신학에만 매달렸다. 이때 교회는 중도에서 벗어나지 않도록 애써야 했다. 한편으로 교회는 새로운 개혁운동을 계속 진행하면서 정신적·도덕적 쇠퇴와 맞서 싸워야 했다. 또 한편으로 교회는 반대편과 맞서기 시작해야 했는데, 이단 전도자들은 대개 과도할 정도로 윤리적이고 엘리트적이며 육신에 적대적이었기 때문이다. 이와 대조적으로 예수의 강생과 육신의 부활을 믿는 기독교는 도발적일 만큼 감각적이다. 예수는 항상 죄인을 자비롭게 대했고, 초기 기독교도들에게 거만한 엘리트 의식은 완전히 낯선 것이었다. 기독교는 이러한 인간적이면서도 세속적인 면모 때문에, 광신적인 이론가들의 공격에 맞서 방어해야 했다. 이는 항상 쉬운 것은 아니었다.

그래서 위대한 교부 아우구스티누스는 도나투스파(311년 북아프리카에서 일어난 기독교 분파–옮긴이)와의 논쟁에 몸을 던졌다. 도나투스파는 죄를 지은 사제는 신의 은총을 신자에게 전해 줄 수 없다는 견해를 주장했다. 아우구스티누스는 즉시 이 이론을 기독교 신앙의 종말을 알리는 것이라고 보았다. 어느 누구도 사제 개인의 품위와 가치를 판단할 수 없으며, 단순하고 평범한 신자는 신의 사랑을 진정으로 체험한다는 확신을 못하는 상태로 남을 것이기 때문이다. 도나투스파 신학자들 입장에서 아우구스티누스는 완승을 거두거나 완패를 당할 대상이었다. 그럼에도 불구하고 아우구스티누스는 비폭력을 강력하게 지지했다. 인간은 결국 오로지 자유의지로만 신앙을 가질 수 있다고 했다. 뿐만 아니라 모든 인간은 죄인이기 때문에 이웃과 동포에게 관용을 베풀어야 한다고 강조했다. 이는 이단 전도자들에게도 해당됐다. "그들의 육신을 잃도록 하면 안 된다. 나쁜 영이 떠나도록 해야 한다. 그리고 악마를 교정하는 데 도움이 될 수 있는 일을 해야 한다." 중세 교회법은 이 문장을 받아들였다. 심지어 이단 전도자는 좋은 점도 있다는 것이다. "왜냐하면 이단 전도자가 의심을 받아 약삭빠르게 동요하는 모습을 보이고, 그들의 주장을 반박하여 그들이 던진 질문이 배움의 기회가 된다면, 가톨릭 신앙을 믿는 수많은 사람들은 보다 주의 깊게 관찰하고, 보다 분명하게 이해하고, 보다 설득력 있게 의견을 듣고 전도되기 때문이다." 이단을 평생 동안 배울 자극제로 삼는다-이는 대단히 현대적인 생각이다. 아우구스티누스의 경우도 가라지-밀 비유를 결정적인 성경 말씀으로 여겼다. 그래서 결국 다음과 같은 것이 통용됐다. 즉 교회는 "교정할 능력이 없는 사람들에게도 관용을 베푼다." 왜냐하면 죄인과 이단자에게도 그들이 죄와 이단 행위를 저질렀음에도 불구하고, 사랑으로 대할 수 있기 때문이다. "삶이 지속되는 한, 그들이 자신의 죄를 뉘우치고 교정하는 방향으로 나갈지 아닐지 절대 알 수 없는 노릇이다." 아우구스티누스는 기원후 411년 종교 대화에서 도나투스파를 멋들어지게 반박했고, 이로 인해 도나투스파의 영향력은 크게 줄어들었다.

그런데 이후 도나투스 운동의 광신파인 의적교도義賊敎徒, Circumcelliones가 테러리스트가 되어 폭력·약탈·살인 행위를 저지르며 나라 곳곳을 다니자, 결국 아우구스티누스도 이와 같은 종교 테러가 일어난 경우 국가가 이교 신봉자들에게 압력을 행사하는 것에 동의했다. 그들이 교회로 되돌아오도록 만들기 위해서였다. 이때 아우구스티누스는 예수가 말씀한 혼인 잔치의 비유를 그 근거로 내세웠다. 이 비유에서 초대받은 손님들은 오지 않고, 초대자인 임금은 종들을 덤불과 울타리로 보내 그곳에 있는 사람들에게 잔치에 와달라고 간청하게compelle intrare(라틴어로는 '끌고 오라'는 의미-옮긴이) 했다. 하지만 아우구스티누스는 이교도들에 대한 폭력, 고문, 심지어 살해를 여전히 반대했다. 동방의 요한네스 크리소스토무스$^{Johannes\ Chrysostomus}$(약 349~407, 기독교 성인-옮긴이)도 이와 똑같은 입장이었다. 기원후 첫 천 년 전체 기간 중 600년 동안 사람들은 당연히 이런 입장을 이해했다. 그 이후에 이러한 입장은 악용되기도 했다. 하지만 무엇보다 아우구스티누스의 입장을 담은 문장은 여전히 유효했다. 이 문장은 1140년 경에 편찬된 매우 중요한 교회법령집인 《그라티아누스 교령집》$^{Decretum\ Gratiani}$에 수록되었다. "누구에게도 신앙을 강요할 수 없다." 이후 대단히 명망 있는 중세 신학자인 토마스 아퀴나스도 이와 관련된 언급을 한 바 있다. 그는 누구에게도 신앙을 강요할 수 없다고 설명한다. "신앙은 자유의지와 관련된 사안이기 때문이다." 이러한 입장은 오늘날까지도 변함없이 교회에 통용된다.

기독교가 고대 세계에 빠르게 확산된 사실은 언제 보아도 놀랍다. 또한 기독교 확산이 어떠한 계획과 전략도 없이, 어떠한 종교기관도 없이, 특수 교육을 받은 선교사 파견도 일절 없이 진행되었다는 사실을 알면 너무나 놀랍다. 거물급 개신교 신학자 아돌프 폰 하르나크$^{Adolf\ von\ Harnack}$가 오늘날에도 여전히 탄탄한 기본기가 돋보이는 저서 《기독교 선교와 확산》$^{Mission\ und\ Ausbreitung\ des\ Christentums}$에서 간명하면서도 명확하게 표현했던 것처럼, 교회는 '순전히 존재 자체를 통해서만' 활동했다. 고대교회사학자 노르베르트 브록스$^{Norbert\ Brox}$에 따르면, 초기 교회의 일반 신학에는 세상에 기독교를 전파하는 선교 활동에 대한 기본 내용이 포함되지 않았다. "선교에 대한 생각, 그러니까 예를 들어 모든 비기독교도를 개종시킬 필연성과 이에 상응하는 기독교도의 공통된 선교 의무는 뚜렷하게 표현되지 않는다. 기독교 신자들은 반드시 대대적으로 선교 활동을 해야 한다는 생각이 없었다." 어차피 모든 사람이 기독교를 믿을 거라고 기대하지도 않았다. 신약성경의 테살로니카 신자들에게 보낸 둘째 서간에는 이런 내용이 있다. "모든 사람이 믿음을 가지고 있지는 않기 때문입니다." 그런 까닭에 아우구스티누스는 다음과 같은 견해를 보일 수 있었다. "모든 사람이 신앙을 가질 필요는 없다. 약속은 모든 '민족'에게 했지, 모든 민족의 모든 '사람'에게 한 것은 아니기 때문이다." 사람 개개인이 아니라, 민족을 선교 대상으로 여긴 것이다.

후기 기독교 시대에도 국가 당국은 신성모독은 물론 신성모독 행위로 간주된 이교도 제식도 신의 분노를 방지하기 위해 퇴치하는 노력을 기울였지만, 절대 사형을 시키지는 않았다. 카롤링 왕조 시대에는 지식인층 이단자들을 수도원에 감금시키겠다고 위협했다. 스위스 출신 중세사학자 모니카 블뢰커Monica Blöcker는 〈중세 초기 국민의 분노에 관한 특별 조사 연구〉에서 국민들은 신의 형벌을 받을지도 모른다는 고대 풍의 두려움 때문에, 유죄 판결과 공동체 추방을 신속하게 요구했고, 심지어 사형私刑을 통한 살해도 일어났다는 사실을 밝혀냈다. 이는 '희생자를 향해 반감을 품은 국민의 분노와 성직자의 영향력 약화'를 보여주었다. 기독교의 관용과 비폭력 자세는 앵글로색슨계 수도사인 베다 베네라빌리스Beda Venerabilis(약 672~735)나 '독일의 스승'으로 칭송받는 풀다 수도원장이자 마인츠 대주교인 라바누스 마우르스Hrabanus Maurus(780~856) 같은 기원후 1세기에 활동한 주요 신학자들의 발언을 통해 깊이 각인되었다.

그래서 위르겐 하버마스의 제자인 라이너 포르스트Rainer Forst가 신약성경은 근대를 지나 현대에 이르기까지 "관용은 유럽 전체의 공통 담론에서 핵심적인 의미를 차지하고 있다. 그러므로 기독교인들의 무기는 세속적인 압력이나 폭력이 아니라, 오로지 관용이라는 말이다"라고 단언한 것은 전혀 놀랍지 않다.

기독교의 비폭력과 국가 폭력

이스라엘 민족은 팔레스타인 영토를 폭력적으로 점거했고, 이 적대 관계에 있는 민족들은 서로를 절멸시키겠다고 위협하고 협박받았다. 유일신교의 인도주의적인 영향력은 아주 오랜 세월이 지나서야 비로소 발휘됐다. 이슬람교 역시 극^極초기에는 전쟁을 통해 확장해나간 것이 특징이다. 예언자 무함마드^{Muhammad}는 몸소 전쟁터로 말을 타고 갔으며, 100년 안에 북아프리카는 물론 스페인도 완전히 함락됐다. 그리고 무슬림 병력은 남프랑스에 주둔했다. 이는 기독교와는 커다란 대조를 이룬다. 기독교도가 이런 행동을 한다는 것은 도저히 상상할 수도 없기 때문이다. 나사렛 출신 예수는 당나귀를 타고 예루살렘으로 들어왔다. 군사적으로 승리를 거두기 위해서가 아니라 고통을 겪기 위해서였고, 죽이기 위해서가 아니라 죽음을 당하기 위해서였고, 영토를 차지하기 위해서가 아니라 모든 것을 잃기 위해서, 심지어 입던 옷까지 잃기 위해서였다. 그리고 최초의 기독교도들도 예수와 똑같이 행동했다. 이스라엘 민족은 성전^{聖戰}인 '여호와의 전쟁'에 익숙했다. 훗날 무슬림들에게 '성전'의 핵심 의미란 이슬람 지배권의 확산이었고, 그 결과 이슬람학자 틸만 나겔^{Tilman Nagel}이 언급한 것처럼 '이슬람교 영역과 나머지 영역 간의 일상적인 관계는 바로 전쟁 중인 관계'였다. 이와 대조적으로 기독교도는 처음부터 일체의 군사적 폭력 행위를 거부했다. 그렇기 때문에 기독교도는 기원후 66~70년에 일어난 유대인 반란에도 참여하지 않았는데, 이는 역사학자 요한 마이어^{Johann Maier}가 단언한 것처럼 유대민족이 분리되는 원인이 되었다. 그러므로 기독교도는 급진적이라 할 만큼 비폭력적이었고 상당수가 철저한 평화주의자였다. 때문에 병역을 거부하고 심지어 공격을 받아도 절대 방어 행동을 취하지 않았다. 그리고 기독교도는 자신이 섬기는 예수가 간 길을 따라, 대중이 구경하는 앞에서 죽음을 맞이하는 순교자가 될 수 있는 것을 기뻐했다. 몇 백 년 동안이나 계속 그랬다. 그리고 국가와의 관계는 예수의 말씀을 따랐다. "황제의 것은 황제에게 돌려주고, 하느님의 것은 하느님께 돌려 드려라."

교회가 행운을 누리게 되자, 기독교도의 문제가 시작됐다. 국가는 기독교 박해를 끝냈고 콘스탄티누스 대제는 결국 기독교도가 되었다. 이제 어떻게 할 것인가? 콘스탄티누스 대제는 모든 로마 황제가 이미 항상 하던 것을 했다. 즉 자신이 믿는 종교에도 신경을 쓴 것이다,

콘스탄티누스 대제는 두 가지 문제와 씨름했다. 한편으로는 기독교도답게 비폭력 차원에서 행동하려는 데 따른 문제이고, 또 한편으로는 태고 이래로 그래왔던 것처럼 황제로서 공동체 사회가 피해를 입지 않도록 신성모독 행위를 제거해야 하는 문제였다. 그리고 올바른 신앙에서 이탈하는 행동은 신성모독으로 간주했다. 하지만 고대 기독교가 줄곧 지켰던 비폭력 노선은 기원후 1세기에 콘스탄티누스 대제가 국가 규정을 전환할 때에도 효과를 발휘했다. 콘스탄티누스 대제

는 기독교도들 간에 신학적 불화와 반목이 일어나자 공의회를 소집했다. 실용적인 자세로 자신의 관저에서 멀리 떨어지지 않은 곳인 니케아에서 공의회를 개최한 것이다. 이에 대해 교회는 대제에게 굉장히 고마워했다. 그러나 기독교를 믿는 콘스탄티누스 대제의 후계자 황제들이 교회와 관련된 사안에 제멋대로 끼어들기 시작하자, 현재까지도 교회를 계속 신경 쓰게 만드는 문제가 나타났다. 즉 교회는 기독교가 국교인 국가를 어떻게 대해야 할까? 그리고 기독교를 믿는 통치자는 교회에 대해 어떤 태도를 취해야 할까? 이제까지 기독교도에게 폭력은 다른 사람들이 가하는 폭력이었다. 그러나 이제 국가 권력은 기독교를 바탕으로 하게 됐고, 신약성경은 이런 상황에 대한 대답을 전혀 준비해놓지 못했다. 국가는 그 자체로는 절대 나쁜 존재는 아니었다. 국가는 처음에는 무자비했던 강자의 약자에 대한 통치를 문명화된 방향으로 이끌었다. 하지만 그럼에도 불구하고 교회는 기독교를 국교로 택한 국가에서도 자유로워지기를 원했고, 기독교를 믿는 황제는 특히 자신이 로마 황제이지 교회의 충실한 견습 사원은 절대 아니라고 느꼈다. 이 문제를 이상적으로 풀기 위한 해결법은 없었다.

그런데 교회가 로마 국가와 바람을 피우는 것이 타락한 것이라고 여기는 모든 이에게, 교회는 자신이 역사에서 사라지지 않으려면 로마 제국의 기독교 개종으로 설명되는 도전을 받아들일 수밖에 없었다고 항변할지 모른다. 그 때문에 교회는 국가가 인간적이 되는 데 기여했다. 로마 제국에서 여전히 영향력이 컸던 기독교의 맞수는 주로 나이가 많은 엘리트인 이교도들이었는데, 이 때문에 그들은 기독교도들이 분명 국가를 허약하게 만들었고 그래서 기원후 410년 제국 전체를 뒤

흔든 야만적인 서고트족의 로마 점령에 책임이 있다고 비난했다. 이러한 비난에 대한 대답으로 아우구스티누스는 주요 저서인《신의 나라》를 썼다. 이 저서에서 아우구스티누스는 세속 국가와 인간의 마음에서 시작되는 신의 나라를 구별했다.

또한 아우구스티누스는 기독교도가 새로이 국가에 대한 책임을 져야 한다는 결론을 이끌어내기도 했다. 어느 국가도 평화주의를 완벽하게 시행하지 못했다. 그래서 아우구스티누스는 완전히 새로운 것을 창조했다. 아우구스티누스는 전쟁을 로마시민에게 종교의 '평화를 가져다주는' 합법적인 상시 수단으로 이해하는, 천 년 동안 이어진 로마군 전통에 반기를 들었다. 그러한 전통은 정복 활동을 보다 호감이 가는 말로 위장한 것으로 보았다. 아우구스티누스는 '정의로운 전쟁'이라는 교리를 설정했다. 이 교리는 오늘날에도 국제정치의 기반 노릇을 하고 있다. 아우구스티누스에 따르면 정복 전쟁은 절대 금지였다. 오로지 방어전만 가능했으며, 이것도 엄격한 조건에서만 가능했다. 즉 전쟁은 적의 공격과 부당한 행위에 저항할 때만, 그런데 예상 손실이 지나치게 크지 않다고 판단될 때만 가능했다. 그 밖에도 윤리적으로 이의의 여지가 없는 의도가 바탕이 되어야 했다. 전쟁은 결코 전투에 대한 욕망이나 약탈하고 싶은 욕망에서 정당화될 수 없고, 전쟁은 합법 정부가 진행해야 하며, 누구든지 독자적으로 수행해서는 안 된다는 것이다. 여기서 최근에 분석된 '아우구스티누스의 평화 교리'가 등장한다.

1. 국가의 폭력은 물론 전쟁은 전반적으로 외적 정의와 사회 질서의 명백

기독교 콘서트

하고도 중대한 교란에 반응할 때만 정당화될 수 있다.

2. 국민이나 국가를 신에게 특별히 선택된 존재로 동일시하는 행위는 예외 없이 거부할 수 있다.

3. 자신만의 행복을 얻기 위한 성전聖戰은 어떠한 경우에도 불가능하다.

4. 폭력 행사의 상한선은 엄격하게 준수되어야 한다. 아우구스티누스는 고문과 사형을 맹렬하게 거부한다.

이 모든 것이 너무나 당연하다고 생각하는 사람이 있다면, 심지어 자신이 기독교 신자라고 여긴다 하더라도, 기독교 전통이 남긴 유산이 얼마나 대단한지 전혀 모를 수 있다.

로마 제국의 기독교 개종은 평탄치 않은 과정을 거쳤다. 황제와 교회 사이에는 계속해서 긴장이 감돌았다. 기독교를 믿는 황제들이 보기에 성 아우구스티누스가 주장한 평화윤리학은 로마의 전통과는 상당히 거리가 있고, "인간은 오로지 자유의지로 믿을 수 있다"는 아우구스티누스의 주장은 많은 사람들에게 낯설게 다가왔다. 이교도 황제가 정복한 민족이 믿던 신들을 로마의 만신전에 그대로 편입시키려면, 항상 굴복한 민족이 향후 로마의 신들, 특히 신격화된 황제를 숭배하는 조건하에서만 가능했다. 그러지 않으면 이른바 죽어 마땅한 헌법 질서 파괴자로 간주했다. 오로지 유대교도만 '허용된 종교'라는 공식적인 지위를 통해 예외로 쳤다. 이제 로마 제국이 기독교로 개종하자, 황제는 정복한 민족이 더 이상 황제를 신으로 숭배하지 않고 하늘과 땅의 주인인 예수 그리스도를 섬기기를 기대했다. 로마 제국에서는 세례를 강요하는 종교 정책이 생겼다. 그래서 강제 세례가 실시됐는데, 이는 기독교 입장에서는 완전히 낯선 상황이었다. 기독교도들은 이교도 문화의 금지와 신전 파괴를 어쩔 수 없이 동의하기는 했지만, 그들은 여전히 선교를 하겠다는 자극과 추진력을 좀처럼 발전시키지 않았다. 그래서 4세기에는 로마 제국 시민 중 약 15퍼센트만 기독교도 였다. 하지만 이제 기독교도들은 분위기를 선도했고, 이교도는 차츰 사라져갔다. 제국 내부에서는 국가적으로 이교도를 차별하는 경향이 점점 증가했고, 결국 유스티니아누스Justinianus 황제 치하에 이르자 이 교도들은 사실상 법적 권리를 잃었다. 그러나 고대사학자 요하네스 한 Johannes Hahn은 이 모든 국가의 강제 조치에도 불구하고 이때를 종교가 폭압을 행사하던 시대라고 할 수는 없다고 지적한다. "이교의 쇠퇴와 기독교를 통한 억압은 대부분 요란하게 물의를 일으키는 것과는 거리 가 먼, 평화로운 방식으로 진행된다."

기독교 입장에서 국가와 교회 간의 긴밀한 관계는 여전히 낯선 상 황이었고, 이는 계속 갈등과 마찰로 이어졌다. 이러한 배경에서 앞에 서 언급한 예수의 말씀인 "황제의 것은 황제에게 돌려주고, 하느님의 것은 하느님께 돌려 드려라"는 새로운 현실성을 얻었다. 고대에서 중 세로 전환하는 시기에 교황 겔라시우스 1세Gelasius(492~496)는 이와 관 련해 널리 유명해진 결론을 내렸다. 겔라시우스에 따르면 "국가 권력 이 성직을 차지하는 것은 허용되지 않으며, 이는 제국의 권한에 속하 지 않는다는 것을 국가는 인식해야 한다. 국가에게 주어진 것은 오로 지 인간의 문제에 대해서만 표명하는 것이지, 신과 관련된 사안을 맡 는 것이 아니다. 예수 그리스도는 인간의 약점을 잊지 않으시고 지혜 롭게 축복을 내리시어, 신의 권력과 국가 권력을 빼어나게 정리하셨다.

기독교 콘서트

예수는 양쪽 권력의 법률 영역을 각각 독립적인 활동 영역으로, 잘 구분된 존엄성으로 갈라놓으셨다. 그래서 기독교를 믿는 황제는 주교가 누리는 영생을 갈구해야 하고, 이와 반대로 주교는 세속 영역과 관련된 사안에서는 황제의 법률에 따라 살아간다."

이는 엄청난 센세이션이었다. 이렇게 교회와 국가를 명확하게 분리한 것은 세계사 차원에서 절대적으로 새로운 사건이었다. 기독교 외의 다른 모든 종교는 이런 분리를 상상조차 하지 않았고, 이는 오늘날에도 엄청난 문제로 골머리를 앓고 있다. 그러나 이러한 분리는 훗날 수 세기 동안의 투쟁을 벌인 뒤 계몽주의 시대가 되어서야 비로소 성취할 수 있었다. 국가는 절대로 교회에서 벗어나려 하지 않았고, 교회는 항상 국가로부터의 자유를 쟁취해야 했다.

그런데 어떤 수단으로 쟁취했을까? 오늘날 시점에서 교회가 순전히 논거에 따라 행동해야 했다고 주장한다면, 당시 상황을 제대로 파악하지 못한 것이다. 당시는 오로지 힘이 있어야 국가 권력에서 벗어날 수 있었다. 특히 독일에서는 군주가 주교를 충실한 가신으로 부렸다. 주교는 자녀가 없었기 때문에, 독일 왕은 주교가 가족 이기주의를 발휘할까 봐 두려워 할 필요가 없었다. 당연히 왕은 주교가 스스로도 전심전력을 다하기를 원했다. 이는 교황의 반발을 불러일으켰고 수 세기 동안 격렬한 분쟁을, 이른바 서임권 투쟁을 이끌어 교회의 독립을 이끌었다. 하지만 이는 부분적인 성공에 불과했다. 즉 교회가 힘겨운 투쟁을 벌여 독일 황제의 권력에서 벗어나고 호엔슈타우펜 가문(1138년부터 1254년까지 독일의 왕, 독일 황제 및 슈바벤 공작을 배출한 가문-옮긴이)을 물리치자마자, 아비뇽에서 프랑스 왕의 권력에 엄청 시달리게 되었다. 이러한 사실을 알아야만, 제2차 세계대전의 결과로, 오늘날까지 적어도 바티칸 같은 아주 작은 국가가 교황을 위해 교회의 자유를 보증하는 역할을 하는 이유를 이해할 수 있다. 그 밖에 왕좌와 교회 제대의 개신교적 통합이 높이 평가받던 비스마르크^{Bismarck} 국가에서는, 가톨릭의 경우 중세 제국에 맞서던 교황의 투쟁이 여전히 지속됐으며, 문화투쟁(19세기 프로이센과 가톨릭교회 사이의 갈등과 대결 - 옮긴이)에서 가톨릭교회는 새로운 독일 제국의 폭군에게 굴복해야 하는 상황으로 내몰렸다. 이와 동시에 오늘날에는 국제적으로 명성이 높은 중세 연구자인 게르트 알트호프^{Gerd Althoff}의 저서를 통해, 독일의 애국자들이 항상 높이 찬양하는 황제인 하인리히 4세^{Heinrich IV.}(1050~1106)가 난폭한 압제자이자 여성들을 능욕한 방탕아였다는 사실을 아주 잘 알게 됐다. 이와 대조적으로 하인리히 4세의 적수이자 그가 카노사에서 파문당할 위기에서 간신히 벗어나게 만든 교황 그레고리오 7세^{Gregorius VII.}(대략 1025~1085)는 중요한 고위성직자로 입증됐다. 그레고리오 7세는 훗날 하인리히 4세에게 배신당한 뒤 유배지 살레르노에서 죽었는데, 이때 대단히 감동적인 묘비명을 남겨달라고 유언했다. "나는 정의를 사랑했고 불의를 미워했으며, 이 때문에 유형지에서 죽는다." 하지만 개신교도들은 루터가 농민전쟁의 잔학한 참상에 경악해 영주들에게 도움을 요청한 이래로, 여러 번 국가에 굴복했다고 주장했다. 그리고 정교회 신자들은 이미 초기부터 통치자에게 무조건 충성할 것을 장려했다. 러시아 정교회의 경우 제2차 세계대전 중에 이오시프 스탈린^{Joseph Stalin}을 결코 외면하지 않았으며, 모스크바 총대주교는 항상 스탈린에게 충성을 표명했다.

야만인을 개화시키다 - 기독교와 게르만족

기독교가 고대 로마 제국을 약간이나마 기독교화시키자마자, 다음 문제가 제국은 물론 교회에도 들이닥쳤다. 바로 게르만족이었다. 게르만 민족은 폭력을 찬양하는 이교도였고, 때때로 적국에서 '반달족(게르만족에 속하는 루기족을 중심으로 한 혼성부족으로, 북아프리카까지 진출해 카르타고를 점령하고 세력을 확장해 로마를 침탈했다-옮긴이)처럼' 날뛰었다. 그들은 관용을 전혀 알지 못했다. 기본적으로 전쟁이 계속됐으며 씨족의 평화 외에는 모든 게 적이었다. 평화는 예외적인 것이고 특별 조약을 통해 확정되어야 했다. 종교학자 한스 페터 하젠프라츠Hans-Peter Hasenfratz는 깜짝 놀랄 만한 사실을 알려주었다. "아이슬란드의 사내아이 에길Egil은 일곱 살에(그의 어머니가 대단히 자랑스러워할 만하게도) 놀이친구를 수염 깎는 도끼로 때려죽였다. 에길이 친구와의 공놀이에서 졌기 때문이다. 이 분야의 기록 보유자는 덴마크의 사내아이일 텐데, 이 아이는 이미 아홉 살에 어른 남자 세 사람을 때려죽였다."

바로 이런 게르만족이 급진적으로 비폭력을 강조하는 기독교 복음에 감화된다는 것은 결코 쉬운 일이 아니었다. 그리고 개종은 오늘날 사람들이 바라는 대로 이루어지지도 않았다. 프랑크 왕국의 왕인 클로비스Chlodwig는 그리스도의 이름으로 대전투에서 승리한 뒤에 세례를 받았고, 이러한 이유로 프랑크족 전체가 세례를 받았다. 그런데 이를 보다 정확하게 말하자면, 왕이 그들에게 세례를 베푼 것이다.

지금 보면 이것은 과연 순수한 정책이었을까? 클로비스 왕은 오로지 다른 민족, 즉 가톨릭을 믿지 않는 게르만족에 맞서려는 의도로, 구舊 로마 제국의 가톨릭을 믿는 국민과 동맹하기 위해 가톨릭 신자가 된 것일까? 그렇다고 추측할 수 있다. 하지만 클로비스 왕이 이러한 행보로 인해 커다란 위험에 빠졌다고 반박할 수 있다. 선조 대대로 내려온 클로비스 왕의 왕위는 오로지 그가 반신半神으로 숭배된 최고 존엄의 조상인 메로베크Merovech의 후손이고, 물론 메로베크의 피가 모든 프랑크족에 흐르기는 하지만, 그중에서도 왕족이 가장 순수한 혈통을 이어받았다는 사실을 바탕으로 하고 있었다. 그러나 기독교는 최고 존엄의 조상은 물론이고 특별한 혈통도 인정할 수 없었다. 성경에 나오는 천지창조 역사에 따르면 모든 인간은 아담과 하와의 후손이고, 따라서 모두가 똑같으며 혈통의 차이도 없기 때문이다. 그러므로 클로비스 왕은 세례를 받음으로써 특권을 부여받은 혈통의 신분을 잃을 수도 있는 위험을 감수했다. 법사학자 한스 하텐하우어Hans Hattenhauer는 이를 드라마틱하게 서술했다. 클로비스 왕은 "헌법 위반을 저질렀으며" 이 때문에 "모든 프랑크족은 당연히 그에 대한 복종을 거부하고 그를 범법자이자 재앙을 가져오는 사람이라고 비난할 수도 있었다." 그래서 클로비스 왕과 프랑크족의 세례는 단순히 순수한 정책이 절대 아니었다.

민족 전체가 세례를 받은 이야기는 오늘날을 사는 사람들에게는 이상하고 유별나게 들린다. 오늘날 개종은 개인적으로 이루어지는 것을 기본 전제로 하기 때문이다. 그러나 게르만족의 등장으로 종교를 다시 부족 종교로 이해하는 경향이 좀 더 강해졌고, 이로 인해 기독교 선교도 달라졌다. 개인을 개종시키는 것이 아니라, 부족 전체를 개종시키는 것이다. 게르만족이 보기에 이는 대단히 낯선, 무언가 다른 것이었으리라. 그렇기 때문에 역사학자 한스 디트리히 칼^{Hans-Dietrich Kahl}은 "우리가 '폭력적인 선교'와 '강압적인 기독교 개종' 같은 개념을 사용할 때 지금까지 했던 것보다 훨씬 신중한 태도로 자제할 것"을 요구했다. 신들의 세계가 지닌 가치를 매번 전시 병력 및 승리를 거둘 수 있는 군사력에 따라 평가했던 종교집단인 게르만족을 어떻게 개종시켜야 했을까?

이때 새로운 기독교와 게르만족 종교 간의 대비되는 차이점은 대단히 컸다. 게르만족은 자신들이 예측할 수 없는 운명에 예속되어 있고, 신들은 이 세상의 무사계급과 똑같이 호전적으로 행동한다고 여겼다. 심지어 내세인 발할^{valhall}조차 영웅들이 계속 칼싸움을 하는 전쟁터였다. 다만 내세의 삶이 현세와 다른 점은 오늘 죽음을 당한 사람들이 다음 날 다시 일어나 새롭게 전투를 시작하는 것뿐이었다. 심지어 '내면'이나 '진심', '동정'이나 '양심' 같은 낱말은 전혀 존재하지 않았고, 사랑이라는 정신상태는 게르만족에게 전혀 관심과 화제를 모으지도 않았다는 사실이 놀랍지도 않다. 이런 사람들에게 인간은 온 마음을 다해, 진심으로, 영혼을 바쳐, 모든 이성을 다해 전력으로 신을 사랑해야 한다는 메시지를 전달하는 일은 진정으로 엄청난 도전이었다. 하지만 기독교 선교는 성공했고, 이는 아주 실용적인 결과에 따른 것이었다. 예를 들어 게르만족의 법체계는 당연히 행위책임만 알았다. 즉 사람은 의도와는 전혀 상관없이, 행위에 대해서만 책임을 졌다. 이와 대조적으로 신약성경은 다음과 같이 확실하게 말했다. "네가 마음으로 욕망을 품으면, 이미 죄를 범한 것이다." 그래서 근대에 이르러 의도책임이라는 개념이 나타났는데, 이는 행위를 했을 경우 의도와 동기를 고려할 수 있는 것이다. 기독교의 회개 관행은 사람들을 처음으로 심리적 존재로 인지했다. 사람들은 동기에 대해 묻고 유익한 변화에 이르려고 애썼다. 위대한 사회학자인 막스 베버Max Weber는 고해 및 회개 체계가 전 세계 차원에서 보아도 유례가 없는 방식으로 "독보적인 힘을 발휘해 서유럽 세계의 기독교화를 관철시켰다"고 쓸 수 있었다.

실제로 게르만과 슬라브 민족의 기독교 개종도 까다로운 과정을 거쳤다. 여기서 고도의 문화와 단순한 문화가 충돌했기 때문이다. 두 문화의 세계는 완전히 상이한 수준이었다. 한쪽은 문화 수준이 높은 철학자, 법률가, 법률, 법원이 있었고, 다른 한쪽은 게르만족의 관습과 폭력적인 결투가 있었다. 한쪽은 문화 수준이 높은 학교에서 읽기와 쓰기를 가르쳤고, 다른 한쪽은 게르만 민족의 전설과 의식에 사용되는 마법을 가르쳤다. 그런데 기독교는 원래 높은 문화 수준이라는 조건을 필요로 했다. 기독교를 믿으려면 경전과 종교 예식을 잘 알아야 했기 때문이다. 하지만 고대 문학의 세계는 고대 그리스·로마 시대가 끝나면서 알프스 산맥 북쪽에서 붕괴됐다. 이로 인해 기독교는 존망의 문제에 직면했다. 왜냐하면 기독교는 문서화와 영성을 포기해 경전 종교라는 특성을 잃게 되느냐, 아니면 이런 경전 종교가 필요로 하는 문명·문화적 전제조건을 새롭게 만드느냐 라는 기로에 섰기 때문이다.

그래서 글자를 쓸 줄 모르는 민족에게 어떻게 성경책을 전했을까? 학교를 통해서? 그런데 라인 강 오른편에 위치한 숲속, 즉 1제곱킬로미터 반경에 한 줌밖에 되지 않는 사람들이 사는 곳에 어떻게 학교를 정착시키려 했을까? 이런 문제로 인해 15세기가 되어서야, 특히 인쇄기술이 발생하면서 사람들의 읽기 능력이 보다 확산되었다. 그때까지 사람들은 자기가 가진 것으로 만족해야 했고, 이는 말로 하는 설교와 성전에 비치된 비블리아 파우페룸Biblia pauperum을 통해서였다. 비블리아 파우페룸은 이른바 가난한 자의 성서로, 성경 복음 말씀을 모든 이가 볼 수 있도록 조각상, 프레스코화, 스테인드글라스화 등으로 표현한 미술 작품을 수록한 책이다. 그럼에도 불구하고 당연히 글자로 쓰인 말을 포기하지 못했다. 특히 수도원에서 교육을 보다 많이 받은 계층은 라틴어를 배울 수 있었고, 이를 통해 기독교 미사 전례뿐만 아니라 위대한 라틴어 문학에 대한 이해에도 눈을 떴다.

하지만 선교를 하는 데에는 훨씬 커다란 문제가 있었다. 게르만어는 기독교 신앙을 전달하기에 적당하지 못했다. 독어학자 한스 에거스Hans Eggers는 이 극적인 상황을 다음과 같이 설명한다. "주기도문을 전체적으로 이해할 수 있기 위해서는 게르만족의 상상 세계 전반의 혁명이 꼭 필요했다. 주기도문은 하늘에 계신 아버지를 상상하는 것으로 시작된다. 이것을 게르만어로 표현할 수 있기는 하지만, 게르만 이교도의 상상 세계에서 이와 대등한 것은 거의 없다. 역사가 오래되지 않은 게르만족 공동체는 '아버지의 이름이 거룩히 빛나시며, 아버지의 나라가 오시며'라는 구절을 어떻게 이해해야 할까? 더 나아가 죄와 용서, 유혹과 구원이라는 기독교 개념을 어떻게 이해해야 할까? 이렇듯 단순한 내용인 주의 기도를 이해하기도 엄청나게 어려운데, 하물며 사도신경(초기 기독교 신학자들의 영에서 나온, 훨씬 교조적인 용어로 무장된 기도문)을 이해하기란 얼마나 어려울 것인가? 그리고 나머지 다른 기독교

사상도 얼마나 많이 받아들여야 한단 말인가! 기독교와 관련된 상상과 사상은 처음에는 엄청나고 낯설었을 것이 틀림없다. 대대로 쓰던 언어로는 도저히 표현하지 못하는 수백, 수천 가지의 기독교 교리 개념과, 더 나아가 철학적이고 추상적인 개념을 새로 습득해야 했다."

성경과 미사 전례를 해석하기 위해서는 은유가 중요했고, 은유를 통해 물질은 영성을 표현하게 된다. 그러나 게르만족의 경우 은유가 제대로 효과를 발휘하지 못했다. 베드로가 예수에게 천국의 열쇠를 위임받았다는 것은, 처음에는 베드로가 영적으로나 성직자 차원에서 전권을 위임받았다는 것을 의미했다. 하지만 앵글로색슨족은 이를 제대로 이해하지 못했기 때문에 664년 북잉글랜드 휘트비에서 개최된 교회회의에서 아주 '사실적'으로 설명했다. 즉 베드로는 천국의 문 앞에 서서 자기 친구들에게만 문을 열어준다는 설명이다. 이러한 견해는 앵글로색슨 교회가 로마 성 베드로 대성당(가톨릭의 총본산인 바티칸을 의미-옮긴이)과 가까워지는 데 결정적인 역할을 했다.

이교도 게르만족과 슬라브족도 아주 자명하게, 대단히 사실적으로 인간 희생 제물에 대해 알고 있었다. 습지 미라가 그 증거다. 마지막 인간 희생 제물 의식은 1150년 뤼겐(독일 북부 발트해에 있는 섬-옮긴이)에서 행해졌다. 이와 대조적으로 기독교는 영적 희생 제물, 무혈 희생 제물을 요구했다. 즉 진실과 이웃을 사랑하는 마음을 위해 스스로 희생할 것을 요구했다. 희생 제물은 무조건 실재 피를 흘려야 한다는 옛 게르만족의 생각은 실제로 피를 흘리는 성체를 보고 싶다는 중세의 열망을 설명하는 것일지도 모른다. 게르만족의 은유에 대한 몰이해는 중세 전반 내내 이어졌다. 그래서 성유물^{聖遺物} 컬렉션에는 성령의 비둘기 깃털이 있다. 하지만 이 모든 것은 '무지몽매'한 것이 아니라 언어 도구의 부족으로 인한 교육의 결핍 때문이고, 당시 신학의 성찰적인 내용을 순전히 언어만을 통해 이해하기란 불가능한 상황이었으리라. 그렇기 때문에 신학은 처음에는 라틴어로만 이루어졌다.

그러므로 비록 이제 일종의 부족 종교의 특색이 다시 기독교로 밀려들어오기는 했지만, 여기에는 항상 결정적인 차이가 있었다. 즉 다른 민족을 권리가 없고 착취할 수 있는 무리로 여기지 않았다. 기독교의 선교 명령인 "가서 모든 민족들에게 세례를 주어라"가 영향을 끼쳐, 사람들은 자신이 선택된 기독교 민족이라고 느끼기는 했지만, 다른 민족도 기독교 신자로 만들어 이러한 선택에 포함시키겠다는 사명감도 있었다.

특히 복음의 영을 자양분으로 삼아, 새로 기독교를 믿게 된 게르만족이 부족 종교로 되돌아가는 것을 막은 것이 바로 기독교 신학이었다. 당대에 놀라울 정도로 박학다식함을 과시했던 앵글로색슨족 수도사 베다 베네라빌리스^{Beda Venerabilis}(대략 672~735)는 게르만족의 민족 이기주의에 저항하는 그림을 그렸다. 이와 관련한 새로운 조사를 통해 알아낸 것이 있다. "베다의 저서에서 민족은 선택된 민족으로가 아니라, 여러 민족으로 이루어진 세상에서의 민족으로 제시된다. 민족이 참여한 확장 운동은 '민족들의 교회'의 확장 운동이며, 이는 연속적인 개종과 비례하면서 성장한다." 이 설명을 일반적인 의미로 개요하자면, 민족은 민족들의 교회에 소속되어 있으며, 민족들은 그리스도의 교회라는 것이다. 베다의 경우, 민족에 대한 의식에는 국제성도 포함된다. 그리고 베다는 개종을 위해 기원후 처음 몇 세기 당시는 물론 오늘날 우리에게도 당연한 것을 요구한다. 즉 기독교 신앙 안에서 개인의 동의를 의식적으로 수용해야 한다. 앵글로색슨 선교사들은 의식적으로 기독교 기풍을 국제적으로 확대하도록 연습했다. 가령 노섬브리아(영국 북부의 옛 왕국-옮긴이) 출신 선교사 윌리브로드^{Willibrord}(대략 658~739)가 네덜란드 위트레흐트에 설립한 미션스쿨이 그랬다. 790년에 출간된 《그레고리오 대교황의 생애》^{Vita Gregorii}에서 다음과 같은 구절을 읽을 수 있다. "학생들은 단일 민족 출신이 아니라, 모든 이웃 민족과 꽃처럼 뭉쳤다. 학생들은 이러한 신뢰로, 이러한 친절과 영적 기쁨으로 충만하여, 누구든 그들이 단일체를 이루면 영적 아버지와 모든 이의 어머니인 사랑의 아들로 태양처럼 눈부시게 빛난다는 걸 알 수 있었다. 몇몇은 고귀한 프랑크족 출신이었고, 몇몇은 경건한 앵글족 출신이었고, 몇몇은 신이 새롭게 가꾼 지역, 즉 우리가 살고 있는 현 시기에 와서야 프리슬란트와 작센 지역으로 확정된 곳 출신이었다. 어떤 학생은 종교가 같은 지역인 바이에른과 슈바벤 출신이거나, 어느 민족과 부족이든 상관없이 신이 그들을 파견한 곳 출신이었다." 그래서 게르만족의 기독교화는 문화 전파이기도 했다.

하지만 게르만족은 세례를 받았다고 해서 곧바로 무자비한 성향을 내려놓지는 않았다. 그래서 기원후 첫 천 년의 나머지 세기는 게르만 야만인들이 기독교를 믿고 인간다워지도록 만들기 위해 힘든 투쟁을 벌인 시기였다. 이러한 투쟁을 전개하며 기독교도들은 초기 몇 세기에 도달했던 영적·종교적 깊이에서 여러 번 후퇴해야 했다. 그러나 결국 기독교는 성공을 거두었고, 이에 대해 엄청나게 비판적인 시인인 하인리히 하이네^{Heinrich Heine}가 1834년 거의 천리안의 혜안을 발휘해 다음 같이 썼을 정도였다. "기독교-그리고 이는 기독교의 가장 멋진 업적이다-는 그 잔인한 게르만족의 전투 욕구를 어느 정도 완화시켰지만, 완전히 파괴하지는 못했다. 그리고 일단 길들여진 부적인 십자가가 부서지면 옛 전사의 야만성이, 북유럽 시인들이 너무나 많이 읊고 말했던 엄청난 광란과 격노가 다시 천지를 뒤흔들며 솟아올랐다. 그 부적은 썩고, 슬프게도 부서지는 날이 오게 된다. 돌로 조각된 옛 신들이 사라졌던 돌의 잔해에서 일어나 두 눈에 쌓인 천 년 묵은 잔해를 털어내고, 마침내 거대한 망치를 든 토르(북유럽 신화에 나오는 천둥의 신-옮긴이)가 벌떡 튀어 올라 고딕 양식의 돔을 때려 부순다. 여러분이 일단 때려 부수는 소리를 듣는다면, 세계사에서 단 한 번도 듣지 못했던 소리라는 걸 깨달을 것이다. 그래서 알게 된다. 독일의 천둥이 마침내 제 목적을 달성했다는 것을. 이러한 상황이 독일에서 펼쳐지면, 프랑스 혁명 같은 건 그냥 해롭지 않은 전원 풍경처럼 보일 지경이다."

분명 게르만족은 새로 믿게 된 기독교에 길들여졌지만, 이 중세 초기의 강력한 기독교 통치자는 결코 오늘날 기독교 신자들이 기대하는 만큼 비폭력적이지 않았고, 기원후 처음 몇 세기의 기독교도들이 모범을 보였던 비폭력적인 태도와는 아주 거리가 멀었다. 정의로운 전쟁이라는 아우구스티누스의 오래된 생각은 처음에는 또다시 붕괴됐다. '자연스러운 전쟁'이 광범위하게 지배했는데, 게르만 민족 사이에서는 이러한 전쟁을 이른바 지속 상태로 묘사했다. 또는 완전히 비기독교도적인 의미의 '성전'이 있었다. 이는 자기 민족이나 부족 신의 이름으로 다른 모든 민족이나 부족을 짓누르는 것이다. 그리고 이러한 민족 신은 이제는 우연히도 기독교 신이 되었다. 이 전쟁 행위는 더 이상 공공연하게 행해질 수 없었는데, 기독교 성서, 기독교 수도사 그리고 전반적인 기독교 교회가 완전히 다른 언어로 말했기 때문이다. 그러나 때로 기독교 신앙의 대단히 얇은 층 밑에는 게르만족의 폭력 성향이 마치 휴화산 같이 잠들어 있었고, 훨씬 뒤에 게르만 인종을 찬양하는 새로운 이교도들이 이 폭력 성향을 찬미했으며, 하인리히 하이네는 이를 보고 전율을 느꼈다.

유럽의 본보기로 작센족을 학살한 카를 대제

매년 독일 아헨에서는 몹시 정직하고 평화를 사랑하는 유럽 엘리트들이 한데 모여 카를 대제Karl der Große를 기념하는 카를 상을(독일 이외의 지역에서는 샤를마뉴 상으로 알려져 있다-옮긴이) 수여한다. 아무리 보아도 이 상 이름의 주인공과 상을 받는 사람 사이에는 공통점이 전혀 없지만 말이다. 역사를 잘 아는 유럽인이라면 이를 우습게 볼 것이다. 카를 대제는 오랫동안 제국을 통치했고, 쉴 새 없이 잔혹한 전쟁에 뛰어들어 대개는 승리를 거둔 대단한 인물이다. 아무튼 카를 대제는 유럽의 핵심부를 손에 넣기 위해 폭력을 불사했다. 역사학자 토마스 샤르프Thomas Scharff는 다음과 같이 단언한다. "카를 대제와 그의 후계자들이 통치하는 동안, 한 해라도 전쟁을 거르는 경우는 거의 없었다. 전쟁과 폭력의 편재遍在 수준은 이 시기 중세 상황을 감안하더라도 아주 높다."

카를 대제는 키가 큰 건장한 남성이었고 자부심이 넘쳤으며 권력과 힘에 대한 의식도 강해, 꼭 필요할 때는 주저 없이 자신의 목표를 관철시켰다. 아마도 이로 인해 그의 미성년 조카들이 목숨을 잃었을 것이다. 카를 대제의 성생활은 믹 재거Mick Jagger(영국 록 밴드 롤링 스톤스의 싱어-옮긴이)와 비견할 만하다. 선택된 민족(여기서는 프랑크족)이라는 구약성경의 생각과 여기에 덧붙여 로마 제국의 성격이 혼합되어, 카를 대제는 결정적으로 강한 자의식을 발휘해 다른 민족에 대한 주도권을 요구했다. 그래서 카를 대제는 종교전쟁을 치르는 부족사회와 똑같이, 자기가 통치하는 제국이 '훨씬 낫다'고 여겼을 뿐만 아니라 '다른 신들'의 이교 성전도 파괴했다. 그의 악명 높은 작센 전쟁은 772년 작센족에게는 성스러운 나무이며, 이 세상을 떠받치는 기둥으로 숭배하는 이르민 기둥을 파괴하면서 시작됐다. 작센 전쟁은 30년이 넘도록 지겹게 끌었고, 양쪽이 극도의 잔혹성을 발휘하도록 했다. 777년 작센족이 기독교 정신을 찬양하며 대규모로 세례를 받자, 훗날 카를 대제 전기작가인 아인하르트Einhard가 보기에는 작센족이 기독교 신앙의 세례성사를 통해 '프랑크족과 한 민족으로 결합해야 하는' 목표에 도달한 것 같았다. 그러나 782년 작센족이 약속을 깨뜨리고 비두킨트Widukind의 지도 아래 프랑크 군대를 절멸시키자, 카를 대제는 가차 없이 응수했다. 그는 작센족에게 보낸 '항복 명령서'를 통해 다음처럼 위협했다. "지금부터 작센 종족 중에 세례를 받지 않은 채 숨어 있는 자, 세례받는 것을 업신여기고 계속 이교도로 살려는 자는 죽음을 면치 못할 것이다." 이는 모든 기독교 원칙에 위배됐다. 그런데 카를 대제는 특히 알러 강 유역에 위치한 페르덴을 본보기로 삼았다. 이는 '페르덴 피의 재판'이라는 스캔들로 역사에 기록되어 있으며, 오늘날에도 계속 학문적으로 논란을 일으키고 있다. 4천5백 명의 작센족 공모자가 단 하루 만에 모조리 참수됐고, 이는 카롤링 왕조 제국 연감에 자랑스럽게 기록되어 있다. 공포심을 확산시키는 행위는 당시 국가 권력을 보호하기 위한 방법으로 활용되었다.

하지만 오늘날 학계에서는 이렇게 참수를 당한 사람 수가 상당히 과장된 것이라고 생각하는 경향이 강하다. 중세사학자 디터 해거만 Dieter Hägermann은 이에 대해 아주 상세하게 의견을 밝혔다. 공모자나 주모자가 4천5백 명이나 된다고 생각하는 것은 상식에 어긋난다는 것이다. 이 집단은 스스로 투항한 작센족 몇 십 명쯤으로 추정할 수 있다는 것이다. 4천5백 명이나 되는 사람을 처형하려면 프랑크족이나 작센족 모두 부대 병력을 엄청나게 집중시켜야 하는 것을 전제로 한다. 그러나 카롤링 군 병력 숫자는 남성 5천 명에서 아무리 많아야 1만 명쯤으로 집계되는데, 이 인원으로 어떻게 그렇게 엄청난 수의 사람을 처형할 수 있는지도 의심스럽다는 것이다. "대체로 상황을 잘 아는 연감 편찬단은 이 사건을 정확하게 전달하면서, '프랑크족이 다수의 작센족을 죽였고, 투항한 작센인 상당수를 프란시아(오늘날의 프랑스-옮긴이)로 데려갔다'라고 보고했다. 이리하여 극소수의 반란자, 반역자, 우두머리가 처형됐고, 절대다수는 유형을 보내 프랑크 지역으로 끌고 갔다. 다른 모든 출처 또한, 특히 알쿠인Alkuin(카를 대제의 궁정에서 봉사한 신학자이자 저술가-옮긴이)의 서간처럼 카를 대제 주변에서 오간 편지를 보면 카를 대제의 작센족 선교 방식을 철저하게 비판적으로 논평했으며, 이렇게 피가 난무하는 향연은 절대 받아들이지 않고 의식적으로 침묵했다. 이렇게 페르덴 지역과 연관되어 본보기로 진행된 징벌은 이후 예외로 남아 전적으로 위협의 의미를 지닌 사건으로 활용됐다. 이러한 전략은 머지않아 성공을 거두어, 785년에 다름 아닌 작센족 적수인 비두킨트가 카를 대제에게 굴복했다." 아주 저명한 중세사학자 호르스트 푸어만Horst Fuhrmann은 '작센 도살자 이야기'를 이렇게 설명한다. 그럼에도 불구하고 페르덴에서 일어난 사건은 카를 대제가 명백히 후회하게 되는 이유가 됐다. 이 때문에 카를 대제는 자신의 선조인 메츠의 아르눌프Arnulf von Metz의 모습을 그린 초상화를 주교에서 참회자로 이미지를 바꾸도록 했다고 사람들은 믿는다. 그리고 이교도를 향한 슬로건인 '세례 아니면 죽음'과 관련해서도, 얼마 뒤 보다 온건한 규정으로 대체했다. 훗날 나온 출처를 통해, 세례를 받아야 한다는 압박은 실제로는 그다지 높은 편이 아니었던 것으로 밝혀졌다. 그렇지만 작센족의 법률에서 사형은 관습적으로 행해졌다. 작센족의 경우 말과 꿀벌을 훔치면 사형에 처했다.

하지만 카를 대제가 정책, 특히 군사정책만 줄인 것은 잘못이었을 것이다. 그럼에도 불구하고 오늘날에 카를 대제가 협력을 강행했던 요인을 보면 깜짝 놀랄 만하고, 따라서 이를 순수 군대 역사의 관점으로 보는 것은 너무나 협소하다. 이에 대해 영국 역사학자 로버트 바틀렛Robert Bartlett은 다음과 같이 밝힌다. "순수 군대 역사와 밀접하게 연관된 문화적인 변화 과정도 마찬가지로 중요하며, 뿐만 아니라 이 변화 과정은 전쟁이 발전하도록 기능하는 것이기도 했다." 프랑크 왕 카를 대제가 추진한 '검劍을 통한 선교'는 기독교답지 않았다. 하지만 카를 대제는 수많은 조치를 단행해, 자신의 제국을 문명화와 개화로 이끌었다. 그리고 카를 대제는 특히 기독교 개종을 강력하게 후원하는 방법을 통해 문명화와 개화에 이르도록 했다. 카를 대제는 종교 혁명이나 문화 혁명 못지않은 것을 주도했다. 라인 강 유역과 강 건너편 지역에는 문화와 서법書法의 중심지인 교회 센터가 생겼다. 또 남부의 장크트갈렌과 라이헤나우, 동부의 풀다와 코르바이에도 생겼다. 카를 대제의 '문화교육부 장관'인 알쿠인은 제국의 통합과 일치를 확실하게 하기 위해 제국 전체에 로마식 미사전례를 실시하도록 규정했다. 하지만 알쿠인은 특히 폭력적인 선교라는 중요한 문제에 대해서만큼은 자기가 모시는 군주에게 반대했다. 이에 대해 알쿠인은 솔직하게 의견을 밝혔다. "아우구스티누스가 말했듯이 신앙은 자유의지와 관련된 사안이지 강요로 이루어지는 것이 아닙니다. 인간은 신앙을 갖도록 교육받을 수는 있으나 신앙을 가지라고 강요당할 수는 없습니다. 당연히 어쩔 수 없이 세례를 받을 수는 있지만, 어린이의 경우가 아니라면 참된 신앙에는 아무 소용이 없습니다. 어른으로 성장한 인간은 세례 문제에 스스로 답해야 합니다. 자기가 믿을 것인지 믿지 않을 것인지를 말입니다. 그리고 거짓으로 신앙을 고백하면, 실제로는 영생의 행복과 구원에 이를 수 없습니다." 이는 오래된 기독교 견해였고, 오늘날에도 여전히 유효한 기독교 견해이다. 하지만 교회는 중세 게르만 군주들은 물론 카를 대제에게도 이 견해를 거듭 분명히 밝혀야 했다.

훗날, 9세기에 마침내 게르만어를 사용하는 지역에서 두 가지 종류의 성경 번역본인 《헬리안트》Heliand와 《크리스트》Christ가 나왔다. 하지만 당연히 이를 단순히 '번역본'이라고 할 수는 없었다. 이미 앞에서 말했듯이, 오히려 성경을 이해하기 쉽도록 이른바 새로운 언어를 만들어냈다고 해야 한다. 라인 강 동쪽에서 사용하는 언어는 여전히 미개했기 때문이다. 이에 대해 중세사학자 요하네스 프리트Johannes Fried는 다음같이 단언한다. "어떠한 고매한 사상, 어떠한 신학적 사변, 어떠한 학문도 그들이 사용하는 언어의 용량을 벗어났다. 라틴어 알파벳을 차용하는 것만 해도 음운 체계를 고려하면 엄청난 장애물 역할을 했다." 게르만어에는 기독교 교리를 이해하기 위해 꼭 필요한 종교적·내면적 표현 능력이 없었다. 핵심 기독교 개념인 '자비'를 번역하는 작업만 해도 자그마치 7번이나 시도해야 할 정도였다.

비록 전쟁이 프랑크족의 '선택된 민족'이라는 비기독교적인 사상에서 시작되기는 했지만, 카를 대제는 모든 민족으로 이루어진 하나의 교회라는 기독교 사상을 통해 자신의 지배권을 견고히 했다. 카롤링 제국의 이론가들은 "여기에는 더 이상 그리스인도 유대인도 없습니다"라는 사도 바오로의 요청을 자신의 상황에 맞춰 확장했다. "여기에는 더 이상 아퀴타니족도 랑고바르드족도 부르고뉴족도 알레만족도 없습니다." 그리고 라바누스 마우루스^{Hrabanus Maurus}(9세기 독일의 베네딕트회 수도사이자 신학자로, 말년에는 마인츠의 주교가 되었다-옮긴이) 주교는 가톨릭교회는 전 세계에 널리 퍼진 단일체로 존재하기 때문에, 여러 민족 간에 차이가 없어야 한다는 설명을 체계적으로 제시했다. 유럽이-수많은 전쟁에도 불구하고-공통된 기반을 지니고 있는 것은 사실상 카를 대제 제국 덕분이라고 생각할 수 있다. 역사학자 한스 디트리히 칼은 기독교의 기본 구조가 부족 종교에서 보편적인 종교의 성격으로 교체된 것을, 실로 유럽만이 창출해낸 획기적인 업적이라고 평가한다-"진정 세계사 수준에 이른 과정이다." 군사제국주의가 아니라 기독교로 개종한 것이 가장 중요했다는 설명이다.

기원후 800년 크리스마스 날, 교황 레오 3세는 로마 성 베드로 대성당에서 카를 대제에게 로마 황제라는 칭호를 내렸다. 이는 많은 이에게 중세의 시작을 알리는 사건으로 각인된다. 여기서 이 두 엄청난 중세 권력자들은 잠시 동안은 서로 힘을 합쳐 연합한 것처럼 보인다. 그러나 이 시대는 교황 권력이 황제 주권보다 훨씬 영향력이 컸다. 교황의 권력은 유럽에서 국제적인 응집력을 지닌 것으로 증명되었고, 엄청나게 멀리 떨어진 지역까지 영향을 끼칠 수 있었다. 교황이 개별 교회를 조직적으로 통합할 수 있었던 것은 오로지 성 베드로의 후계자들인 교황을 일반 신앙 차원에서 숭배하고, "교회라는 단일체의 특징은 이 세상 무엇과도 비길 수 없다"는 신성 로마 제국의 사상을 통해서만 가능했다고, 역사학자 게르트 텔렌바흐 Gerd Tellenbach 는 강조한다. 오늘날 앵글로색슨계 국가에서 이루어진 연구에서는 카를 라이저 Karl Leyser 가 말한 것처럼, '교황에 의한 혁명'은 실제로 유럽에서만 일어날 수 있었다고 보고 있다.

결국 이렇게 단언해야 할 것이다. 신과 관련된 수많은 내용과 기독교를 헌법 조항에서 무조건 배제하려다가 실패한 세속 유럽의 시각으로 보면, 카를 대제는 완전히 그릇된 관련 인물이라고 말이다. 만약 유럽 정치지도자가 장차 카를 대제를 본보기 삼아, 그가 계약을 위반한 작센족에 저질렀던 것과 같은 대량 학살을 몇 건 거침없이 진행시켜 유럽 공동체에서 탈퇴하려는 생각이 없다면 말이다. 그럼에도 카를 대제를 오늘날의 시각에서 참으로 위대한 인물이라고 평가하는 결정적인 이유는, 역사 연구를 통해 자신이 통치하는 제국을 기독교로 개종시키려고 진정 집중적·지속적으로 노력해 실제로 유럽 문화의 초석을 깔아놓았기 때문이다.

카를 대제는 선과 악의 분리가 뛰어난 수준으로 발휘된 좋은 사례다. 카를 대제는 선과 악의 분리로 자신이 역사에서 저지른 과오를 기독교에 위임함과 동시에, 이를 통해 자신은 악행과는 멀리 거리를 두었다. 이후 유럽 전체에서 카를 대제의 정치적 후계자들은 자신이 저지른–정치적–비행非行을 사과하고 변명하겠다는 생각을 절대 떠올리지 않았던 것이다. 이와 대조적으로 가톨릭교회는 카를 대제 제국에서 일어난 기독교 개종과 인간화라는 엄청난 성과를 교회 스스로 이루었다는 인정을 받지 못했을 뿐만 아니라, 작센족에 대한 이른바 '검을 통한 선교'가 정당했다고 계속 변호해야 했다. 이러한 선교는 사실 잔혹한 폭력 행위였음에도 불구하고 말이다. 그리고 카를 대제를 성인으로 시성한 일이 스캔들이라고 불만을 제기한다 해도, 이러한 비판은 가톨릭교회에게는 타격이 되지 않는다. 왜냐하면 이 성인 시성은 교회가 대립 교황(로마 가톨릭교회에서 비합법적으로 교황권을 행사하며 합법적인 교황과 대립한 인물을 일컫는다–옮긴이)을 통해 고의적으로 도발한 불법 행위이기 때문이다. 이 대립 교황은 프리드리히 바바로사 Friedrich Barbarossa(신성 로마 제국의 프리드리히 1세 황제–옮긴이)가 임명했으며, 황제에게 절대적으로 의존했다. 그러므로 이를 이해하기 쉽게 오늘날 상황으로 보자면 독일 연방 대통령이나 그를 보좌하는 신부가 잘못했다고 사과해야 할 것이다.

여교황 요한나와 세상의 종말

독일 제2텔레비전 방송ZDF은 때때로 뛰어난 다큐멘터리를 제작하는데, 화려하고 연출력도 좋지만 분명 특유의 편파성을 발휘해 유감스럽게도 잘못된 교회사를 다루는 경우가 많다. 다큐멘터리 자체에 대해 반박하고 싶은 생각은 없다. 허구로 만들어낸 이야기 또한 아주 유쾌하고 재미있을 수 있기 때문이다. 영화 대부분은 허구의 이야기를 다루고 있다. 하지만 때때로 픽션은 잘못된 클리셰^{cliché}(진부하거나 틀에 박힌 표현 따위를 이르는 말)를 제공하고, 그러면 부당한 효과를 유발할수 있다.

여교황 요한나 같은 인물은 절대 존재한 적이 없다는 사실은, 적어도 개신교 진영의 교회사학자 다비드 블롱델^{David Blondel}(1590~1655) 이래로 잘 알려져 있으며, 오늘날 학문적으로도 요한나가 실존하지 않은 인물이라는 것은 의심의 여지가 없다. 그럼에도 불구하고 이 여성 교황 이야기는 13세기 중반에 처음 등장했고, 이후 9백년이 지나도록 여전히 회자되고 있다. 이 이야기는 처음 나온 당시에도 상당히 황당무계했지만, 이탈리아의 오래된 좌우명인 "se non è vero è ben trovato(진실이 아니면, 그럴듯하게 꾸며낸다)"에 따라, 혹 어느 여성이 남몰래 교황 노릇을 했을 수도 있다는 생각은 너무나 훌륭하니 만들어낸 이야기일 리가 없다고 여겼다.

그리고 싱숭생숭한 기분이 들기 위해서는, 적어도 어느 정도는 이 이야기가 맞을 수도 있다는 꺼끌꺼끌한 기분이 들어야 할 것이다. 독일 제2텔레비전 방송 또한 그랬다. 그런데 꺼끌꺼끌한 기분만 들었던 것이 아니다. 독일 제2텔레비전 방송은 실제로 여교황 이야기가 "영리하고 지식욕이 강하며, '여성은 우매한 피조물'이라는 교회 교리에 전혀 위축되지 않은 여성"을 다룬 것이라고 공공연하게 밝혔다. 이에 대해 '오늘날' 활동하는 여성 아나운서인 페트라 게르스터Petra Gerster는 노골적으로 믿음과 확신에 가득차서 설명한다. "교회 입장에서는 여교황 요한나란 존재하지 않습니다. 그녀의 일생을 다룬 연대기가 500편이나 나왔는데도 말이지요. 하지만 수많은 흔적과 발자취가 분명히 왜곡되거나 파기되었습니다. 왜냐하면 역사는 항상 권력자들이 기록하기 때문입니다." 그리고 결국 페트라 게르스터는 여교황이 교회를 계속 다스렸다면 성폭행 스캔들은 나오지 않았을 것이라는 결론을 내놓는다. 이 주장에 대해서는 논평할 필요조차 없고, 왜 공영방송국이 이 분야에서 독보적으로 정통한 역사학자에게 이러한 주장을 조목조목 반박하는 감정서를 의뢰해 터무니없는 짓을 막지 않았는지, 그저 답답한 심정으로 물을 뿐이다. 그렇게 했다면 그런 '교회 교리'는 전혀 존재하지 않았으며, 500편의 연대기라는 것들이 거의 모두가 단 하나의 출처, 즉 트로파우의 마르틴Martin von Troppau(13세기에 활동한 도미니크 수도회 수도사이자 주교-옮긴이)이 펴낸 연대기에서 비롯된다는 사실을 알게 되었을 것이다. 그리고 당시 로마에서는 실제로 여성혐오의 흐름은 절대 없었다는 분명한 사실도 알게 될 것이다. 악명 높은 '여성 원로원 의원'인 마로치아Marozia는 실제로 914~932년에 자그마치 네 명의 교황을 포악하게 제압했다.

그러므로 여교황 요한나라는 스캔들은 절대 없었다고 요약할 수 있다. 그 대신 독일 제2텔레비전 방송국이 저지른 스캔들은 있다.

932년 마로치아가 자기 아들에게 체포되어 역사에서 사라진 직후, 독일에서는 오토 대제Otto der Große(오토 1세)가 통치권을 장악했다. 이후 962년 오토 대제는 로마에서 로마 제국 황제의 관을 수여받았고,

이와 더불어 혼돈 상태였던 로마 교황청을 바로 잡아 카를 대제의 모범을 따랐다. 하지만 이른바 '오토 왕조의 르네상스'는 카롤링 왕조의 '문화 혁명'보다는 한참 뒤처졌다. 주교들에게 세속의 지배권을 갖추게 해준 인물이 바로 오토였고, 이는 훗날 중세에 이르러 이 책 앞부분에서 언급한 서임권 투쟁이 일어난 계기가 됐다. 미국의 사학자 토마스 A. 브래디^{Thomas A. Brady}는 당시 기반이 확립됐던 상황, 즉 주교가 군주 노릇을 하며(군주-주교) 지배하던 상황을 '가톨릭 세계에서 사상 유례가 없을 정도의 파격'이라고 일컫는다. 그럼에도 불구하고 이러한 지배는 거의 천 년 동안 지속됐다. 그런데 무엇보다 깜짝 놀랄 만한 것은, 작센족의 일원인 오토 대제로 인해 황제와 왕의 권위와 위엄이 올라갔다는 사실이다. 작센족은 여전히 카를 대제에게 아주 심한 핍박을 받고 있었는데도 말이다. 이는 통합 과정이 성공적이었음을 말해준다. 고대에 라인 강 왼쪽 기슭에 살던 민족은 그들을 정복한 민족의 생활방식, 언어, 문화를 의외로 매우 신속하게 받아들였는데, 작센족 또한 그러했다. 작센족은 심지어 억지로 강요당한 종교에 대해서도 마찬가지였다. 즉 그들은 종교를 받아들였던 것이다. 더군다나, 오토 왕조 치하에서 작센족은 엘베 강 동쪽으로 예의 호전적인 정복 정책과 기독교 개종 정책을 계속 진행했다. 작센족이 카를 대제 치하에서 엄청난 고통을 겪어야 했던 바로 그 정책이다. 그러므로 오토 왕조의 확장 및 선교 정책은, 앞으로도 카를 대제가 추구한 바 있는 제국의 폭력적인 팽창은 물론 동시대 기독교의 확산도 계속 추진했다. 그러나 국가의 확장을 기독교 선교와 동일화시키면서 여러 문제를 야기하기도 했다. 중세 후기에는 독일 기사단이 슬라브족이 우세한 지역에서 정복과 선교를 동시에 이루려 계속 노력했지만 실패했다. 슬라브족은 기독교 하느님을 '독일의 신'으로 인식했기 때문이다. 그러니 기독교를 난폭하게 북쪽과 동쪽으로 확장시키는 행동은 잘못된 길로 빠진 짓이었을까? 어쨌든 그런 방법을 기독교적이라고 일컬을 수는 없다. 기독교는 비폭력을 내세우기 때문이다. 그렇지만 이에 대해 프랑크푸르트 출신 중세사학자 요하네스 프리트의 다음과 같은 확신을 눈여겨보아야 할 것이다. "로마 군단이 없었다면, 아울러 기독교 선교가 없었다면 지중해 세계의 풍부한 전통 및 우월한 문화와 연결되지 못했을 것이며, 독일 발전에서 고도의 문명도 존재하지 못했을 것이다." 그리고 이 발언에 덧붙여야 할 것이 또 있다. 고차원의 종교도 존재하지 못했을 것이고, 기독교라는 평화도 없었을 것이라고.

기원후 1000년, 열광적인 성향을 지닌 젊은 독일 황제이자 오토 대제의 손자인 오토 3세는 프랑스 출신의 교양 수준이 높은 교황 실베스테르 2세와 함께 로마에 갔다. 오토 3세는 새천년으로의 전환을 두려워하는 심정에 빠져 세상의 종말이 오기를 기대했다. 그리고 당시 세상의 종말이 정말로 왔다면, 우리는 기독교의 대차대조표를 보며 고전적인 스캔들과 씨름하느라 시간을 낭비할 필요가 없었을 것이다. 기독교든 스캔들이든 다 사라져 버렸을 테니까. 기독교의 첫 천 년 동안에는 십자군도 성전도 없었고 종교재판이나 마녀사냥도 없었다. 또한 다른 종교 집단이나 소수 인종에 대한 박해가 없었던 것은 물론 교회가 동방교회와 지속적으로 불화에 놓이는 상황도 별로 없었다. 야만인을 교화시키는 공로를 성취했고, 첫 천 년의 마지막에 이르러 결국 기독교 영역에서 노예 제도는 거의 폐지된 것이나 마찬가지가 됐다―이와 같은 상황은 세상 어디에도 없었다.

이후 기원후 두 번째 천 년에 이르러 과오가 발생하자, 인간은 기독교에 오류가 있음을 깨닫고 본래 선한 근원으로 돌아가려 했다. 이를 일컬어 개혁이라 한다. 개혁은 아시시의 프란치스코Franz von Assisi(대략 1181~1226)뿐만 아니라 얀 후스(Jan Hus, 1370~1415)도, 마르틴 루터뿐만 아니라 트리엔트 공의회도, 세계 교회 운동뿐만 아니라 제2차 바티칸 공의회도 추구했다. 하지만 본래 선했던 과거 시절로 돌아가는 것은 그리 간단한 일이 아니다. 그리고 급진적인 것을 원한 결과 인간의 역사라는 가치를 부정하는 상황이 나왔고, 이를 통해 근본주의자·원리주의자들이 장악한 전체주의가 등장했다. 이란계 독일인 작가이자 독일출판협회 평화상 수상자인 네비드 케르마니Navid Kermani는 이러한 전체주의를 경고한 바 있다. 첫 천 년에는 다행히도 가능했던 것 중 상당수가, 두 번째 천 년에는 더 이상 불가능하게 됐다. 그러나 동시에 두 번째 천 년은 첫 천 년에게 큰 부담이 되던 것을 극복하기도 했다. 두 번째 천 년은 새로운 기회와 새로운 위험을 제시했다. 기독교가 최초 시기에 간절히 바랐던 것을 분명하게 기억한다면 개혁은 성공할 수 있으며, 이러한 개혁은 새로운 역사 상황 속에서도 되살아날 것이다.

3장

중세와 성전聖戰

새로운 인간의 발명부터 기형아의 최후까지

서양은 어떻게 생성되었는가

기원후 1000년, 세상은 멸망하지 않았다. 새로운 교회가 로마네스크 양식에 등장했다. 그리고 머지않아 교황이라는 직위도 새로운 경지에 올라야 했다. 첫 천 년에는 민족 이동이라는 혼란스런 와중에서, 기독교뿐만 아니라 로마의 교양 있는 문명과 문화 역시 폭풍우처럼 몰아치는 야만족의 공격을 방어하는 데 어느 정도 성공했다. 5세기 교황 레오 1세 치하에서, 600년 경 교황 그레고리오 1세 치하에서는 훈족의 침입을 성공적으로 방어했다. 이후로도 계속 랑고바르드족을 잘 방어했다. 그리고 마침내 피핀 1세, 카를 대제 및 그의 후계자들과 함께 유럽의 운명을 결정하기 위해, 카롤링 왕조와 동맹관계를 맺을 수 있었다. 결과는 성공이었다. 빈 출신의 사회사학자 미하엘 미터라우어^{Michael Mitterauer}는 2004년에 출간해 독일 역사학자상을 수상한 탁월한 저서 《유럽은 왜?》^{Warum Europa?}에서 교황직을 '종교사적으로 전무후무한 현상'으로, 모든 민족을 위한 성직으로 파악했다. 유럽의 형

기독교 콘서트

성 중 상당수는 "교황이 다스리는 교회에서 그 기원을 찾을 수 있다"고 한다. 유럽은 정치적인 지배만으로는 절대 이루어질 수 없었다. 유럽은 교회 공동체로 이루어졌으며, 이는 로마 주교라는 유일무이한 직위 덕분이라는 것이다. 하버드대학교 역사학자 해롤드 J. 버먼^{Harold J. Berman}은 자신이 내린 평가를 통해 이를 다시 강조한다. 즉 수 세기 동안 서양 기독교와 교황직은 동일시되었고, 이를 정확히 말하면 유럽은 '유일무이한 영적 권위체인 로마 교회와 공통으로 연결된 민족들의 공동체'였다는 것이다. 서양 세계에 기록된 여러 혁명 중에서 교황에 의한 혁명이 으뜸이며, 영향력 측면에서 오로지 핵분열과 비교할 만하다는 것이다. "이전까지 존재한 '질서를 유지하는 기능의 법'을 전복시키는 행위는, 보다 근본적으로 '정의를 구현하는 법'을 격려하는 행위로 정당화 된다." 교회는 서양 최초로 근대적인 통치체계 및 법체계를 만들어냈다. 즉 "유일한 법체계인 교회법을 기반으로 통치하는 구조다. 종교 영역을 구축한 교회의 입장에서는, 교회법이 인류가 이 세상에서 신성에 접근할 수 있는 가장 강력한 수단이라고 여겼다."

교황직과 유사하게 사회를 보편화시키는 효과를 거둔 것이 바로 중세 대학교다. 대학교는 이념의 벽은 물론 혈통의 제약도 극복했다. 이슬람학자 프랭크 그리펠^{Frank Griffel}이 단언한 것처럼, 공교롭게도 11세기 신의 계시에 좌우되지 않는 철학이 동방 이슬람 국가에서 모조리 사라지는 바람에 이전까지 유지되던 이슬람 학문의 우위성이 상실된 뒤, 유럽은 정신적 각성을 체험했다. 결국 12세기에-고대 그리스·로마 시대 이후 처음으로-논증된 기독교 신학을 개진할 수 있고, 새로운 각성이 더욱 심화된 기독교 정신으로 나타났다. 도시들이 새로 생기고, 경제는 잉여 생산을 충분히 발생시켜서 학교에 재정을 지원하고 교사는 물론 학생도 기꺼이 감당할 수 있었다. 최초의 대학교가 등장했는데, 볼로냐에 법학 대학교가, 파리에 신학 대학교가 설립됐다. 이와 더불어 중세사학자 미하엘 보르골테^{Michael Borgolte}가 쓴 것처럼 중요한 흐름이 형성됐다. '또 다른 형태의 학문과 새로운 인간 유형을 배출해낸' 공공기관이 형성됐다. 즉 대학교 협동조합에서 공부할 수도 있었다. 그래서 지식인은 학문 기관인 대학교 안팎에 존재하는 두 가지 유형의 배움터에서 공부할 수 있었다. 대대로 물려받은 규범과 전통적인 교수법을 끈질기게 고수한 비잔틴 사람들은 물론 고대 그리스 유산이 학교 제도의 핵심에 침투하는 상황을 적극 막아온 무슬림과 비교하면, 또한 성경과 탈무드 주해에 여전히 집중했던 유대인과 비교하면, 서양 교육제도의 혁신은 대단히 혁명적으로 보인다. 중세 절정기에 '저녁의 나라'(서양을 의미한다-옮긴이)는 세계사 차원에서 의심의 여지없이 다른 문화권보다 결정적으로 우위를 차지했다. 당시 비잔틴 제국과 이슬람에서는 합리주의를 교육제도의 핵심에 확고하게 도입하려고 시도했지만 실패로 돌아갔다. 문화 기구와 조직이 폭발적으로 증가했다. 책이 점점 더 많이 늘어났다. 책은 처음에는 양피지로, 이후 13세기부터는 종이로, 15세기부터는 드디어 인쇄를 통해 만들어졌다.

어휘는 새롭게 확대되어 영적인 것, 정신적인 것, 감정으로 충만한 것, 내면적인 것을 능히 표현할 수 있었다. 이러한 어휘는 처음에는 단지 13세기 중세 절정기에, 신비주의를 추종하는 여성들이 만들어냈다. 그들은 보다 높은 수준의 영적 체험을 추구하고 이를 묘사했지만 라틴어를 쓰지는 못했다. 이 점에 있어 독일어는 본질적으로 독실한 여성들이 발명한 것이며, 성경과 신비주의에서 나온 산물이라고 할 수 있다. 이 새로운 내면성은 기도에서도 나타났다. 중세 초기에는 이른바 '숫자로 환산된 독실함'이 널리 실천되었다. 수도사는 때때로 시편 150장을 날마다 전부 읽으며 기도하고 미사를 무수히 드려야 했다고, 마이스터 에크하르트^{Meister Eckhart}(대략 1260~1328)가 말했다. 그는 경건한 마음으로 정신을 집중해 '아베 마리아'(성모 마리아에게 드리는 기도-옮긴이)를 제대로 한 번 드리는 것이 아무 생각 없이 수천 번 드리는 것보다 훨씬 낫다고 강조했다. 14세기에는 '데보티오 모데르나'^{Devotio moderna}(근대 신심 운동-옮긴이)도 등장했는데, 광범위하게 퍼진 이 운동을 통해 내적 독실함을 갈망하는 마음을 적극적으로 표현할 기회가 마련됐다. 이후 중세 후기에는 예수 수난을 기리며 독실함을 키우는 교리가 구체적으로 형상화됐다. 즉 독일에서는 성모 마리아가 죽은 예수를 무릎 위에 놓고 안고 있는 모습이 예술 작품의 형태로 등장했다. 또한 신자들에게 예수의 고난과 죽음을 영적으로나 정서적으로 온 마음을 다하여 자신에게 일어난 것처럼 생각하라고, 예수와 이른바 한마음 한몸이 되라고 가르쳤다. 이런 방식으로 예수 수난을 기리며 독실함을 키우는 교리와 이와 연관된 신비주의를 통해 내적 인간, 즉 동정심 있는 인간이라는 특별한 부류가 탄생했다-이는 관용을 베푸는 능력을 위해 중요한 전제조건이다.

그래서 이후 1500년 경 마침내 기독교는 고대 시대에 이미 한 번 경험했던, 전면적으로 발전해나갈 수 있는 전제조건을 다시 만들었다. 이러한 전제조건으로 인해 이 시기 종교는 역동성이 만개했다. 다만 바로 이 시기에 기독교계가 분열되는 비극이 일어나기는 했다.

기독교가 유럽 문화를 만들어냈다. 오늘날 기독교를 빼고 곧바로 세속적인 형태로 발전한 이른바 순수문화를 이루려는 목적으로 유럽사에 내재된 종교적 요소를 제거하려든다면, 절대로 실현 불가능할 것이다. 역사학자 미하엘 보르골테는 다음과 같이 말한다. "유일신교는 다신교와 신화와 벌인 싸움에서 결코 완벽한 승리를 거두지는 못했지만, 유일신교로 인해 유럽은 기원전 고대는 물론 극동지역의 다수 국가와도 차별화를 이룰 수 있었다. 이러한 의미에서 유일신교인 기독교는 유럽을 만들어냈다."

약삭빠른 여우와 우물쭈물하는 목동

기원후 1000년에는 새로운 출발만 있었던 것은 아니다. 문제가 일어날 조짐 또한 나타났다. 여태까지 이슬람 통치자들은 기독교도가 자기네 성지로 순례 오는 것을 언제든 허락했다. 하지만 이슬람은 갑자기 급진적으로 변했다. 이미 966년에 예루살렘에 거주하는 무슬림 주민들은 가톨릭 총대주교 요하네스를 화형시켰다. 파티미드 왕조의 칼리프(이슬람 제국 주권자의 칭호-옮긴이)인 알 하킴Al Hakim은 오늘날에도 드루즈파(이슬람교 종파의 하나로, 신도는 주로 레바논·시리아·이스라엘 등지에 거주하고 있다-옮긴이)에게 신으로 숭배 받는 인물인데, 본격적으로 기독교도를 박해하기 시작했다. 십자가를 불태우고 교회를 파괴해서, 결국 교회 3만 곳이 약탈당하거나 잿더미가 됐다. 그런 다음에는 엄청난 파괴 행위가 자행됐다. 1009년 증오로 똘똘 뭉친 알 하킴은 예루살렘 성모 교회를 철저하게 파괴했고, 심지어 예수의 성스러운 무덤을 갈아 없앴다. 이로 인해 성지는 글자 그대로 완전히 파괴되어버렸다. 그 결과 오늘날 숭배 받는 예수 그리스도의 부활 성지는 십자군 원정 시기에 만들어진 모조품이 다소 포함되어 있다. 이 사건은 기독교 전체에 충격을 주었다. 그러나 무기력한 분노만 계속 터뜨릴 수밖에 없었다. 동방의 핍박받는 기독교도들에게 도움을 주는 것은 생각조차 할 수 없었기 때문이다. 당시는 카롤링 대제국에서 파생된 소제국들인 프랑스와 독일이 어렵게 통합된 지 얼마 안 된 상황이었다. 헝가리로 인한 위험한 상황은 막 끝났고, 노르만족 때문에 유럽 연안이 불안에 빠지는 일은 더 이상 없었다. 그러나 동방의 핍박받는 기독교도들에게 적극적으로 도움을 줄 능력이 있는 통일된 구조는 상당히 부족했다.

다른 한편으로 그리스 출신의 비잔틴 전문 연구자인 에반겔로스 크리소스Evangelos Chrysos가 짧고 간단명료하게 단언했던 것처럼, 오래 전부터 기독교를 믿어 온 동방의 비잔틴 제국은 새롭게 기독교를 믿게 된 서쪽 게르만족 국가들과 지속적인 불화 상태에 놓여, '전쟁이 내키지 않는 제국'의 태도를 유지했다. 싸울 준비를 충분히 갖춘 경우가 드물었고, 대개 전운戰雲의 긴장이 마지막 순간이 되어서야 부랴부랴 일어났다. 또한 신무기를 개발하지 못했고, 절대 침략 전쟁을 주도하지 않았다. 오히려 외교 수단을 발휘해 평화를 강구했고, 방어적인 제국주의를 추구했고, 전쟁을 '본질적으로 최후의 수단일 뿐'이라고 보았다. 비잔틴 제국은 이미 오래전에 파티미드 왕조와 화해한 상태였고 이후 끝없는 내부 싸움에 얽히는 바람에, 이러한 상황에서도 전투를 할 생각은 하지 않았다. 비잔티움은 수세기 동안 계속해서 기독교를 믿는 제국으로 남았고, 콘스탄티노플은 압도적으로 유럽 최대 도시였고, 오랫동안 구축한 호화찬란함으로 여전히 빛났다. 야만적인 게르만족은 서쪽 유럽에게는 호전적이고 명예를 중요하게 여긴다는 거친 인상을 심어주었지만, 콘스탄티노플을 정복한 적은 한 번도 없었기 때문이다. 심지어 동방에서 중요한 인물로 꼽히는 교부敎父 대大바실리오Basilio der Große는 전쟁터에서 사람을 죽인 병사들에게 3년 동안 영성체를 주지 않았다. 그래서 군인 직업은 거의 인정을 받지 못했고, 전사자를 명예롭다고 여기지도 않았고, 비신자와의 전투에서 죽으면 순교라고 여기지도 않았다. 비잔티움 사람들은 피 흘리는 일을 피하기 위해서라면 무엇이든 했다. 그래서 이 대단히 오래된 제국은 기독교를 믿지만 거친 습성을 지닌 서쪽보다는 기독교의 근원에 훨씬 가까웠다. 스티븐 런시맨Steven Runciman은 정평 있는 저서 《십자군의 역사》A History of the Crusades에서 다음과 같이 썼다. "비잔틴의 정신적 태도를 전형적으로 대표하는 인물인 안나 콤니니Anna Komnene 공주는 본인이 쓴 역사서에서 자신은 전쟁을 철두철미하게 수치스러운 행위로 여긴다는 것을 분명하게 시사했다. 전쟁은 다른 모든 방법이 실패했을 때 최후의 대책으로 내리는 수단으로 생각했고, 전쟁 자체가 그러한 실패를 시인하는 것이라고 보았다." 이와 대조적으로 서방의 교회는 여전히 게르만 용사들에게 기독교의 사랑과 평화를 제대로 전하느라 고생하고 있었다.

동방의 기독교도들은 고도로 세련됐고, 그들과 마찬가지로 세련된 도시들인 바그다드와 다마스쿠스를 고슬라 또는 보름스(두 곳 모두 독일에 있는 도시다—옮긴이)보다 훨씬 친숙하게 느꼈다. 대부분 무슬림 이웃과 상거래를 하며 평화롭게 살았다. 그래서 이슬람은 근본적으로 동방보다는 서방을 훨씬 더 불안해했다. 이미 서지중해 연안 도처에 약탈과 살인이 상륙했기 때문이다. 그런데 이후 비잔틴 제국 동쪽 경계선에 갑자기 터키 셀주크족이 나타나면서 상황은 근본적으로 바뀌게 됐다. 1071년 셀주크족은 비잔틴 제국 황제 군대를 절멸시켰고, 심지어 훗날에는 예루살렘도 정복했기 때문이다. 이러한 사건을 통해 기독교 성지 순례는 현저히 어려워졌고, 급기야 완전히 중단됐다.

이러한 상황에서 교양 있는 안나 콤니니 공주의 아버지인 비잔틴 황제 알렉시오스Alexios(1048~1118)는 대담하게도 서방 기독교계에 도움을 요청했다. 그러나 누가 요청에 응할 수 있었을까? 오늘날에도 논란이 분분한 독일 황제 하인리히 4세는 자신이 다스리는 제국의 영주들과 지속적으로 언쟁을 벌였고, 그 밖에도 교회와 싸움을 벌여 파문당한 상태였다. 게다가 서방을 뛰어넘는 권력을 행사할 능력이 있는 이는 아무도 없었다-단 한 사람, 교황을 제외하고는 말이다. 그래서 1095년 피아첸차에서 개최된 시노드(가톨릭교회에서 교회 안에 중요한 문제가 있을 때 이를 해결하기 위해 개최하는 자문기구 성격을 띤 회의-옮긴이)에 비잔틴 외교사절단이 나타나, 교황 우르바노 2세Urban II(대략 1035~1099)와 회의에 참석한 주교들에게 간절히 도움을 애원했다. 사절단은 목적을 이루기 위해 자신의 어려운 상황을 다소 과장했다. 기독교도가 성지 순례와 관련되어 처한 곤경을 극도로 어두운 내용으로 생생하게 설명하고는 기독교의 연대 의식에 호소했다. 이는 동시에 동방교회와 서방교회 간의 내부 갈등을 풀자는 평화 제안이기도 했다. 기독교 세계를 대표하는 이들 양대 교회는 1054년 이래로 서로 반목하는 상태에 있었다. 이때 비잔틴 황제는 서방 용병 약간 명을 희망했다. 그렇지 않아도 용병 중 상당수는 비잔틴 황제의 깃발 아래에서 싸우고 있었지만, 현재 병력으로는 부족한 지경이었다.

알렉시오스 황제는 전형적인 비잔틴 외교관으로, 약삭빠른 여우 같은 인물이었다. 그는 궁정에 존재하는 모든 가능한 형태의 반대자와 적수, 예전에 권력이 있었던 다른 황가를毫家, 심지어 폐위된 대립 황제들을 전부 견뎌냈다. 그리고 어찌됐든 엄청난 수완을 발휘해 음모와 계략에 말려들어도 통찰력을 잃지 않는 데 성공했다. 외교상으로 알렉시오스 황제는 사방에서 압력을 받았고, 그 때문에 모험적인 연합 동맹 관계를 맺었다. 심지어 같은 가톨릭을 믿는 거칠고 공격적인 노르만족에 맞서, 터키 셀주크 왕조에게 도움을 요청한 적도 있을 정도다. 알렉시오스 황제는 십자군을 바라지 않았다. 그저 도움을, 자신이 통제할 수 있는 도움을 원했을 뿐이다.

교황 우르바노 2세도 통제를 원했다. 서유럽에 관습적으로 만연해 있는 폭력을 통제하기를 바랐다. 거의 200년 동안 교회는 '신의 평화 운동'을 전개해 특히 계급이 낮은 귀족이 폭력을 억제하도록 애써왔다. 그래서 어떠한 군사력도 행사해서는 안 되는 시대로 확정됐다. 이는 우리가 보기에 유별나고 진기하지만, 지속적으로 폭력의 위협을 받던 당시 사람들은 진정한 은총으로 여겼다. 평화를 확실하게 유지하고 약탈 습격을 막거나 처벌하기 위해 교회가 운영하는 평화민병대도 없었다. 하지만 이러한 신의 평화운동은 결정적인 성공을 거두지 못했다. 이때 도움을 주기 위한 원정대를 성지로 파견하면서, 무장한 기사단의 제어하기 힘든 힘을 약탈로 인한 획득과 명예를 성취하는 것보다 '훨씬 더 높은' 목표로 향하도록 할 가능성이 생겼던 것이다.

예수 그리스도를 위해 싸우는 것, 성스러운 도시와 성스러운 땅을 파괴를 일삼는 이교도들로부터 해방시켜야한다는 '거룩한 목적'을 통해 기사들이 약탈 행각이라는 사리사욕의 목표를 멀리하도록 했다. 그렇지 않아도 종교적으로 격동의 시기였고, 사람들은 세상의 종말이 머지않았다는 인식을 하고 있었다. 오늘날 우리도 세상의 종말을 이야기 하지만, 당시 사람들의 인식 수준은 훨씬 심각했다. 사람들은 신의 뜻에 맞는 삶을 약속하는 기사단에 대규모로 몰려들었다. 이제 문외한에게도 비범한 행위로 영생을 누릴 자격을 얻을 가능성이 생겼다.

이미 이베리아반도 북쪽에 있는 조그마한 기독교 제국이 스페인 무슬림의 위협으로 존폐 위기에 놓이자, 기원후 1000년이 된 지 얼마 되지 않아 서유럽이 공통으로 인정하는 유일한 대표자인 교황은 이에 반대하는 계획을 조직할 것으로 기대를 모았다. 실제로도 교황은 그렇게 하는 데 성공했다. 교황이 도움을 주려 달려간 기사단에게 은혜를 베풀어, 그들이 인생에서 저지른 죄를 전부 용서한 것은 아니었다—오로지 고해성사에서 죄를 솔직하게 고백한 뒤에 신의 은총을 통해 용서받을 수 있었다. 또한 솔직하게 참회하고 죄를 더 이상 저지르지 않겠다고 진지하게 결심해야 가능했다. 그런데 교황은, 예를 들어 속죄를 위해 성지 순례를 하도록 보속을 주는 대신, 스페인 기독교도를 지키기 위한 원정에 나서는 데 동의한 것이다.

하지만 이것 말고도 이유는 더 있었다. 예루살렘의 성지를 해방시키기 위한 출정은 성지 순례임과 동시에 당연히 순례보다는 훨씬 위험한 시도이기도 했다. 출정하기로 결심했다면, 지금까지의 삶을 마무리하고 아내와 자식을 불안한 미래에 내팽개쳐두고 신의 보상을 기대하며 사지死地로 달려가야 했다. 이는 오로지 종교적인 동기로 감행하는 것이었다. 그런데 교황은 망설였다. 교황은 이탈리아 피아첸차를 떠나 프랑스로 가서 그중에서도 특히 르 퓌Le Puy 주교와 상의했다. 그는 예루살렘 성지 순례를 다녀온 적이 있었고, 이 때문에 자기 방식으로 상황을 파악하고 있었다. 그런 뒤에 교황 우르바노 2세는 클레르몽으로 가서 주교 회의를 소집했다.

신은 진정 유대인 살해와 학살을 원했는가?

대단히 범상치 않은 것이 임박할 낌새가 분명히 있었다. 수천 명이 모여드는 바람에, 대성당은 더 이상 군중을 감당하지 못했다. 그래서 교황의 왕좌는 도시 동쪽 성문에 만든 연단으로 옮겨 배치됐다. 그리고 1095년 11월 27일, 그곳에서 세계사적인 사건이 일어났다. 스티븐 런시맨이 쓴 내용에 따르면 프랑스 사람인 교황 우르바노 2세는 "인상적인 남성으로, 키가 크고 얼굴에는 매력적인 수염을 기르고 있었다. 정중한 예의범절이 몸에 배었고 설득력이 뛰어난 말솜씨를 지니고 있었다. 그는 엄하고 완고할 수도 있었지만, 친절하고 호의적이며 온화한 면모가 두드러졌다. 우르바노 2세는 항상 견해 차이가 발생해 논쟁과 불쾌함을 불러일으키기는 상황을 적극적으로 피하는 편을 선호했다." 그리고 이제 교황의 뛰어난 말솜씨는 기대를 잔뜩 품고 클레르몽 동쪽 성문에 놓인 왕좌 앞으로 몰려든 수천 명의 사람들 앞에서 큰 도움이 됐다. 우르바노 2세는 연설을 시작했다. 기독교를 믿는 동방의 형제들을 반드시 구해야 한다는 것이었다. 그들은 터키 이슬람교도들에게 핍박을 받고 있으며, 이 사실은 기독교 국가의 심장을 찢어지도록 사무치게 한다고 했다. 그곳에 사는 사람들은 학대받고 있으며, 그곳 성지는 모독을 받고 있다고 했다. 그런데 우르바노 2세는 이렇게 말하고 나서, 예루살렘의 신성함과 그곳을 여행하는 순례자들이 겪는 다양한 고통을 힘주어 강조했다. 드디어 위대한 순간이 왔다. 우르바노 2세는 그 자리에 있던 군중에게 외쳤다. 기독교인 전체가 힘을 합쳐 동방을 구하자고 호소했다. 부자와 가난한 자가 똑같이 길을 떠나야 한다고 했다. 그들은 서로를 때리는 짓을 그만두고, 대신 정의의 전쟁을 이어나가야 한다고 강조했다. 이를 위해 그들은 신의 일을 행하는 것이며, 신은 그들을 이끌어주시리라고 했다. 교황은 인상적인 연설을 열렬하게 했고, 이에 대해 군중이 보인 반응은 교황이 기대했던 것보다 훨씬 더 열광적이었다. "Deus le volt(이는 신의 뜻입니다)." 군중은 교황을 향해 대답했다.

이 연설이 끝난 직후, 수많은 사람이 그 자리에서 예루살렘 원정에 동참할 것을 약속하겠다고 선언했다. 이제 기사들이 십자군에 참여해 전쟁을 치르는 것도 효과적인 회개 방법이 될 수 있다는 점은, 십자군 전쟁 전문 역사학자인 조나단 릴리 스미스^{Jonathan Riley-Smith}가 말했던 것처럼 "진정으로 혁명적이었다. 기사들이 자기가 저지른 죄를 용서받기 위해 싸운다는 것은, 신자들 입장에서는 완전히 새로운 방식의 전쟁 행위였다." 구약성경의 마지막 부분에 나오는 마카베오서 상권과 하권에서는 마카베오가^家 형제들이 해방과 예루살렘 성지의 신성함을 위해 싸운 과정을 자세히 설명하고 있다. 교황들은 이 성경 내용을 인용하면서 호소했고, 이를 들은 문외한들은 감격과 열광에 사로잡혔다. 이와 관련해 종교학자 크리슈토프 아우프파르트^{Christoph} ^{Auffarth}는 다음과 같이 단언한다. "십자군 원정 참가자의 본보기로 마카베오가를 선택한 것은 문외한들에 의해 관철된 것으로, 그들의 종교적 갈망에 의해 요구된 변화로, 또한 문외한들도 도달할 수 있는 구원과 영생의 길로 이해해야 한다." 하지만 이 새로운 길은 구약성경에서 인용한 것일 뿐이다. 신약성경은 아무 역할도 하지 못했다.

문외한들이 열광하면서, 뜻밖의 역동성이 발생했다. 이스라엘 역사학자 벤야민 Z. 케다르^{Benjamin Z. Kedar}가 단언한 것처럼, 신학자들이 보기에 십자군 전쟁은 방어전일 뿐이고, 성 아우구스티누스가 설파한 의미에서 동방의 핍박받는 기독교도들을 도와주기 위한 정의의 전쟁이다. 절대로 '성스러운 전쟁'이 아니다. 정의의 전쟁에 기도와 전례 의식이 따른다고 종교적인 성격이 되는 걸까? 아니면 교황이나 주교, 또는 신이 직접 명령을 내려서 종교적이 되는 걸까? 당연히 아니다. 왜냐하면 전쟁이 다름 아닌 정의를 목표로 삼는 한, 아무리 종교적 순간이 수없이 관여하게 되더라도 세속의 정의를 추구하는 전쟁을 지속하기 때문이다.

그러나 문외한, 기사, 다른 전사^{戰士}들은 감정에 사로잡혔다. 기독교 유산을 되찾는 게 중요했고, 또한 기독교 교리가 절대 후원할 수 없는 개념인 복수와 보복을 감행하자는 생각도 중요하게 작용했다. 신학은 복수와 보복을 반대하며, 심지어 일부는 맹렬하게 거부한다. 여러 분야에서 교양 수준이 뛰어난 영국인 라둘푸스 니제르^{Radulphus} ^{Niger}(1146~1200년 경. 영어로는 랄프 나이저^{Ralph Niger}라고 호칭한다−옮긴이)는 십자군 전쟁을 전면적으로 반대하는 소책자를 썼다. 신은 인간으로 하

기독교 콘서트

여금 복수를 실행하도록 명령할 필요가 없다는 것이다. 신이 정말로 복수를 원한다면, 신은 열두 천사 군단을 보낼 수 있다. 신의 대리자인 교황이 예루살렘 순례로 죄를 지워버릴 수 있다고 추천한다 해도, 교황은 신중함과 공정함을 계속 유지해, 신은 오로지 먼저 죄를 뉘우치고 속죄할 때만 그런 보속행위를 받아들인다는 것을 확실하게 보증해야 한다는 것이다. 여하튼 어떤 방식이든 피를 흘리게 해도 결코 내적 만족을 얻지 못하기 때문이다. "무슬림을 죽이려고 어떤 정의를 내세워 무기를 잡을 수 있는지, 나는 도무지 모르겠다." 이러한 비판은 십자군에 종군하려는 마음가짐에 결정타를 가했던 게 틀림없다. 그리고 이런 비판은 1217년에 볼프람 폰 에셴바흐Wolfram von Eschenbach(독일 중세에 활동한 서사시인–옮긴이)가 쓴 시 〈빌레할름〉Willehalm에도 반영되어 있다. 시에 나타난 비판의 논조는 다음과 같다. "인간이 기독교를 믿지 않고 배운 것도 전혀 없다고 해서, 그게 과연 죄가 될까? 인간을 가축처럼 때려죽이는 것, 나는 그걸 죄라고 부르리라. 모든 존재는 신의 손으로 만들어졌으니까."

특히 종교적인 동기로 표현되기는 하지만, 그렇다고 여기에 사회경제적 원인이 작용하지 않았다는 뜻은 아니다. 십자군 원정대 중에는 스스로 생계를 꾸릴 능력이 없는 어린 아들들이 많았다. 왜냐하면 많은 지역, 예를 들면 북프랑스에서 젊은이들은 상속받을 것이 아무것도 없었기 때문이다. 그 밖에도 이제 십자군에 참여함으로써 드디어 보속으로 수도원에 바칠 기부금을 절약할 가능성이 있었다. 이제 문외한들은 십자군 전쟁 자체에 참여해 자신의 보속 수행을 도모할 수 있었다.

교황이 십자군 전쟁의 의지를 보인 뒤 전체 상황은 정돈된 방향으로, 일사천리로 전개됐다. 무장한 순례자의 재산을 보호하기 위해 정확한 규정이 마련됐다. 모든 십자군 종군자는 사전에 자기가 정말로 순수한 동기에서 원정을 떠나는지 담당 사제와 상담해야 했다. 절대 침략 전쟁으로 이어져서는 안 된다는 점을 명시적으로 강조했다. 비기독교도의 약탈 행위가 일어나는 도시라면 어디든, 동방 교회는 권리와 소유물을 돌려받아야 했다.

하지만 여기서 교황도 전혀 예상하지 못한 결과가 뒤따랐다. 먼저 우르바노 2세는 편성된 십자군 기사단의 숫자가 아마도 몇 백 또는 몇 천 명쯤 될 거라고 예상했다. 그러나 사람들은 대량으로 무질서하게 모여들었다. 조나단 릴리 스미스는 약 12만 명에 이르렀을 것이라고 추정한다. 하지만 이 중에서 귀족이나 기사에 속하는 군사 전문가는 10%도 안 되었다. 귀족이나 기사 중에서 결국 성지에 도착한 인원은 5천 명에 불과했다. 페트르스 아마아네시스^{Peter the Hermit.}(은수자 베드로, 은둔자 피터라고도 한다-옮긴이)라는 인물은 열성적이지만 기이한 풍모를 지니고 있었는데, 수천 명이 그에게 마법에 홀린 듯 끌렸다. 그는 교황이 1096년 8월 15일로 정한 출정 기일을 기다리지 말고 당장 떠나라고 독려했다. 페트르스 아마아네시스의 말에 동기를 부여받은 사람들 중에는 여성과 어린이도 일부 포함됐다.

악명 높은 약탈 기사인 에미히 폰 라이닝엔^{Emich von Leiningen}이 이끄는 이른바 국민 십자군이라는 하위 집단은 이미 라인 강 지역에 사는 유대인을 대상으로 끔찍한 만행을 저질렀다. 이 지역 유대인은 주교들의 보호를 받고 있었다. 즉 주교가 사는 궁전 어디든 드나들 수 있도록 유대인에게 개방했다. 그럼에도 불구하고 천민들 무리가 유대인을 대량 학살했다. 역사학자 프리드리히 로터[Friedrich Lotter]는 특별 조사를 실시한 뒤 트리어, 쾰른, 마인츠, 보름스, 슈파이어 주교가 자신들이 관할하는 유대인 집단을 어떻게 보호하려고 애썼는지 기술했다. 심지어 일부 주교는 목숨까지 걸고 노력했지만 제한된 성공을 거두었을 뿐이라고 썼다. 왜냐하면 난폭한 무리들이 제멋대로 날뛰었기 때문이다. 스페인 서고트족 점령 하에 일어난 일화는 예외로 하고, 이는 유럽에서 최초로 일어난 유대인 학살이었다. 그리고 이 학살은 기원후 1세기에 유대인과 기독교도 사이에 이루어진 모든 통례는 물론 이후 교회가 계속 보인 자세에도 위배되는 것이었다. 중세사학자 루돌프 히슈탄트[Rudolf Hiestand]에 따르면 12세기 내내 교황들은 교회 유대법의 양대 핵심 원칙인 유대인 살해 금지는 물론 유대인에게 강제로 세례를 주는 행위를 금지하는 것을 단호하게 고수했다. "이렇게 교황과 주교들이 일관적으로 보여준 자세를 통해, 유대인을 절멸시킬 목적으로 신학이나 교회법을 근거로 들어 유대인에 대한 태도 변화를 실행한 적이 절대로 없다는 사실을 분명하게 알 수 있다. 반유대인 사상을 널리 알리는 선전이라든지, 세례냐 죽음이냐 양자택일을 강요하는 행위는 교회 고위층에서 유래된 것이 아니다. 교황은 십자군 전쟁과 관련된 강론에 그런 내용을 포함시키지 않았고, 주교들도 그런 내용을 사명으로 품은 적이 없다. 또한 그들은 반유대 학살 사건에 연루된 적도 없다." 그리고 미국 유대학자 로버트 차잔[Robert Chazan]은 다음과 같이 강조한다. "교황은 이후 이어진 대규모 십자군 전쟁에서 대량의 반유대 폭력 행위를 거의 모두 제거했다." 그래서 후기 십자군 전쟁에서 반유대 폭력은 애초부터 차단됐다고 한다. 1차 십자군 전쟁 시작 무렵 발발한 반유대 폭력은 '매우 제한적'이었다고 한다. 프리드리히 1세의 십자군 전쟁이 진행되는 동안 신성 로마 제국에 사는 유대인은 완벽하게 보호를 받았다.

그런데, '국민 십자군'으로 다시 돌아가 보자. 무질서하기 짝이 없는 여러 국민 십자군단은 발칸반도를 지나는 도중에 돌발 사건을 계속 일으켰다. 1096년 8월 1일 콘스탄티노플에 도착하자, 알렉시오스 황제는 깜짝 놀라 이 혼돈을 일으키는 야만인들이 빨리 아시아로 건너가도록 서둘러 조치했다. 아시아로 건너가자, 전쟁을 대비한 훈련을 받은 적이 없는 국민 십자군 무리는 즉시 처음 마주친 터키군에게 떼죽음을 당했다. 이에 대해 스티븐 런시맨은 다음 같이 기술한다. "선량한 기독교인 대부분은 이를 하느님이 유대인을 살해한 자들에게 내린 벌로 보았다."

원래 '국민 십자군'은 교황이 1096년 8월 15일에 공식 출정 선언을 한 십자군이 아니다. 페트르스 아마아네시스와 추종자들의 경우와 비슷하기는 했다. 그들 역시 방랑하면서 혼란을 일으키는 무리였고, 마치 번개처럼 나쁜 일이 일어나리라 예감하게 만드는 존재였다. 왜냐하면 여기서 이 십자군 운동에 휩쓸린 무리를 실제로 통제하기란 불가능했다는 사실이 드러났기 때문이다. 어느 누가 이를 예상할 수 있겠는가? 적어도 교황은 이를 헤아리지 못했다. 교황은 대범하면서도 고결한 계획을 의도했지, 무리지어 혼돈을 일으키는 운동을, 특히 규율 없이 약탈을 일삼는 군대를 염두에 둔 것은 절대 아니었다. 그리고 알렉시오스 황제는 결코 십자군을 원하지 않았다. 그저 전쟁 수행 능력이 뛰어난 용병 약간 명을 바랐을 뿐이다.

나머지 이야기는 빨리 설명해야겠다. 이후 1096년 12월 23일 콘스탄티노플에 도착한 기사단은 규율과 군기가 잘 확립되어 있었지만, 알렉시오스 황제는 처음에는 이 난폭하고 다루기 힘든 사람들이 확실하게 충성하겠다는 맹세를 한 다음에야 받아들였으며, 그렇게 한 뒤 보스포러스 해협을 건너가도록 했다. 아나톨리아 반도에서 터키 셀주크족은 격퇴되었고, 안티오키아(터키 남동부에 있는 도시-옮긴이)는 오랫동안 포위된 뒤에 정복당했다. 거기서 교황의 사절이 죽었는데, 그는 십자군 원정 참가자를 감화시키고 마음을 누그러뜨리는 영향을 계속 발휘하던 인물이었다. 이제 십자군에 진정한 지휘관은 더 이상 없었다. 원정에 동참하던 귀족들이 서로 다투어 경쟁에 돌입했기 때문이다. 그래서 이후 1099년 7월 15일 예루살렘 정복은 대실패로 돌아갔고, 이슬람 세계 전체에 기독교도에 대한 평판을 무너뜨린 학살극이 되고 말았다. 제2차 십자군 원정은 실제로 독일 왕과 프랑스 왕의 지도 아래 진행되어 완전히 실패했다. 1187년 제3차 십자군 원정은 무슬림이 예루살렘을 탈환하는 데 성공한 뒤에 실행됐는데, 무엇보다 유럽의 세속 권력층이 계획한 것이다. 황제 프리드리히 1세가 원정을 주도했지만, 그는 뜻밖에도 예루살렘으로 향하는 도중 소아시아에서 세상을 떠났다. 같은 해 8월, 그의 뒤를 이어 영국의 사자심왕 리처드 Richard the Lionheart와 프랑스 왕 필리프 2세Philip II가 우두머리 노릇을 했다. 제4차 십자군 원정은 베네치아인들이 사리사욕을 챙기려는 목적으로 콘스탄티노플로 방향을 돌렸다. 1204년, 콘스탄티노플은 정복되어 약탈당했다. 이렇게 '라틴 사람들'이 저지른 극악무도한 행동에 대해 상당수 그리스정교회 신자들이 느낀 불쾌함은, 오늘날까지도 거의 없어지지 않은 채 지속되고 있다. 이후 1291년 십자군 원정대의 마지막 요새인 아크레('아코'라고도 부른다 - 옮긴이)를 무슬림이 정복하면서, 십자군 전쟁은 종말을 고했다.

기독교 내부와는 달리, 당시 이슬람 세계는 대체로 십자군 전쟁을 대하며 흥분하지 않았다. 이슬람 쪽 입장에서 십자군 전쟁은 오히려 지엽적인 현상이었고, 이슬람학자 알브레히트 노트^{Albrecht Noth}가 단언한 것처럼 "이 주제를 논의하는 데 거의 완전히 무관심한" 분위기가 있었다. 영국 태생의 미국 역사학자 버나드 루이스는 십자군 전쟁이라든지 십자군 원정대라는 낱말은 내용이 풍부하기로 유명한 아라비아 역사 기록에 아직까지도 등장하지 않는다고 지적한다. 이에 비해 기독교 쪽에서 십자군 전쟁은 "오래 끌었고 아주 제한적이었고 결국 실패로 돌아간, 지하드(이슬람교를 지키기 위한 성전聖戰 - 옮긴이)에 대한 대답이다." 더욱이 이 대답은 300년 이상 지난 다음에야 뒤늦게 나왔다. 하지만 십자군이라는 말은 성지로 가는 길이라는 의미로 사용하는 것 외에도, 교회 및 세속 활동 측면에서는 이교도에 대항하거나 노예 해방 같은 의미로 사용했다.

십자군 전쟁에서 가장 어두운 부분은 1099년 예루살렘 정복이다. 십자군 기사단이 예루살렘 벽 아래에 도착했을 때 그 수는 겨우 남성 5천 명이었다. 기사단 중 10만 명 이상이 학살당하고 굶어 죽고 전염병으로 죽었다. 그리고 이제 기력이 쇠약해진 나머지는 이 도시에서 예루살렘 점령군이 물이 있는 곳을 사용하지 못하게 만들고, 먹을 만한 것은 모조리 없애고, 나무도 전부 베어버린 환경에 직면했다. 햇

기독교 콘서트

살이 강렬한 여름의 열기가 압도적이어서, 십자군 기사단이 벽 주위로 길게 행렬을 이루자, 도시를 방어하는 군대가 그들에게 조롱을 퍼부었다. 상황은 절망적이었으며, 수많은 기사가 굶어 죽고 목말라 죽었다. 하지만 이후 결국 목재를 운송해 와서 포위 용도의 탑을 세우는 데 성공했다. 이 탑 덕분에 결국 도시를 기습 공격할 수 있었다. 소식은 십자군 기사단이 저지른 대량 학살을 묘사하는 내용으로 급변했다. 학살당한 수천 명의 희생자 중에는 무슬림뿐만 아니라 기독교도와 유대인도 포함됐다고 한다. 단 한 명도 살아남지 못했다. 예루살렘은 이미 끔찍한 학살을 많이 겪었다. 979년 시아파인 파티미드 왕조가 정복했을 때는 기독교도와 유대인뿐만 아니라 수니파 무슬림도 학살당했다. 이후 1076년 다시 한 번 셀주크족이 이제 시아파에게 분노했고, 시아파 3천 명을 죽였다. 그럼에도 불구하고 십자군 종군자가 저지른 대량학살은 가히 전설적이다. 다름 아닌 기독교도, 순례자가 그런 일을 저질렀으며, 더욱이 가장 성스러운 곳에서 살육을 저질렀기 때문이다.

그렇지만 이 사건을 두고 일어난 학술 논쟁은 오늘날까지 멈추지 않고 있다. 왜냐하면 우리가 이 사건에 대해 얻는 소식과 정보는 선전물과 이에 대항하는 선전물을 통해 왜곡된 것이기 때문이다. 영국 십자군 전쟁 전문가인 사학자 존 프랜스John France는 다음과 같이 단언한다. "예루살렘에서 일어난 대량학살이 엄청나게 끔찍한 사건이기는 하지만, 그럼에도 불구하고 당시 통례를 크게 넘지는 않았다." 절대로 전부 살해당하지는 않았고, 무슬림도 유대인도 모조리 학살당하지 않았다는 것이다. 하지만 십자군 기사단이 학살 다음날 생존자들을 매장식에 끌고 가 땅을 파도록 했으며, 이들 포로를 몸값을 받고 풀어주었다고 한다. 유대인 공동체는 이미 심하게 줄어든 상태였다. 유대인 소식통에 따르면, 십자군 종군자는 무슬림과는 달리 여성과 아이를 포로로 잡지 않았고, 특히 유대인 쪽에서 추모해야 할 희생자를 발견하지 못했다고 한다.

문학적으로 보면 1099년 예루살렘 정복은 통상적인 전황 보고와는 달리 "그림과 문자로 묘사하는 문학 전통을 활용할 수 있었다." 이교도가 더럽힌 성지를 정화시키는 것에 역점을 두어야 했고, 이를 위해 특히 '피로 쓴 언어'가 필요했기 때문이다. 프랑스에서 새롭게 진행한 연구조사는 예루살렘 정복을-살의를 미화시키려는 의도는 전혀 없이-"성지를 되찾고 정화시켰다"는 의미로 해석한다. 독일 역사학자 에른스트 디터 헬Ernst-Dieter Hehl을 포함한 기독교 연대기 저자들이라면 어느 누구도 대량학살을 숨기려 하지 않을 것이고, 구약성경에 나오는 마카베오가※ 전쟁을 불러내 비교하면서 이 경우가 훨씬 압도적이라고 과장하지도 않을 것이다. 가령 유다 마카베오는 "남자들을 모두 칼로 쳐 죽이고 성읍을 완전히 무너뜨린 다음, 전리품을 거두고는 죽은 자들을 밟으며 그 성읍을 지나갔다."(마카베오기 상권 5장 51절) 또는 "하느님의 뜻에 따라 그 성읍을 점령한 그들은 헤아릴 수 없이 많은 사람을 죽였다. 그리하여 너비가 두 스타디온이나 되는 부근 호수가 흘러드는 피로 가득 찬 것처럼 보였다."(마카베오기 하권 12장 16절) 십자군 종군자들은 예루살렘 정복에 대한 보고를 하며 이 성경 텍스트 중 일부를 문자 그대로 반복한다. 실제로 여기에는 근본적 차원으로 정화시켜야 한다는 생각이 결정적으로 작용했을 것이다. 즉 예수

기독교 콘서트

그리스도의 신부인 예루살렘이 복수의 피로 죄를 씻어야 한다는 생각이다. 빌헬름 폰 티루스^{Wilhelm von Tyrus}(대략 1130~1186)도 다음과 같이 확인한다. "확실히 이는 신의 공정하고 올바른 판단에 따라 일어났다. 즉 미신적인 의식을 거행해 신의 성전을 더럽히고 신앙 깊은 민족들을 소외시킨 이라면 누구든지 자신의 피를 모조리 흘려 정화하고, 죽음을 통해 처벌받아야 할 추악한 행위를 속죄 받아야 한다는 판단이다." 이미 십자군 전쟁이 시작될 무렵 사람들은 전력이 우세한 이교도들과 용맹하게 맞서 싸운 유대인 제사장 가문이자 자유의 전사인 마카베오가를 본보기로 삼으려고 불러냈으며, 그래서 십자군이 예루살렘에서 맞은 결말도 구약성경에 나오는 말씀으로 설명했다. 그렇지만 십자군 전쟁의 근거와 당위성을 신약성경 말씀 중에서는 전혀 발견할 수 없었다는 게 독특하고, "이는 신의 뜻입니다"라는 십자군의 함성 또한 나사렛 예수의 말씀에서 끌어온 게 절대 아니었다.

이와 관련된 이슬람 문헌을 보면, 십자군 관련 문헌에서 언급된 엄청난 희생자 수는 맞지 않다. 당시 예루살렘에는 거주민이 별로 많지 않았기 때문이다. 그 밖에도 거의 모든 기독교도가 예루살렘이 십자군에게 포위되기 전에 신뢰를 받지 못해 도시에서 추방됐고, 예루살렘에서 살아남은 무슬림은 다마스쿠스에 있는 피난처에 배치됐다면서, 무슬림이 모조리 절멸됐다는 주장에 반박한다.

유럽연합과 십자군, 그리고 터키

십자군 전쟁은 엄청나게 중대한 질문을 던진다. 수천 년 동안 기독교는 평화의 종교로 두드러진 면모를 보였다. 전쟁을 저지할 수 없는 곳에서도, 기독교는 전쟁을 막고 호전적인 정신 상태를 약화시키려고 애썼다. 비잔틴 제국은 여전히 그렇게 했다. 하지만 이제 서양 기독교의 최고위 대표자가 무기를 들라고 호소했다. 그래서 첫 번째로 성전聖戰에 대한 질문을 제기할 수 있다. 그렇다면 십자군 전쟁이, 예언자 무함마드가 무슬림에게 명령했던 것과 같은 종류의 성전이었을까?

이슬람학자 틸만 나겔은 이슬람에서의 성전은 '이슬람 영역을 인간이 사는 세계 전체로 확장한다는, 모든 인류사의 목표에 다가가기 위해' 존재한다고 설명한다. 이슬람 성전은 맨 처음에는 내부 투쟁이 전개되지만, 이후 추가로 '이교도에 맞선 전쟁에 열정적으로 참여하는 것'도 중요하게 된다. 하지만 영국 태생의 미국 사학자 버나드 루이스는 예언자의 시대 이후 지하드라는 개념이 주로 군사적인 의미로 사용된다고 본다. 한스 큉Hans Küng은 이슬람은 "시작과 유래부터 군사적인, 신의 전사라는 특성을 지니고 있다.―이러한 관점에서 초기 기독교보다는 초기 유대교 및 그들이 내세운 '여호와의 전쟁'에 훨씬 가깝다"고 설명한다. 이슬람은 전투를 의무로 알았다. 심지어 파라비Farabi, 이븐 시나Avicenna, 이븐 루슈드Averroes 같은 중세 이슬람의 위대한 지성의 대변인들은 '통상적이고 비철학적인 이슬람 관행보다 훨씬 급진적인 태도로' 전쟁을 지지했다. 수많은 십자군 전쟁 비판자들이 피력한 "Deus non vult(이는 신의 뜻이 아니다)"라는 비판에 상응할 만한, '성전'에 대한 비판을 한 무슬림 신학자는 아무도 없었다.

이와 대조적으로 기독교는 항상 평화의 종교였으며, 성전이라고는 전혀 몰랐다. 그래서 십자군 전쟁에 참여하라고 촉구하자 기독교 비판가들, 특히 교회법학자들은 반대했으며, "사라센인(중세 유럽인이 서아시아의 이슬람교도를 부르던 호칭-옮긴이)이 기독교인과 평화롭게 살면 공격받거나 살해당해서는 안 된다"는 견해를 보였다. 그래서 이스라엘 역사학자 벤야민 Z. 케다르는 기독교 진영이 일반적으로 이슬람을 증오한다고 추정해서는 안 된다고 강조한다. 특히 교회가 전쟁에 대해 적대적인 견해를 보였다. 1139년에 실시된 제2차 라테란 공의회는 '석궁술과 궁술이라는 치명적이면서 신의 미움을 사는 전쟁 기술'을 비난했다. 훗날 로테르담의 에라스무스Erasmus von Rotterdam(대략 1467~1536)는 마리냐노marignano 전투(1515)에서 2만 명의 목숨을 잃게 만든 섬멸 화기를 지옥에서 온 병기라고 하면서, 자신은 엄청난 경악에 빠졌다고 표명했다. 그리고 이 화기는 야만인과 이교도가 고안해낸 어떤 무기보다도 훨씬 정밀하고 무시무시한 것이라고 했다. 그는 자신이 보기에 전쟁은 '모든 재앙이 모인 거대한 바다'라고 했다. 그리고 에라스무스는 기독교가 평화주의를 지켜나가도록 요구했다. "예수 그리스도를 세상에 알리는 사람은 언제나 평화도 알린다. 당신은 검으로 형제의 심장을 찌르면서, 입으로는 공동체의 아버지이신 예수 그리스도를 외칠 수 있겠는가?" 마르틴 루터에 따르면 아담은-신무기인 대포를 볼 수 있었다면-"슬픔과 고통에 빠져 죽었을 것이다."

그렇지만 당시 기독교도는 진공 공간에서 살지 않았다. 현대 국제법도 존재하지 않았다. 사람들은 자신의 법을 옹호할 수 있어야 했다. 교회도, 교황도 그래야 했다. 5세기에 교황 레오 1세는 훈족을 되돌려 보냈고, 150년 뒤 교황 그레고리오 1세는 호전적인 랑고바르드족을 방어했다. 이후 교황은 피핀의 기증(756년 프랑크 왕 피핀 3세가 교황에게 자신이 점령한 옛 라벤나 총독부 지역을 기증한 사건 – 옮긴이) 덕분에 세속 권력으로부터 자주성을 확보하기는 했다. 피핀의 기증으로 교황은 많든 적든 자신의 영토를 소유하게 됐기 때문이다. 그렇지만 이제 평화의 종교인 기독교의 대표자인 교황은 실제로 호전적인 분쟁이 일어나는 상황에 말려들었다. 846년 아라비아인들이 바다를 건너와 로마를 파괴하고 성 베드로 대성당을 약탈하자, 교황 레오 4세는 극도의 노력을 기울여 결국 적을 퇴각시켰다. 당연히 군사적 노력을 통해서였다. 이 시기에는 불가피하게 치러야 할 자유의 대가였다. 심지어 교황이라도 말이다.

기독교도의 평화에 대한 사랑은 예수 그리스도의 명령에서 비롯됐을 뿐만 아니라, 그들이 인간의 천성을 긍정적으로 보는 시각에서도 기인한다. 그래서 앞서 언급한 영국인 라둘푸스 니제르는 제3차 십자군 원정이 단행되자, "무슬림의 천성은 우리와 똑같다"라고 상기시켰다. 그리고 이교도도 우리와 대체로 같으며, "비록 신앙이 없기는 하지만 엄연히 인간이다"라고 주장했다. 예루살렘 왕국 수상인 빌헬름 폰 티루스는 다음과 같이 밝혔다. "무슬림에게도 인권이 온전히 있다." 이에 대한 이유로 '무슬림도 우리와 공통되게 동일한 유일신이자 아브라함, 이삭, 야곱의 신인 하느님을 숭배하기 때문'이라고 설명했다.

인간의 천성에서 권리가 나온다는 생각은 이슬람교도에게는 없었다. 그들은 오로지 신의 계율만 알았다. 이는 터키의 술탄 메흐메드 4세^{Mehmed IV.}(1642~1693)가 한 말만 보아도 설명할 수 있다. 그는 자신이 칼리프인 동시에 무슬림의 정신적 지도자라고 여겼다. 1683년 메흐메드 4세는 빈을 포위하면서 오스트리아 황제에게 다음과 같은 공개 성명을 발표했다. "우리는 군대를 몰고 귀하의 소국에 왔다. 은혜와 자비 없이 말편자로 마구 짓밟고 불과 검을 퍼부을 것이다. 특히 우리가 귀하의 목을 벨 수 있도록, 귀하의 수도인 빈에서 대기할 것을 명한다. 우리는 귀하는 물론 귀하를 지지하는 사람도 모조리 섬멸할 것이고, 이슬람교를 믿지 않는 자라면 최후의 신의 피조물까지 지상에서 사라져버리게 할 것이다. 우리는 어른이든 아이든 맨 먼저 가장 잔혹한 고통을 가할 것이고, 그 다음에는 가장 수치스러운 죽음을 선사할 것이다. 나는 귀하로부터 귀하의 작은 제국을 빼앗을 것이며, 작은 제국의 인구는 모조리 이 땅에서 쓸어버릴 것이다."

또 다른 질문은, 십자군 전쟁이 과연 기독교 신앙을 힘과 폭력으로 전파하려 했는가 하는 것이다. 만약 그렇다면 이 또한 스캔들일 것이다. 그렇다면 선교에 대한 생각이 십자군 전쟁에서 완전히 결여됐다는 사실은 매우 놀랍다. 교황 우르바노 2세의 호소를 다룬 보고서는 여러 차례 나왔지만, 이 중 어느 것도 교황이 무슬림의 개종을 촉구했다고 주장하는 내용은 없다. 그리고 이스라엘 역사학자 벤야민 Z. 케다르가 전문적인 연구조사에서 찾아낸 것처럼, 나중에 나온 교회 성직자들의 호소에도 비신자의 개종을 요구하는 내용은 전혀 없었다.

이는 기독교도가 기본적으로 선교를 대하는 방식과 완전히 일치했다. 하지만 중요한 신학자 중에서는 유일하게 클레르보의 베르나르도Bernhard von Clairvaux(1090~1153)가 선교에서 때로는 폭력이 정당화될 수 있다고 생각했다. 반면 1140년에 편찬된 중요한 교회법 법령집인《그라티아누스 교령집》에는 아우구스티누스의 말씀을 설명하는 부분이 나온다. "누구에게도 신앙을 강요할 수 없다." 토마스 아퀴나스는 아우구스티누스로부터 정의의 전쟁 학설을 이어받았다. 오직 '가난한 자와 국가 전체가 적의 습격을 방어하기 위한 전쟁일 때'만 허용한다는 것이다. 그리고 토마스 아퀴나스는 더 나아가 아리스토텔레스로부터 이교도 국가의 질서 역시 인간의 천성에 따라 설정됐기 때문에 존중해야 한다는 것을 배웠다. 그래서 순전히 비기독교라는 이유로 이교도와 전쟁을 벌여서는 안 된다고 했다. 또한 토마스 아퀴나스는 개종은 자발적으로 이루어져야 한다고 강조했다. 마찬가지로 교황 인노첸시오 4세Innocentius IV.(1195~1254)도 이러한 생각을 뒷받침한다. 즉 인간의 천성에 따른 주권이라면 어떤 것이든 인정하고 존중해야 한다. 그래서 이교도의 통치 또한 비기독교적임에도 불구하고 고유한 합법성을 지니며, 그런 까닭에 공격받아서는 안 되고 강제로 세례를 받아서도 절대 안 된다고 했다. 조나단 릴리 스미스는 이교도 및 선교전쟁이 중세에서 결정적인 사상이었던 적은 결코 없다고 강조한다. "기독교 신앙을 완전히 거부하거나 기독교 통치에 굴복하는 것을 거절하는 경우, 무력으로 기독교로 개종하라고 강요하거나 전쟁을 정당화하는 충분한 이유가 됐다. 그런데 이러한 시각은 특정 소수 집단 내에서만 퍼졌을 뿐이지, 중요한 기독교 사상가들은 이런 견해를 절대 공유하지 않았다. 대체로 기독교 사상가들은 비기독교도에게 세례를 받도록 강요할 수 없다는 데 의견을 같이했다." 또한 실제로 이슬람교도가 기독교도로 개종한 중요한 사례는 없었다. 철저하게 비폭력이라는 기독교 정신을 바탕으로 하여 개종과 관련된 선교를 시도한 유일한 인물이 바로 아시시의 프란치스코였다. 그는 1219년 십자군 종군자들과 함께 이집트로 이동해, 그곳에서 술탄 알 카밀Al-Kamil에게 전교하려 했다. 술탄은 깊은 인상을 받았지만 말을 듣지는 않았다. 아시시의 프란치스코는 이러한 비폭력을 통해 기품 있는 기독교 대변인이라는 인상을 주었다.

그래서 종교사학자 카스텐 콜페[Carsten Colpe]는 다음과 같이 썼다. "십자군 전쟁 시기, 그러니까 1098~1291년 동방에서의 삶을 전시 상태가 지속됐다고만 생각해서는 안 된다. 프랑켄 식민지 주민 2세대는 대부분 전쟁을 단지 필요악으로 여겼다. 그리고 시리아를 다스리는 프랑켄 영주들은 종종 비정상적으로 이해심이 많고 자유주의 정책을 추구했다. 십자군과 반십자군의 경우 휴전이 정상 상태였고, 양측의 암묵적인 합의로 휴전은 거의 항상 연장됐다. 프랑켄 남작과 이웃 아라비아 왕족 간에는 고귀한 기사도 정신에서 비롯된, 성에서 성으로 이어지는 관계를 유지했다. 서양 연대기 저자는 물론 아라비아 연대기 편찬자도 이러한 관계에 대한 증거자료를 많이 남겼다." 교회법도 이런 평온한 상태를 후원했다. 1160년 무렵에 발간된 법령집은 다음과 같이 간결하고 설득력 있게 단언한다. "이제 무슬림이냐 유대인이냐에 상관없이 그들이 반란을 일으키는 한, 우리는 단호한 조치를 취해야 한다. 하지만 우리가 그들을 굴복시킨 뒤에는, 그들이 살해되거나 강제로 세례를 받아서는 안 된다." 그리고 역사학자 마리 루이제 파브로릴리[Marie Luise Favreau-Lilie]는 다음과 같이 확인한다. "프랑켄 왕국 사람들은 이교도 절멸은 물론 폭력을 동반한 선교를 생각한 적이 없다." 역사학자 에른스트 디터 헬은 결론적으로 확인한다. "성지에서 형성된 생활환경은 '기독교도와 무슬림은 원칙적으로 대립하는 사이다'라는, 세간에 널리 퍼진 생각에 완벽하게 이의를 제기하는 방향으로 발전할 수 있었다." 그는 깜짝 놀랄 만한 사례로 어느 무슬림 영주에 대한 보고서를 인용한다. 심지어 템플 기사단(십자군 전쟁 때 성지 순례자 보호를 목적으로 설립된 서방 교회의 기사 수도회-옮긴이)은 자기들이 교회로 바꿔버린 알 아크사 모스크^{Al-Aqsa Mosque}(이스라엘 성전산 남쪽에 위치한 모스크로, 이슬람의 3대 성지 중 하나로 꼽힌다-옮긴이)에서, 이 무슬림 영주가 이슬람교 방식으로 기도할 수 있는 기회를 마련해주었다. 또한 빌헬름 폰 티루스가 쓴 글을 보면 무척 인상 깊다. 빌헬름은 평범한 인물이 아니다. 그는 예루살렘 성지에서 태어나 파리와 볼로냐에서 20년 동안 공부했고, 이후 주요 정치가이자 법률가로 예루살렘의 기독교 왕들의 궁정에서 활동했다. 마지막에는 티루스 대주교가 되어 제3차 라테란 공의회에 참여했다. 신학적으로 교양 수준이 높은 이 남자는, 서양에서 가장 대표적인 대학교 두 곳에서 배운 것을 바탕으로 다음과 같이 방향을 전환했다. 즉 무슬림은 기독교도와 똑같은 가치를 지닌 인간이다. 그들은 기독교와 동일한 창조주에게서 태어났고, 그들 중에도 경건한 이와 의로운 이가 존재하기 때문이다. 그런데 경외와 올바름으로 섬기는 자라면 누구나 신의 마음에 들기 때문에, 무슬림은 그리스도 신앙에 인접해 있으며 축복과 구원에 가까이 있다. 이 모든 것은 인도주의를 필요로 한다. 그리고 빌헬름 폰 티루스에 따르면, 개인은 인정을 받는 것도 마땅할 뿐 아니라 이슬람 국가는 물론 이들 국가의 통치자와 국민도 마찬가지로 인정받아야 한다는 것이다. 그래서 이슬람 영주는 필요한 경우에는 기독교도에게도 대항해 정의의 전쟁을 이끌었다. 더욱이 이슬람 영주와 체결한 조약은 이행되어야 하며-이슬람 영주가 이른바 이교도적인 특성을 지녔기 때문이라는 구실로-제멋대로 파기되어서는 절대로 안 됐다. 이 강령은 예루살렘 왕국의 수상이 만들었고, 효력이 제법 유지됐다.

오늘날에는 교회 성직자들이 아니라 역사학자들이 당시 사람들을 이해하려고 노력한다. 앞서 여러 번 언급한 바 있는 가장 정통한 전문가인 조나단 릴리 스미스는 학자의 삶을 끝마칠 무렵, 십자군 전쟁에 대한 세간의 선입견을 멈추도록 설득했다. "객관성을 위해서이기도 하고 감정이입 때문이기도 하다. 진정으로 당시 사람들을 공감할 수 있기 위해서다. 그렇게 하지 않으면, 우리 유럽인은 각자의 조상들의 삶에 영향을 끼쳤던 십자군 운동을 절대 이해하지 못하게 된다." 그리고 2000년 교황 요한 바오로 2세가 행한 죄의 고백에 대해 영국 역사학자 노먼 하우슬리Norman Housley는 다음과 같이 논한다. "그러니까 십자군 운동이 근본적으로 비기독교적이었다는 것인가? 오늘날 교회의 시각에서는 이런 생각은 의심의 여지가 없다. 십자군 운동은 무자비한 행위를 저지른 책임에서 자유롭지 못한 게 사실이다. 하지만 이 운동은 기독교 과거사에서 가장 중요한 영적 개혁과 분리할 수 없다. '기억을 정화하자'는 교황의 요청에 긍정적으로 반응하고 싶은 가톨릭 신자에게, 아울러 십자군 체험에 대한 윤리적 시각을 마련하고 싶은 비가톨릭 신자에게, 대답은 의심의 여지없이 정확하게 제시되어야 한다. 즉 대량학살에 대한 거부감을 표시하는 동시에, 이 십자군 운동에서 비롯된 다방면에 걸친 높은 수준의 업적도 인정해야 한다."

십자군 전쟁은 알라의 이름으로 전 세계에 이슬람 영토를 확장하려는 지하드 같은 성전이 아니었다. 불과 검을 앞세운 선교도 아니었다. 십자군 전쟁은 공격전이 아니라, 성지에 사는 기독교도를 보호하기 위한 방어전으로 이해될 수 있다. 그런데 십자군 전쟁은 대단히 독특한 전쟁이었다. 처음에는 종교적인 동기에서 비롯된, 무장한 이들의 성지 순례였다. 교황들이 십자군 전쟁을 이끈 것은 아니었다. 유럽 권력층이 연합해 주도했다. 그들은 오늘날 유럽연합[EU]의 선배 격이 되는 셈이다. 하지만 교황이 십자군 전쟁이 일어나도록 역할을 했고 후원한 것은 사실이다. 그럼에도 불구하고 십자군 전쟁은 초기 기독교인들이 대변하고 옹호하던 것에 전부 위배됐다. 십자군 전쟁은 게르만족의 폭력적인 전통과 기독교의 평화를 사랑하는 전통 사이에서 태어난 기형아였다. 하지만 이러한 평가는 너무 엄격한 것일지도 모른다. 역사학자 에곤 플라이크[Egon Flaig]는 다음과 같이 썼다. "만약 콘스탄티노플이 이미 1100년에 몰락했다면, 엄청난 군사력을 보유한 터키군은 4백년 전에 중부 유럽을 습격해 괴롭혔을 것이고, 그렇다면 아마도 다양한 유럽 문화는 발생하지 못했을 것이다. 자유도시 체제도, 체제를 둘러싼 논쟁도, 대성당도, 르네상스도, 과학의 비약적인 발전도 없었을 것이다. 왜냐하면 바로 그 시기에 이슬람 지역에서는 자유로운─그리스 식의!─사상이 사라져버렸기 때문이다." 야코프 부르크하르트[Jacob Burckhardt](19세기에 활동한 스위스의 역사학자 겸 미술사학자─옮긴이)는 다음과 같이 평가했다. "다행히도, 유럽은 이슬람을 전반적으로 잘 막아냈다." 이 평가는 바로 고대 그리스가 페르시아의 침략을 방어해 승리한 것과 비슷하게, 유럽인이 십자군 전쟁으로부터 크게 덕을 보았다는 의미이기도 하다.

십자군 전쟁 시대 말기에는 에스파냐 출신의 후안 루이스 비베스[Juan Luis Vives](1493~1540)가 우뚝 서 있다. 당시 터키인은 신의 재앙과도 같았다. 그들은 1453년 말로 표현할 수 없을 정도로 무자비하게 콘스탄티노플을 유혈 정복했고, 1529년에는 빈을 위협하는 상황에 이르렀다. 그럼에도 불구하고 비베스는 다음과 같이 썼다. "터키인들도 사랑받을 수 있다. 그들 역시 인간이므로, '네 원수를 사랑하라'는 지시를 따르려는 이들에게 사랑받을 수 있다. 우리는 그들이 진실한 사랑의 표징인 선을 실천하는 사람이 되기를 바란다. 게다가 그들에게 유일하면서도 진실한 선이 함께 하기를, 즉 진실을 깨닫기를 소망한다. 하지만 진실은 비방과 저주를 통해서는 절대 이를 수 없고, 우리 자신이 오로지 사도의 도움과 은혜를 통해 그들을 인도하는 방법으로만 도달할 수 있다. 즉 겸손, 절제, 무결점, 나무랄 데 없는 처신을 통한 순수한 생활 태도를 통해, 자연과 인간에 대한 깨달음과 일치해야 한다. 이는 먼저 우리가 무엇을 믿으며, 신앙의 의미는 무엇인지 행동을 통해 증명하기 위해서다. 그렇게 함으로써 터키인들이 그들과는 아주 상이한 우리 삶에 가까이 다가오지 못하도록 막는 것이 아니라, 우리가 간직한 신앙의 말씀을 선물로 줄 수 있다."

4장

원죄

중세 이교도 박해와 마침내 등장한 보르자 가문

하지만 우리는 다시 한 번 기원후 1000년으로 되돌아가야 한다. 이 시기 그리스도교의 영적 위치는 어땠을까? 1천 년 동안 이에 대한 논의가 있었고, 공개 논쟁이 개최됐으며, 때로는 교회 공동체에서 배제되기도 했다. 그러나 기원후 1000년 무렵 기독교는 위기에 빠졌다. 기원후 1천 년, 황제 오토 3세뿐만 아니라 교황 실베스테르 2세도 세상의 몰락이 임박했다고 여겼다. 이 때문에 교회는 더 이상 개축되지 않았다. 완전히 묵시록적인 전조가 팽배한 바람에 이를 걱정하는 분위기가 생겼다. 교황의 직위는 약해졌다. 10세기에 교황 직위는 서로 격렬하게 다투던 도시 로마 귀족 가문 수중에 들어갔고, 오직 독일 왕 오토대제만 이 추잡한 상태를 제거할 수 있었다. 그렇게 11세기 중반 로마의 상황은 뒤죽박죽이었다. 교황 자리를 놓고 서로 경쟁하는 세 명의 성직자(실베스테르 3세, 베네딕토 9세, 그레고리오 6세-옮긴이)와 황제 하인리히 3세가 있었다. 1046년 수트리 공의회가 끝난 후, 이들 세 교황 후보는 큰 물의를 일으키던 단계에서 전부 퇴출됐고, 하인리히 3세는 독일인을 교황(클레멘스 2세-옮긴이)으로 선출했다. 이런 식으로 교황은 여러 사정상 황제에게 허리를 굽혀야 했다. 자유를 옹호하는 수많은 교회 관계자는 심기가 편하지 않았다. 그 결과 그레고리오 개혁이 단행됐다. 교황 그레고리오 7세는 개혁을 실행에 옮겼고, 이는 오랫동안 질질 끈, 황제와 교황 간의 성직자 서임권 분쟁으로 이어졌다.

설상가상으로, 1054년에는 동방과 서방의 기독교가 분열됐다. 동시에 예루살렘 성지에서는 분쟁이 임박했다는 징후가 뚜렷하게 나타났다. 즉, 11세기는 엄청나게 불안한 시기였다는 뜻이다. 인구의 증가로 도시가 계속 생성됐으며, 이로 인해 활발한 정신생활이 허용됐다. 그래서 11세기와 12세기에는 근본적인 문제를 둘러싼 투쟁이 전례 없이 격렬하게 일어났다. 하지만 신학적으로 다른 견해에 대해서는 여전히 관대하게 다루었다. 그것은 밀과 가라지 비유를 전적으로 따르는 것으로, 예를 들어 여러 주교회의에서는 투르의 베렌가리우스 Berengarius de Tours의 성체 교리를 다루는 것이다. 베렌가리우스는 성스러운 미사를 드릴 때 빵과 포도주라는 실체가 중요한 게 아니라, 오로지 정신적-영적인 것을 이해하는 게 중요하다고 주장했다. 그런 이유로 투르의 베렌가리우스는 사교 전도자라는 비난을 여러 번 받았다. 그럼에도 불구하고 그는 자신을 둘러싼 평판을 전혀 두려워하지 않고 당당했으며, 1088년 거의 90세가 된 고령의 나이에 세상을 떠났다.

왕이 백성을 화형시키다

그런데 갑자기 여러 유럽 지역에서 기묘한 교리를 지지하는 사람들이 나타났다. 기독교는 전지전능한 유일신을 믿고, 신이 예수 그리스도의 살 안에 있음을 받아들이고, 신이 교회 성사를 통해 성령의 형태로 생생하게 살아계심을 확신했다. 반면 이 사람들은 실제로 선과 악이라는 두 가지 원칙이 사실상 서로 힘이 동등한 형태로 존재하며, 선과 악의 싸움은 영원히 지속된다고 믿었다. 그래서 이를 이원론 二元論이라고 부른다. 심지어 일부는 두 명의 신을 믿기도 한다. 그들은 악한 신은 감각계를 창조했고, 선한 신은 순수한 정신의 제국을 지배한다고 보았다. 이런 이원론적인 입장을 취한 결과는, 사방에 퍼진 신봉자에 따라 다소 차이가 나기는 했지만, 대개 그들은 육신에 대해 엄격할 정도로 적대적인 태도를 보였다. 결혼과 성행위도 거부했고 여성을 경멸했다. 또 일부는 아이 만들기를 거부했고, 육식을 저주했다. 또한 눈에 보이는 교회를 거부했다. 즉 순수한 영적 믿음에 광적으로 매달렸다. 그러다보니 그들이 기존 사회질서를 무너뜨릴 위험이 있다는 것이 명백했다. 교회는 이러한 현상을 감당해내지 못했다. 교회는 새로운 천 년이 시작되자마자 약해진 상태였기 때문이다. 그래서 신을 모독하는 이단자를 절멸시키려 했던 이는 다름 아닌 세속의 통치자였다. 신의 분노를 두려워한 국민은 떠들썩한 폭동을 일으켜 신의 적에게 린치를 가하려 했고, 통치자는 국민에게 떠밀려 강경 조치를 취할 수밖에 없었다. 국가와 사회가 신의 분노를 사지 않도록 세속의 통치자가 신성 모독자를 문책하는 행위는, 이미 예수 탄생 이전 시대에도 널리 행해졌다.

그래서 1022년, 상상을 초월하는 사건이 일어났다. 기독교가 1천년 동안 극도로 비기독교적이라고 여겨 단호하게 거부했던 것(종교적 신념이 다르다고 물리적 폭력을 행사하는 것-옮긴이)이 오를레앙에서 나타났

기독교 콘서트

다. 도시 주교좌성당 참사회 사제가 이원론 교리를 신봉했고, 이 교리를 끊기를 거부했다. 이에 프랑스 왕 로베르트는 주교 몇 명을 소집한 뒤 그에게 사형 명령을 내렸고, 사제는 이단자 혐의로 화형에 처해졌다. 이 일은 온 국민이 일제히 격앙된 바람에, 왕이 떠밀려 조치를 취했음을 의미한다.

오를레앙 사건을 계기로 둑이 무너졌다. 즉 그동안 폭력을 거부하던 교회와 통치자의 입장이 바뀌었다. 독일에서는 황제 하인리히 3세가 고슬라르에 체류하는 동안, 로트링겐 공작인 고트프리트^{Gottfried}가 이교도 혐의로 체포되어 교수형에 처해졌다. 그러나 뤼티히 주교 바초^{Wazo}(985~1048)는 체포된 이교도를 살해하는 것을 반대한 초기 기독교 교리를 논거로 격렬한 경고를 멈추지 않았다. 주님께서 밀과 가라지 비유를 들어 관용을 설파하지 않았냐는 것이다. 오늘 나쁜 길에 들어섰다 하더라도 내일은 회개해 귀의할 수 있다는 것이다. 이혼을 섣부르게 해서는 안 된다. 신은 죄인의 죽음을 원하지 않기 때문이다. 주교들은 세속 질서라는 검을 얻지 않았으므로, 살생이 아니라 생명을 소생시키라는 소명을 받았다는 것을 명심해야 한다. 경악스럽게도, 예전 초기 희생자들 중에서는 분명 신실한 가톨릭 신자들이 상당수 있었을 것이다. 바초 주교는 마지막으로 절규한다. "인간에 대한 판결을 피하고 멈추어야 하며, 한발 물러나 세상의 종말 때 신의 심판을 기다려야 한다!"

하지만 이교도의 출현은 체계적이고 조직적인 것 같았다. 그들은 유럽 도처에서, 다양한 장소에서 나타났지만 교리는 비슷비슷했다. 이를 통해 완전히 새로운 문제를 야기했다. 즉 이단인지 아닌지 어떻게 확인할 수 있을까? 그리고 누가 이단을 판결하고 심지어 사형을 집행할 권리가 있을까? 오랫동안 사람들은 바로 이 지점에서 어찌할 바를 몰랐다. 교회법이 규정한 재판 절차 대신, 물이나 불을 통한 신명재판神明裁判(피고에게 신체적 고통이나 시련을 가해 그 결과에 따라 죄의 유무를 판단하는 재판 방식-옮긴이)이 종종 행해졌다. 물을 통한 신명재판은 물이 물속에 잠긴 사람을 무죄라고 여기느냐, 아니면 악의가 있다고 몰아붙이느냐로 죄의 유무를 결정한다. 불을 통한 신명재판은 새빨갛게 달아오른 쇠를 대면 상처가 나느냐, 그리고 화상이 얼마나 빨리 치유되느냐, 또는 상처가 얼마나 오랫동안 곪느냐에 따라 죄의 유무가 결정되었다. 사형私刑이 일어나는 경우도 드물지 않았다. "주교와 주교회의가 논의를 거듭하는 동안, 국민의 분노가 엄청나 이교도가 화형장으로 끌려갈 수밖에 없는 경우가 많았기 때문이다."

영국에서는 왕이 주도권을 장악했다. 헨리 2세Henry II(1133~1189)는 고대 이래로 이어져온 이단과의 투쟁과 관련해 세속 입법자로는 최초로 이단을 처할 권한을 장악했다. 이는 옛날부터 전해져 내려오는 불안 때문이었다. 즉 신에 대한 적대감이 공익에 위험을 초래한다는 불안이었다. 바로 이러한 불안이 국민으로 하여금 이단자를 계속 공격하도록 몰아갔다. 1184년 제국 열강과 교황은 절차 규칙을 합의했다. 프리드리히 바바로사와 교황 루시우스 3세Lucius III가 합의한 법령을 통해, 이 당대의 양대 권력은 이단을 다루는 데 있어 특별 권한을 부여받았다. 즉 교회 쪽에서는 이단 추적과 유죄 판결 권한을, 황제 쪽에서는 경우에 따라 사형을 집행할 수 있는 권한을 부여받았다. 국가 통치자뿐만 아니라 심지어 독일과 이탈리아의 도시들도 신을 적대시하는 이들에게 맞섰다. 이러한 체계는 제4차 라테란 공의회에서 교황 인노첸시오 3세[Innocentius III](대략 1160~1216) 하에 명시적으로 확인됐다. 교회는 이단자를 판결한 다음, 경우에 따라 이른바 '세속 권력'에게 처벌하라고 넘겨준다. 다만 인노첸시오 3세는 대단히 신중하게 처리할 것을 계속 당부했다. 노련한 농부는 가라지를 뽑을 때 밀까지 뽑지 않는 방법을, 경험 많은 포도 재배자는 해충을 제거할 때 포도밭까지 손상시키지 않는 방법을 잘 안다는 것이다. "죄를 짓지 않은 이에게 유죄 판결을 내리면 안 되고, 죄지은 자에게 무죄 판결을 내리면 안 된다." 그 밖에도 1230년에 만들어진 《작센 법전》[Sachsenspiegel](중세 독일에서 만들어진 가장 오래된 법령서 - 옮긴이)은 세속과 교회 권력 간의 기본적인 관계를 다음과 같이 서술한다. "교황에게 저항하는 모든 것, 그리고 교황이 교회법으로 강제할 수 없는 모든 것은 황제가 세속 법으로 강제해야 한다. 이와 똑같은 방법으로 교회 권력도 세속 법정에 도움을 주어야 한다."

그래서 역사학자 알렉산더 파츠코프스키[Alexander Patschkovsky]는 이렇게 썼다. "중세에 이단은 고등정치 및 소수의 사람과 관련된 사안이었고 대중운동이었으며, 그저 밀교계密教界로 한정되기도 했다. 또한 이단은 공의회가 다루는 대상이자 지역에 국한된 사형私刑의 대상이기도 했다. 아울러 이단은 시인은 물론 공증인, 설교자, 법학자가 환상에 빠지게 만든 사안이었다."

이단을 판단하고 결정하는 것은 예로부터 주교들의 임무였고, 이러한 목적을 위해 소규모 주교 모임과 수석 대주교 시노드가 종종 소집됐다. 이는 훗날 주교가 자문을 얻기 위해 초청한 정통한 신학자들로 이루어진 전문가 모임이 됐다. 11세기 중반 그레고리오 교회 개혁이 일어난 이후에는 교황이 모든 중요한 용건을 직접 판단하겠다고 주장했다. 그런데 이후 결정권이 있는 여러 주무 기관이 권한을 두고 싸움을 벌이는 일이 빈번했다. 결국 주교 또는 교황이 판결을 내렸고, 피고인은 판결 받은 죄과를 끊겠다고 맹세해야 했다. 그리고 때때로 피고인은 이러한 맹세를 성직자와 국민이 참석한 주교좌성당 공개 미사에서 구체적이고 명시적으로 선언해야 했다.

특히 얼마만큼 독단적인 이탈 행위를 일삼고 그릇된 신앙을 악의적으로 고집했는지 명확히 밝혀야 했다. 어떤 사람을 이단이라고 규정하는 일은 절대 간단하지 않았다. 이에 대해 중세사전문가 하인리히 피히테나우Heinrich Fichtenau는 다음과 같이 설명한다. "이단자란 교회법이라는 좁은 의미에서는, 고발에 따라 재판 절차를 통해 자신의 잘못을 올바른 교리로 정정하도록 경고 받은 사람이라고 할 수 있다." 이단을 끊겠다고 맹세하면, 원칙적으로는 위험에서 벗어났다. 게다가 이때 신학적 문제보다는 기독교인으로서의 삶이 훨씬 중요했다. 그렇지만 정교正敎와 이단이 항상 뚜렷하게 구분되는 것이 아니었고, 서로 가까이 있는 경우도 많았다. 예를 들어 가난과 관련한 사안이 있다. 이 사안은 중세 전반에 걸쳐 풍파를 일으켰으며, 움베르토 에코Umberto Eco가 자신의 소설 《장미의 이름》에서 인상적으로 형상화하기도 했다. 아시시의 프란치스코는 사망하고 2년 뒤에 성인으로 추대됐으며, 이는 당연히 정교의 빛나는 사례로 여겨졌다. 보다 정확히 살펴보면, 아시시의 프란치스코는 당시 통용되던 교리를 지지하거나 대변한 적이 단 한 번도 없다. 그를 다룬 전기에서 역사학자 헬무트 펠트Helmut Feld가 확언한 것처럼, 가난을 이상理想으로 여기는 아시시의 프란치스코의 급진적 사상은 "이에 상응하는 성경 개념과는 부분적으로만 일치할 뿐이다." 그는 돈을 직접적이고 이원론적으로 '똥'이라고 일컬었고, 심지어 추종자들이 돈을 손으로 건드리는 것조차 금지시켰다. 또한 아시시의 프란치스코 역시 수많은 이단자가 그랬던 것과 똑같이, 순수하고 정결한 교회를 원했다. 그는 교회 고위층이 마음을 고쳐 전향하기를 바랐지만, 고위 성직자 중 어느 누구도 그가 벌인 운동에 동조하지 않았다. 그럼에도 아시시의 프란치스코와 그가 설파한 교리는 교회의 시성식을 통해 공식적으로 받아들여졌다. 그렇다면 관용은 어느 지점에서 멈추고 이단은 어느 지점에서 시작됐을까?

사회학자 발터 뤼에크Walter Rüegg가 쓴 것처럼, 12세기에 등장한 여러 대학교는 "생각이 다른 이, 신앙이 다른 이, 사회적 신분이 낮은 이가 이룬 학문적 성과를 인정하고, 자신의 실수와 오류를 출처가 어떻든 상관없이 확실하게 통찰해 바로잡을 준비가 기꺼이 되어 있을 필요가 있었다." 이러한 풍토는 곧바로 신생 대학교에서 재기 넘치고 극도로 논쟁적인 토론이 폭발적으로 증가하는 상황으로 이어졌다. 본인부터가 무신론자인 무신론 전문가 조르주 미누아Georges Minois는 다음과 같이 강조한다. "너무 오랫동안 지배적인 위치를 차지했던 견해와는 달리, 사실 중세 지식인들은 이성理性을 열광적으로 추구했다." 극단적이지만 논거가 훌륭한 입장과 견해가 제시됐고, 마찬가지로 똑같은 논거로 반박당하기도 했다. 이러한 논쟁 문화는 아주 모범적이었다. 어떤 견해를 비판하려면 그전에 우선 이 견해를 직접 설득력 있는 방식으로 설명해서, 다른 사람이 이 설명을 재평가해야 했다. 그런 다음에야 지적인 반격을 할 수 있었다. 물론 이때 '반칙'도 있었다. 이단자라는 적수에게 혐의를 씌우고 이에 상응하는 죄목으로 기소를 시도할 수 있었다. 하지만 중세 전반에 걸쳐 그런 식으로 교수들이 이단 소송을 제기해 법적 절차가 진행된 경우는 약 50건에 불과했다. 당연히 이 중 대부분은 수포로 돌아갔다. 클레르보의 베르나르도는 신학자 두 명을 상대로 소송을 제기했다. 처음에는 파리 대학교의 신학자 피에르 아벨라르^{Petrus Abaelardus}(1079~1142)를 상대로, 나중에는 주교 길베르투스 포레타누스^{Gilbertus Porretanus}(대략 1080~1154)를 상대로 소송을 제기했다. 그러나 오히려 클레르보의 베르나르도가 두 노련한 지식인에게 항복해야 했다. 아벨라르는 즉시 교황에게 항소했다. 그의 교리 일부는 로마에서 이단으로 판명되어 저서가 불에 태워지기는 했지만, 더 이상 다른 일은 일어나지 않았다. 피에르 아벨라르는 서양에서 가장 유명한 수도원인 클뤼니 수도회로부터 호의적인 반응을 얻었다. 그리고 드디어 결국 베르나르도는 교황과도 화해할 수 있었다. 길베르투스 포레타누스도 마찬가지로 분서^{焚書}를 감수해야 했지만, 지극한 공경을 받으며 프와티 주교좌로 되돌아갈 수 있었다. 이들 두 사람의 저서는 계속 유통됐다. 심지어 베르나르도의 동료 한 사람은 공개적으로 길베르투스 포레타누스의 인물됨에 대해 매우 긍정적인 증언을 하기도 했다.

일반적으로 중세라고 하면 기독교의 오랜 원칙이 떠오른다. 즉 이단적인 견해에 유죄 판결을 내리기는 하지만, 이단자 개인을 고소하지는 않는다는 원칙이다. 이에 대한 대표적인 사례가 바로 저명한 대수도원장인 피오레의 요아킴^{Joachim von Fiore}(대략 1130~1202)이다. 심지어 그는 제4차 라테란 공의회에서 교리에 대한 개인적 발언이라는 판결을 받았지만, 이 때문에 교회가 그를 이단자로 취급하는 일은 절대 없었다. 이는 사람과 교리·학설은 명백하게 구분한다는 의미였다. 그래서 13세기에는 검열이 등장했다. 이때 개별 문장에 대해 '이단적인', '위험한', '어리석은' 또는 '경건한 신앙인의 귀에는 상스럽게 들리는' 같은 표현으로 묘사했다. 그러나 각 문장을 쓴 저자 개인에게 유죄 판결을 내리는 일은 없었다. 다만 이 모든 경우에는 저자에게 개인적으로 계속 부담을 주지 않는 대신 특정 문장만 철회하도록 했다. 이러한 판결은 신학 전문가들의 감정서를 취합한 후에만 내렸고, 이때 이단인지 아닌지 확인하는 것은 중요하지 않았다. 청자나 독자가 잘못된 내용이라고 구별해낼 수 있는지가 중요했다. 피고인이 자신의 발언이나 저술 내용이 오해받을 가능성이 있다고 인정하면 직위를 계속 유지하면서 존경받을 수 있었다. 또한 유죄 판결을 받은 죄인 취급을 받지 않으며 이단자라는 낙인이 찍혀서도 안 됐다.

이 중요한 구별을 제대로 유의하지 않으면 그릇된 추론으로 빠지기 쉽다. 가령 철학사학자 쿠르트 플라쉬Kurt Flasch는 당시 교회가 마이스터 에크하르트Meister Eckhart(대략 1260~1328, 도미니크과 신학자이자 중세 독일의 신비주의 사상가-옮긴이)에게 유죄 판결을 내렸다고 주장하는데, 이는 틀렸다. 동료 수도사들은 쾰른 대주교에게 진지하고도 피곤한 이단 소송을 제기했고, 판결 후 에크하르트는 교황에게 항소했다. 법사학자 빈프리트 트루젠Winfried Trusen은 그 결과가 새로운 검열의 전형이었다고 설명한다. 즉 에크하르트의 26차례 발언은 검열됐다. 이는 '불협화음의', '대담한', '이단 혐의가 있는'이라는 표현으로 대체됐다는 의미다. 그러나 에크하르트라는 인물 자체가 유죄 판결을 받은 것은 아니다. 그의 교리도 유죄 판결을 받지 않았다. 빈프리트 트루젠은 다음과 같이 설명한다. "원래 에크하르트는 자기가 실제로 유죄 판결을 받았다고 말한 것은 아니다. 오히려 실제로 유죄 판결을 받은 이들, 그리고 다른 많은 사람들이 그렇게 생각하고 이해한 것이다." 그러니까 "결코 에크하르트가 유죄 판결을 받은 것이 아니다." 더욱이 복음주의 교회 사학자 마르틴 브레히트Martin Brecht는 훗날 루터의 경우도 추기경회의가 처음에는 그의 저작물에 대해서만 명령을 내렸고, 루터라는 인물 자체에 대해서는 관용을 베풀었다고 지적했다. 미국 역사학자 윌리엄 커트니William Courtenay는 자신이 진행한 중세 신학자를 둘러싼 소송에 대한 연구를 다음과 같이 세 가지 시각으로 요약했다. "첫 번째로, 대학교 공동체는 논쟁자의 견해와 입장을 적지 않은 수준으로 허용했다. 그래서 심지어 얼핏 보면 신성모독이나 이단으로 보일 수 있는 의견도 포용했다. 두 번째로, 검열은 반항아가 이후의 경력을 이어나가는 데 그다지 중대한 영향을 끼치지 않았다. 세 번째로, 신학 스승이 대학교 구성원의 견해를 평가하고 검열할 권리는 결국 주교나 교황 모두의 통제보다 훨씬 더 오래 지속됐다." 물론 이단자 소송이 전부 별 탈 없이 관대하게 진행된 것은 아니다. 윌리엄 오컴William Ockham(대략 1288~1347)의 경우 이단 소송에서 일시적으로 구금 명령을 받았지만, 유죄 선고는 받지 않았다. 심지어 존 위클리프John Wyclif(대략 1330~1384)의 경우 자신은 진정한 이단자이니 사형을 받아야 한다고 밝혔음에도, 사후에야 유죄판결을 받고 유골이 태워졌다. 그런 면에서 지기스문트Sigismund 황제가 약속을 깨는 바람에 얀 후스가 콘스탄츠 공의회에서 화형을 당한 사건은 엄청나게 부당한 일이자 나아가 교회와 정치 양쪽의 재앙이었다.

가라지-밀의 비유는 수 세기 동안 기독교인에게 이탈자에 대한 인내와 관용을 독려했다. 하지만 타락한 인간들은 자랑스러운 중세 신학을 가라지와 밀을 정확하게 가려내는 지적 도구로 활용했다. 그 결과 가라지는 섣부르게 뽑혀나갔다. 그럼에도 불구하고, 오래된 기독교 전통인 비폭력 요구는 여전히 이러한 상황 전개를 억제하는 영향력을 행사했다. 이러한 신학을 대표하는 가장 저명한 인물은 바로 토마스 아퀴나스다. 그는 관용을 베풀어야 하는 네 가지 이유를 다음과 같이 열거했다. 선인은 악인을 통해 강해지기 때문이다. 신학 또한 보다 명확하게 설명할 수 있기 때문이다. 그뿐만 아니라, 오늘은 악인이었던 자가 내일은 사도 바오로처럼 종교에 귀의할 수 있기 때문이다. 무엇보다도 이단 권력자를 파문시켜 교회 밖으로 쫓아내면 그를 추종하는 선량한 사람들에게 위험이 닥칠 우려가 있기 때문이다. 그러나 세월이 흐른 뒤에는 평소 아주 온화하고 평화를 사랑한 도미니크 수도사 토마스 아퀴나스도-비록 사건이 일어난 후, 그러니까 남프랑스 순결파 신자 대학살이 일어난 지 50년 후이지만-강경파 이단자들에 대해서는 심지어 폭력도 가능하다는 의견을 보였다. 이를 위해 토마스 아퀴나스는 아우구스티누스가 한 말인 "compelle intrare"(강제로 그들에게 들어가라!)가 필요했다. 이 말은 800년 동안 결코 사형을 정당화하는 의미로 해석된 적이 없었다. 아우구스티누스 자신은 엄연히 사형을 반대하는 의미로 발언했다. 그러나 토마스 아퀴나스가 논증하기를, 만약 주화를 위조한 자가 국가에 의해 사형을 당한다면, 이단자 역시 그만큼 은총을 가져다주는 진실을 위조했으니, 마땅히 살해당해야 한다고 했다. 그래서 당시 이러한 견해는 범세계적이고 개방적이며 진보적인 인상을 주었다. 하지만 이를 통해 중세 전성기 신학은 사실상 다른 두 유일신론, 즉 유대교와 이슬람교가 이미 확실하게 유지하던 세계관으로 되돌아갔다. 즉 근거 있는 동의와 자유로운 결정으로 이러한 세계관에 가담한 것이지만 사실은 파문이나 심지어 사형으로 벌하는 기독교 교리를 이탈하는 행위였다. 그에 비해 초기 기독교의 결정인 '관용'은 다음과 같은 내용이었다. "이탈자를 절멸하는 행위는 절대 인간의 신체에 가해져서는 안 된다. 신이 세상의 종말 때 행하는 특권으로 남아야 한다." 그리고 이러한 관용의 시각이 깃든 밀-가라지 비유는 기독교만의 고유한 시각으로 자리잡았다. 이러한 시각은 중세에도 계속 일깨워졌다.

이제 당시의 교회 재판권이라는 특정한 측면을 제대로 이해하려면, 동시대 세속 재판 및 형벌 절차의 현실을 분명하게 아는 것이 필요하다. 그리고 오늘날의 우리가 당시 이루어졌던 절차의 실체를 알게 되면, 더욱이 그 실체 중 일부가 19세기까지도 계속 관례가 됐다는 사실을 알면, 매우 소름이 끼칠 것이다. 빌레펠트 출신 법사학자 볼프강 실트Wolfgang Schild는 거의 상상할 수 없을 정도로 잔인한 행위에 대해 이야기해 준다. "사람들은 도축업자가 하는 방식으로 도살되어 잘게 분해됐고, 나머지는 교수대에 매달리거나 십자가에 못 박혔다. 아니면 화형을 당하거나 끓는 물에 삶겼다. 산 채로 맹수들에게 갈기갈기 찢기거나 시뻘겋게 달아오른 집게로 죽을 때까지 지져졌다. 환형轘刑(죄인의 다리를 두 대의 수레에 한쪽씩 묶어서 몸을 두 갈래로 찢어 죽이던 형벌)을 당하는 경우에는 뼈가 잔혹한 방식으로 박살났다. 어떻게 사람들이 처형 장면을 구경하며 축제라도 벌어진 듯 즐거운 흥분 상태에 빠질 수 있단 말인가. 어떻게 인간이 불에 태워지고 반쯤 삶겨서 말뚝에 목이 매달려 있단 말인가!" 환형은 19세기까지 이어진 가장 흔한 처형인 교수형과 참수형의 뒤를 이어 인기있는 처형 방식으로 자리매김했다. 상당수 법사학자들은 환형을 근원적으로 태양신에게 바치는 희생 제물로 해석한다. 환형은 적어도 중세 초기 프랑크 왕국에서 활용됐다. 환형이 주는 충격 효과는 오늘날에도 "녹초가 되다"wie gerädert sein(이 표현에 쓰인 단어 'gerädert'는 'rädern(환형에 처하다)'의 형용사형이다―옮긴이)라는 관용구에 남아 여전히 강력한 인상을 준다. 이 관용구는 옛날에 실시된 고문의 광경을 제법 생생하게 떠올리도록 한다. 볼프강 실트는 자신이 집필한 일러스트 법역사서에서 다음과 같은 그림을 제시한다. 범법자는 바닥에 내동댕이쳐져 있거나 뾰족한 돌기가 달린 대들보에 묶여 있다. 그 위로 바퀴가 지나가고, 범법자의 뼈는 으스러진다. 필요한 경우 범법자는 '매우 부드러워지도록' 두들겨 맞는다. 그래야 마지막에 몸을 바퀴살에 엮어 놓을 수 있기 때문이다. 이때 죄인 상당수는 며칠 동안 숨이 붙어있기도 하다. 자르브뤼켄 출신의 근대사학자 리하르트 판 뒬멘Richard van Dülmen은 저서 《공포 극장》Theater des Schreckens에서 이러한 그림이 사실이라고 확인하면서, 한층 강화해 표현한다. 즉 환형, 화형, 참수형, 교수형, 생매장형은 당연히 실제로 진행됐다. 게다가 이러한 처형 방식은 굉장한 매력을 지녀서, 많은 국민이 처형 장면을 보려고 몰려들었을 뿐만 아니라 당시 정부 당국도 종종 수십만 명이 모이는 국민 축제로 기획·연출했다. 1868년 빈에서는 마지막으로 처형장에서 '교수대 맥주'와 '불쌍한 죄인 소시지'를 팔았다. 그뿐만 아니라 "사형 집행 건수는 우리가 상상할 수 없을 정도로 많았다." 살인, 절도, 방화 같은 사회에 해악을 끼치는 위법 행위를 저지른 자는 물론 간통, 외설행위, 근친상간 같은 도덕·윤리에 어긋나는 범죄를 저지른 자에 대해서도 집행했다. 특히 고문은 다음과 같은 의미를 띠었다. "고문은 모든 공공기관으로부터 인정받은, 진상을 규명하는 수단이었다." 이 모든 것에도 불구하고 당국은 '금고형도 전혀 몰랐'을 뿐더러 범법자의 개선과 교화를 위해 노력하지도 않았다. 감옥이 부족했기 때문에, 오랫동안 사지절단 형태의 체형體刑을 계속 실행했다. 즉 위증이나 절도를 저지르면 손이나 손가락을 잘랐는데, 절단할 부위를 도축용 작업대에 놓고 공개적으로 집행했다. 또한 귀를 자르는 형벌도 자주 집행됐는데, 특히 죄인이 여성인 경우가 많았다. 여기서 '교활한 사람'Schlitzohr(길쭉하게 절단한 귀라는 뜻이다 – 옮긴이)이라는 표현이 유래됐다. 또한 혀를 절단하거나 최소한 양쪽으로 가르는 형벌도 계속 집행됐다. 그리고 결국 코를 잘라내는 형벌도 실시됐다. 형벌에는 항상 본질적으로 "죄인의 명예를 훼손하고 파괴한다"는 개념이 포함됐다. 따라서 수다쟁이 마스크 쓰기, 형벌 기둥에 서기, 태형 받기는 공개적으로 형벌 기둥에서 구타를 당하고, 공개적으로 모욕과 조롱을 당한다는 의미였다. "형벌 기둥은 피고인의 신체와 생명을 보호하기는 했지만, 대신 죄인의 사회적 삶을 완전히 파괴시켰다." 이렇게 무시무시하고 '기독교 복음화'와는 거리가 먼 환경에서, 교회는 가능한 한 많은 이가 영원한 영적 구원에 이르도록 하는 것이 이 세상 정의보다 훨씬 중요하다고 확신해야 하는 상황에 놓였다. 이것이 바로 딜레마였다.

종교재판의 진실

《거룩한 종교재판에 대한 간략한 변명》. 이는 전직 〈슈테른〉지 기자인 한스 콘라트 찬더^{Hans Conrad Zander}가 쓴 재미있고 유쾌한 소책자 제목이다. 이 책에서 저자는 깜짝 놀랄 만한 내용을 폭로했는데, 바로 오늘날 종교재판에 대한 통념을 정반대로 반박하고 있다. 한스 콘라트 찬더는 그저 꼼꼼하게 조사했을 뿐이다. 그러나 이는 최상의 의미에서의 진상 규명이었다.

종교재판소만큼 나쁜 평판과 지탄을 받는 제도는 별로 없다. 무시무시한 이야기들, 전율을 일으킬 만한 사망자 수, 사람을 업신여기는 처리 방식. 누구나 한 번쯤은 이런 내용을 들은 적이 있을 것이다. 종교재판소는 유일무이한 스캔들이다. 그런데 과연 무엇이 사실이고 무엇이 사실이 아닐까? 최근에 밝혀진 문헌자료를 바탕으로, 종교재판과 관련된 새로운 학술연구 결과가 나왔다. 이 연구 결과를 통해 놀라울 정도로 분명한 해답을 얻을 수 있었다.

종교재판은 처음에는 단지 사법개혁의 일환이었고, 심지어 좋은 의도로 도입된 제도였다. 법사학자 빈프리트 트루젠은 "종교재판 절차는 진실을 조사한다는 측면에서 굉장한 발전을 이루었다"고 단언한다. 처음에는 공식 심문이라는 순수한 사법 절차였다는 의미다. 교황 인노첸시오 3세가 이러한 절차를 도입했지만, 이러한 사실로 인해 절차의 사법적·세속적 특성이 바뀌는 일은 없었다. 즉 사실 규명이 중요했으며, 이는 바로 '심문'inquisitio을 의미했다. 원래 심문이란 이단자인지 아닌지 판정하기 위해서가 아니라, 교회 내부의 위법 행위를 처벌하려는 목적으로 도입됐다. 예를 들어 주교구 내에서 최상위 재판권 소유자인 주교가 현재 자신에게 위법 혐의가 있는 경우, 재판 절차 개시 자체를 거부했다. 그렇기 때문에 두 번째 수단으로 심문이 추가됐다. 또한 성직자에게 아주 중대한 위법 혐의가 있으면 심문을 실시하고 필요한 경우에는 기소도 하는, 그러니까 오늘날의 검사 업무를 수행하는 관리를 임명해야 했다. 이러한 심문의 발달로 물이나 불을 통한 신명재판 같은 이성의 시대 이전의 수단은 없어졌으며, 이제 교회 쪽에서는 신명재판을 명시적으로 금지하게 됐다. 공적 심문은 널리 확산되어서, 자백을 통한 기소 또는 일치하는 증인이나 명백한 정황을 통한 기소는 옳다고 입증되든지 아니면 역으로 반박되든지 했다. 특히 피고인의 이해利害 관계가 보장되어야 했다. 왜냐하면 빈프리트 트루젠에 따르면 "심문을 받는 피고인은 재판 절차의 유효성에 동참해야 하기 때문이다. 피고인에게 교령집을 제시해야 하고, 심문은 교령집에 따라 이루어져야 했다. 피고인에게 자신을 변호할 가능성을 부여하기 위해서다. 또한 피고인에게 증인의 이름은 물론 '무엇을 증언하는지' 그리고 '누구에 대해 증언하는지'를 알려주어야 했다." 결국 "유죄 판결은 증거를 완전히 갖추었을 때만, 즉 일반적으로 피고인이 자백하거나 최소한 두 명의 증인의 진술이 일치하는 경우에만 가능했다." 관리가 사실을 검증하고 기소를 하면서, 세속 법이 심문을 즉시 넘겨받았다. 심문은 너무나 명백하게 발전을 이루었기 때문이다. 프랑스는 이미 중세 때 검사로 임명된 관리가 심문을 넘겨받았고 이러한 관행이 계속 발전한 반면, 독일은 별로 진전이 없었다. 진정 독립적인 검찰 당국은 1848년 혁명이 일어난 후에야 도입됐다.

그러나 당연히 이런 순수하게 형식적인 측면이 전부는 아니다. 이제 무슨 결과가 나왔는지 이해하려면, 먼저 으스스한 현상에 대해 알아야 한다. 바로 순결파, 그리스어로는 카타로이Katharoi다. 이 명칭은 그 자체로는 별다른 뜻이 없고, 그리스어로 순결한 사람들을 의미한다. 독일어 단어 이단자Ketzer는 훗날 이 명칭에서 파생됐다. 그런데 순결파는 누구인가? 정확히 알지는 못한다. 근본적으로 순결파는 명백히 11세기 이단파의 이원론 교리를 대표하며, 심지어 초기 순결파가 이원론 교리를 최초로 주장했을 것으로 보인다. 하지만 순결파 운동이 12~13세기에 두드러져 보였던 이유는, 이 시기에 순결파가 대량으로 등장했기 때문이다. 예전에는 전혀 없었던 현상이다. 순결파의 교리는 매우 빠른 속도로 퍼져나갔다. 순결파는 네덜란드, 독일, 영국, 이탈리아에 파고들었고, 특히 남프랑스를 강력하게 장악했다. 예전에는 몇몇 개별 이단자를 다루었거나 변칙적인 신학 견해를 다루었다면, 여기서는 돌연 순결파라는 급진적 운동이 대규모로 전파되어 기존 질서를 파괴하려 했다. 순결파는 지배층, 특히 고위 성직자의 부와 사치를 비판했고-이 점이 순결파가 인기를 모은 요인이다-순결파 개인은 급진적 수준으로 무욕의 삶을 살았다. 이로 인해 순결파는 매력적이고 존경할 만한 존재가 됐다. 하지만 이는 외적인 모습일 뿐이다. 좀 더 정확히 살펴보지 않으면, 오늘날에는 순결파가 사회혁명적인 좌파 풀뿌리 운동으로 그들의 힘을 두려워한 교회와 맞서 싸웠고, 자유주의 성향의 기독교인이 제도권 교회의 엄격한 규율과 지배를 강제로 받았다고 생각하기 쉽다. 그러나 순결파에 대한 최신 학술연구를 통해 이와는 완전히 다른 내용을 알게 됐다. 즉 순결파는 모든 사회계층에서 나왔고, 그들이 믿은 교리는 분명히 무언가를 살짝 바꾼 내용이었다. 그러나 근본적으로 순결파는 이원론자였다. 그들은 좋은 영인 선한 신과 무서운 세상을 창조한 악한 신이 있다고 믿었다. 믿음의 결과는 무시무시했다. 순결파는 성생활을 엄격하게 거부했고, 여성을 경멸했다. 저명한 중세사학자 아르노 보르스트^{Arno Borst}가 보고한 바에 따르면 "여성 자체를 악으로 여겨 두려워하고 기피했다"고 한다. 또한 번식 행위는 악마의 소행이라 보았고, 어느 임신한 여성을 죽이고는 이 여성이 곧장 지옥에 떨어질 거라고 믿었다. 아울러 결혼을 간음이라고 여겼고, 순결파 상당수가 생식 행위를 통해 나온 것은 아무것도 먹지 않았다. 그리고 이른바 '완전자'^{Perfecti}, 즉 소수 엘리트 순결파는 죽음이 임박했을 때 일종의 영이 주는 세례인 '성령 위안 안수식'^{Consolamentum}을 받았다. 안수식을 받고나면 그들은 더 이상 음식을 먹어서는 안되고 굶어 죽어야 했다. 그뿐만 아니라 게르하르트 로텐뵈러^{Gerhard Rottenwöhrer}가 진행한 특별조사에서 확인한 것처럼, 순결파는 반대자를 죽이는 짓을 저질렀으며, 서로를 이단시하고 가혹한 비판을 하는 행위도 일삼았다. 그래서 순결파는 음침하고 삶을 적대시하는 종파였다. 추종자들은 순결파의 교리와 생활양식에 광적으로 집착했다. 그러나 바로 이런 면 때문에 순결파는 아주 위험한 상황에 빠졌다. 그들은 완벽한 조직을 이루고 있었기 때문이다. 그들은 빈틈없는 권력 구조를 갖춰 최상위에 주교까지 두었고, 특히 남프랑스의 세속 군주들과 탁월한 네트워크를 구축했다. 이 세속 군주들은 순결파의 도움을 받아

프랑스 왕실로부터 독립을 유지하려 했다. 심지어 순결파는 1167년 남프랑스에서 공의회를 개최했다.

이런 집단이 오늘날에 존재한다면, 확실히 좌파나 자유주의자로 인식되지는 않을 것이다. 실제로 순결파는 오히려 사이언톨로지 scientology나 다른 종파와 비슷한 점이 많다. 이들 종파의 경우 구성원들은 자신의 생명력을 내부의 소수 엘리트 집단에 전부 바칠 준비가, 상당수는 죽음에 이를 때까지 희생할 준비가 되어 있다. 그 밖에도 순결파의 특징은 오늘날 가톨릭교회에 대해 횡행하는 잘못된 주장과 우연히도 상당히 비슷하다고 말할 수 있다. 즉 순결파는 여성에게 적대적이었고, 삶에 적대적이었고, 세상과 동떨어졌고, 광신적이었고, 엘리트적이었고, 악마를 믿었고, 공포와 두려움을 동력으로 삼았다. 종합적으로 보면 위협적인 집단이었다. 이와 달리 당시 교회는 공교롭게도 이제 막 무시무시한 집단이 되기 시작하는 시점이었다.

그렇다면 교회는 어떤 반응을 보였을까? 속수무책이었다. 오늘날의 우리가 광적인 종교 운동에 직면했을 때 드는 무기력감을 완전히 낯선 것으로 여겨서는 안 된다. 당시 주교는 힘이 약했고, 사제는 미천한 환경에서 사는 경우가 적지 않았다. 또한 성직자는 교양도 없고 영적 깊이도 전혀 없는 경우가 많았다. 영적·정신적 모범을 보여 신자들에게 도움이 될 수 있는 수도회는 수도원에 묶여 있어 밖으로 못 나갔던 반면, 순결파는 나라 전역을 돌며 설교 활동을 해 추종자를 끌어 모았다.

순결파의 설교가 추종자의 증가와 무슨 관계가 있을까? 순결파는 신학적으로 세상의 선을 강조하고 바로 이 시기에 결혼을 성사에 포함시켰다. 즉 결혼을 구원에 이르는 수단으로 설명한 것이다. 이는 중요한 내용이기는 하지만, 어떻게 사람들에게 전달할 수 있었을까? 또 사람들은 어떻게 자칭 '완전자'라는 새롭고 급진적인 운동에 매료될 수 있었을까? 교황 인노첸시오 3세는 기본이 탄탄한 설교와 설득력 있는 본보기를 통해 순결파가 회개하여 개종하도록 심혈을 기울였다. 그래서 교황은 특히 새로운 수도회를 지원했다. 바로 프란치스코 수도회였다. 프란치스코 수도회는 가난이라는 이상을 열정적으로 추구하여 모범이 되었다. 그리고 신학적으로 수준이 높은 도미니크 수도사들은 이제 순결파와 비슷하게 이곳저곳을 여행하며 설교 활동을 할 수 있었다. 그들은 더 이상 수도회에 묶여 있지 않았기 때문이다. 도미니크 수도회를 설립한 구스만의 성 도미니코^{Santo Domingo de Guzmán Garcés}(라틴어로는 도미니쿠스^{Dominikus}(1170~1221)는 스페인 사람이었는데, 남프랑스를 여행하다가 순결파 교도들 때문에 절망적인 상황을 겪었다. 이를 계기로 그는 설교자로 이루어진 수도회인 도미니크 수도회를 설립했다. 도미니크 수도회는 특히 지적 토론과 논쟁에 중점을 두었지만, 동시에 무욕을 강조하는 생활 방식을 통해 일반인을 설득했다. 그리고 프란치스코 수도회와 관련해, 교황 인노첸시오 3세는 아시시의 프란치스코가 전개한 급진적인 청빈 운동을 공식적으로 인정하는 현명하고 용기 있는 행보를 내디뎠다. 이로써 아시시의 프란치스코는 이단자라는 평판에서 벗어났다. 그리하여 교황은 이들 수도회를 이제 막 시작한 교회개혁에 투입시킬 수 있었다. 교황 인노첸시오 3세가 단행한 교회개혁의 정점이 바로 1215년에 소집된 제4차 라테란 공의회였다.

하지만 이 모든 것으로도 충분하지는 않았다. 순결파에 대한 교회의 대항으로 설교를 시도하는 데 그쳤고, 이마저도 실패했다. 관용을 강력하게 지지했던 성 아우구스티누스는 도나투스파 운동이 대규모로 퍼지자 거의 신경질적인 반응을 보인 바 있다. 그리고 순결파도 의심의 여지없이 역사상 유례가 없을 정도로 역동적인 대중 현상이었다. 지금까지는 여기저기에 출몰하는 이단자와 맞서 싸우는 데만 집중하면 됐다. 하지만 이제 교황은 새롭게 개발한 심문을 이단자에게 보편적으로 활용하기로 결정했다. 이때 이단자까지도 확장된 심문 절차는, 법사학자 한스 하텐하우어가 강조한 것처럼 '과학적으로 운영되는 절차'를 계속 유지해야 했다. 그러나 교황 인노첸시오 3세는 의심스럽고 문제가 많은 행보만 계속한 것은 아니다. 그는 이단자에게 고대 로마의 황제법을 적용하기로 결심했다. 이단은 신성한 황제 폐하를 거스르는 행위이기 때문이다. 이는 본래 군주에 대항하는 반란에 대한 일종의 즉결심판이었고, 원칙적으로 가혹한 처벌이 잇따랐다. 그러나 이때 교황 인노첸시오 3세는 사형까지 생각하지는 않았다. 이후 교황 그레고리오 9세^{Gregor IX}(1167~1241, 인노첸시오 3세의 조카다-옮긴이)에 와서야 도미니크 수도사에게 독자적으로 재판을 집행할 권리를 부여했다. 그리고 이를 통해 사형 판결도 내릴 수 있게 됐다. 이는 영적 문제를 해결하려고 상담하는 노력에서 사법으로 넘어가는 숙명적·치명적인 이행이었고, 이로 인해 도미니크 수도회 심문관은 동시에 검사와 판사 역할까지도 수행하게 되었다. 이러한 절차의 목적은 자백을 받아내려는 것이었다. 이는 원래는 칭찬할 만한 일이었다. 1245년에 개최된 나르본 시노드에서는 다음과 같이 단언했다. "쉽게 이해할 수 있고 명백한 증거가 없거나 개인의 자백이 없으면, 어느 누구에게도 유죄 판결을 내리려 하지 마라." 좋은 이야기로 들리지만, 자백이 있으면 유죄 판결이 가능하다는 주장은 무서운 결과로 이어졌다. 바로 고문이었다. 이미 고대의 법은 자백을 얻어내기 위해 고문을 활용했다. 이러한 관행은 세속 법에서도 중세 초기까지 계속 이어졌고, 12세기에 활짝 피어오르던 여러 도시들도 아주 당연하다는 듯이 고문이라는 도구를 적극 사용했다. 오로지 교회법만 고문을 강력히 거부했다. 하지만 1252년 교황 인노첸시오 4세는 최초로 이단 재판에 고문을 허용하는 교령을 공포했다. 그런데 여기에는 어느 정도 제한이 있었다. 즉 고문은 단 한 번만 실시하며 신체 절단과 고문으로 인한 사망은 막았다. 성직자가 직접 고문을 실행하는 것도 금지했다. 그러나 프랑스 역사학자 엠마누엘 르 루아 라뒤리Emmanuel Le Roy Ladurie가 자료 자체를 풍부하게 검토한 뒤 평가한 것처럼, 묘하게도 실제로 고문을 투입했다는 기록은 거의 없다. 심지어 고문이 정말로 이행되었는지 아닌지를 두고 학문적 논쟁까지 벌어지고 있다. 고문이 실제로 활용됐다는 직접적인 증거를 알리는 문헌이 전혀 없기 때문이다. 그럼에도 댐은 무너졌고(그동안 고문을 거부했던 교회의 입장이 바뀌었다는 의미-옮긴이), 고문을 할 수도 있다는 위협 자체가 이미 고문을 가하는 효과를 발휘했다.

하지만 고문과 사형선고는 결코 심문 절차의 중심에 있지 않았다. 특정 은사恩赦 기간 내에 전향과 자발적 고백을 촉구하는 설교로 시작되어, 이러한 설교에 따라 은밀하면서도 관습적인 규범에 따른 고해성사를 행하면, 최종적으로 무죄 판결을 받았다. 전향할 준비가 되어 있지 않았다 해도, 결국 30일 내에 자발적으로 고백하면 경미한 보속을 받는 데 그쳤다. 전향과 고백을 거부할 경우에는 결국 보편적 신앙 행위^{actus fidei generalis}에 의거해, 엄숙하고 품위 있는 형태로 최종 이단 판결을 내렸다. 바로 여기서 스페인어 아우토다페^{Autodafé, auto de fe}(종교재판에서의 선고 및 처형, 특히 화형을 의미한다-옮긴이)가 파생됐다. 이러한 판결을 내린 뒤, 피고를 세속 법 집행기관의 품으로 인도했다. 교회는 피를 묻히는 재판권을 행사하지 않는다는 오래된 계명이 계속 효력을 발휘했기 때문이다. 그러나 이렇게 피고를 인도하는 것은-적어도 초기 교회가 지녔던 사상과 비교하면-엄청나게 비기독교적인 행위였다.

《장미의 이름》에 대한 팩트 체크

이단 심문은 1240년 이후 남프랑스에서 체계적으로 시작됐다. 최초에 결정권이 있었던 주교들은 대체로 실패했기 때문에, 교황에게 위임받은 대리인이 심문관으로 파견됐다. 심문관은 대부분 도미니크 수도사였는데, 그들은 이단자를 찾아내고 필요한 경우에는 판결도 내리는 직무를 수행했다. 오늘날 실제로 찾아낸 결과를 보면, 전반적으로 이단 심문 체계가 어떠했는지 거의 확인되지 않는다. 간수들은 금고형을 받은 죄수들에게 가혹 행위도 저질렀지만, 감시를 느슨하게 하고 매수되기도 했다. 한편 주교들은 종종 종교재판 처벌 수위를 완화시켰는데, 예를 들면 재산의 압류 및 몰수를 폐지했다. 당시의 이단 심문 재판에 대한 자세한 진행 과정이나 최종 진술 내용은 현재로서는 알기가 불가능하고, 오직 재판 사례에 대한 정보만 알 수 있다. 당시 페트루스 셀리아^{Petrus Seila}라는 심문관이 있었는데, 1241~1242년에 걸쳐 아홉 곳에서 650명에게 판결을 내렸다. 하지만 이때 그는 사형 판결을 내리지도 않았고 징역이나 몰수형을 판결하지도 않았다. 오히려 그는 피고인에게 콘스탄티노플 순례를 가거나 성지에서 군복무를 하거나 십자가를 꿰매어 붙인 옷을 입으라는 판결을 내렸다. "이는 대체로 셀리아가 행한 일종의 고해성사의 성격이 더 강했다"라고 중세사학자 로타르 콜머Lothar Kolmer는 자신의 주요 연구논문에서 요약한다. 뒤이어 1245~1256년에는 심문기록부가 일부 보존되어 있다. 1245~1246년만 해도 5,605명의 증인이 진술한 증언이 있다. 이는 전례가 없는 대규모의 심문이었다. 주민 전체가 증인으로 동원됐고, 모든 증언 내용이 조서 형식으로 기록되었다. 1246년 여름에는 심문관 베르나르드 코Bernard von Caux가 207명에게 유죄 판결을 내렸다. 이 중 23명은 징역형, 184명은 십자가를 꿰매어 붙인 옷을 입는 형을 받았다. 화형장으로 가는 피고는 한 명도 없었다. 1249~1257년 동안에는 유죄 판결을 받은 306명의 피고 명단이 있다. 여기서 239명은 징역형, 21명은 사형을 받았다. 베르나르 기Bernard Gui(대략 1261~1331)의 기록부가 내용이 가장 풍부한 출처로 간주된다. 베르나르 기는 움베르토 에코Umberto Eco의 소설 《장미의 이름》에도 등장해 활약을 펼친다. 1308년 3월 3일부터 1323년 6월 19일까지 기간에는 총 907건의 '재판 절차'가 목록에 기록되어 있다. 이 중 633건이 유죄 판결을 받아 처벌됐는데, 2.7%는 보속 성격의 성지 순례 판결을, 21.5%는 노란색 십자가 모양 직물을 한 개 또는 그 이상 꿰매어 붙인 옷을 입는 판결을 받았다. 또 48.7%는 징역형을, 6.5%는 화형을, 14.1%는 사후死後 유죄 판결을 받았다. 사학자이자 종교재판 전문가인 이브 도사Yves Dossat는 이단 심문 전반에 대해 다음과 같이 단언한다. "심문관들이 모든 죄인에게 도식

기독교 콘서트

적·맹목적으로 처벌을 내린 것은 아니다. 그리고 심문관들이 자신이 위임받은 권한을 남용했다는 증거는 어디에도 없다. 베르나르 드 코는 아홉 건 중 한 건 꼴로 징역형을 판결했다. 그의 후계자들도 100건 중 단 한 건 꼴로 피고를 화형장으로 보냈다." 이 1%라는 숫자는 계속 언급되지만, 신뢰할 만한 총 인원 수를 제시하지는 않는다.

교황 요한 바오로 2세는 기원후 2000년 대회년을 맞아 교회가 저지른 원죄를 조사하는 프로젝트를 진행했다. 이 조사에서 프랑스 랑그독(남프랑스에 있는 옛 주도州都 – 옮긴이) 종교재판에서 유죄 판결을 받은 사람들의 숫자가 새롭게 공개됐다. 순결파 운동에 연루되어 유죄 판결을 받은 사람의 비율은 5~8%로 추정된다. 알비(남프랑스에 있는 도시 – 옮긴이)에서는 1286~1329년 사이, 그러니까 43년 동안 종교재판을 받은 것으로 알려진 250명의 순결파 신자 중에서 58명이 형벌을 받았다–알비 주민 수가 8천 명에서 1만 명임을 감안하면 약 0.7%다. 이에 대해 프랑스 출신 중세사 전문가인 장 루이 비제Jean-Louis Biget는 전반적으로 다음과 같이 단언한다. "종교재판은 대규모 박해와는 거리가 멀다. 아마도 1세기라는 기간 동안 종교재판이 특별히 주목한 대상자 수는 1만 5천 명~2만 명쯤 될 것 같은데, 이는 랑그독 전체 인구의 1.5%에 불과하다." 하지만 결국 종교재판을 가장 날카롭게 비판한 인물은 교회 내부에서 등장했다는 사실을 주목해야 한다. 바로 프란치스코 수도회 수도사인 베르나르 델리슈Bernard Délicieux(대략 1265~1320)다. 그는 카르카손(남프랑스에 위치한 도시로, 오드 주의 주도다 – 옮긴이) 시민들과 함께 종교재판에 대항하는 반란의 도화선을 당겼고, 프랑스 왕과 아라곤 왕의 지원을 받으려고 노력했다. 결국 그는 교황 재판을 받고 강화된 금고형을 받게 됐다.

이후에는 순결파 성전聖戰도 있었다. 교황 인노첸시오 3세는 어느 시점부터 더 이상 어쩔 줄을 몰라 했다. 순결파 세력이 걷잡을 수 없이 확산된다는 보고가 거의 날마다 도착하면서부터였다. 그리고 1209년, 교황은 최후의 수단으로 순결파에 대항하는 성전을 선포했다. 심각한 실수였다. 순식간에 제1차 십자군 전쟁 때와 똑같은 일이 일어났기 때문이다. 제멋대로 행동하는 군대가 순결파 요새를 정복한 뒤 전리품에 굶주려 미쳐 날뛰었고, 수천 명을 대량학살했다. 그리고 이런 잔학 행위와 관련된 이야기는 과도할 정도로 넘쳐났다. 최근에 이루어진 연구는 이러한 잔혹한 이야기가 과연 사실인지 일부 의심하는 분위기가 있다. 베지에(남프랑스 에로 주의 주도–옮긴이) 학살에서 공포의 최고 정점에 도달했다. 성전이 시작되자마자 베지에에서는 무수한 순결파 신자와 가톨릭 신자가 무차별적으로 학살당했다. 이 성전은 처음부터 정치적 관심사가 우위를 차지했다. 프랑스 왕은 당연히 이런 식으로 신앙심이 깊은 척하면서 자신의 권력 이익을 무자비하게 실현할 수 있었다. 순결파 성전이 끝날 무렵 남프랑스에서 왕에게 대항하던 적들은 절멸됐고, 프랑스 왕권은 지중해까지 이르는 모든 지역을 지배했다. 순결파 성전은 자포자기에서 비롯된 절망적인 행위였지만, 끔찍한 과오이기도 했다. 성전의 목표인 순결파 운동의 절멸은 20년이나 되는 시간이 걸린 뒤에도 이루지 못했다. 순결파를 정복하는 일은 폭력이 아니라, 결국 프란치스코와 도미니크라는 새롭고 설득력 강한 수도회를 통해서야 가능했다. 이들 수도회에 소속된 탁발수도사들은 모범적인 삶을 이어나갔고, 사람들에게 다시 마음과 이성이 어우러진 기독교 신앙을 전달했다. 위대한 중세사학자인 아르노 보르스트는 다음과 같이 평가한다. "순결파 신자는 이렇게 이론적인 논박과 실제 모범적인 삶으로 이루어진 새로운 전투 방식에 저항하기보다는 이를 모방할 수밖에 없었고, 결국 순결파의 패배로 종결됐다." 기록에 따르면 1342년 피렌체에서 순결파 신자 한 명이 마지막으로 체포된 것으로 알려져 있다.

이후 종교재판은 점점 더 국무國務 차원으로 발전되어 갔다. 이때 세속 국가 법원은 진보적인 종교재판 절차를 넘겨받았을 뿐만 아니라, 동시에 종교 사안에 관여할 권한도 확대했다. 이는 이미 템플기사단에 대한 이단 소송 절차에서 잘 나타났다. 이 소송에서 프랑스 왕은 가차 없이 자신의 이익을 관철시키려고 했다. 교회의 종교재판은 더 이상 효력이 없게 됐고 결국 소생하지 못했다. 종교재판의 미래는 파리 대학교가 차지했다. 파리 대학교는 이단을 판정하는 감정 업무를 맡았고, 이러한 업무로 인해 머지않아 파리 대학교는 권위있는 기관이 되었다. 바로 여기서 우리가 잘 알고 있는 소송 절차가 우위를 차지했다. 즉 특정 신학적 입장에 대해 과학적으로 판단하고, 경우에 따라서는 유죄 판결을 내리는 것이다. 하지만 종교재판 피고를 세속 재판으로 인도하는 것과는 당장 관련은 없었다.

그럼에도 결산해보면 충격적인 결과가 나타났다. 기독교 역사 최초로 이단자가 처형됐기 때문이다. 이것도 독단적으로 진행된 것이 아니라 '종교재판' 판결에 따른 것이기는 하다. 하지만 무리하게 폭력적으로 진행된 것은 확실하다.

오늘날의 우리가 볼 때 특히 놀라운 것은, 종교재판이 인간의 구원을 위해 자유를 제한해야 한다고 주장했다는 점이다. 하지만 이러한 주장이 우리에게 완전히 낯선 것은 아니다. 우리는 오늘날 법 체제가 시민의 안녕을 위해 자유를 제한하고, 안녕을 해치려 드는 경우 심지어 처벌까지 받는다는 사실을 잘 알고 있다. 마약을 사용하는 경우가 바로 그렇다. 실제로 자유법치국가인 독일이 이례적으로 처벌을 내리겠다는 위협을 통해 자유로운 성인 시민이 스스로의 자유의지로 스스로에게 해를 끼치는 행동을 못하도록 제약을 가하는 것은 놀라운 일이다. 인간이 마약을 사용하면-당연히 법에 의해-장기간 자유를 박탈당한다고 간주되는 것이다. 심지어 동남아시아의 몇몇 특정 국가에서는 마약을 사용하면 사형을 받는다. 또한 상당수 시민은 반체제 집단 및 특정 종파가 민주주의 체제를 훼방 놓고, 자기네의 급진적이고 반체제적인 논제와 주장으로 사회에 해를 끼치거나 다른 사람을 종속시키게 만든다는 견해를 보인다. 이런 상황을 이해해야, 심지어 다름 아닌 반가톨릭 성향의 종교재판사학자인 헨리 찰스 리^{Henry Charles Lea}가 왜 종교재판을 결국 순결파의 위험한 교리를 제약하기 위해 필요했던 불멸의 업적이라고 평가했는지 공감할 수 있다. 즉 순결파와 맞서 싸우는 것은 어떤 자유 세력을 억압하는 것이 아니라, 무차별로 확산하는 광신주의에 필사적으로 저항하는 것이었다. 비록 치명적인 수단을 이용하기는 했지만.

독일은 이 모든 것에 프랑스보다는 영향을 덜 받았다. 독일 최초의 종교재판 사례인 할레 노이베르크 수도원장 프리드리히 미네케^{Friedrich Minneke} 소송의 특징에 대해, 베를린 출신의 중세사 학자 디트리히 쿠르체^{Dietrich Kurze}는 다음과 같이 강조한다. '철저함, 심급審級의 다

기독교 콘서트

양함, 형식의 공정함.' 그런데 독일의 종교재판은 제도가 도입되자마자 파멸을 맞이했다. 잔혹한 종교재판관 콘라트 폰 마르부르크^{Konrad von} ^{Marburg}(대략 1185~1233)는 이단자를 향한 분노를 독단적으로 휘두르다가 주교들의 일치된 저항에 직면했다. 그는 너무나 빨리 미움을 사는 바람에 결국 살해되었고, 많은 이가 그의 시신을 불에 태우기를 원했다. 교황 그레고리오 9세는 콘라트 폰 마르부르크가 살해당해 경악했다고 표명하기는 했지만, 그가 생전에 저지른 행적을 보고받고는 역시 그만큼 깜짝 놀랐다. 현재까지 연구된 바에 따르면, 콘라트 폰 마르부르크에게 목숨을 잃은 희생자 수는 추정하는 것조차 불가능한 수준이다.

이러한 참사 이후, 종교재판을 다시 활성화하려고 여러 차례 시도했지만 별로 소용이 없었다. 1300년 이후에는 베긴회(13세기 벨기에 남부 지방에 세워진 준^準 수도회—옮긴이) 수녀들에 대한 소송이 몇 건 있었고, 카를 4세 황제도 종교재판을 부활시키기 위해 애썼지만 헛수고였다. '주교들은 항상 그랬던 것처럼 종교재판과는 상종하려 하지 않았기 때문'이라고 헨리 찰스 리는 강조한다. 훗날 종교재판은 오스트리아와 보헤미아에서 발도파(12세기 말 프랑스에서 시작된 기독교 종파—옮긴이) 교도들의 완고한 참회 및 청빈 운동을 대상으로 계속 행해졌다. 이와 관련해 1335~1350년 사이에 총 4천4백 명이 기소당한 것으로 추측되는데, 이 중 5%가 화형을 당했다. 14세기 말 독일에서는 다시 한 번 발도파 박해가 있었다. 이와 관련해 1399년 프라이부르크에서 진행된 대규모 소송은 별 성과 없이 끝났고, 1430년 이후 계속된 개별 소송에서는 더 이상 유죄 판결을 받는 경우가 없었다. 중세 후기

독일에서 이단 집단은 결국 별 의미가 없게 됐으며, 이단자라는 표현은 그냥 교회 내부에서 전투를 벌일 때 사용하는 개념이 됐을 뿐이라고, 중세 이단과 관련된 수많은 연구논문을 발표한 알렉산더 파츠코프스키가 밝혔다.

프랑스와 마찬가지로, 독일에서도 이제 정통 신앙인지 아닌지 점검하는 행위는 사실상 신학대학의 학부 담당으로 넘어간다. 이와 관련된 기관으로 특히 빈 대학교와 쾰른 대학교를 언급할 수 있다. 그리고 프랑스의 경우와 마찬가지로 독일도 세속 통치자가 신의 적을 박해할 권한을 교회로부터 가로챘다. 신의 분노를 피하고 방지하는 것이 국가의 과제라는 오래된 이유를 대면서. 이미 1348년에 대역병^{大疫病}이 돌았을 때 신의 분노를 가라앉히기 위해 교회가 추천한 방식은 명백히 불충분하다고 여겨졌으며, 교회가 제시한 공식적인 방식 외에 평신도가 자기만의 해결 방법을 모색하는 시도가 점점 더 많아졌다.

그래서 이제 세속 법원이 종교와 관련된 위법 행위를 다루게 됐다. 처음에는 14세기부터 여러 도시가 신성모독 특별 금지령을 내렸고, 이로써 이들 도시는 '종교 내 위법 행위를 범죄 차원으로 끌어올린 선구자'가 되었다고 범죄사학자 게르트 슈베어호프^{Gerd Schwerhoff}는 단언한다. 비록 심의 판결을 받은 전체 수는 퍼센티지로 보면 경미하지만, 그럼에도 숫자 자체는 적은 수준이 아니다. 바젤에서는 1376~1455년 사이에 총 99건의 판결이 내려졌고, 콘스탄츠에서는 1430~1460년 사이에 최소 57건의 판결이 내려졌다. 이때 피고가 받은 형벌은 대개 혀 절단 형, 형벌 말뚝에 묶여 조롱을 받는 형, 도시 추방형, 벌금형이었지만, 때로는 사형도 받았다. 이와 동시에 중세 후기 신성 로마 제국에서는 새로운 입법이 시도됐다. 즉 막시밀리안 황제$^{Kaiser Maximilian}$(1459~1519) 통치 시절에 신성모독에 관한 특별법이 제정됐다.

이단의 창의성에 대해서는 이야기도 많고 기록도 많다. 분명 많은 정보가 박해로 인해 유실됐다. 하지만 모든 이단이 창의적이지는 않았고, 상당수는 단순히 무정부주의적이거나 심지어 폭력적이었다. 알렉산더 파츠코프스키는 다음과 같이 요약한다. "사람들은 이단자들이 중세 사회에 기여한 점이 대단히 낮다고 여기는 게 틀림없다. 혹자는 묻는다. 이단자들이 구체적으로 무엇을 변화시켰으며, 무슨 새로운 것을 만들어냈느냐고. 이탈리아 상류층이 중심이 된 비천^{卑賤} 수도파^{Umiliati}가 결성한 노동조합이라든지 발도파를 제외하면, 아울러 보헤미아 형제단(체코의 종교개혁을 이끈 가톨릭교 후스파의 한 분파 - 옮긴이), 보다 일반적으로는 후스파 이후 시기 보헤미아 교회를 제외하면, 이단자가 특정 사회 형태를 발전시켰는지 또는 사회에 자신만의 특별한 인장을 찍었는지는 전혀 알 수 없다."

어쨌든 중세가 끝날 무렵에는 이단자를 상대로 한 전쟁을 지속적으로 진행한 시기가 전혀 없었다는 것을 확인할 수 있다. 수세기 동안 의심을 살 만한 이단도 전혀 등장하지 않았다. 예를 들어 영국과 스칸디나비아 같은 곳은 완전히, 또는 적어도 중세 후기까지는 나라 전체가 이단으로부터 자유로운 상태를 유지했다.

교황 알렉산데르 6세와 스페인 보르자 가문

1864년 독일 외교관 쿠르트 폰 슐뢰처Kurd von Schlözer는 로마 몬세라토에 위치한 산타 마리아 교회 창고에서 상자 하나를 발견했다. 상자 안에 든 내용물은 무시무시했다. 바로 두 사람의 유골이었다. 그리고 상자 속에는 오래된 작은 쪽지도 있었는데, 이를 통해 누구의 유골인지 알 수 있었다. 이 창고에서 다시 부활하기를 기대한 유골의 주인공은 바로 두 명의 교황인 갈리스토 3세Calixtus III와 알렉산데르 6세Alexander VI였다. 그런데 그리스도의 종이자 베드로 사도의 후계자이며, 그리스도의 대리인인 이들 두 교황이 도대체 어떤 사연으로 속세의 초라하고 낡아빠진 창고에 있게 된 것일까? 그렇게 된 이유는 바로 설명할 수 있다. 이들 두 보르자 가문 출신 교황은 다른 수많은 교황과 마찬가지로, 원래는 산 피에트로 바실리카(성 베드로 대성당이라고도 부른다-옮긴이)에 매장됐다. 그런데 성 베드로 대성당 앞에 광장을 새롭게 만들면서, 몇몇 교황의 무덤을 이전해야 했다. 그래서 무덤 내용물을 일단 거둬들였다가 이후 광장이 완성된 뒤에는 같은 장소에 다시 묻었다. 하지만 보르자 가문 출신의 악명 높은 두 교황의 경우는 세월의 흐름에 따른 망각이라는 은총을 이용해, 원래 묻혔던 장소에 돌아오지 못하고 은밀하게 처리됐다. 이렇게 기억을 말소 처리하는 것은 이미 고대 로마인들도 경험한 적이 있다. 그리고 어느 누구도 갈리스토 3세와 알렉산데르 6세가 교황 임기 동안 한 일을 계속 기억에 떠올리고 평가하는 행위에 가치를 두지 않았다. 그래서 결국 오래된 유골은 로마 비아 지울리아 몬세라토에 위치한 스페인 산타 마리아 국립교회 창고에 처박혔다.

2011년, 독일 제2텔레비전 방송은 〈보르자 가문〉die Borgias이라는 6

부작 미니시리즈를 방영했다. 이 프로그램은 거의 모든 내용이 잘못됐고, 전혀 역사에 부합하지 않는다. 그러면서 내용이 온통 음란하고 잔인하며 유혈이 낭자하게 전개되었다. 〈디 벨트〉지 평론가가 명확하게 표현한 것처럼, 최고 수준의 스캔들 역사물이다. "피와 독, 정액이 넘쳐흐른다." 그렇지만 시청률은 높은 것으로 집계됐고, 이는 후속물 제작으로 이어졌다. 이로 인해 시청자들은 역사적 사실에는 신경을 덜 쓰고, 점점 더 자기만의 환상을 제멋대로 펼치는 상황에 쉽게 빠지게 되었다. 그뿐만 아니라 〈보르자 가문〉을 보면 교황 알렉산데르 6세만큼 외설적인 소문과 어두운 전설에 휩싸인 교황은 거의 없을 지경이다. 이 미니시리즈는 40개 국가에서 방영됐다. 독일 제2텔레비전 방송 엔터테인먼트부서 총괄책임자의 입장에서는 대박을 터뜨린 것이다. 그러나 〈보르자 가문〉은 오로지 다음과 같은 조건에서만 제작이 가능했을 것이다. 즉 엔터테인먼트부서 총괄책임자가 교양·학술부서 총괄책임자를 제거한 뒤-이는 보르자 가문의 전통적인 방식을 아주 잘 따른 것이기는 하다-이 미니시리즈를 만들었을 것이다.

그런데 이러한 스캔들의 이면에는 무엇이 숨겨져 있을까? 왜 〈보르자 가문〉에서는 역사 왜곡이 자제력을 잃었을까? 왜 교황 알렉산데르 6세는 자신의 후임자들을 불쾌하게 만들 짓을 했을까? 심지어 가톨릭교회를 옹호하는 이들도 왜 알렉산데르 6세에 대해서만큼은 입을 다물고 수수방관할까? 그러니까 왜 교황령의 부도덕한 이미지는 오로지 알렉산데르 6세가 독차지하고 있는 걸까? 분명 알렉산데르 6세는 자녀를 두었고, 이는 올바른 행실이 아니었다. 어쨌든 교회 질서에는 어긋난다. 하지만 그의 선임자인 교황 인노첸시오 8세(조반니 바티스타 치보(Giovanni Battista Cibo)가 아마도 알렉산데르 6세보다는 자녀를 더 많이 두었을 것이고, 그의 아들인 프란체스케토 치보(Franceschetto Cibo)가 바티칸에서 호화로운 결혼식을 개최했다는 사실을 아는 사람은 왜 아무도 없을까? 왜 알렉산데르 6세의 후임인 교황 율리오 2세(Julius II)는 항상 로마의 모든 여행안내서에서 미켈란젤로의 후원자라는 평가와 칭송을 받을까? 그도 마찬가지로 자녀가 있었으며, 사실 미켈란젤로와는 늘 불화만 일으켰고, 끊임없이 몸소 전쟁을 일으켰는데도 말이다.

이러한 물음에 대한 대답은 명확하고도 간단하다. 보르자 가문 출신의 교황 알렉산데르 6세는 스페인 사람이기 때문이다! 실제로 교황 갈리스토 3세와 그의 조카인 알렉산데르 6세는 교황이 아비뇽으로 강제 추방을 당하는 굴욕을 겪은 이후 비이탈리아인으로는 최초로 교황청 수장이 되었다. 그런데 이러한 사실은 어느 누구도 흔쾌히 기억에 떠올리려 하지 않는다. 이후 이탈리아는 새로운 이탈리아 문화와 이탈리아 국민 의식을 동반하며 새롭게 탄생했다. 프란체스코 페트라르카(Francesco Petrarca)와 다른 사람들은 이탈리아어를 높은 문화 수준의 언어로 발전시켰다. 그리고 상당수의 천재적인 이탈리아인은 훗날 르네상스라고 명명되는 새로운 예술을 꽃피웠다. 이탈리아인들은 새로운 시대를 선도하게 된 것을 자랑스러워했고, 이는 너무나도 당연했다. 당시 로마는 피렌체와 더불어 이탈리아에서 가장 화려한 문화 중심지로 자리매김 되던 참이었다. 교황은 서양 교회 분열 대란(1378~1417년 사이의 대립. 가(假)교황 시대를 의미한다 – 옮긴이)이라는 공포스러운 상황을 겪은 뒤 서서히 원래 궤도로 복귀하고 있었고, 로마도 다시 손에 넣었다. 교회와 도시 전체는 점차적으로 잘 정돈된 상태로 자리 잡았다. 이제 로마는 위대한 예술가들에게 이 '영원한 도시'Urbs Aeterna(로마 제국 시대의 고전 및 공식 문서에서 로마를 일컬은 표현-옮긴이)로 오라고 꾀었다. 목표는 높았고, 산 피에트로 바실리카를 새로 짓는 일은 이러한 목표에 잘 어울렸다. 그럼에도 교황은 이탈리아 중앙에 위치한 소국(바티칸을 의미-옮긴이)에서 날마다 일어나는 정치 현안에 매인 상황이었다. 교황은 경건해야 할 뿐만 아니라 현명하게 처신하고, 가급적 정치적으로도 노련해야 했다. 즉 르네상스 시대 이탈리아를 주름잡던 다른 선수들, 대부분 산전수전 다 겪은 무자비한 권력자들과 두루 관계를 잘 맺는 게 가장 이상적이었다. 그래서 니콜라오 5세Nicolaus V나 비오 2세Pius II 같은 위대한 인문주의자가 교황으로 선출되기도 했지만, 식스토 4세Sixtus IV나 인노첸시오 8세Innocentius VIII처럼 술책에 능한 정치가 역시 당연히 모두 이탈리아인이었다. 그러나 교황이라는 직위는 원래 전 세계에 영향력을 끼치는 제도이기에, 이탈리아 내부 분규와 혼란만 신경 쓰고 연루되어서는 안됐다. 1453년 터키인이 콘스탄티노플을 잔인하게 함락하는 일이 일어났지만, 강대국 스페인과 포르투갈 역시 장거리 해양 모험을 하기 위해, 세계에서 유일하게 초국가적 기관으로 인정받는 기독교계가 주목해달라고 요구했다. 이후 종교개혁이 일어나자 이에 대한 반응이 즉시 일어났는데, 바로 신성로마 제국 위트레흐트 출신의 독일인인 하드리아누스 6세Hadrianus VI가 교황으로 선출된 것이다. 그래서 스페인 출신 교황이 선출된 것은 무엇보다 바티칸이 15세기 세계정세에 대해 보인 반응임이 확실하다. 콘스탄티노플 함락이 일어나고 2년 뒤에 갈리스토 3세가 교황으로 선출됐고, 미 대륙이 발견된 해인 1492년에는 그의 조카인 로드리고 보르자^{Rodrigo Borgia}, 즉 알렉산데르 6세가 교황으로 선출됐다. 하지만 훗날 16세기에 선출된 하드리아누스 6세의 경우도 앞서 언급한 교황들처럼 순탄치 않았다. 국가에 대한 자부심이 강한 이탈리아 사람들은 이 외국인 교황을 좋아하지 않아서, 문제가 발생하기 시작한 것이다.

갈리스토 3세는 경건하고 현명하며 처세에 능한 인물이었다. 이 알폰소 데 보르자^{Alfonso de Borgia}(갈리스토 3세의 본명-옮긴이)만큼 평생 수 많은 중요한 평화 조약을 체결한 사람도 별로 없다. 그는 발렌시아 주교좌 성당 참사회원이자 아라곤 왕국 차관 자격으로 서양 교회 분열 대란을 최종적으로 종결시켰다. 이 때문에 1417년 콘스탄츠 공의회에서 마르티노 5세^{Martin V}가 교황으로 선출되면서 서양 교회에 재앙을 몰고 왔던 영적 분열이 끝났다는 주장은 전혀 사실이 아니다. 권력을 의식하는 성향인 대립교황 페드로 데 루나^{Pedro de Luna}, 즉 베네딕토 13세^{Benedictus XIII}는 스페인 지중해 연안에 위치한 야생적이면서도 낭만적인 바위 요새인 페니스콜라에서, 직접 임명한 추기경들로 이루어진 유령처럼 으스스한 측근과 함께 전체 기독교 중 거의 대부분과 맞섰다. 심지어 이 추기경단은 1423년 베네딕토 13세가 죽자 지하 비밀 회의실(콘클라베라고 일컫는다-옮긴이)에서 후임으로 클레멘스 8세^{Clemens VIII}를 선출했다. 알폰소 데 보르자가 대담한 시도를 꾀해 1429년 7월 26일 클레멘스 8세를 페니스콜라 현직에서 장엄하게 물러나게 하는 뜻밖의 성공을 거두자, 유럽 전체는 안도의 숨을 내쉬었다. 알폰소 데 보르자는 이미 1419년에 스페인 왕국인 아라곤, 카스티야, 나바라 간의 중요한 강화조약을 타결시켰고, 1436년 이 조약을 갱신할 때도 마찬가지로 중재 역할을 했다. 그는 아라곤 왕국의 알폰소 5세 국왕과 교황 에우제니오 4세$^{Eugenius IV}$(1383~1447) 간의 평화 협상도 주선했는데, 이때 교황이 추기경 모자를 하사했지만 받기를 거부했다. 1442년 테라치나 지역의 평화를 성취하고 이를 통해 무엇보다 교황의 로마 귀환이 가능해진 뒤에야 추기경 서임을 받아들였다.

교황 갈리스토 3세는 3년에 불과한 임기 동안, 터키인에게 잔혹한 박해를 받던 동방의 기독교 신자들을 구원하기 위해 서양 기독교 신자들이 다시 한 번 십자군 전쟁에 동참하도록 노력을 기울였다. 하지만 성공을 거두지는 못했다. 오늘날에도 그리스 정교회는 여전히 당시에 십자군 전쟁을 이끌어내지 못했다고 가톨릭교회를 비난한다. 서양 기독교 신자들은 터키인들과 좋은 경제 관계를 맺는 것이 잔인한 적수를 상대로 손실 많은 전쟁을 치루는 것보다 훨씬 중요했기 때문이라는 것이다. 이로 인해 이후 그리스인의 운명은 거의 4백 년 동안 자유를 박탈당하는 방향으로 확정됐다. 교황 갈리스토 3세는 곤경에 처하기는 했지만, 그래도 지칠 줄 모르는 노력으로 유럽 권력층의 신뢰하기 힘든 이기주의를 극복하고 터키인들이 중부 유럽으로 계속 밀고 들어오는 것을 막는 데 성공했다. 갈리스토 3세는 도덕적으로 깨끗했고, 극도로 겸손했으며, 행동도 흠잡을 데 없었다. 그는 자신의 조카인 로드리고 보르자를 추기경으로 임명하고 로마에 있는 다른 가족에게도 공직을 마련해주었다. 이는 당파 간 논쟁과 싸움으로 균열된 이탈리아 사회 풍토에서, 교황이 자신의 통치에 도움이 되는 신뢰할 만한 지지자를 두기 위해서였다. 교황은 이렇게 자기편을 만들면서, 당시 이탈리아 출신 교황의 경우 적어도 13세기부터 관습화되다시피

한 행동을 했다. 즉 '가족 친화적'인 면모를 보여준 것이다. 훗날 이런 관행을 따르지 않은 하드리아누스 6세의 경우, 이탈리아인들은 그를 글자 그대로 '반사회적'이라고 여겼다.

갈리스코 3세의 젊은 조카 로드리고 보르자는 실제로 자기가 교황의 믿을 만한 조력자임을 입증했다. 그는 35년 동안 차관 자격으로 숙부뿐만 아니라 네 명의 후임 교황도 보필했다. 로드리고 보르자의 이런 위용은 전무후무한 것이었으며, 오로지 탁월한 능력이라고 설명할 수밖에 없는 신기한 재주로 여겨진다. 스위스의 저명한 문화사학자 야코프 부르크하르트는 그에 대해 "재능이 탁월하다"고 일컫는다. 로드리고는 굉장히 부지런하고 일도 아주 잘해내서, 계속 승진가도를 달렸다. 그는 스페인에서 극도로 다루기 힘든 외교 임무를 맡아, 불안정하고 소란스러운 지역이던 스페인에 평화를 가져다주는 데 성공했다. 로드리고는 카스티야 왕국의 이사벨라 여왕과 아라곤 왕국의 페르디난도 2세의 결혼을 합법적으로 성사시켜, 바르셀로나를 두고 벌어진 10년 전쟁을 끝냈다. 그래서 로드리고 보르자는 스페인 사람들을 통합시켰다. 그가 독일 제2텔레비전 방송 프로그램 〈보르자 가문〉에서 묘사된 것처럼 자제를 모르는 호색한이었다면 이런 성취는 절대 이루지 못했을 것이다.

오히려 이탈리아의 근대 통치자들, 즉 르네상스 시대 군주들이야말로 느슨해진 윤리의식을 장려했다. 그들은 내연녀는 물론 수많은 혼외자식, 이른바 '사생아'를 두는 게 일상이었다. 사람들은 이런 행위가 옳지 않다는 걸 잘 알았지만, 그렇다고 특별히 불쾌하게 여기지는 않았다. 추기경과 교황 역시 르네상스 군주였지만, 독신 규정을 지켜야 했기 때문에 결혼하지 않았을 뿐이다. 그래서 그들도 마찬가지로 세상 모두가 근대적이라고 여기는 품행을 뻔뻔스럽게 자행했다. 그것은 눈썹 하나 찡그리지 않고 공공연하게 처신했으며, 철두철미한 책임의식과 가족의식을 대놓고 드러내 보였다. 로드리고 보르자 추기경은 내연녀인 반노차 카타네이 Vannozza dei Cattanei를 오랜 세월 충실하게 사랑했다. 그는 그녀와의 사이에서 아이를 네 명 두었는데, 자녀 교육에도 세심한 주의를 기울였다. 이후 로드리고 보르자가 교황이 되자, 음모와 타협의 결과로 선출된 것이라는 낙인이 찍혔다. 이러한 음모와 타협은 그의 선임인 이탈리아인 교황들의 경우에도 똑같이 만연했다. 그리고 로드리고 보르자가 죽은 뒤 후임 이탈리아인 교황들도 마찬가지로 음모와 타협을 부리다가, 결국 교회개혁가들의 분노를 촉발시키는 데 이르렀다.

로드리고 보르자, 즉 알렉산데르 6세의 교황 임기는 1492~1503년이었다. 그가 임기동안 보인 면모는 선임자나 후임자와는 크게 달랐다. 이탈리아와 관련된 사안에 푹 빠져 허우적거렸을 뿐만 아니라, 세속정치가에게서나 볼 수 있는 면모를 보였기 때문이다. 교황 알렉산데르 6세는 그 유명한 토르데시야스 조약을 중재했다. 1494년 이 조약과 교황의 결정에 따라, 세계는 스페인과 포르투갈이라는 두 해양 강국에게 분할되었다(이 조약에 따라 포르투갈은 대서양을 통해 아시아 및 동인도 제도로 진출할 수 있었고, 스페인은 서쪽인 아메리카 대륙 쪽으로 진출했다-옮긴이). 여기서 논쟁의 여지가 있는 몇몇 조항을 자세히 따지지 않는다면, 토르데시야스 조약이 인류 역사에서 손꼽히는 위대한 강화조약 중 하나라는 사실은 거의 의심의 여지가 없다. 이 조약으로 단순

히 전쟁을 끝낸 것이 아니라, 당시 가장 거대했던 두 해양강국 사이에
일어났을지도 모를 100년 전쟁 급의 대형 참사를 미리 막았기 때문이
다. 알렉산데르 6세는 능란하면서도 기민한 정책을 펼쳐, 바스크 지방
에 평화를 가져다주었다. 평화는 그가 사망할 때까지 이어졌다. 그 밖
에도 알렉산데르 6세는 프랑스 왕이 이끄는 대규모 군사 공격을 버텨
내는 데 성공했는데, 이를 위해 그는 산 탄젤로 성('천사의 성'이라고도 하
며, 원래는 고대 로마 시대에 하드리아누스 황제가 건설한 제묘다. 이후 6세기에 제
묘의 기능은 사라지고 교황의 성채라는 새로운 기능을 지니게 됐다 - 옮긴이)에서
최악의 곤경을 감수하며 적을 방어해야 했다.

교황 알렉산데르 6세 임기 시절에 로마에서는 르네상스 전성기가
시작됐다. 위대한 건축가 도나토 브라만테Donato Bramante는 몬토리오의
산 피에트로 성당 근처에 템피에토(원래는 소小신전을 의미하지만, 고유명사
로는 브라만테가 건축한 원형 플랜의 순교기념당을 뜻한다 - 옮긴이)를 건축했는
데, 이는 그가 로마에서 건축한 첫 작품이다. 그리고 이 시기 청년 미
켈란젤로는 산 피에트로 바실리카에 설치할 피에타 조각상을 만들었
다. 알렉산데르 6세 치하의 로마는 자유로운 분위기가 우위를 점했다.
청년 코페르니쿠스는 대학에 발을 내디뎠고, 교황은 예전에 거칠게
비난했던 사람들을 손님으로 초대했다. 알렉산데르 6세는 견해의 제
한 없는 자유를 노골적으로 옹호했다.

피렌체에서 광적인 활동을 펼치던 도미니크 수도사 사보나롤라
Savonarola를 둘러싼 논쟁이 벌어졌다. 사보나롤라는 피렌체에서 윤리를
지나치게 강조하는 공포 체제를 구축했고, 강론대에 서서 사람들에게
자신의 적의 목을 치라고 촉구했다. 알렉산데르 6세는 사보나롤라를

둘러싼 논쟁에서 오랜 기간 온화한 태도를 보이며 그를 옹호했다. 이러한 태도는 결국 피렌체 시가 폭군 스타일의 광신자인 사보나롤라를 직접 제거하려 할 때까지 계속 유지됐다. 분명 교황 알렉산데르 6세는 성인은 아니었다. 하지만 신앙심은 상당히 깊었던 게 사실이다. 성모송에서 간구의 염원을 드러내는 핵심 구절인 "천주의 성모 마리아 님, 이제와 저희 죽을 때에 저희 죄인을 위하여 빌어 주소서"는 바로 교황 알렉산데르 6세 덕분에 기도문에 포함될 수 있었다. 이는 가톨릭 신자의 삶에서 가장 중요한 양대 순간으로 기억될 만하다. 교황 알렉산데르 6세는 1500년 희년을 맞아 장엄축복을 거행했고, 그가 사망한 뒤 교황 율리오 2세 임기 시절에 와서야 운명적인 면죄부 판매가 시작됐다. 교황 알렉산데르 6세는 스페인 왕의 격렬한 저항에 맞서면서, 스페인에서 추방된 유대인과 무어인을 교황령으로 받아들였다. 그 밖에도 그는 추기경단을 국제적인 규모로 확대했다. 하지만 알렉산데르 6세는 내면에서 분열을 일으켰다. 요한 하위징아^{Johan Huizinga}의 저서 《중세의 가을》에 따르면, 이러한 내적 분열은 많은 이의 특징이기도 하다. 예를 들어 필리프 3세 드 부르고뉴 공작(선량공 필리프라고도 부른다-옮긴이)이나 훗날 마르틴 루터도 여기에 해당된다. 알렉산데르 6세는 한편으로는 신앙심이 매우 깊었음에도 불구하고, 또 어떤 순간에는 격렬하면서도 부당한 반응을 보이는 능력도 지녔다. 이때 그는 자신이 죄 많은 인물이라는 것을 잘 알았고, 그런 다음에는 자기 회의에 침잠하는 경우가 적지 않았다. 자신의 아들 후안^{Juan}이 정체를 알 수 없는 자들에게 잔인하게 살해당한 뒤, 알렉산데르 6세는 후회와 회한에 빠졌다. 개선을 약속한 그는 추기경회의를 소집해 교회개혁안을 만드는 작업을 했다. 하지만 얼마 지나지 않아 이러한 노력은 다시 흐지부지 됐다.

무엇보다 알렉산데르 6세는 자신의 교황 임기 내내 그림자를 드리운 존재인 자녀들에게 커다란 사랑을 베풀었다. 그를 다루는 모든 역사 기록이 빠짐없이 이 사실을 비난하고, 상당수 비평가도 이것이 바로 그가 교황 임기 동안 저지른 가장 핵심적인 죄라고 지적한다. 하지만 이러한 비난은 너무 성급한 것 같다. 당시 교황령의 상황은 극도로 불안정했다. 이탈리아에서는 파렴치하고 부도덕한 무력 정치가 우위를 점했고, 동맹은 연달아 바뀌어 순식간에 어제의 동지가 내일은 불구대천의 원수가 되었다. 프랑스 왕이 이탈리아를 정복하려고 나서기 직전인데도, 어느 누구도 신경 쓰지 않았다. 그리고 북쪽의 터키인들이 이미 이탈리아 땅에 발을 들여놓았는데도, 직접적으로 공격당한 베네치아 외에는 아무도 관심을 기울이지 않았다. 오직 알렉산데르 6세만이 프랑스인이 이탈리아에 들어오지 못하게 하려고, 아울러 터키인에 대항하는 동맹을 결성하려고 쉬지 않고 동분서주했다. 하지만 적당한 수준의 성공만 거두었다. 왜냐하면 이탈리아의 자유를 위해 싸우려는 유일한 인물인 로드리고 보르자가 하필이면 스페인 사람이기 때문인 듯했다. 그는 이 사안에 대해 이탈리아 지배층이 파견한 공사公使에게 거듭 간청했지만, 오히려 냉소적인 비웃음만 받았다. 알렉산데르 6세가 내세운 모토인 '이탈리아를 이탈리아 사람들에게'에 대해, 정작 당사자인 이탈리아인들은 전혀 관심을 보이지 않았다. 결국 교황은 이탈리아인의 부름을 받은 프랑스 왕 샤를 8세Charles VIII가 로마를 점령하고 자신에게 양보하라고 강요하는 광경을 무기력하게 관망할

기독교 콘서트

수밖에 없었다. 물론 교황은 나폴리 왕국 영지를 달라는 프랑스 왕의 엄청나게 중요한 요구를 용감하게 거부하기는 했다. 이렇게 끊임없는 정치적 혼란 속에서, 교황은 자기를 모시는 가신이지만 거칠고 난폭하기 짝이 없는 교황령 남작들도 절대 믿을 수 없었다. 그들이 교황에 대항해 자기들끼리 결탁하는 상황을 계속 겪어야 했기 때문이다. 추기경들도 전혀 도움이 되지 않았다. 훗날 교황 율리오 2세가 되는 줄리아노 델라 로베레Giuliano della Rovere 추기경은 교황의 가장 맹렬한 적이었다. 그는 교황을 퇴위시키고 싶어 해 교황에 대항하는 공의회를 소집하려 했다. 그리고 프랑스 왕이 이탈리아로 오도록 꾀어낸 인물이 바로 줄리아노 델라 로베레였다. 끝으로 오스트리아의 '로마 왕'(신성 로마 제국에서 차기 황제로 선출되었지만 아직 교황의 대관을 받지 못한 사실상의 왕을 의미한다 - 옮긴이) 막시밀리안 1세Maximilian I는 멀리 떨어져 있었던 데다, 본래 의무인 베드로 세습령Patrimonium Petri(교황령의 다른 표현 - 옮긴이)의 보호보다는 다른 사안에 훨씬 몰두하던 상황이었다. 그러므로 교황은 고립된 상황이었다.

그래서 알렉산데르 6세가 진정으로 믿을 사람이라고는 친척들뿐이었다. 그러자 여태까지 자기네끼리 권력 투쟁을 벌이던 이탈리아 사람들이, 이제는 스페인 가문(보르자 가문 - 옮긴이) 전체에 대해 걷잡을 수 없이 증오심을 표출하는 상황이 분명해졌다. 교황의 아들 중 하나인 후안이 살해됐고, 다른 아들인 체사레Cesare와 딸 루크레치아Lukrezia는 심각한 인신공격을 당했다. 오늘날 진지한 역사학자 중에 당시 인구에 회자된 소문, 즉 체사레 보르자가 자기 형제를 살해하고 루크레치아는 자기 아버지와 근친상간을 했다는 소문을 믿는 사람은 거의 없다. 하지만 중상모략에 열중하던 사람들은 이런 소문에 대해 글자 그대로 변태적이라는 생각은 아예 하지 않았다. 알렉산데르 6세는 체사레 보르자를 추기경으로 만들었다ー이는 당시 이탈리아 교황들도 친척을 대상으로 하던 관행이었다. 그러나 사실 체사레 보르자는 성직자에 매우 적합하지 않은 인물이었다. 그래서 그는 머지않아 추기경 직에서 물러났으며, 본인이 자신만만하고 적극적인 권력자라는 것을 입증해보였다. 체사레 보르자는 마키아벨리가 경탄하고 레오나르도 다 빈치가 기꺼이 충성을 바치고 국민이 애정과 두려움을 동시에 품었던 인물이다. 그는 화려하게 등장했고, 다른 르네상스 군주들과 다름없이 잔인하면서 교활한 인물이었다. 실제로 그는 교황령의 일부인 로마냐에 공국公國을 세우려 했다. 그런데 이후 교황 율리오 2세도 우르비노에 사는 자기 가족을 위해 이와 완전히 똑같은 짓을 했다. 이때 성좌聖座(교황령을 의미한다ー옮긴이)의 입장에서는 평화로운 도시 로마냐에 공국을 하나 세우는 것이 엄청난 공을 들여 소규모 군주가 다스리는 도시국가 여럿을 모아 대규모 연합체를 만드는 것보다 훨씬 더 나았을 것이다. 특히 이들 군주가 자기 '동료들'과 하나로 뭉치자고 마음을 모은 상황이라면 훨씬 위험했을 것이다. 그렇게 되면 교황의 통치권은 인정받지 못할 것이었다. 마침내 알렉산데르 6세는 불가능한 일을 이뤄냈다. 즉 군주들은 밀려나고, 남작들은 길들여지고, 프랑스는 이탈리아에 들어오지 못하게 됐다. 교황이 충분한 권력 수단이 없는 상태에서 스페인인들이 나폴리 왕국에 자리 잡는 것을 막기란 불가능했다. 이후 율리오 2세가 로마 교황령을 공고히 다지면서, 권력 수단을 충분히 강화하는 성과를 이룩할 수 있었다. 이 모든 것은 19

세기에 출간된 가톨릭 교회사를 다룬 저작물에 달린 각주를 직접 보아야 제대로 알 수 있다. 왜냐하면 알렉산데르 6세는 자신에 대한 불쾌한 험담과 소문에 전혀 신경을 쓰지 않은 바람에, 동시대 이탈리아인들의 미움을 환상적인 수준으로 받는 불운을 겪었고, 그가 사망한 뒤 활동력과 실행력이 뛰어난 후임 교황 율리오 2세는 여론조작용 모의재판을 열어 전임자를 둘러싼 대중의 증오를 이용해 자신의 이익을 열심히 챙겼기 때문이다. 그리고 다른 한편으로 19세기에 역사를 편찬한 학자들은 이 시기에 만연한 성적 강박관념에 아주 강하게 사로잡힌 바람에, 보르자 가문 출신 교황이 보인 성적으로 자유분방한 태도만으로 충분히 내용을 채울 수 있었다. 그래서 이 시기 주도적인 위치에 있던 역사학자들은 알렉산데르 6세에 대해 제대로 된 판단을 내리기가 어려웠다. 알렉산데르 6세의 딸 루크레치아 보르자는 과거에 사악한 여성이라는 험담을 들었지만, 오늘날 우리는 이러한 비방이 전혀 사실이 아니라는 것을 잘 안다. 루크레치아는 매우 똑똑하고 폭넓은 교양을 쌓았으며, '자애롭고 너그러운 페라라 공작부인'이라는 호칭으로 국민의 사랑을 받다가 생을 마감했다. 여러 진지한 연구가 공통적으로 지적하는 것은, 루크레치아 보르자가 자기 아버지와 근친상간 행위를 저질렀다는 세간의 의혹은 전혀 사실이 아니라는 점이다. 그리고 복용하고 며칠이 지나도록 계속 약효를 발휘한다는 악명 높은 보르자의 독약(칸타렐라—옮긴이) 또한 절대 존재한 적이 없다. 약물학적으로 이는 불가능하기 때문이다.

그리고 이를 통해 우리는 보르자 신화의 창시자에게로 다가간다. 당연히 독일 제2텔레비전 방송은 아니라는 건 인정해야 한다. 독일 제

2텔레비전 방송이 제작한 황당무계한 동화의 대본을 위한 기초 자료를 제공한 사람들은 대부분 오래전에 세상을 떠났다. 이들은 스페인 출신 교황과 적대했던 이탈리아인이었지만, 추측컨대 이 이탈리아인들의 주장에 사로잡힌 독일인도 한 명 있었다. 바로 스트라스부르 출신의 요하네스 부르카르트Johannes Burckard다. 오늘날에도 있는 로마 '아르젠티나 탑 광장Largo Argentina'의 명칭은 그가 살던 집에서 따왔다. 광장 자체가 그의 집이 있던 자리다. 여기서 아르젠티나(정확히는 아르젠토라툼Argentoratum이다-옮긴이)는 스트라스부르의 옛 명칭이다. 교황의 의전국장이던 요하네스 부르카르트는 문서위조죄를 저질러 스트라스부르에서 도망쳐 나와야 했던 적이 있다. 그는 엄청나게 꼼꼼한 인물이어서, 그가 지휘하는 의전도 매우 치밀하게 진행될 때가 많았다. 게다가 그는 소심하고 옹졸한 인물이었다. 이런 사람에게는 생명력이 넘치고 즉흥적인 성향인 알렉산데르 6세가 확실히 악몽 같은 존재였을 것이다. 더욱이 이런 부류의 사람들에게 교황은 너무 현대적이라는 인상을 주었다. 이에 비해 요하네스 부르카르트는 마녀가 존재한다고 굳게 확신했다. 공개된 지 100년밖에 되지 않은 그의 일기를 보면, 마녀와 관련된 이야기가 쫙 펼쳐져 있다. 그는 당시 이 마녀 이야기를 대중에게 즐거운 심정으로 적나라하게, 동시에 구역질나는 심정으로 퍼뜨렸던 게 분명하다. 또한 그는 신성한 교황이 마녀들과 사귀고 자기 딸과 난교 파티를 즐겼으며, 그렇지 않으면 대체로 끔찍할 정도로 난잡한 생활을 했다는 이야기를 일기장에 적어놓았다. 평소에는 점잔을 빼는 남자인 요하네스 부르카르트가 이런 성적 환상을 마음껏 펼쳤다는 사실은 심리학적 관점에서 대단히 주목할 만하다. 그리고 실제로 주목

기독교 콘서트

을 받았다. 요하네스 부르카르트가 쓴 일기는 대체로 오늘날의 황색 언론에 해당하는 것으로 사람들은 바로 이런 이야기를 듣고 싶어 했기 때문이다. 스페인 출신인 알렉산데르 6세는 괴물, 악마와 결탁한 사악한 괴물이어야 했다. 또한 심지어 자기 딸과의 성관계도 불사하는, 언제나 성욕을 무한대로 발산하는 호색한이어야 했다. 일반적인 경우에는 이런 말도 안 되는 이야기를 듣게 되면 의심을 하는 것이 당연하다. 하지만 신앙심이 편협하고 위선적인 독일 성직자 요하네스 부르카르트와 기타 다른 사람들이 꾸며낸 이야기는 스페인 출신 교황을 적대시하는 사람들에게 아주 제대로 퍼져 나갔다. 그래서 하찮고 보잘것없는 독일인 배후조종자와 다른 수많은 공모자는 상당수 이탈리아인이 품은 스페인 사람에 대한 증오를 적극 활용해, 성스러운 것과는 거리가 멀지만 그렇다고 중요한 인물이 아니라고는 할 수 없는 교황을 파멸시키는 데 성공했다. 그리고 심지어 알렉산데르 6세의 유골을 로마 몬세라토에 위치한 산타 마리아 교회 창고에 처박아 넣는 박해까지 저지르는 데 성공했다. 더 이상 스페인 출신이 교황이 되는 일은 없었고, 심지어 19세기와 20세기에 가톨릭교회를 엄청나게 옹호한 인물들조차 보르자 가문 사람들 이야기가 나오면 그저 괴로운 마음이기만 했다. 그리고 이는 보르자 가문에 대한 새로운 역사 연구가 인정받고서야 달라졌다. 예를 들어 역사학자 주자네 쉴러 피로리Susanne Schüller-Piroli는 1979년 보르자 가문 출신 교황들을 상세하게 다룬 저서를 출간했다. 이 책은 당시 통용되던 신화를 반박했고 새롭고 상세하면서 보다 차별화된 비전을 제시해, 후속으로 나온 여러 연구에 영향을 끼쳤다.

1864년 교회 창고에서 발견된 유골의 주인공이 보르자 가문 출신 교황들이라는 사실이 확실해지자 결국 신앙심 깊은 교황이 승리를 거두었다. 그리하여 몬세라토 산타 마리아 교회 제1부속예배당에 매장됐다. 그렇게 되기는 했지만, 악마가 사람들이 두 교황을 명확하게 구별하지 못하기를 바랐던 모양인지, 겸손한 교황 갈리스토 3세의 이름 위에는 사치스러운 조카 알렉산데르 6세의 초상화가 화려하게 장식되어 있었고, 알렉산데르 6세의 이름 위에는 인정 많고 마음씨 고운 숙부의 초상화가 걸려 있었다.

5장

종교재판

오래된 문제, 새로운 해결책

마르틴 루터와 면죄부

교황 알렉산데르 6세가 사망하고 14년이 지난 뒤, 종교개혁이 일어났다. 이미 기원후 1000년 무렵에 그랬던 것처럼 1500년 무렵에도 종교적인 동요가 거셌다. '데보티오 모데르나'$^{devotio\ moderna}$('현대적인 헌신'으로 해석된다-옮긴이)라는 새로운 영성이 수많은 사람들의 영혼을 움직였고, 개인적으로 깊은 신앙심이 생기도록 했다. 출판 인쇄를 통해 영성 관련 서적이 널리 퍼질 수 있게 됐고, 예술가는 보는 이의 감각을 뒤흔드는 감동적인 성화聖畵를 제작했다. 그런데 세상의 종말이 임박한 것 같다는 두려움은 돈을 잽싸게 벌어 이득을 취하고자 하는 사람들에게 이용 가치가 있었다. 그런 사람들 중에서 가장 유명한 인물이 바로 도미니크 수도사 요한 테첼$^{Johann\ Tetzfel}$이었다.

요한 테첼은 분명 행색이 수상했다. 요한 테첼은 인스부르크에서 간통과 사기도박 혐의로 물에 빠져 죽는 사형 판결을 받은 적이 있는데, 훗날 마르틴 루터의 후견인이 되는 작센 선제후 프리드리히가 그

기독교 콘서트

를 석방시키기 위해 몸값을 지불했다고 한다. 하지만 이는 마르틴 루터가 직접 퍼뜨린 소문일 뿐이다. 어쨌든 요한 테첼은 1504년 면죄부 판매를 활기차게 추진했는데, 이를 정당화하는 논제를 널리 선전했다. 하지만 당시 교회는 이미 이 논제가 교리에 어긋난다며 반대하고 있었다. 이 논제와 관련해 특히 잘 알려진 발언은 요한 테첼이 만든 모금함에 적혀 있었다. "돈이 모금함 속으로 떨어지는 소리가 울려 퍼지자마자, 영혼은 구원을 받아 천국으로 뛰어오른다." 그래서 테첼은 돈만 바치면 죽어서 지옥에 떨어진 사람도 천국으로 올라가게 된다고 주장했다. 완전히 말도 안 되는 엉터리 주장이지만, 테첼 측은 이런 주장으로 이익을 챙길 수 있었다. 아우구스티누스 수도회 수도사인 마르틴 루터는 이에 대해 정당한 항변을 했고, 그의 항변 내용은 오늘날 가톨릭교회도 동의하고 있다. 루터는 기독교 신자와 신 사이에 다른 기관이 끼어드는 것에 무척 분노했다. 루터는 신은 은총을 과분할 정도로 내리며, 이로 인해 인간은 자유롭고 완전한 존재가 된다고 밝혔다. 하지만 이러한 주장은 당시 가톨릭교회의 견해이기도 했다. 그럼에도 불구하고 오해와 정치적 음모, 그리고 비극적인 결과로 인해 이 면죄부를 둘러싼 논쟁과 불화는 서양 기독교 분열의 출발점이 되고 말았다.

그런데, 면죄부는 그 자체가 스캔들이 아닌가? 면죄부는 진정 무엇이었을까? 면죄부는 죄를 사하는 것과는 관련이 없었다. 당시 교회의 견해에 따르면, 신자가 죄를 고해하면 오로지 신만이 죄를 용서할 수 있기 때문이다. 이때 신자는 자신이 지은 죄가 무엇인지 고백하고 잘못을 뉘우치고 죄를 다시 저지르지 않겠다고 결의한다. 죄를 사하는 행위는 신이 베푸는 순수한 은혜였다. 루터 또한 그렇게 여겼다. 하지만 죄는 그저 개인적인 행위가 절대 아니다. 그러므로 죄는 신과 인간 개인 간에 용서를 청하고 죄를 사하는 행위일 뿐만 아니라, 사회와도 관계가 있다. 그래서 인간은 죄를 저질렀다는 괴로움 때문에 속죄 행위를 한다. 예를 들어 가난한 사람을 돕거나 육체적으로 힘든 성지 순례를 하는 것이다. 그렇게 해야 훗날 죽은 뒤에 연옥에서뿐만 아니라, 이 세상에서 살아있을 때에도 자신을 정화시킬 수 있다. 이렇게 신자가 특정 조건을 충족시키면 교회는 그리스도로부터 전권을 부여받아 완화시킨 보속을 내렸으며, 이러한 완화 조치를 일컬어 면죄부라고 불렀다. 이후 루터가 활동하던 시기에 시작된 면죄부 매매는 마구 오용되는 바람에 결국 트리엔트 공의회에서 명시적으로 금지시켰다. 그리고 심지어 1570년 교황 비오 5세^{Pius V}는 면죄부를 매매하면 파문시키는 조치를 내렸다.

그러나 당시 상황에서 이 모든 조치는 너무 늦게 이루어졌다. 1517년 마르틴 루터는 《95개 논제》를 출간했고, 이로 인해 평지풍파를 불러일으켰다. 면죄부는 이미 오래전부터 더 이상 문제가 아니었다. 마르틴 루터는 새로운 교회(개신교 – 옮긴이)를 세우려 하지는 않았고, 구교舊敎가 완전히 차별화된, 전면적인 개혁을 단행하기를 원했다. 열정적인 인물인 루터는 무엇보다 교회, 특히 로마에서 만연한 오용 행위에 맞서 투쟁했다. 나중에 판명된 것처럼, 이는 대단히 정당한 행동이었다. 불과 6년 후, 교황은 루터가 공표한 95개 논제에 대해 거의 전부 동의했기 때문이다. 이 교황은 하드리아노 6세^{Hadrian VI}였다. 당시 독일의 실제 상황을 전혀 모르고 루터를 파문했으며, 전반적으로 '불평 많은 수도사가 옥신각신하는 짓'으로 하찮게 여겼던, 메디치 가문 출신이자 예술애호가인 교황 레오 10세가 재임하던 시절이 더 이상 아니었다.

당시 교황인 하드리아노 6세는 본명이 아드리안 플로렌츠 데달 Adriaan Florisz d'Edel 로, 독일인이고(정확히는 네덜란드 출신이다-옮긴이), 위트레 흐트(당시에는 신성 로마 제국 영토였다-옮긴이) 출신이며, 교양 수준이 높은 타고난 인문주의자였다. 예전에 카를 5세 황제의 개인 교사를 지낸 적이 있는 하드리아노 6세는 막 교황으로 선출될 때만 해도 로마인들 사이에서 인기가 별로 없었다. 그는 친족 중용을 허용하지 않고 궁정 생활이 재미있게 돌아가는 것을 거부했기 때문이다. 그는 자신의 교황 호칭을 하드리아노 6세로 정했고, 1523년 교황 사절을 뉘른베르크에 있는 신성 로마 제국 의회로 보내 다음과 같은 성명을 위엄 있게 공표하도록 했다. "우리는 지난 수년 간 이 성좌에서 영적 문제와 관련하여, 신의 계명에 반하는 소름 끼치는 오용 행위와 위법 행위가 많이 있었다는 것을 잘 알고 있다. 아울러 이 모든 것이 타락했다는 것도 잘 알고 있다. 그래서 머리부터 팔다리까지 전부 병들었다는 의미는 교황부터 그 아래 교회 지도층 인사들까지 병폐가 퍼졌다는 뜻이다. 이렇게 생각하는 건 전혀 놀라운 일이 아니다. 우리 모두, 즉 우리 교회 지도자와 사제는 길을 이탈했다. "우리는 모두 양 떼처럼 길을 잃고 저마다 제 길을 따라갔지만 주님께서는 우리 모두의 죄악이 그에게 떨어지게 하셨다."(이사야서 53장 6절) "모두 빗나가 온통 썩어 버려 착한 일 하는 이가 없구나. 하나도 없구나."(시편 14장 3절). 그렇기 때문에 우리 모두는 신을 찬미하고 겸손한 마음으로 신에게 복종해야 한다. 우리 모두가 자신이 지은 죄를 깨닫고 자기 자신에게 판결을 내려야 한다. "우리가 자신을 잘 분별하면 심판을 받지 않을 것입니다."(코린토 신자들에게 보낸 첫째 서간 11장 31절) 우리 자신이 당사자이므로, 우리는 첫 번째로 모든 악행의 근원인 교황청을 개혁하기 위해 모든 노력을 시도할 것이라고 약속해야 한다. 그래서 과거 교황청이 교황 이하 모든 성직자에게 부패의 계기를 제공했던 것과 똑같은 방식을 따라, 이제는 치유와 개혁의 영향력을 성직자 전체에 발휘하고자 한다. 그 밖에도 우리는 온 세상이 이러한 개혁을 너무나도 간절히 원하는 것을 보고, 더욱더 개혁을 완수해야 한다는 책임감을 느낀다."

하지만 루터는 이 성명에 아무런 반응을 보이지 않다가 가톨릭교회와 화해할 기회를 놓쳤다. 루터는 멜란흐톤Melanchthon(독일의 종교개혁가. 루터에게 동조하기는 했지만 가톨릭교회에 대해 타협과 화해의 태도를 보였다─옮긴이)과는 달리 격한 논쟁을 일으켰다. 이에 대해 복음주의 교회 사학자 마르틴 브레히트는 다음과 같은 견해를 보인다. "루터 개인의 내면 정서가 항상 그의 처신에 적절한 도움을 주는 방향으로 향하지는 않았다." 교황 하드리아노 6세는 머지않아 세상을 떠났다. 그는 로마 국립 산타 마리아 델라니마 성당에 묻혔고, 사람들은 교황의 묘비명에 다음과 같은 통렬한 내용을 적어 넣었다. "아, 아무리 최고의 인물이라 하더라도 그가 끼친 영향력이란 그가 살던 시대가 어떠했는가에 달려 있다니." 하드리아노 6세의 후임 교황은 다시 메디치 가문 출신이 맡았다. 이 후임 교황 클레멘스 7세Clemens VII(1478~1534)는 잉글랜드 국왕 헨리 8세와 충돌을 일으키기도 했다. 이후 그 다음 교황인 바오로 3세Paulus III(1468~1549)는 트리엔트 공의회를 소집해 가톨릭 개

혁을 강력하게 추진하기는 했지만, 나이든 루터는 이미 구교와 멀찌감
치 떨어져 자기만의 길을 걷고 있었다. 교회일치의 희망은 수포로 돌
아갔다.

검은 전설과 스페인 종교재판(1484~1834)의 진실

종교재판에서 자행된 잔학행위에 관해 이야기를 한다면, 이는 대
개 스페인 종교재판을 의미하는 경우가 많다. 이 잔혹한 재판기관은
전 세계에 걸친 대*스페인 제국에서 수십만 명, 심지어 수백만 명의
희생자를 낸 데 대해 양심의 가책을 받아야 한다. 사상 유례가 없는
스캔들이다! 하지만 스페인 종교재판과 관련한 최신 연구는 풍부한
문헌자료를 꼼꼼하게 정리해 역사적 신화의 실체를 근본적으로 밝히
는 데 성공했다. 이는 다른 분야에서는 거의 보기 힘든 성취다.

이렇게 스페인 종교재판이 그로테스크하게 왜곡된 내용으로 알
려진 이유는 무엇일까? 이 점에 대해, 그 유명한 '검은 전설'^Legenda nera
을 논해야 할 것이다. 오래되고 존귀한 스페인 제국은 영국과 네덜란
드라는 새로 치고 올라온 프로테스탄트 세력과 몇 백 년 동안 군사적
으로 다투다가 결국 패배했다. 그뿐만 아니라 스페인은 매체 분야에
서도 장기간에 걸쳐 엄청나게 초토화된 패배를 당했다. 스페인의 적
수들은 매체 분야에서 대단히 막강한 영향력을 발휘했다. 그들은 오
늘날의 '가짜뉴스'라고 부를 만한 소문을 퍼뜨리는 데 능수능란했다.
그들은 과도한 왜곡을 일삼아, 스페인 사람들을 그로테스크하고 무시
무시한 모습으로 형상화해 대중의 인기를 모으는 데도 성공했다. 이러

한 형상화는 오늘날에도 좀처럼 반박되지 않은 채 세상 사람들에게 광범위한 영향을 끼치고 있다. 그리고 1588년 아르마다 해전에서 영국인들이 작고 날렵한 보트로 위풍당당한 스페인 군함을 물리쳤던 것처럼, 수많은 펜대가 민첩하게 '대안적 사실'alternative facts을 열정적으로 만들어내고 또 그것이 엄청난 성공을 거두는 광경을 보며, 스페인 사람들은 자랑스럽지만 슬픔에 잠긴 심정이 되었다. 영국의 청교도 올리버 크롬웰Oliver Cromwell(1599~1658)이 아일랜드 가톨릭교도 대학살을 자행한 사실, 머지않아 북아메리카 이주민 대부분이 영국의 종교탄압을 피해 도망친 사람들로 이루어졌다는 사실은 좀처럼 알려지지 않고 있다. 하지만 스페인 종교재판이 표면적으로 범죄자를 잔혹하게 다스리는 법집행기관이었다는 사실은, 오늘날에도 여전히 이른바 일반상식에 속한다. 그런데 최신 연구에서 무엇이 추가로 밝혀졌을까?

1482년 4월 18일, 교황 식스토 4세는 스페인 종교재판소를 설립하며 엄숙한 선언을 곁들였다. 신자들은 이단자에 맞서 오로지 순수한 열정을 지녀야 하며, 절대 돈 욕심을 품어서는 안 된다는 것이다. 독실한 기독교인이라면 어느 누구도 확실한 증거 없이는 노예, 적 또는 편견에 사로잡힌 목격자의 증언으로 인해 투옥되고, 감옥에서 고문 받고, 이단 판결을 받고, 세속 재판에 넘겨져 재산 몰수 처분을 받아서는 안 된다는 것이다. 오히려 주교 대리인은 종교재판관과 협력해야 했다. 목격자의 이름은 물론 증언 내용도 피고인에게 알릴 수 있어야 했다. 또한 변호인 및 피고에게 유리한 증인도 허용됐으며, 종교재판 관련 죄수는 오로지 주교가 감독하는 감옥에만 투옥시켜야 했다. 이러한 재판 절차상 유의 사항을 위반하는 경우, 피고인은 집중 절차를 중단시키고 교황에게 항소할 권리를 행사했다. 일반적으로는, 자신이 이단 행위를 저질러 유죄라고 느끼는 신자라면 항상 종교재판관이나 주교직 성직자에게 고해성사를 행하여, 종교재판정은 물론 자신의 양심으로부터 무죄 판결을 받을 수 있었다. 이때 신자는 보속 행위를 은밀하게 하겠다고 받아들이기만 하면, 추가로 이단행위를 포기하겠다는 공개적인 맹세를 하지 않아도 됐다. 그렇게 함으로써 죄를 사면받았다는 증명서도 교부받을 수 있었는데, 이 증명서는 고해한 죄를 더 이상 거론하지 않고 과거에 저지른 행위 때문에 계속 괴롭힘을 당하지 않도록 보호하는 역할을 했다. 그러므로 영국 출신의 세계적으로 저명한 종교재판 전문 사학자 헨리 케이먼Henry Kamen이 단언한 것처럼, 종교재판의 유일한 목적은 "죄수가 죄를 고백하고 기꺼이 보속 행위를 하도록 인도하는 것이다." 이를 통해 교황 식스토 4세는 교회 권력의 오용을 교훈으로 삼고자 했다.

하지만 이제 스페인 종교재판의 근본적인 문제가 드러나는 상황이 발생했다. 힘이 막강했던 스페인 국왕이 교황 식스토 4세에게 압력을 행사해, 자신이 했던 선언을 무효화하도록 한 것이다. 그래서 스페인 종교재판소는 점차 일종의 스페인 헌법 수호청으로 발전해갔다. 진정 종교적인 동기로 재판을 진행하는 곳이 아니라, 스페인 국시國是를 구현하는 기관으로 발전했다. 즉 수많은 전투 끝에 마침내 도달한 국가 통일은 오직 종파가 일치될 때만 계속 존속할 수 있다는 확고한 생각이 지배하는 기관이 되었다.

이는 이베리아 반도에 위치한 왕국이 몇 백 년 동안 스페인 남부지역의 무슬림 군주와 전쟁을 치렀던 사실과 관련이 있다. 이후 탈환이 마지막 단계에 이르자 수많은 무슬림이 스페인의 지배를 받게 됐다. 이들 중 상당수는 세례를 받았지만, 사람들은 그들이 국가를 위험에 빠뜨리는 음모를 꾀하고 있는 게 아닌지 의심을 품었다. 이러한 의심은 유대인에 대해서도 마찬가지였다. 그런데 훗날에는 프로테스탄트 혐의를 받는 사람들이 특히 불신을 받았다. 그들은 스페인의 영원한 적이자 프로테스탄트 국가인 영국 및 네덜란드를 열렬히 지지한다고 간주됐기 때문이다. 심지어 프로테스탄트 사상이 나라에 침투할지도 모른다는 강박적인 두려움이 서서히 생겨났다. 그래서 스페인 국왕은 국가의 일치와 안전을 지키는 것을 긴급한 과제로 보았다. 국왕은 이러한 목표를 위해 종교재판소를 사실상 자신의 통제 아래 두었고, 이로 인해 이후 종교재판소는 300년이 넘도록 존속할 수 있었다. 교황은 종교재판이 완화되도록 관련 기관을 거듭 만들었지만, 스페인에서는 별다른 영향력을 발휘하지 못했다. 심지어 스페인 국왕은 교황 법령집이 자국에서 출간되는 것을 금지시키기도 했다.

그래서 스페인 종교재판은 혼종의 성격이 강한 제도였다. 즉 교황이 합법화시켰지만, 실제로는 국가가 임명한 재판관이 운영했다. 이들 종교재판관 중에는 성직자는 물론 평신도도 있었다. 그리고 재판 절차는 교황이 처음에 설정한 의도와는 달리 두드러지게 제한 요인이 많았다. 종교재판은 증인에 전적으로 의존했다. 명목상 증인이 증언에 나서면 괴롭힘을 당할까 봐 심지어 살해당할까 봐 두려움에 떨고 있다는 구실로, 피고인은 증인이 누구인지 알 수 없었다. 변론도 제한됐다. 재판 과정은 개인의 자백과, 여기에 추가로 다른 사람의 유죄 증언을 얻는 방향으로 돌아가는 것이 전부였다. 이를 위해 고문도 가해졌다. 물론 고문은 예외적인 상황에서만 허용됐다. 헨리 케이먼에 따르면, 가능한 한 고문은 기피하는 분위기였다. 고문은 오로지 자백을 끌어내기 위해서만 사용되어야지, 절대 형벌로 활용되어서는 안 됐다. 그렇기 때문에 고문은 비교적 '온건하게' 진행됐다. 마찬가지로 미국 법사학자 에드워드 M. 피터스[Edward M. Peters]는 고문에 관한 특별 연구에서, 고문의 강도가 관례적인 수준보다 아래로 유지된 것으로 평가했다. 이는 유대계 미국인 역사학자 스티븐 핼리처[Stephen Haliczer]도 확인한 내용이다. 이미 오래전에 종교재판사학자 헨리 찰스 리는 다음과 같이 정정한 적이 있다. "종교재판 고문실은 잔혹함을 특별히 엄선해 과시하는 무대이자 특별히 정교하게 고안한 고문 도구의 전시장이라는 견해가 널리 퍼져 있다. 또한 고문을 진행하며 자백을 끈질기게 강요한다는 선입견도 광범위하게 존재한다. 하지만 이는 잘못된 내용이다. 이렇게 사실과 다른 내용이 대중에게 퍼진 것은 선정주의 작가들의 책임이다. 그들은 자극적인 이야기를 쉽게 믿는 사람들의 속성을 교묘히 이용했다." 여기서 더 나아가 미국 역사학자 윌리엄 몬터[William Monter]는 종교재판이 피고인을 독단적으로 다루지 않은 게 사실이라고 인정한다. 예를 들어 재판정에 선 사람이 혹시 미친 것은 아닌지 정확하게 구분했다고 한다. 종교재판관은 진실을 규명할 때 고문보다는 오히려 반대 신문을 훨씬 신뢰했고, 이때 종종 심리적 책략을 상당히 부렸다고 한다. "대개 종교재판관은 다양한 기간과 적절한 강도強度의 형벌만 판결했다. 그들은 폭력을 가하는 문화보다는 오히려 수치를 느끼게 하는 문화에 더 관심을 두었다." 그래서 스티븐 핼리처가 요약한 내용에 따르면, 스페인 종교재판은 근대 법정은 아니지만 "형식적으로 피고인

을 사법의 테두리 내에서 보호한다는 측면에서는 프랑스나 영국 형사
법정보다는 훨씬 앞서 나가려고 했다"고 설명할 수 있다.

최후 선고는 공개적으로 행해졌는데, 이는 대중에게 인기 있는 구
경거리가 됐다. 지역 유지와 명망가가 모두 출석했고, 대중도 엄청나
게 모여들었다. 이때 불꽃놀이, 투우, 축제가 함께 열리는 경우도 많았
다. 이런 이유로도 최후 선고는 인기를 끌었다. 유죄를 선고받은 피고
인은 공개적으로 이단자 모자(종이로 만든 끝이 뾰족한 원뿔꼴 모자. 회개를
상징한다-옮긴이)를 쓰고 출석해 엄숙하게 신앙고백과 판결 내용(아우토
다페)을 보고했다. 또는 피고인이 이를 거부하는 경우에는 완고한 이
단자로 취급받아 세속 재판기관으로 넘겨졌다. 사형은 도시 외곽에서
집행됐는데, 대개 화형보다는 교수형으로 진행됐다. 유죄 판결을 받
은 피고인이 불에 타는 고통을 겪지 않도록 배려했기 때문이다. 부재
상태에서 사형 판결을 받은 경우는 피고의 초상화를 불로 태웠다. 피
고인은 징역 판결을 받아도 구금 판결과는 다르게 '적당히 편안한' 상
태로 복역했다. 헨리 케이먼은 적어도 세속 감옥과 비교해 '덜 잔혹하
고 보다 인도적인' 환경이었으며, 종종 자유롭게 외출할 수 있고 조기
출소도 가능했다고 설명한다. 일생을 비판적 자세로 종교재판 역사를
탐구한 끈기 있는 학자 헨리 찰스 리조차, 피고인이 종교재판으로 감
옥에 갇힐 때 느끼는 공포는 "다른 재판권 행사로 수감될 때보다 비
교적 경미했다"고 썼다.

최근에 집계된 종교재판 희생자 수는 이 분야의 연구에 매우 강
한 영향을 끼쳤다. 종교재판의 전체 과정을 보면, 1530년까지는 '거친'
단계이고, 1530년 이후로는 '온건한' 단계라고 단언할 수 있다. 기간이

비교적 짧았던 '거친' 단계의 경우, 방대한 출처 자료에 따르면 희생자는 약 5천 명으로 집계됐다. 온건한 단계의 경우, 덴마크 사회학자 구스타브 헤닝센Gustav Henningsen이 상세한 연구조사를 진행했다. 그는 1540년부터 1700년까지 160년간 거의 완전하게 보존된 출처를 바탕으로, 스페인 제국 전체에서 총 826명이 사형 판결을 받은 것으로 집계했다. 이 숫자는 전체 판결 중 1.8%를 차지한다. 하지만 실제로 826명이 전부 사형을 당한 것은 아니다. 이러한 조사 결과를 바탕으로 미국 법사학자 에드워드 M. 피터스는 종교재판은 세속 법원보다 사형을 엄청나게 자제하는 분위기였다고 단언할 수 있었다. 영국의 종교재판 전문 사학자 헨리 케이먼은 '피비린내 나는 법정이라는 전설'에 반박한 '비교적 적은 수의 사람들'에 대해 말한다. 스페인 이외 지역에서는 종교적 광신으로 인해 "스페인 종교재판이 존재했던 전체 기간 동안 나온 희생자 수보다 더 많은 희생자가 하룻밤 사이에 나왔다"는 것이다. 이 사례에 해당하는 사건이 바로 '성聖바르톨로메오 제일祭日의 밤'이다. 이 사건은 사실 프랑스 왕비가 정치적인 이유로 일으킨 대학살이다. 이 학살 사건은 실제로 1572년 8월 23일 밤에 시작돼 며칠 동안 계속 이어졌다. 오늘날에는 사망자 수가 5천 명에서 1만 5천 명 사이라고 추정한다. 그런데 프랑스 궁정은 이미 예전부터 1560년까지 프로테스탄트 500명을 처형했다. 이것만으로도 160년 동안 스페인 제국 전역에서 실시된 이단자 사형 집행 전체 건수와 대략 같게 된다.

즉 스페인 종교재판 판결의 대부분은 신앙 이탈자와는 전혀 관련이 없었다. 종교재판은 다른 유럽 국가에도 존재했던, 간통이나 이와 비슷한 성격의 범행을 다스리는 풍기 단속 재판의 성격이 훨씬 강했다. 그래서 826건의 사형 판결 중에서 겨우 약 570건만 종교와 관련된 살해라고 간주할 수 있을 것이다.

이후 17세기를 거치면서 스페인 종교재판은 효력을 잃었고 사형 집행은 최소로 줄어들었다. 그리고 헨리 케이먼과 다른 학자가 확인한 것처럼, 1816년 교황 비오 7세$^{Pius VII}$가 스페인 종교재판을 금지시키면서, 고문은 이미 오래전에 집행이 중단됐다. 그러므로 스페인 화가 프란시스코 고야$^{Francisco Goya}$가 19세기 초에 그린 고문 및 처형 장면은 그가 활동하던 시기의 현실을 바탕으로 한 것이 아니다. 그 그림은 과거 사건을 환상적인 기법으로 투영한 것이었다. 이 사안은 상당 기간 동안 논쟁의 한 축을 계속 이루었고, 최신 연구를 통해 진상이 규명될 수 있었다.

로마 종교재판(1542~1816)과 그 희생자

1542년 교황 바오로 3세는 로마 종교재판소를 창설했다. 창설한 계기는 프로테스탄티즘(개신교-옮긴이)이 이탈리아의 수많은 도시에 침투했고, 향후 상황을 명확하게 전망하기가 어려웠기 때문이다. 그동안 수많은 개혁 수도회가 교회의 영적 쇄신을 주도하기는 했다. 특히 1540년 교황의 인가를 받아 설립된 예수회는 가톨릭교회의 개혁을 본질적으로 규정해야 했다. 하지만 이후 1542년은 가톨릭의 시각에서 보면 재앙이 일어난 해다. 하필 새로 설립된 카푸친 수도회 총장인 베르나르디노 오키노$^{Bernardino Ochino}$가 프로테스탄트로 개종했고, 실제로 많은 이가 새로운 개혁을 위한 가톨릭의 노력과 프로테스탄티즘이 무슨 차이가 있는지 더 이상 분명하게 구분하지 못했다. 이때 교황의 의지에 따라 창설된 종교재판이 양쪽의 차이를 구별하는 데 도움이 되어야 했다.

교황 바오로 3세는 주목할 만한 인물이었다. 처음에는 추기경으로, 르네상스 영주로 세속적 삶에 완전히 몰두했다가 내면의 변화를 겪고 개혁 교황이 되었다. 교황 바오로 3세는 신뢰할 만한 인물들을 추기경으로 임명한 뒤 트리엔트 공의회를 소집했다. 처음에 교황은 이 공의회에서 신앙의 일치를 회복하는 것을 목표로 삼았다. 그래서 트리엔트를 공의회 개최 장소로 선정했다. 이곳은 독일 프로테스탄트들이 보다 쉽게 접근할 수 있는 지역이기 때문이다.

교황 바오로 3세 입장에서 로마 종교재판은 신앙의 오류에 대항하는 방어용 도구의 성격이 좀 더 강했다. 그래서 로마 종교재판에서 내리는 형벌은 다른 종교재판에 비해 비교적 온건했다. 그렇지만 소송 절차는 엄격하게 규정됐다. 재판 과정은 대단히 정확하게 기록되었고, 피고는 기소인지 권리와 자산이 없는 경우 무료로 변호사를 선임할 수 있는 권리를 확고부동하게 행사했다. 고문을 첫 번째 수단으로 삼는 것은 절대 허용되지 않았다. 최후의 조치로만 활용됐고, 30분 이하로 진행해야 했다. 고문은 피고가 분명한 정황 증거를 부인하거나 자백이 불충분할 경우에만 시행됐다. 고문은 엄격한 통제 아래에서, 여러 명의 자문위원과 한 명의 의사의 동의를 받은 뒤에 시행됐다. 고문을 통해 얻은 진술은 나중에 피고가 자유로운 상태에서 똑같은 내용을 반복했을 때만 효력을 인정받았다. 고문을 실행하는 이가 규정을 불이행하거나 주의를 소홀히 한 경우에는 처벌을 받았다. 결과적으로 고문으로는 피고의 자백을 끌어내지도 못했고, 피고가 이전에 말한 증언 내용을 바꾸지도 못했던 것 같다. 이는 고문이 온건한 방식으로 실행됐음을 암시한다. 죄수가 구금된 경우 빵, 와인, 고기, 채소, 과일을 지급받았는데, 이는 간수보다 못한 상황이 아니었다. 또한 죄수가 빈털터리인 경우에는 공짜로 지급받았다. 무료로 지급 받지 못하는 경우에는 돈을 지불했는데, 이때 관리자의 허락을 받아 감옥에서 일을 해 비용을 충당했다. 또한 사흘마다 한 번씩 감방을 청소했으며, 규칙적으로 죄수의 옷을 갈아입히고 침대보도 바꾸었다. 매달 종교재판을 담당하는 추기경이 감옥을 사찰했다. 계약직 의사를 두어 죄수가 병이 났을 때 치료하고 어쩌다 고문이 시행될 경우 감정인 역할을 하도록 했다. 결국에는 감시 인력에게 죄수를 잘 대해주고 욕설을 금지하라고 지시했고, 이를 지키지 않으면 갤리선의 노를 젓는 처벌을 내렸다. 사형은 끝까지 뉘우치지도 않은 채 기독교 핵심 교의에 끈질기게 저항할 때만, 또는 예전에 이미 판결을 받았는데 또다시 죄를 저지른 경우에만 집행됐다. 1542년~1761년 사이, 즉 220년 동안 직접적으로 신앙을 위반해 사형을 받은 사람의 전체 수가 최근에 정확하게 확인됐다. 97명이었다.

월리엄 몬터가 확인한 것처럼, 이는 로마 종교재판을 통해 사형이 집행된 이단자 숫자가 네덜란드의 상당수 도시에서 처형된 이단자 수보다 적다는 의미다. 1569년 한 해만 하더라도, 네덜란드에서는 이단자 78명이 종파 분열 혐의로 사형을 당했다. 이 숫자는 260년 동안 로마 종교재판소에서 처형된 사람 수와 거의 맞먹는다. 그렇기 때문에 미국 역사학자 존 테데시^{John Tedeschi}는 연구를 진행하며 기존과 다른 통찰에 이르렀다고 밝힌다. "이는 내가 항상 당연하다고 받아들였던 전통적인 모양새와는 차이가 난다." 사실 로마 종교재판소는 '사법 개혁'의 선구자였다는 것이다. 이와 아울러 '세속 재판관이 판결 선고를 할 때 화형, 신체 절단형, 갤리선 노 젓는 형, 추방형 외에 다른 가능성이라고는 전혀 없던' 시대에 형벌 분야의 개척자였다는 것이다. 그리고 저명한 역사학자이자 자신을 '비신자'라고 일컫는 피터 고드만 Peter Godman 은, 종교재판을 다룬 저서에서 오늘날 널리 알려진 종교재판 신화에 대해 언짢은 반응을 보인다. "의사疑似사실이라는 흔들리는 토대를 바탕으로 종교재판을 몇 번이고 계속 비난해서는 안 된다. 교황청 산하 종교재판소는 직접적인 세력권 안에서는 세속 권력보다 훨씬 온건하게 처신했다."

로마 종교재판정에 선 사람 중 '가장 저명한' 인물이 두 명 있다. 바로 조르다노 브루노Giordano Bruno(1548~1600)와 갈릴레오 갈릴레이Galileo Galilei(1564~1642)다. 훗날 반反교회 진영에서는 이들 두 사람의 사례를 이른바 근대 자연과학과 기독교 신앙 사이에 일어난 전대미문의 불화가 시작된 지점이라고 선전했다. 하지만 실제 사정은 이와는 완전히 달랐다.

조르다노 브루노는 17세에 도미니크 수도회에 입회했다. 그는 그곳에서 기묘한 행동을 보여 주목을 끌었다. 이단 혐의를 받은 조르다노 브루노는 수도회에 입회한 지 11년 만에 탈퇴했다. 그리고는 유럽 전역을 방랑하는 불안정한 생활을 시작했다. 그는 제네바에서 프로테스탄트가 됐지만, 칼뱅파와 신학적인 견해 차이로 갈등을 빚어 감옥에 갇히고 파문당했다. 그는 감옥에서 석방되기 위해 자신의 견해를 공식적으로 철회했다. 출소 후 조르다노 브루노는 툴루즈(프랑스 제 4의 도시-옮긴이)로 갔다가 옥스퍼드로 가서 대학교수 직을 얻으려고 했지만, 표절 의혹으로 비난을 받고 심지어 특이한 견해로 반발을 사서 뜻을 이루지 못했다. 그래서 그는 거리낌 없는 논박을 펼쳐 옥스퍼드 학계와 런던의 지식인 사회에 복수한 다음 다시 파리로 갔다. 파리에서도 그의 사상에 격분한 아리스토텔레스철학 신봉자들이 소란을 일으켰다. 이때 조르다노 브루노는 어느 수학자를 비방하는 문서를 썼다. 이후 그는 마르부르크에서 교수 직을 얻으려 했지만 실패했고, 비텐베르크로 이동해 짧은 기간 동안 가르치는 일을 했다. 이후 프라하에 갔다가 결국 헬름슈테트로 갔다. 제네바에서는 칼뱅파가 그를 파문시켰지만, 이제 헬름슈테트에서는 루터파가 그를 파문시켰다. 프랑크푸르트 암 마인에서는 시의회와 시비가 붙어 추방당했다. 그는 취리히에 잠깐 머물렀다가 이탈리아로 되돌아왔다. 조르다노 브루노는 베네치아에서 후원자와 불화를 일으켰다. 이후 후원자는 1592년에 그를 종교재판소에 고발했다. 그러는 바람에 조르다노 브루노는 결국 산 탄젤로 성에 도착했다. 처음에 그는 자신의 주장 중 일부를 철회하겠다고 제안했고, 계속 망설였지만 이후 예수 그리스도가 신의 아들이라는 교리와 최후의 심판 교리를 부정했다. 그리고 세상은 영원히 존재하며 여러 세계가 동시에 무한히 존재한다는 자신의 기본 논제를 완강하게 주장했다. 사실상 우주의 시간과 공간이 무한하다는 그의 개념은 기독교에서 주장하는 신의 구원 교리를 '갈 곳 잃게' 만들었다. 1600년 로마 종교재판소는 오랫동안 망설인 끝에 결국 그를 이단 혐의로 교회에서 내쫓았고, 로마시 총독에게 넘겼다. 로마 종교재판소는 조르다노 브루노를 넘기면서, 피고를 관대하게 다루고 어떠한 신체형이나 생명형도 판결하지 말라는 관례적인 요청을 했다. 이후 총독이 관할하는 세속 법정에서 브루노는 화형형을 판결받았다. 화형은 캄포 데 피오리Campo dei Fiori에서 집행됐다.

아주 오랜 시간이 흐른 뒤에야 조르다노 브루노는 상징적인 인물이 됐다. 근본적으로 그는 자연과학자가 결코 아니었다. 오히려 불안정한 환상적 추측에 푹 빠졌다. 그는 모든 것에 시비를 걸었다. 글자 그대로 모든 기독교인과 싸웠다. 하지만 과학자나 시 당국과도 싸웠다. 다른 한편으로 조르다노 브루노는 대단히 헌신적이고 끈기 있는 인물이라고 볼 수도 있는데, 그를 지지하는 이들은 이 점을 좋게 본다. 무신론자인 조르주 미누아는 자신의 주요 저작이자 고전인《무신론의 역사》에서 조르다노 브루노에 대해 다음과 같이 썼다. "그리하여 1600년, 브루노는 고독한 남자였다. 어느 누구도 그를 가까이 해 명예가 실추되는 일을 겪으려 하지 않았다. 갈릴레이는 물론 데카르트도 그를 언급한 적이 없다." 그런데 무신론자들도 "조르다노 브루노와 연관을 맺기를 원하지 않았다. 그를 계몽된 신비주의자로 여겼기 때문이다." 그래서 조르다노 브루노는 확실히 생각이 풍부하고 매우 지성적이기는 하지만 감정이 극도로 동요하는 성향 때문에 정신적으로 항상 튀는 인물이었고, 결국 다른 사람들과 원만히 지낼 수 없었다고 추측할 수 있다. 바로 이 점 때문에 그는 혼돈으로 가득한 삶을 살았고, 비극으로 마감했다.

그러나 훗날 의도적으로 그를 이용한 사람들은 이 모든 사실에 개의치 않았다. 프리메이슨 단원들은 교황을 화나게 하려고 캄포 데 피오리에 음산한 기념비를 세웠다. 1889년 반교황 성향의 로마시 정부가 흔쾌히 이 기념비에 대한 낙성식을 개최했다. 그리고 조르다노 브루노 재단도 마찬가지의 행태를 보였다. 조르주 미누아가 평가한 것처럼, 이 재단은 '신성에 대한 깊은 감각을 유지한' 조르다노 브루노의 복잡한 성격을 오해했고, 그의 이름을 적극 활용해 무신론을 널리 선전했다.

어쨌든 2000년, 교황 요한 바오로 2세는 당시 교회가 진행한 양심 탐구의 범위 안에서 조르다노 브루노의 처형을 부당한 행위라고 공식적으로 선언했다.

이후 갈릴레오 갈릴레이의 사례도, 그 자체가 종교재판과 관련한 피치 못할 추문으로 꼽힌다. 이 경우 또한 심리학적 문제와 밀접한 관련이 있다. 갈릴레이 사례는 전반적으로 자연과학, 코페르니쿠스 세계관, 학문과는 정말로 관련이 적기 때문이다. 당시 코페르니쿠스 세계관은 과학 분야 이슈 중 상당수가 그랬던 것처럼 이론의 여지가 분분했다. 하지만 교회는 오래전부터 코페르니쿠스 세계관을 암묵적으로, 심지어 명시적으로 인정했다. 교황 클레멘스 7세는 프라우엔부르크 주교좌성당 참사회 회원인 니콜라우스 코페르니쿠스가 새로운 인식을 얻었다는 소식을 듣고 열광적인 반응을 보였다고 한다. 그의 후계자인 교황 바오로 3세는 코페르니쿠스의 혁명적인 저작에 대한 헌사를 조금도 지체하지 않고 동의했다. 1582년 예수회 소속 천문학자들은 코페르니쿠스 세계관을 기반으로 교황 그레고리오 13세[Gregorius XIII]에게 율리우스력의 문제점을 설명했다. 이는 그레고리력의 제정으로 이어졌고, 오늘날에도 우리는 여전히 그레고리력에 따라 날짜 계산을 한다. 가톨릭 국가인 스페인에서는 오래전부터 코페르니쿠스 세계관을 학교 교육 내용에 포함시켰다. 반면 칼뱅은 코페르니쿠스 세계관을 거부했고, 심지어 루터는 코페르니쿠스를 바보라고 부르기도 했다.

이후 갈릴레오 갈릴레이가 등장했다. 뭔가 늦게 출현한 감이 있기는 하지만, 그만큼 떠들썩한 소동이 일어났다. 1616년 첫 번째 종교재판 소송에서는 오히려 과학이론과 관련된 문제가 중점적으로 부각됐다. 로마 종교재판관 벨라르민Bellarmin 추기경은 오늘날에도 여전히 유효한 과학이론과 관련된 견해를 대변했다. 즉 과학적 통찰이란 조작될 위험이 있어서 항상 반론을 제기해야 하므로, 갈릴레이가 코페르니쿠스 세계관을 과학적 가설로 삼은 것은 기꺼이 주장할 수 있는 내용이라고 밝혔다. 사실상 종교재판은 갈릴레이에게 본인이 증명할 수 있는 것 이외의 내용은 더 이상 말하지 말라고 요구했을 뿐이다. 그리고 코페르니쿠스 세계관은 1729년이 되어서야 과학적으로 증명됐다. 그러나 갈릴레이는 신앙의 문제, 진실의 문제로 방향을 뒤바꾸었다. 과학철학자 한스 블루멘베르크Hans Blumenberg가 자신의 저서 《코페르니쿠스 세계의 창세기》Die Genesis der kopernikanischen Welt에서 단언한 것처럼, 갈릴레이가 한 행동은 자연과학 연구 경험을 근거로 한 것이 아니라 사변적인 추측을 바탕으로 한 것이었다―그리고 바로 이 점이 유감스럽게도 떠들썩한 스캔들을 초래했다. 갈릴레이는 자신이 '경이로운 관찰과 명확한 논증을 통해 모든 세기의 철학자들이 한 것보다 백배, 아니 천배나 더' 우주를 확장시켰다고 몸소 주장했다. "사르시Sarsi 씨, 오로지 저만 하늘의 모든 새로운 것을 발견하도록 허락되고 다른 어느 누구도 그런 일을 못한다면, 어떻게 하실 건가요?" 그리고 갈릴레이는 이런 방식으로 종교재판에 임했다. 그는 로마에 머무르는 동안 돈이 많이 드는 생활방식을 날마다 이어나가는 바람에, 그가 숙소로 머물던 집의 주인인 플로렌스 공사는 자신의 평판까지 나빠질까 봐 불안해했다. 결국 그는 교황을 알현해 호의를 얻었고, 교황이 설립한 과학 아카데미에 회원으로 받아들여졌다. 1616년에 내린 종교재판 판결은, 갈릴레이는 세계관과 관련해 오로지 과학적인 내용만 표명해야 한다고 약속해야 하며, 이른바 선교와 관련된 내용은 더 이상 대중에게 널리 공개되는 출판물 형태로 간행할 수 없다는 내용이었다. 갈릴레이는 이를 받아들였다. 그가 약속을 철회했다는 소문이 퍼지자, 벨라르민 추기경은 종교재판장 명의로 이 소문에 반박하는 명예 회복 선언서를 발표했다. 과학 논쟁에 관한 한, 이미 다 종결됐다는 것이다. 노벨물리학상 수상자인 베르너 하이젠베르크^{Werner Heisenberg}는 이 종교재판 판결을 '납득할 수 있는 결정'이라고 일컬었다.

그러나 이후 갈릴레이는 자신이 한 약속을 깼다. 갈릴레이의 친구로 그에게 도움을 많이 베풀었던 마페오 바르베리니^{Maffeo Barberini} 추기경이 교황 우르바노 8세가 되자, 갈릴레이는 이제 코페르니쿠스 세계관 문제를 다시 대중에게 공표할 수 있겠다고 확신했다. 그는 특별히 모욕적인 형식으로 이 문제를 다시 대중화시켰다. 즉 그는 《두 개의 주된 우주 체계에 관한 대화》^{Dialogo dei due massimi sistemi del mondo}라는 제목의 소책자를 출간했는데, 이 책의 제목은 과학 분야에서 사용되는 언어인 라틴어가 아니라 대중들이 사용하는 이탈리아어로 표기됐다. 또한 갈릴레이는 이 책에서 '심플리치오'^{Simplicio}라는 이름의 인물을 만들어냈다. 심플리치오는 바보라는 뜻으로, 코페르니쿠스를 지지하는 갈릴레이의 입장에 반박하는 사람들을 희화화해 호칭한 것이다. 특히 이 심플리치오라는 인물은 사실상 자신의 친구이자 어쨌든 수학자인 교황 우르바노 8세의 입장을 대변하는 것이기도 했다. 교황은 갈릴레이의 행동이 재치 있다고 여기지는 않은 듯하다. 특히 종교재판소 측에서는 갈릴레이가 서면 작성까지 하며 약속한 내용을 명백하게 위반했다고 여겼다. 그래서 1633년 종교재판소는 지난 재판 판결을 철회하고 후속 조치로 가택연금 판결을 내렸다. 이와 동시에 사실상 출간 금지령도 내렸다. 이러한 결정은 재판관 인원 과반수를 간신히 충족한 상태에서, 아울러 교황의 서명도 받지 않은 상태에서 내려졌다. 그런데 이 판결에 대해 오해하면 안 된다. 갈릴레이는 아세트리에 위치한, 피렌체의 놀랍도록 아름다운 광경이 훤히 보이는 호화로운 고급 저택에서 가택연금 생활을 했다. 시중드는 하인들도 넉넉히 두었다. 심지어 이 연금 시기에 갈릴레이는 주요 과학 저서를 집필했다. 그리고 갈릴레이는 자기를 찾아온 친구들이 원고를 가져가 외국에서 출간하도록 하는 방법으로 출간 금지령도 무력화시켰다. 어느 누구도 갈릴레이의 행위를 저지하려는 노력을 하지 않았다.

그래서 갈릴레이 사례는 아마도 매체가 저지른 역사상 가장 거대한 가짜뉴스일 것이다. 오늘날까지도 이 신화는 깨지지 않고 있다. 반면 유대계이지만 가톨릭교회에 호감을 품은 것이 확실한 작가—독일 존엄사협회^{Deutsche Gesellschaft für Humanes Sterben}는 그의 이름을 딴 상을 제정했다—아르투어 쾨스틀러^{Arthur Koestler}는 다음과 같은 사실을 말한다. "자연과학의 발전 과정을 묘사한 책 대부분에서 읽을 수 있는 내용과는 달리, 실제로 갈릴레이는 망원경을 발명하지 않았다. 현미경은 물론 온도계도, 추시계도 발명하지 않았다. 그는 관성의 법칙도, 힘이나 운동의 평행사변형도, 태양의 흑점도 발견하지 않았다. 갈릴레이는 이론천문학에 어떠한 기여도 하지 않았다. 그는 기울어진 피사의 사탑에서 무거운 것을 떨어뜨리는 실험을 해 코페르니쿠스 체계의 정확성을 입증한 적도 없다. 그는 종교재판에서 고문을 받은 적도 없고 지하 감옥에서 고통에 허덕인 적도 없다. '그래도 지구는 돈다'고 말한 적이 없고, 과학의 순교자는 더더욱 아니었다." 심지어 철학자 에드문트 후설Edmund Husserl(1859~1938)은 저서 《유럽 학문의 위기와 선험적 현상학》Die Krisis der europäischen Wissenschaften und die transzendentale Phänomenologie에서 갈릴레이를 비난했다. "갈릴레이는 자연에 대한 지식에서 과학의 지위와 주장을 빼앗아버린 뒤 이를 기술로 퇴화시켜버렸다." 그리고 갈릴레이가 주장한 자연과학적 통찰이 절대적 우위를 차지한다는 도발적인 논지에 대해서는, 현대 물리학자이자 철학자인 카를 프리드리히 폰 바이츠제커Carl Friedrich von Weizsäcker(1912~2007)가 비판을 가했다. 그는 자서전 《인간성의 정원에서》Im Garten des Menschlichen에서 '갈릴레이의 논지는 원자탄으로 곧장 가는 길'이라고 보았다. 이러한 비판은 베르톨트 브레히트Bertolt Brecht가 자신의 희곡 〈갈릴레이의 생애〉Das Leben des Galileo Galilei에 대한 메모에 쓴 내용을 떠올리게 한다. "갈릴레이의 범죄는 현대 자연과학의 '원죄'라고 부를 수 있다. 기술 현상은 물론 사회 현상 측면에서 보아도, 원자탄은 갈릴레이가 고전적으로 이룬 과학적 성과와 사회적 실패가 계속 이어져서 나온 최종 산물이다." 어쨌든 1992년, 교황 요한 바오로 2세는 갈릴레오 갈릴레이를 명시적으로 명예 회복시켰다.

그래서 학계는 오래전부터 조르다노 브루노와 갈릴레오 갈릴레이 신화의 실체를 규명해오기는 했지만, 이 두 가지 사례에서도 고대 그리스도교에 통용되던 신념에 따른 폭력 또는 폭력의 위협이 참된 기독교 교리에 어긋나는 형태로 남아 있는 것은 사실이다.

　　결국 이에 대해서는 다시 한 번 세속 영역과 비교해 판단할 필요가 있을 것이다. 자유로운 제국도시 뉘른베르크와 비교해보자. 당시 뉘른베르크의 거주 인구는 약 3만 명으로 집계되는데, 1503~1743년 사이에 총 939명이 처형당했다. 이는 거의 같은 시기 스페인 제국 전역에서 진행된 스페인 종교재판에서 비롯된 사형수 수보다 113명이나 더 많은 수치다. 뉘른베르크에서 진행된 처형 방식을 보면, 613명은 칼에 의한 참수형을, 295명은 교수형을, 50명의 범법자는 환형을 받았다. 또한 27명은 물에 빠져 죽는 형을, 8명은 화형을, 6명은 생매장형을 받았다. 물론 종교재판은 비난받아 마땅하다고 평가할 수 있지만, 고문을 통상적으로 실시한 세속 영역의 사법 체계와는 대조를 이룬 것도 사실이다. 예를 들어 종교재판에서는 신체 절단을 실행하지 않았다.

　　그럼에도 초기 기독교 신자가 십자군 전쟁과 종교재판에 대해서 보고 듣는다면 틀림없이 당혹해 할 것이다. 오늘날의 우리도 당황하기는 마찬가지일 것이다. 하지만 초기 기독교 신자들은 우리와는 다른 상황에서 살았다. 국가권력 또는 그밖에 다른 공권력이라든지 공적 책임 같은 것이라곤 전혀 없던 시대에 살았다. 기독교가 공적으로 우위를 점하고 수 세기가 지난 뒤, 이제는 국가권력과 기타 다른 공권력, 공적 책임이 기독교인이 지켜야 할 규범의 위치에 서서히 복귀한 상황이다. 그렇기 때문에 이 문제에 대해 경솔한 판단을 하지 않으려면 우선 중세 및 근대가 시작될 무렵에 존재했던, 지금과는 완전히 상이한 시대 조건에 대해 물어야 마땅하다.

가톨릭 신자와 프로테스탄트의 경쟁

그런데 스페인·로마 종교재판 관할권 이외의 지역에서는 이단자를 어떻게 다루었을까? 특히 1517년 이후 종교개혁이 시작되던 시기에 말이다. 기독교는 단기간이었지만 이른바 서양 교회 분열 대란으로 두 명의 교황 체제를 고통스럽게 겪은 적이 있다. 즉 모든 기독교 신자가 파문됐고, 두 명의 교황이 서로를 파문했다. 이제 이와 같은 상황이 다시 한 번 시작됐다. 가톨릭교회는 루터에게 파문의 저주를 퍼부었고, 루터는 이를 되받아 로마 교회를 '바빌론의 창녀'라고 부르며 쐐기를 박았다.

그러므로 모두가 어쨌든 각자의 시각에서, 서로 서로 이단자 취급을 했던 것이다. 그래서 어떤 결과가 야기됐을까? 교회는 불구와도 같은 상태가 됐다. 근본적으로 아무것도 할 수 없었고, 모든 것이 제멋대로 돌아가도 방관할 수밖에 없었다. 미국 역사학자 윌리엄 몬터는 다음과 같이 말한다. "스코틀랜드에서 포르투갈에 이르기까지 어디에서든, 주교가 관장하는 법원과 교황이 관장하는 종교재판에서는 이단을 효과적으로 박해하는 수단이 사라져버렸다." 그리고 종교개혁의 종주국인 독일에서 "종교재판은 최악의 상태에 있었다." 루터는 '기독교인의 자유'를 선언했다. 이제 이 선언으로 종교의 자유가 시작되었을까?

상황은 전혀 다른 방향으로 흘러갔다. 왜냐하면 역사학자 게르트 슈베어호프가 평가한 것처럼, 루터는 '신성모독이라는 종교용어를 가히 인플레이션이라 일컬을 지경으로 남발해 마구 꼬리표를 붙인' 인물이기도 했기 때문이다. 그런데 이와 더불어 국가가 당연히 이 판에 등장했다. 이제 과거에 이미 알려진 바 있고, 오늘날의 우리라면 전혀 이해하지 못할 것 같은 현상이 출현했다. 즉 교회가 아니라, 하필이면 근대화되고 자의식이 증가하는 양상을 보인 세속 국가가 신의 적인 이단자를 박해하고 가혹한 처벌을, 때로는 죽음에 이르는 처벌을 내리는 것이 일반 대중을 위해 피할 수 없는 의무라고 여긴 것이다. 하지만 사실 기독교 이전 시대부터, 모든 정부 당국은 신의 분노가 사회 전체에 내리치는 것을 막는 게 자신의 임무라고 여겼다. 그래서 미국의 저명한 역사학자 에드워드 피터스는 국가가 종교와 관련된 사안으로 사형을 집행하는 행위는 그동안 대단히 간과되었으며, 그러므로 '관용을 베푸는' 국가와 '종교재판을 하는' 교회 중 하나를 택하는 행위는 잘못된 것이라고 비판한다. 국가 또는 통치 군주는 이러한 종교 관련 범행을 자신의 고유 권한으로 처벌했다. 이때 사전에 교회의 종교재판이 진행될 필요는 없었다.

그렇기 때문에 사형은 대역죄의 경우와 똑같이, 원칙적으로 칼로 집행됐다. 그리하여 독일은 물론 다른 국가에서도 이런 현상이 나타났다. 프랑스에서는 교회가 신성모독 혐의로 소송을 진행하고 재판권을 행사하는 행위가 실질적으로 중단됐다. 왕이 관장하는 법원만이 이런 혐의를 관할한다고 주장했다. 더욱이 프랑스 근대사학자 알랭 캐배투스 Alain Cabatous가 특별 연구를 통해 밝혀낸 것처럼 "어느 도시나 마을

공동체든 신성모독자를 직접 처벌하려 했다." 영국에서는 국왕 헨리 8
세가 약 250명의 가톨릭 신자를 참수했다. 이후 그의 딸인 메리 여왕
이 300명의 프로테스탄트를 참수했다. 그녀의 이복 자매인 엘리자베
스 1세는 마침내 다시 180명의 가톨릭 신자를 참수했다. 이후 1697
년 영국 의회는 '신성모독법'Blasphemy Act을 공포했다. 이단자 화형식은
인기가 높았다. 예를 들어 런던에 살던 어느 금 세공사는 본인의 유산
으로 이단자 화형에 쓰는 마른 나뭇가지 꾸러미를 모으라고 유언장
에 명시하기도 했다. 이런 식으로 정치권의 종교개혁 의지 분출은 대
중의 칭찬을 많이 받았지만 여러모로 걱정스러운 면이 있었고, 심지
어 우리 눈에는 기괴하게 보이는 일도 일어났다. 바로 세속 정부가 종
교와 관련된 사안에 대해 직접 종교재판을 진행하는 상황이었다.

그래서 1521년 보름스 칙령에 따라 네덜란드에서 프로테스탄트
박해를 전격 시행한 주체는 가톨릭교회가 아니라 카를 5세 황제였다.
이로 인해 1523년 브뤼셀에서 루터교도가 최초로 화형을 당했다. 그
런데 그로부터 4년 뒤, 바로 그 카를 5세가 이끄는 부대가 로마를 초
토화시키고 산 탄젤로 성에 있던 교황을 포위했다. 반대로 종교개혁
세력 쪽에서는 이단자 박해 및 살해를 결코 포기한 적이 없었고, 이러
한 사실은 머지않아 재세례파(16세기 종교개혁 때 나타난 개신교의 급진적인
종파-옮긴이)를 다루는 과정에서 분명하게 드러났다. 훗날 재세례파는
뮌스터에서 공포정치 체제를 세웠고, 일반적으로 사회 해체 세력으로
간주됐다. 그들은 정부 당국과 공권력, 의무를 일체 거부했기 때문이
다. 가톨릭 군주와 프로테스탄트 군주는 즉시 재세례파에 대해 무력
조치를 취했다. 루터와 멜란히톤Melanchthon(독일의 종교개혁가-옮긴이)은

재세례파를 죽이는 행위를 명시적으로 지지했다. 최초의 재세례파 처형이 가톨릭 세력이 우세한 슈비츠(스위스의 도시-옮긴이)에서 일어났다면, 그 다음 처형은 츠빙글리파(스위스 종교개혁가 울리히 츠빙글리가 이끈 신교-옮긴이)가 우세한 지역인 취리히에서 일어났다. 취리히는 1525년 지역의 결정으로 '오직 성경'sola scriptura(종교개혁의 다섯 가지 원리 중 하나-옮긴이)주의로 넘어갔다. 미국에서 교수 활동을 했던 네덜란드 출신 역사학자 헤이코 A. 오베르만Heiko A. Oberman이 단언한 것처럼, 이를 통해 취리히는 곧바로 '도시 종교개혁의 원형'이 됐다. 그런데 1527년, 하필이면 취리히가 재세례파 인물인 펠릭스 만츠Felix Mantz에게 사형 판결을 내려 물에 빠져 죽게 했다. 1528년, 훗날 신성 로마 제국 황제가 되는 페르디난트 1세Ferdinand I는 재세례파 지도자이자 종교학자인 발타자르 후브마이어Balthasar Hubmaier를 화형장으로 보냈다. 후브마이어는 1519년 레겐스부르크에서 유대인 박해를 촉구한 적이 있고, 이후 재세례파가 되어 1526년에는 이미 취리히에서 고문을 견뎌낸 바 있다. 1529년 슈파이어에 위치한 독일 제국 의회는 제국 전체에 있는 재세례파에 대해 사형 선고를 내렸다. 이 선고는 국가의 절대적인 공권력을 철저하게 수행한 것이며, 교회의 이단 판결과는 일절 관련이 없었다.

그런데 재세례파에게만 사형을 언도한 것은 아니다. 루터교가 우세한 지역인 라이프치히의 배심원들은 17세기의 첫 25년 동안 신성모독자 여덟 명을 참수시켰다. 또한 종교개혁이 일어난 도시들, 특히 츠빙글리파가 우위를 점해 '신의 공화국'이라고 설명할 수 있는 도시들이 신성모독자에 대한 박해를 강화했다. 1526~1600년 사이에 취리히에서 처형당한 죄수 471명 가운데 56명이 신성모독자였고, 이후 1745

년까지는 추가로 22명이 신성모독죄로 사형 당했다. 심지어 보다 최근에 이루어진 연구에서는 총 84명인 것으로 밝혀졌다. 그래서 인구수가 약 1만 명에 불과한 프로테스탄트 도시 단 한 곳이 97명이나 되는 신성모독자를 처형한 것이다. 이 숫자는 같은 시기 로마 종교재판 전체가 사형 판결을 내린 죄수 숫자와 거의 맞먹는다. 칼뱅은 신정神政 국가인 제네바에서, 신의 삼위일체를 부정한 스페인인 미카엘 세르베투스Michael Servet의 화형을 추진했다. 이 화형은 1553년 츠빙글리파 및 루터파 당국의 찬성을 얻어 진행됐다. 쾰른처럼 가톨릭이 우세한 도시에서도 시의회 의원들은 신성모독자를 박해하기는 했다. 하지만 쾰른에서 신성모독 관련 사형 집행은 단 한 건만 있었던 것으로 확인된다. 독일, 스위스, 네덜란드, 프랑스, 영국, 스코틀랜드 세속 법원은 1525년부터 1564년까지 39년의 기간에만 한정하여 2,887명의 이단자에게 사형 판결을 내렸다. 이는 스페인 제국 전역에서 160년 동안 스페인 종교재판이 '모든' 위법 행위에 대해 내린 총 판결 수보다 세 배나 많다. 윌리엄 몬터가 파악한 것처럼, 같은 기간 동안 교황과 종교재판의 역할은 25건의 사형 판결, 그러니까 1퍼센트 미만인 '극소수'에 머물렀다. 대체로 가톨릭이 우세한 환경에서는 처벌이 어느 정도 완화된 양상을 보였다. 가톨릭 환경에서는 신앙 및 풍기 규율을 어기는 경우 먼저 고해성사를 통해 참회하고 보속을 받는 것이 통례이기 때문이다. 고해성사를 통해 "공공의 규율과 처벌을 피할 수 있는 기회를 더 많이 얻게 됐다." 그리고 좌익 성향의 종교개혁파는 당시 평화주의 입장을 취한 일부 재세례파를 보고 경미하나마 가라지-밀 비유를 떠올렸다. 그래서 좌익 종교개혁파는 항상 일관적이지 않기는 했지만, 종교와 관련된 살해 행위를 공개적으로 반대했다.

특히 프로테스탄트는 물론 가톨릭 진영의 세속 당국은 이단을 신경 썼을 뿐만 아니라 자국 시민의 윤리의식에 대해서도 책임을 져야 한다고 여겼다. 법사학자 디터 빌로바이트Dieter Willoweit는 다음과 같이 확언·확인한다. 개신교이든 가톨릭이든 상관없이 영주라면 누구나 '자신이 다스리는 백성이 죄를 지어 신이 분노하고 벌을 내리는 결과를 야기할지도 모른다'는 불안에 직면했다. 취리히는 새로운 신앙으로 넘어간 뒤 최초로 가정법원을 설립한 도시가 됐다. 가정법원을 세운 의도에 대해 근대사학자 프란치스카 뢰츠Francisca Loetz는 다음과 같이 설명한다. "취리히 시의회는 전염병이나 기근, 기타 다른 재앙 같은 신의 형벌을 피하기 위해 백성이 신의 뜻에 맞는 삶을 살도록 신경을 써야 했다." 취리히로부터 비롯된 풍기 규율은 다른 도시로 널리 퍼졌다. 취리히와 똑같은 프로테스탄트 도시인 콘스탄츠만큼 풍기 규율이 처음부터 대단히 일관적으로 추진된 곳은 어디에도 없다. 1532~1534년 사이에 콘스탄츠에서는 최소한 1,200명이 어떤 형태로든 이 풍기 규율에 연루됐다. 당시 콘스탄츠 인구가 5,000명으로 집계된 것을 감안하면 엄청난 숫자다. 하지만 가톨릭 진영이던 뮌스터란트에서도 소위 '종교재판'에 독특한 점이 있었다. 이 재판은 세속 군주이기도 했던 주교의 이름으로 해마다 모든 교구에서 개최됐는데, 사실상 풍기 단속 재판을 목적으로 실시됐다. 그러나, 사형 판결이 내려진 적은 한 번도 없다.

또한 도서 검열에 해당되는 제도도 있었다. 책이 등장한 이래로 분서焚書는 계속 있었다. 이미 고대 그리스에서는 신을 모독한 내용의 책을 불태웠고, 로마는 특히 황제를 비방한 내용의 책을 비타협적으로 끝까지 추적해 벌을 내렸다. 유대인 또한 이단적인 내용의 문서에 대해 똑같은 반응을 보였다. 먼저 기독교 신자가 종교 문서를 파기 당하는 첫 희생자가 됐다. 즉 로마 황제 디오클레티아누스Diocletianus는 기독교 박해를 단행하면서 성경을 완전히 없애버리도록 공포했다. 이에 대해 기독교 신자들은 처음에는 놀라울 정도로 자유주의적이고 관대한 반응을 보였다. 종교사학자 볼프강 슈파이어Wolfgang Speyer가 지적한 것처럼, '심지어 당시는 선정적인 내용의 문학만 아주 드물게 검열 받거나 파기됐던 상황'임을 고려하면 더욱 놀랍다. 이후 중세 시대에는 이단자를 화형시킬 때 항상 이단자가 쓴 문서도 함께 불태웠다. 그런데 이후 13세기부터 나타나기 시작한 특별 도서 검열은 이른바 목숨을 구하는 효과를 발휘했다. 이때 사람에게 판결을 내리는 것이 아니라 전적으로 그 사람이 공개적으로 표명한 견해만 특정해, 그 발언이 잘못된 견해라고 밝히고 철회하도록 판결을 내렸기 때문이다.

책 인쇄술이 발명된 뒤, 특히 종교개혁이 분출되면서 완전히 새로운 상황이 등장했다. 바로 개신교 교회사학자 베른트 함Berndt Hamm이 '매체가 만들어낸 사건'이라고 묘사한 상황이다. 오늘날 뉴미디어가 도전해오는 상황과 별반 다르지 않게, 당시에도 극도로 논쟁적이고 선동적인 일부 문서가 범람하는 상황을 어떻게 대처해야 하느냐는 문제가 제기됐다. 이때 검열은 일반적으로 '국가 및 교회의 질서를 유지하기 위한 정책을 펼치기 위해 활용하는, 당연하고도 의심의 여지가 거의 없는 수단'에 해당됐다. 그래서 "지식인들도 대개 검열을 긍정적으로 평가했다"고 교회사학자 후베르트 볼프Hubert Wolf는 논평한다. 대학교들은 금서목록을 작성했는데, 이 목록에는 특히 당시 자기네와 다른 종파가 간행한 문서가 올라갔다. 하지만 가톨릭교회가 성인으로 추대한 영국의 인문주의자 토마스 모어^{Thomas More}(1478~1535)는 '진실은 언젠가는 스스로 힘을 성취하게 마련'이라고 믿었다. 이후 계몽시대가 되어서야 출판의 자유가 전면적으로 지지를 얻었다. 하지만 심지어 오늘날에도 우리는 출판의 자유를 제한하는 데 대체로 동의하는 편이다. 홀로코스트를 부정하는 발언이나 출판물은 처벌 받는 것이 대표적인 예다.

가톨릭교회에서 도서 검열은 제2차 바티칸 공의회가 개최될 때까지 적어도 형식적으로 지속되어 온 것이 사실이고, 많은 이가 이에 대해 반감을 품는다. 하지만 어쨌든 후베르트 볼프가 단언한 것처럼 "종교재판과 금서성성^{禁書聖省:Sacra Congregatio Indicis}(로마 교황청 산하기관으로, 1571년부터 1917년까지 금서목록을 발행했다-옮긴이)은 점성술, 자연주의, 신비학을 금하는 조치를 철저하게 취했다. 그러는 바람에 의도적이든 아니든 이러한 요소를 당시 발전을 거듭하던 자연과학에서 분리시켰고, 결국 자연과학이 근대화되는 데 도움을 주었다"는 점은 참작할 수 있다.

6장

마녀사냥에 대한 놀라운 사실

사법기관이 저지른 역사상 가장 커다란 오판

다음과 같은 상황을 한번 가정해보자. 어떤 이가 마녀 화형은 교회가 가르치거나 권장하지 않았고, 종교재판은 마녀 화형을 절대 추진하지 않았으며, 교황이 이를 알고 깜짝 놀랐다는 주장을 한다는 가정을 말이다. 이러한 발언은 바로 2002년 여름 트리어 특별연구단이 주관하고 독일 베를린박물관이 개최한 전시회인 '마녀 열풍'Hexenwahn 카탈로그에 등장한다. 카탈로그는 이 발언의 의미에 대해 다음과 같이 강조한다. "마녀사냥이 종교재판소에서 대규모로 이루어졌다는 선입견은 오늘날에도 유난히 완고하게 지속되고 있다. 하지만 종교재판이 마녀 박해를 담당했던 국가의 경우, 특히 근대 시기에 종교재판을 맡은 관청은 마녀 행위를 온건하고 신중하게 다룬 것으로 확인된다." 오늘날 마녀 연구 분야에서 가장 정통한 인물로 꼽히는 역사학자 볼프강 베링어Wolfgang Behringer는 예전에 보다 뚜렷한 견해를 밝힌 적이 있다. "스페인에서 마녀사냥을 처음으로 제어하고, 1526년에 실제로 끝내게 만든 곳은 다름 아닌 제도화된 종교재판이었다." 그리고 베링어는 도저히 믿기지 않는 발언도 했다. "17세기에 교황과 종교재판은 동시대 중부 유럽에 두려움과 공포를 퍼뜨린 방식으로 마녀 재판을 실시한 적이 결코 없다."

마녀사냥에 대한 다양한 견해

볼프강 베링어의 새로운 견해가 얼마나 색다른지는, 1978~1979년 튀빙겐 대학교에서 진행된 종교학-신학 순환 강의와 비교해보면 확실히 알 수 있다. 이 순환 강의에서 강조한 마녀사냥의 의미는 다음과 같다. "로마의 교황조차 더 이상 관용을 허락하지 않았다면, 모두가 엄청난 위험에 빠졌을 것이 틀림없다! 이런 식으로 살해당한 여성의 숫자는 아직까지 정확하게 집계되지 않고 있다. 종교재판관이 '활동'했던 여러 지역에는, 오직 한 줌의 겁먹은 여성들만 살아남았다. 이 전염병 수준의 살인 욕구는 당시 인구 밀도와 비교하면, 히틀러의 유대인 말살 행위보다도 더 많은 사람의 목숨을 앗아갔다. 히틀러가 한 짓과 똑같이, 종교재판관도 교회의 이름으로 악마를 내쫓고 퇴치하는 행위를 했다. 마녀사냥은 히틀러와 동일한 수준의 체계와 주도면밀함을 갖추고 진행됐다. 그런데 규모는 훨씬 컸으며, 비교할 수 없을 정도로 어마어마한 혐오와 비이성적인 두려움을 등에 업고 추진됐다. 또한 종교재판관은 자신의 행위가 정당하다는 확신을 품고 마녀사냥을 진행했다. 그리고 이러한 대량 살상의 기원은 의심의 여지없이 기독교의 악마에 대한 해석으로 거슬러 올라간다. 이교도의 경우 좋은 마녀(=요정)도 있다는 것을 알고 있었다. 마녀사냥 열풍은 바로 여성이 열등하다는 신학적 해석을 전제조건으로 한다. 이러한 전제조건은 교회가 등장하기 이전 시대는 물론 교회 외의 영역에서도 실제로 여성의 위치가 낮았던 상황보다 훨씬 끔찍한 효과를 야기했다." 이러한 내용이 정말 사실이라면, 진정 믿을 수 없을 정도로 엄청난 스캔들이다. 하지만 오늘날 이루어진 연구를 비추어볼 때, 이러한 진술은 실제로는 전부 거짓말이나 다를 바 없다. 오늘날 사람들은 이러한 선입견으로 형성된 마녀사냥에 대한 왜곡된 인상을 품은 채, 먼 옛날 마녀에게 불을 지른 이들 못지않은 분노를 자기식대로 표출한다.

마녀사냥은 이미 오래전부터 기독교에 책임을 떠넘기는 데 이용됐다. 마녀라는 주제는-베를린 카탈로그에 쓰여 있는 것처럼-"근래에 이르기까지 정치 및 이념의 이해관계와 도구화를 목적으로 무거운 굴레가 씌워진, 독일사의 몇 안 되는 주제일지도 모른다." 19세기 반(反) 교회 논쟁에서는 특히 가톨릭교회에 죄가 있다고 여겼지만, 머지않아 루터도 마녀 말살을 옹호했다는 사실이 명백해졌다. 하지만 이후 역사학자이자 종교재판 전문 연구자인 라이너 데커Rainer Decker는 17세기에 접어들면서 알프스 북쪽에서 마녀사냥 열풍이 제대로 불붙기 시작한 이래로, 교황령은 박해가 가장 덜한 지역에 속했다고 단언한다. "종교재판소와 재판관들은 사실상 실제로 더 이상 마녀에게 사형선고를 내리지 않았다." 스위스 역사학자 킴 지벤휘너Kim Siebenhüner는 "로마 종교재판은 가혹한 제제나 응징이 아닌 참회와 사목 차원의 계몽의 수단을 활용해 마법과 싸웠다"라고 보고한다. 그리고 아르노 보르스트는 다음과 같이 요약한다. "초기의 거의 모든 마녀재판은 성직자와 지식인이 아니라 정치인과 평신도가 진행했다." 역사학자 게르하르트 쇼르만Gerhard Schormann은 다음과 같이 확실하게 단언한다. "마녀재판은 교회의 관할권과 아무 관련이 없었다."

나치 시대 동안, 하인리히 힘러^{Heinrich Himmler}는 '마녀 색인 목록'을
작성하도록 했다. 이 목록에는 재판 및 사형 집행 건수가 최대한 많이
수록되어 있는데, 이런 방법으로 반교회 선전 자료를 획득하려는 목
적이 있었다. 로마 가톨릭과 특히 예수회는 게르만 혈통을 9백만 명이
나 희생시켰고, 이를 통해 건강한 민족성이라는 생물학적 뿌리를 공
격했다는 주장이었다. 그러나 힘러 휘하의 조사원들이 실제로 색인
목록을 작성해보니, 희생자는 몇 백만 명이 아니라 2~3천 명 수준이
었다. 이후 1960년대에는 이 목록을 홀로코스트와 비교하는 작업이
상당히 인기가 있었다. 하지만 마녀 분야에서 위대한 전문가로 꼽히
는 볼프강 베링어는 "마녀사냥을 홀로코스트라는 나치 시대의 체계적
인 말살 계획과 나란히 놓고 비교하는 행위는 근거도 빈약하고 도저
히 지지할 수 없다"고 단언한다.

이와 동시에 페미니스트라는 변종도 나타났다. 제1차 세계대전 당
시 독일군 총사령관인 에리히 루덴도르프의 불운한 아내이자, 양대
세계대전 사이에 활발하게 진행된 운동인 '독일의 신을 알기 연맹'^{Bund}
^{für Deutsche Gotteserkenntnis}의 공동 창설자인 마틸데 루덴도르프^{Mathilde}
^{Ludendorff}(1877~1966)는 "기독교가 독일 여성을 잔인하게 다루었다"는
사실을 발견했다. 그런데 마녀사냥 열풍은 교회 교리에서 일어났으며,
마녀 박해를 통해 종교 의무를 공표했다는 것이다. 루덴도르프가 전
개한 운동은 게르만 민족에게는 생소한 기독교 성직자의 영성법과 맞
서 싸웠다. 루덴도르프는 교회는 북유럽 인종 유전자를 물려받은 금
발 여성과 어머니들을 체계적으로 절멸시키려 했다고 주장했다. 이후

1980년대에도 홀로코스트는 페미니즘을 위해 다시 이용되었다. 페미니스트 이론의 창시자인 매리 데일리^{Mary Daly}에 따르면, 여성들은 인종차별과 집단학살 희생자보다 더 많은 피해를 입었고, 마녀 박해는 홀로코스트 집단학살보다 훨씬 큰 규모의 집단학살이 됐다는 것이다. 학살의 대상과 내용은 바뀌었지만, 이에 대한 판단과 평가는 그대로였다. 볼프강 베링어는 다음과 같이 말한다. "이런 점에서 새로운 페미니즘, 민족 여성운동, 국가사회주의가 표방하는 신이교도주의는 모두 한통속이다." 1980년대에 사회교육학 교수 군나르 하인존^{Gunnar Heinsohn}과 경제학 교수 오토 슈타이거^{Otto Steiger}가 쓴 베스트셀러 《현명한 여성들의 절멸》^{Die Vernichtung der weisen Frauen}은 평론가들의 환호를 불러일으켰다. 이 책의 논제에 따르면, 교회와 국가의 마녀 박해는 현명한 여성들의 피임 지식을 없애버리려는 인구 정책적인 의도로 시작됐다는 것이다.

오늘날 학자들은 이러한 주장에 대해 부정적 입장을 보인다. 사회사학자 프란츠 이르지글러^{Franz Irsigler}는 이 '난해한 논제'에 대해 말한다. 이미 1986년에, 당시 새로 창간된 잡지 〈페미니스트 연구〉^{Feministische Forschung}는 이런 주장을 원시적·물질주의적 관점을 기준으로 하여 출발하는, '대단히 유치한 싸구려 논쟁'이라고 진단한다. 약학사^{藥學史}를 다룬 한 박사학위 논문은, 16~17세기에는 산아 조절 행위를 체계적으로 박멸시켰다는 이야기 자체가 있을 수 없다는 결론을 내렸다. 또한 오늘날 젠더 연구는 마녀 박해가 오히려 한편으로는 상류층, 교회, 남성 의사와, 다른 한편으로는 농부, 마법을 바탕으로 하는 민간요법, 여성 치료사 사이에서 일어난 진부한 갈등일 가능성이 높은 것으로 보완하고 있다. 이런 의미에서 '마녀, 산파, 간호사'라는 집합체는 일상 정치의 맥락과 밀접한 관련이 있을 수 있다는 것이다.

마녀에 대한 진지한 연구는 이미 오래전부터 주목할 만한 수준에 도달했다. 1980년대부터 학자들은 이념과 상관없이 명확한 정의, 정확한 서술, 기반이 튼튼한 수치 자료를 제시하기 위해 노력해왔다. '마녀 연구 학회'가 활동하고 있으며 정기적으로 학술지를 출간한다. 이 학회는 학제^{學際} 간의 연구를 행동 강령으로 삼는데, 여기에는 여성학 및 젠더 연구도 당연히 포함된다.

중세의 마녀가 있다는 믿음

마녀가 있다는 믿음은 인류의 역사만큼 오래됐다. 함무라비 법전 (기원전 1792~1750)에서 흑마술은 처벌할 수 있는 행위로 간주됐다. 또한 로마법에서도 범죄 행위로 간주되어, 심지어 고대 후기에는 사형에 처할 수도 있었다. 현대에 이를 때까지 일반적으로 사악한 마법은 사람들에게 해를 끼칠 수 있다는 인식이 지배적이었다. 하지만 기독교는 비폭력적인 자세에 충실했다. 박해는 물론 심지어 살인도 거부했고, 처음부터 계몽과 재교육에 의존했다. 학문연구 분야에서도 항상 그렇다고 여기는 추세였다. 심지어 19세기에 출간된 신랄한 반가톨릭 저서인 《마녀재판의 역사》^{Geschichte der Hexenprozesse}에서, 이 책의 저자인 빌헬름 G. 졸단^{Wilhelm G. Soldan}과 하인리히 헤페^{Heinrich Heppe}는 다음과 같이 썼다. "미신 풍습에 형사 조치를 취한다는 생각은 교회 입장에서는 대단히 낯설게 다가왔다." 오히려 교회 쪽에서는 미신 행위에 대해 회개가 이루어졌고, 미국 역사학자 리처드 키에크헤퍼^{Richard Kieckhefer}가 저서 《중세의 마술》^{Magic in Middle Ages}에서 썼듯이 이러한 회개 절차는 '강요 없이' 유지됐다. 다른 종교와 마찬가지로 기독교 신자들도 악마, 개개인을 겨냥하는 악, 유혹자의 존재를 믿었다. 하지만 이런 것들은 절대 신과 같은 존재가 아니고, 특히 기독교의 시각에서는 실제로 예수 그리스도가 이미 오래전에 제압해버렸다고 여겼다. 신약성경은 하느님의 아들이 권능으로 악령을 쫓아버린 이야기로 가득하다. 그럼에도 기독교의 견해에 따르면, 인간은 물론 그리스도교도 역시 유혹당하기 쉬운 편이며, 자유의지로 악마에게 자신의 영혼을 팔 수 있다. 이미 5세기에 아우구스티누스는 이렇게 악마와 동맹을 맺는 행위에 관해 언급하고 이를 강력하게 경고했다. 하지만 아우구스티누스는 이러한 경고를 통해 흑마술이 근본적으로 어떻게 이루어지는지 설명하려 했을 뿐이다. 포괄적으로 진행된 새로운 연구조사에 따르면, 아우구스티누스는 그 당시 일반적으로 가능하다고 여겨졌던 악령과의 계약은 하느님의 뜻에 따른 질서를 무력하게 만들기 때문에, 세례식에서 맺은 하느님과의 약속에 위배되는 이교도적이고 죄 많은 행위라고 보았다. 이러한 성찰은 마녀가 있다는 믿음이라든지 심지어 마녀 박해와도 전혀 관련이 없고, 명시적이든 암시적이든 관련이 있어 보이지도 않았다. 결국 교회는 마녀가 있다는 믿음을 이교도의 사기극이자 지나치게 흥분한 마음에서 나온 상상이라고 여겼다. 785년, 파더보른(독일 북서부 노르트라인베스트팔렌 주에 있는 도시-옮긴이) 교회 회의는 다음과 같이 선포했다. "악마의 유혹에 넘어가 마녀가 존재한다는 이교도들의 믿음을 주장하는 사람들은 (……) 그리고 그들은 화형을 당했고 (……) 사

기독교 콘서트

형 처벌을 받았다." 독일 프륌의 수도원장이었던 레지노^{Regino von Prüm}(대략 840~915)는 유명한 규범집인 《주교 법령》^{Canon episcopi}에서 다음과 같이 명확하게 표현한다. "많은 불운한 여성들이 악령의 현혹과 망상에 사로잡혀, 이제 자신이 밤에 이교도 여신 다이아나^{Diana} 및 무수한 여성들 무리와 함께 어떤 짐승에 올라타 지상의 수많은 땅을, 고요하고 야심하고 으스스한 밤을 횡단한다는 것을 굳게 믿고 스스로 주장한다. 이 사실을 간과해서는 안 된다." 여기서 마녀의 질주에 대한 최초의 증언이 나왔다. 물론 이 증언은 그것이 실제로 일어난 것이 아니라 망상으로 파악하고 있기는 하다. 이때부터 교회법은 프륌의 레지노의 영향을 받아 그릇된 생각에 대해 견해를 밝혔고, 밤만 되면 환상의 영역으로 달리는 여성들을 격하시켰다. 하지만 교회는 기본적으로 마녀가 있다는 믿음을 정말 심각하게 여기지는 않았다. 해박한 지성으로 당대 사람들을 사로잡았다고 모두가 인정하는 토마스 아퀴나스 같은 인물조차 악령과의 계약에 대해 말하기는 했다. 심지어 그는 이 계약이 인간과 악령 간의 성적 접촉이라 생각했다. 하지만 이 모든 것으로부터 어떠한 결론도 내리지 않았다. 수백 년이 지나고 나서야, 토마스 아퀴나스의 발언은 완전히 다른 의도로 악용됐다. 어쨌든 중세 때 마녀가 있다고 믿는 사안은 전반적으로 부차적인 문제로 남았다. 볼프강 베링어는 다음과 같이 말한다. "초기 기독교 신자는 어떤 종류의 마법이라도 과연 그게 효력이 있을지 의심했다. 이러한 의심은 교회가 박해에 대한 욕망을 키우는 것을 효과적으로 막았다." 교회가 마녀 박해를 불법으로 간주했기 때문에, 교회 일반 신자 가운데에서 승인받지 않은 마녀 박해를 무질서하고 떠들썩한 방식으로 자행하는 이들이 나타났다. 이에 대해 볼프강 베링어는 심리학적 설명을 제시한다. "일반적으로, 교회와 국가는 마녀를 박해하고자 하는 욕구를 억압했다. 하지만 이와 동시에 유럽의 상당수 지역에서 마녀가 있다는 믿음이 강화되는 바람에, 린치 행위가 성행하는 상황으로 이어졌다고 할 수 있다."

그래서 동시대에 바이엔슈테판 베네딕트회 수도원에서 발간한 보고서에 따르면, 1090년 바이에른 지방에 있는 도시 프라이징에서는 "푀팅에 사는 주민들이 세 명의 가난하고 가엾은 여성에 대해 시기심에 사로잡힌 나머지 지독한 분노로 불타올랐다. 그 여성들이 사람들과 과일에 독을 주입해 망쳐버렸다는 혐의를 받았기 때문이다. 주민들은 그날 아침 일찍 아직 침대에 누워 있던 세 여성을 붙잡아, 신의 이름으로 물고문을 자행했다. 하지만 어떠한 유죄 혐의도 찾지 못했다. 그래서 주민들은 잔혹하게 채찍질을 했고, 거짓으로 덮어씌운 몇 가지 혐의를 자백하라고 강요했다. 하지만 세 여성은 그렇게 하지 않았다. 그래서 주민들은 세 여성에게 다가가 붙들고는 프라이징으로 끌고 갔다. 다시 세 여성에게 채찍질을 했지만, 이번에도 독을 섞었다는 자백을 얻어내지 못했다. 이후 세 여성은 이자르 강가로 끌려가 한꺼번에 화형을 당했다. 그들 중 한 여성은 아이를 임신한 상태였다. 그래서 이들 세 여성은 6월 18일, 불에 타 순교했다. 친척들이 세 여성의 시신을 강가에 묻었다. 나중에 사제 한 명과 수도사 두 명이 이들의 시신을 거두어 바이엔슈테판 수도원 앞마당에 묻어주었다. 성직자들은 이들 세 여성이 기독교 공동체에 소속될 만한 자격이 있다고 확신했기 때문이다."

교황과 주교들은 이와 같은 대중의 행동에 반대했다. 예를 들어 교황 그레고리오 7세는 덴마크 국왕 하랄 1세 블로탄Harald Blåtand Gormsen에게 보내는 편지에서 다음과 같이 썼다. "그대들은 똑같은 이유로(이른바 악천후, 폭풍우, 질병을 야기했다는 이유로), 야만적인 관습에 따라 비인간적인 처벌을 받는 여성들에게 죄를 짓는 게 아닌가라고 생각하지 마시오. 오히려 그 무고한 여성들에게 파멸을 안겨주어 신의 분노를 더욱더 불러들이는 대신, 그대들이 받을 하느님의 유죄 판결을, 회개를 통해 피할 수 있는 방법을 배우시오."

반면 세속법은 흑마술에 대해 폭력으로 반응했다. 1230년경 아이케 폰 레프고Eike von Repgow(대략 1185년 출생, 1233년 이후 사망)는 관습법서 《작센 슈피겔》Sachsenspiegel에서 다음과 같이 처방을 내렸다. "그리스도교 신자가 신앙을 버린다든지 마법이나 독을 혼합하는 행위에 몰두하고 그 혐의가 입증되면, 화형장에서 불에 타 죽어야 한다." 하지만 법학자 귄터 예로우셱Günter Jerouschek이 말한 것처럼, 마법은 중세에는 '완전히 부수적인 범죄 행위'로 취급받았다.

근대의 마녀가 있다는 믿음

대참사는 15세기 근대가 시작될 무렵에서야 시작됐는데, 어떻게 이러한 대재앙이 발생했는지는 말하기 어렵다. 그 시대 특유의 분위기, 즉 새로운 시대가 시작되어야 할 필요성 때문에 일어났다고 추측할 뿐이다. 그리고 이러한 필요성은 모든 것을 열심히 '청소해야' 한다는 결정으로 이어진다. 그리고 이 '청소'라는 단어는 근대 초기뿐만 아니라 말기에도 근대에 자행된 대량학살을 다른 식으로 에둘러 표현하는 말이었음이 분명하다. 어쨌든 마을 사람 전체가 마법사를 색출하기 시작했다. 이 시기에는 마녀 교리가 정식으로 등장했는데, 이 교리는 더 이상 환상으로 가득한 억측을 떠벌리지 않고 실제로 나온 결과를 주장했다. 흑마술과 악마와의 계약에 대해 논하는 게 새로운 것은 아니었다. 하지만 마녀가 하늘을 난다든지 마녀가 안식일 예식을 거행했다든지 하는 이야기가 망상이 아니라 현실이라고 확신하는 상황이 발생하자, 이는 무서운 결과를 초래했다. 마녀들은 자기가 하늘을 날 때 동승하고 안식일 예식을 거행할 때 참여한 다른 수많은 마녀를 밀고할 수 있었다. 물론 오랫동안 고문을 계속 받은 상태에서 말이다. 이게 바로 사람들이 한 짓이었다. 인류 역사에서 이 마녀 박해만큼 잔인한 방법을 통해 수많은 희생자가 나오도록 촉진시킨 사상은 별로 없다. 이 모든 사상은 대학교에서 나온 것이 아니다. 민중은 물론, 그들의 간청에 응한 교회 및 국가가 박해 계획을 숙성시켰다. 이때 신학자는 물론 교회나 법원은 유보적이거나 거부하는 태도를 보인 반면, 세속법은 허용하는 자세를 보였다. 중세사학자 아르노 보르스트는 지역 성직자가 박해의 최전선에 있지 않았고, 일부 성직자는 "마녀로 의심받는 이들이 사실은 정통 신앙을 믿는 신자라고 열렬하게 변호했다"고 단언한다. 스페인에서는 실제로 1526년에 실시된 종교재판이 마녀 박해로 귀결됐다. 영국 출신 종교재판 전문 사학자 헨리 케이먼은 다음과 같이 요약한다. "스페인에서 종교재판은 열정적인 자세로 미신을 없애버렸다는 자부심으로 자신을 정당화시켰다. 다른 국가에서 이 미신은 그 어떠한 종교적 광신 열풍보다도 많은 희생자를 요구했다.”

　이와 대조적으로 독일은 마녀 박해의 중심지가 됐다. 1532년 신성 로마 제국 황제가 독일에 공포한 형법전인, 이른바 카롤리나Carolina는 당장 마녀재판을 할 권한을 요구했다. 하지만 이 권한은 흑마술 혐의가 명백하게 입증되었을 때만 허용됐고, 고문도 제한적으로만 사용될 수 있었다. 법사학자 빈프리트 트루젠이 설명했듯이 이 규정은 “교육받지 못한 배심원에게 가르쳐주기 위한 의도가 있었다. 또한 재판 상황이 까다로운 경우에는 이 규정에 대해 학식 있는 법률가에게 자문을 구할 의무가 있었다.” 따라서 마법 문제가 세속 사법이 다루는 사안이 됐음은 처음부터 명백하다.

　허풍이 센 독일 출신 도미니크 수도사 하인리히 크라머Heinrich Kramer는 어감이 좋은 ‘인스티토리스’Institoris라는 이름을 자신의 예명으로 채택했다. 그는 면죄부를 발행하여 받은 헌금을 여러 차례 착복하고 기타 의심스러운 짓을 저질러 고발당했다. 하인리히 크라머는 이미 1487년에 형편없는 졸작으로 악명이 높은《마녀의 망치》Hexenhammer를 출간해 논란에 불을 붙인 바 있다. 오늘날에는 최신 연구를 통해 이 모든 날조 행위가 낱낱이 폭로됐다. 하인리히 인스티토리스는 인기와 주목을 받으려고《마녀의 망치》를 통해 날조 행위를 할 필요가 있었다. 그는 능숙한 솜씨를 발휘해 교황청 관료로부터 정규 법령을 구했고, 이 법령을 쾰른 대학교의 날조된 감정 평가 및 황제가 본인 특권으로 반포한 마녀와 싸우겠다는 투쟁서와 짜깁기했다. 하지만 이후《마녀의 망치》는 아주 좋지 못한 결과를 야기했다. 이 소책자는 교회 전통에 극단적으로 위배됐다. 또한 하인리히 크라머는 “하느님의 말씀을 전하는 일부 사제와 목회자가, 대중에게 설교를 하면서 '마녀는 존재하지 않는다'라거나 '피조물에게 해를 끼치는 결과를 초래하는 행동은 일절 하지 않는다'라고 공공연하게 주장하고, 이를 확신하고, 이런 주장을 하는 것을 전혀 망설이지 않기 때문에" 자신이 《마녀의 망치》를 썼다고 스스로 시인했다. 그러나 대중의 입장에서, 하인리히 크라머의 졸작 《마녀의 망치》는 '시대의 핵심'을 정확하게 겨냥했다. 심지어 세속 재판권은 《마녀의 망치》를 재판의 근거로 내세웠다. 심지어 작센 선제후국 최고 프로테스탄트 헌법도 《마녀의 망치》의 내용을 일부 채택했다. 반면 스페인 종교재판은 《마녀의 망치》를 전면적으로 거부했다.

그랬기에 재앙은 예정된 수순이었다. 하늘을 날고 안식일 예식을 거행한다는 상상 때문에, 이제 마녀는 극도로 잔인한 고문을 받고 가혹한 희생을 치러야 한다는 요구가 빗발쳤다. 마녀재판을 해야 할 필요성에 대해 여러 의견이 있기는 했지만, 엄청난 박해의 물결 속에서 마녀재판을 지지하는 사람들은 "동시대 관료 및 지도층에 속해 있는 경우가 대부분이었다"라고 볼프강 베링어는 단언한다. 심지어 무신론 성향의 계몽주의 철학자 토마스 홉스[Thomas Hobbes](1588~1679)조차 "마녀를 처벌하는 행위는 정당하다"는 견해를 보였다. 특히 사법제도의 근대화를 적극적으로 실행한 인물들, 그러니까 국가 주권의 창시자인 장 보댕[Jean Bodin](대략 1529~1596)과 근대 소송법의 공동 창립자인 베네딕트 카르프초프[Benedikt Carpzov](1595~1666)도 마녀 박해와 사형을 지지했다. 16세기 말 무렵 대부분의 법률가 사이에서는 마녀와 마법사가 사탄에게 복종하고 동맹을 맺었다는 게 지배적인 견해였다. 더욱이 역사학자 죈케 로렌츠^{Sönke Lorenz}가 쓴 것처럼, 이러한 견해는 "흑마술을 하지 않더라도 순전히 악마와 계약을 하기만 해도 마찬가지로 사형에 처해야 한다"고 여기는 극단적인 결과를 야기했다. 바이에른 지역이 유일하게 예외였는데, 이는 찬사를 받아 마땅하다. 바이에른의 고위층 법률가들은 원칙적으로 추가적인 마녀 박해에 반대했다. 그들이 박해를 반대한 근거는 예수회 소속 신학자 아담 타너^{Adam Tanner}(1572~1632)가 펴낸 출판물이었다. 아담 타너의 제자인 프리드리히 슈페^{Friedrich Spee}(1591~1635)는 훗날 유명세를 떨쳤다.

마녀재판은 거의 정기적으로 서민층에서 개최됐다. 즉 이웃 사람과 마을공동체의 고발로 발동됐다. 예를 들어 자르강(독일과 프랑스의 국경을 흐르는 모젤강의 지류-옮긴이) 가에 위치한 모든 마을에는 이른바 '마녀위원회'가 있었고, 재판도 치밀하게 잘 준비되어 성인 주민의 5분의 1이 증인으로 참여했다. 그래서 마녀재판 사례 중 96~98%가 사형 판결로 종결됐다. 소송 진행은 세속 지방법원의 관할이었고, 귀족 지방법원이 맡는 경우도 간혹 있었다. 귀족 지방법원은 때때로 법률 이전의 관행을 고수했는데, 이는 교회에서 오래전에 금지한, 고대 식의 신명재판 판결을 내리는 경우가 드물지 않았음을 의미했다. 하지만 군주들은 〈카롤리나〉 형법전을 의식해 더 큰 법적 안정성을 얻기 위해 힘썼다. 그 결과 마녀재판을 할 때 특별히 박사 학위를 취득한 법률가를 임명하거나, 재판 기록 문서를 대학 법학부에 보내도록 명령했다. 그래서 소송 절차는 교회 재판권과 아무 관련이 없었다. 드레스덴 출신 역사학자 게르트 슈베어호프는 마녀재판에 궁극적으로 책임이 있는 자들은 "일반적으로 16세기 후반부터 국가 형성 및 이성적인 행정

실무를 만들어가는 과정에서 중요한 역할을 부여받은 위치에 있는 사람들이었다. 즉 국가와 군주에게 봉사하는 공직에 있던 법률가들이라는 이야기다."라고 했다. 그리고 미국 역사학자 브라이언 레벅Brian Levack도 이러한 견해에 동조한다. "세속 재판권이 동원되지 않았다면, 마녀사냥은 대규모로 확대되기는커녕 그 자체가 미미한 수준에 머물렀을 것이다." 결국 경악스럽게도, 이 6장 서두에서 언급한 '마녀 열풍' 전시회 카탈로그에 나온 내용을 다시 확인해야 한다. "1560~1700년 사이, 서유럽과 중부유럽에서 마녀 박해가 정점을 이루던 시기에 대량으로 진행된 재판에서 사형 집행률은 매우 높았다. 그리고 이는 세속 재판관들이 자행한 짓이다."

그러면, 마녀 박해로 희생된 사람 수는 얼마나 될까? 오늘날에도 여전히 신문이나 잡지에는 18세기에 터무니없는 방식으로 '집계된' 9백만 명이라는 숫자를 거론한다. 2000년 〈슈피겔〉Spiegel지는 '악마라는 누명을 쓴 여성 1백만 명이' 교회의 '여성혐오'로 인해 희생자가 됐다고 보도했다. 경쟁지 〈포쿠스〉Fokus도 2002년 희생자가 대략 몇 백만 명에 이른다고 보도했다. 하지만 이미 오래전에 과학적인 조사 결과가 분명하게 나와 있다. 덴마크 사회과학자 구스타프 헤닝센Gustav Henningsen은 유럽 전역의 총 희생자 수가 5만 명이라고 추정했다. 이 중에서 절대 다수가 독일(2만 5천 명)과 그 주변 국가에서 나왔으며, 보다 정확히 말하면 희생자는 프로테스탄트 지역과 가톨릭 지역 모두에서 같은 수준으로 나왔다. 그러나 라인강 유역을 다스리는 성직자 선제후들은 유별날 정도로 명예롭지 못한 행위를 했다. 왜냐하면 그들은 분명 세속 통치자로서 특히 근대적이고 '모범적인' 존재가 되기를 원했

기독교 콘서트

으며, 자기들이 거느린 일류 세속 법률가에게 재판 절차를 맡겼기 때문이다. 이와 대조적으로, 유럽 전역의 가톨릭 지역에서는 대단히 적은 수준의 영향을 받았다. 독일의 경우 인구 1천 명 당 1.6명이라는 깜짝 놀랄 만한 희생자 수가 집계된다. 반면 가톨릭이 우세한 아일랜드는 인구 1천 명 당 0.0002명, 포르투갈은 0.0007명, 스페인은 0.037명, 이탈리아는 0.076명이었다. 그래서 마녀 박해 또한 엄연히 독일을 짓누르는 죄과 중 하나다. "독일을 보라, 마녀가 된 어머니들이 얼마나 많단 말인가." 마녀가 있다는 믿음과 맞서 싸운 위대한 투쟁가 프리드리히 슈페는 결국 이렇게 탄식해야 했다.

이 모든 수치 중 어느 것도 가볍게 넘길 수 없다. 마녀 박해로 희생된 사람들이 당해야 했던 엄청난 고통을 염두에 두면, 5만 명의 희생자 역시 당혹스러운 결과라는 사실을 간과해서는 안 된다. 무엇보다 '사법 살인'이라는 개념이 마녀재판 과정과 연관되어 처음 만들어졌다. 특히 마녀 박해의 희생자로 항상 여성이 높은 비율을 차지했다는 사실은 정말 깜짝 놀랄 만하다. 오늘날 학계에서는 여성 희생자 비율이 75~80%나 되는 것으로 추정한다. 특히 이 점 때문에 여성학 연구자들은 도전 의식을 느낀다. 마녀 박해에서 여성이 차지하는 비율을 바탕으로, 아주 간단하면서도 논리 정연한 결론을 이끌어낼 수 있어 보이기 때문이다. 즉《마녀의 망치》에서 대규모로 등장하는 여성 혐오 같은 주제를 얼마든지 도출할 수 있다. 그러나 여성 역사학자 잉그리트 아렌트 슐테^{Ingrid Ahrend-Schulte}는 자신이 편찬한 책인《젠더, 마법, 마녀 박해》^{Geschlecht, Magie und Hexenverfolgung}에 수록된 논문에서, 이는 과거에 일어난 사건을 너무 단순하게 설명하는 행위라는 견해를 밝힌다.

스콜라 신학이 여성혐오 성향을 보인다는 주장은 근거가 너무 부족하고, 여성이 유혹에 더 쉽게 넘어간다는 선입견은 그 내용이 의심스럽기는 하지만, 형량을 줄이는 효과가 종종 있었다는 것이다. 여성을 희생자뿐만 아니라 행위자로도 볼 수 있어야, 마법과 관련한 민속 문화에서 성^性 고정관념을 찾아내는 데 성공할 가능성이 더 높다는 것이다. "새로운 지역 연구를 통해, 마을공동체 내부에서 여성들이 마법 혐의에 대한 무고와 고발을 하는 경우가 많았던 것으로 밝혀졌다." 좀 더 최근에 이루어지는 연구조사는 남성이 박해에 연루된 사례를 점검하고 종파별 관점도 끌어들인다. 즉 루터는 하와가 뱀의 유혹에 빠졌기 때문에 여성이 마법을 이해하는 속성이 더 강하다고 여겼다는 것이다. 반면 가톨릭 지역에서는 남자 마법사도 포함하는 보다 광범위한 개념으로 이해했다고 한다.

마녀 박해의 종말

마녀 박해는 무엇보다 확고한 신념을 품고 설득에 나선 기독교인들로 인해 끝을 맺을 수 있었다. 자세히 말하면 기독교 논증 제시 덕분이었다. 교회는 처음부터 프륌의 레지노가 쓴 규범집인《주교 법령》에 의거해, 마녀가 하늘을 난다든지 마녀가 안식일 예식을 거행한다는 매우 위험한 생각은 순전히 망상에서 나온 산물이라고 여겼다. 그래서 어차피 고문을 통해 억지로 만들어낸 무고는 잘못된 것이라고 보았다. 브라이언 레벡은 놀랍게도 '고문이 수많은 오심을 초래했다는 사실을 최초로 인식한 사람'이 바로 교황 종교재판관이었다고 단언한다. 게다가 1623년, 교황청은 다음과 같은 성명을 선포했다. "성하聖下께서는 신자 여러분에게 다음 같은 성명서를 쓰라고 제게 위임하셨습니다. 여러분은 귀신 들린 사람들과 마녀들이 하는 증언, 즉 마녀 안식일 예식에서 다른 사람을 분명히 보았다는 증언을 절대 신뢰해서는 안 됩니다. 왜냐하면 그런 증언은 속임수를 쓰는 행동이기 때문입니다." 흑마술을 부린 경우 기껏해야 교회에서는 속죄하라는 처분을 내리는 게 전부였다. 교회 법원은 신체형을 시종일관 단호히 거부했다.

눈에 띄는 사례가 바로 뮌스터시市다. 뮌스터는 세속적인 자유를 누리는 지역이었으므로 마녀재판이 실시됐다. 하지만 겨우 5%만 사형 판결로 이어졌다. 비록 무죄 판결을 받은 사람이 린치를 당하는 경우도 여러 번 있기는 했지만 말이다. 크리슈토프 베른하르트 폰 갈렌 Christoph Bernhard von Galen(1606~1678) 후작 주교는 도시의 자유를 빼앗고 직접 지역 관할권을 행사하자마자 더 이상 마녀재판이 진행되지 않도록 막았고, 자신이 관할하는 지역의 귀족 재판관이 물을 통한 신명재판을 실행하려 하면 가혹한 처벌을 내렸다. 로마에서는 1572년까지는 마녀 혐의를 받는 여성을 화형시켰지만, 이후 종교재판과 교황청은 마녀 박해가 더 이상 일어나지 않도록 막았다. 반면 알프스 북쪽 지역에서는 마녀 화형을 이제 막 시작했다. 1635년 로마 추기경 프란치스코 알비치Francesco Albizzi(1593~1684)는 로마 종교재판관과 함께 독일 전역을 여행했는데, 기독교 원칙에 위배되는 마녀 박해를 목격하고 깜짝 놀랐다. 그리고 그는 저자 미상의 책인 《범죄 예방법》Cautio criminalis('재판관에 대한 경고'라고도 불린다 - 옮긴이)이 칭찬할 만하다고 밝혔다.

이 책의 저자는 바로 프리드리히 슈페였다. 신앙심이 깊고 매우 지성적인 예수회 사제 슈페는 감동적인 성가를 작곡한 것으로 유명하다. 오늘날에도 신자들은 슈페가 만든 성가를 열렬히 부르고 있다. 1631년, 프리드리히 슈페는 저서《법적인 숙고, 또는 마녀재판에 관한 책》, 라틴어로 줄인 제목으로는《범죄 예방법》을 썼다. 이 책은 결국 마녀재판의 종결을 결정적으로 이끌어낸 획기적인 작품이 됐다. 슈페는 다음과 같이 썼다. "나는 오랫동안 고해성사를 집전하며 수많은 죄수가 고해소 안팎에서 자백하는 내용을 들었다. 그리고 나는 그들의 본성을 모든 면에서 시험해 보았다. 도움과 조언을 위해 하느님과 사람들을 끌어들여 상의했다. 나는 증거와 기록을 철저하게 조사했고, 가능한 한 고해의 비밀 엄수 원칙을 손상시키지 않으려 노력하면서 재판관과 직접 허심탄회하게 대화를 나누었다. 모든 것을 처음부터 끝까지 면밀하게 검토했고, 서로에 대한 개별 논거를 신중하게 고려해 저울질했다. 그 결과, 나는 무고한 사람들이 유죄 판결을 받았다는 결론에 도달했다." 슈페는 다음과 같은 말로 독일의 고문 관행에 단호히 반대했다. "그러므로 고문은 완전히 폐지되어야 하고, 더 이상 활용되어서는 안 된다." 슈페가 이룬 위대한 성과는 그가 특히 법적 측면에서 마녀재판을 비판했다는 점이다. 마녀재판을 집행하는 세속 사법기관은 이런 식으로 자아비판을 하지 못했다. 그러므로 선대 법조인들이 저지른 추잡하기 짝이 없는 마녀 박해에 대해 사과하고, 이와 동시에 교회가 이 무시무시한 소동의 종지부를 찍은 데 대해 감사해야 할 사람은 바로 독일 연방헌법재판소장일 것이다. 《독일 법률사 소사전》에는 다음과 같이 나와 있다. "프리드리히 슈페는 법률가가 아니었지만, 마녀 소송의 결정적인 결함을 파악했다. 그리고 사람의 마음을 사로잡는 논리와 직관력으로, 마녀 소송이 이루어지는 일련의 재판 원리를 공론화하는 방법을 알고 있었다. 이 원리는 독일에서는 프랑스 혁명이 일어난 뒤에야 자유주의 형사소송에서 일반적으로 인정받았다. 슈페가 법률 분야에서 이룬 탁월한 업적은 그가 결국 무죄 추정의 원칙을 재정립하고, 이 원칙을 마녀 소송에 적용하라고 단호하게 요구한 것이다."

하지만 슈페가 마녀 박해를 반대한 동기는 엄연히 기독교 정신을 바탕으로 했다. 특히 초기 기독교 시대에 수많은 목숨을 구한 가라지-밀 비유가 추진력 역할을 했다. "밀이 가라지와 함께 동시에 뿌리째 뽑힐 위험이 있다면 가라지를 제거하지 말아야 한다." 그래서 슈페의 양심은 더 이상 가만히 있을 수 없었다. "내가 밤에 잠을 못 이루며 생각에 골똘히 빠져 깊은 한숨을 쉰 날이 얼마나 많았던가."

그래서 마침내 기독교가 이교도적인 성격이 짙은 민간 미신에서 비롯된 마녀 박해를 종결시켰다. 신학에서 첫 번째 계명으로 꼽히는 '사랑'은 예수회 사제인 프리드리히 슈페가 마녀재판에 법률적으로 반대하도록 방향을 전환하는 계기로 작용했다. "이웃에 대한 사랑이 나를 삼키고 불처럼 내 심장을 태워버린다. 이웃 사랑은 내가 열과 성을 다하여 중재하도록 몰아붙인다. 불운한 미풍이 불어, 화형장에 쌓아 놓은 장작더미의 불꽃을 번지게 해 무고한 사람들의 목숨을 앗아갈 수 있다는 내 근심이 현실화 되지 않기 위해서다. 특히 우리의 하느님이 분노를 멈출 줄 모르는 이교도의 우상과는 다르다는 것을 분명히 보여주어야 한다. 우리의 하느님은 어떠한 경우도 인류에 대한 사랑으로 충만하신 분이고, 이제 그분의 애정이 너무나 깊어 인류를 사랑하겠다는 약속을 취소할 수 없기 때문이다."

마녀 박해가 성행하던 시기에 기독교는 힘이 약해 제대로 통제를 할 수 없었지만, 결국 박해를 종식시키는 데 성공했다. 그러나 기독교화가 피상적으로만 이루어진 게 분명한 지역에서는 오늘날에도 마녀가 있다는 믿음이 다시 활개를 치고 있다. 2002년 7월 24일 독일 유력 일간지 〈프랑크푸르터 알게마이네 차이퉁〉FAZ은 케냐에서 개최된 영국 동아프리카연구소 회의에 대해 다음과 같이 보도했다. "점점 더 많은 여성이 마녀라는 누명을 쓰고 있다. 이 가운데 나이든 여성을 잔혹하게 죽이는 게 장려되고 있다. 탄자니아 북서부에 있는 어느 지방에서는 1997~1999년 사이만 해도 185명이 목숨을 잃었다. 살인청부업자가 이 유혈이 낭자한 사업을 맡는 경우가 빈번해서, 진상이 규명되는 비율은 낮다. 정부, 경찰, 지역 엘리트층은 맹렬한 비난을 감수해야 했다. 심지어 그들이 공범 의혹을 받는 경우도 드물지 않다. 우간다, 케냐, 탄자니아 언론은 선정주의를 더욱 부채질하고 있다. 잔인한 살인 보도 및 마술과 정치를 결합한 이야기가 인기 있으며 높은 발행 부수를 보장한다. 법원은 종종 '주술사'witch doctor의 '전문 지식'을 근거로 판결을 내리므로, 마녀 혐의를 받는 경우 다른 증거가 없으면 매우 엄격하고 가혹한 처벌을 받는 경우가 많다. 동아프리카 전역의 정치인들은 오컬트(신비주의) 세력이 정치를 약화시키려 하기 때문에, 국가가 이 분야를 통제해야 한다고 확신한다. 하지만 오늘날 엘리트층에 속하는 이들조차 마녀가 야기시키는 위험에 대해 국가가 법적 조치를 취하라고 촉구한다. 현행 입법은 결함이 너무나 크며 심지어 마술을 법적으로 보호하고 있다는 주장이다."

7장

아메리카 인디언 선교의 전설

무엇을 알고 있으며, 무엇을 알아야 할까

선교와 인간 제물 문제

선교는 스캔들이 아닐까? 조상으로부터 이어져 온 신앙 체계에 머물도록 그냥 놔두면 안 되는 것일까? 오늘날 많은 이는 그냥 놔두어야 한다고 생각한다. 하지만 이 신앙 체계가 폭력적이고 인권에 위배된다면, 심지어 인명 경시 성향을 보인다면 어떻게 할 것인가? 그래도 종교적 관용을 요구할 것인가? 그리고 이 문제에 대해 무관심한 태도를 유지해야 할 것인가?

어쨌든 기독교인은 무관심한 태도를 유지하지 않았다. 무엇보다 그들은 신으로부터 사명을 받아 모든 민족에게 예수 그리스도에 대한 믿음을 선포하라는 성경 말씀을 잘 알고 있었기 때문에 무관심하지 않았다. 이러한 선교는 자발적으로 행해야 했고, 기독교 신자들은 처음부터 의심의 여지없이, 그러니까 설교를 통해, 본보기를 통해, 통찰과 깨달음을 통해 선교를 해야 한다는 것을 잘 알았다. 그런데 이러한 좋은 의도를 지닌 기독교인들은 곤혹스럽고 짜증나는 현상, 특히 부족 종교와 마주해야 했다. 부족 종교는 얀 아스만이 말한 것처럼, '민족 중심적인 세력'이고 순수한 통찰과 깨달음만으로는 반응을 보이지 않는다. 즉 이런 부족 종교는 자기 민족이 우월하다는 감정을 불러일으키고, 자기 종교도 다른 민족에 대해 우월감과 적대감을 키우도록 한다. 이런 감정은 다른 민족에게 무분별한 폭력을 가차 없이 휘두르게 만든다. 현대에서 대체 종교의 성격을 띠는 민족주의도 이와 거의 유사한 세계관을 바탕으로 엄청난 규모의 절멸 행위를 저지른다. 게다가 "신이 우리와 함께 하신다"는 선언을 만방에 선포한다. 하지만 이러한 유사 종교적인 민족주의가 통찰과 깨달음을 통해 제어되고 길들여지는가?

위대한 계몽주의자이자 철학자인 임마누엘 칸트^{Immanuel Kant}(1724~1804)는 자신의 유명한 논문에서 영원한 평화에 대해 설명한다. "법치 사회의 시작은 무력을 통하는 것 말고는 다른 경우를 고려할 수 없다. 무력에 의한 강제가 이루어진 다음에, 공법이 뿌리를 내리게 된다." 이후 우리 시대에도 국제연합군은 평소에는 평화주의 신념이 강한 독일 녹색당의 동의를 얻어, 세르비아인들이 단순히 코소보 사람이라는 이유만으로 코소보인들을 죽이는 행위를 유엔의 명령에 따라 저지했다. '인종 청소'는 예전에도 있었고, 최근까지도 자행됐다. 그리고 전문가들은 21세기에는 인종 청소가 멈출 거라고 믿지 않는다. 가이우스 율리우스 카이사르^{Gaius Julius Caesar}도 갈리아인이 부족 종교의식으로 사람을 제물로 바치는 행위를 금지하기 위해 결국은 무력을 사용해야 했다. 이것이 과연 종교적 불관용이었을까? 그러므로 무력은 그 자체로는 절대 나쁜 것이 아니다. 인권을 보장하기 위해서는 국가권력이 필요하며, 국제기구는 부당한 폭력을 저지하기 위해 권력이 필요하다.

그래서 기독교인이 검투사 경기를 반대한 것, 예를 들면 기원후 107년에 123일 동안 검투사 1만 명이 참가해 이보다 몇 배나 되는 사람들을 죽인 사례에 거부감을 보인 것이 과연 외국의 낯선 습관에 대한 불관용이었을까? 켈트족, 게르만족, 슬라브족이 사람을 제물로 바치는 짓을 계속 실행하도록 관용을 베풀어야 했을까? 때때로 기독교 선교는 타협했다. 그래서 기원후 1000년, 아이슬란드 사람들은 최소한 아이들을 계속 내다버릴 수 있는 조건으로 세례를 받았다.

이후 아메리카 인디언의 경우에도 똑같은 문제가 나타났다. 그들의 종교 역시 부족 종교의 모든 특성을 지녔기 때문이다. 멕시코 원주민인 아즈텍족에 대해 말하자면, 그들에게 정복당한 인디오가 증언한 내용을 보면 아즈텍족의 잔혹한 특성을 잘 알 수 있다. "아즈텍족은 상상을 초월할 정도로 엄청나게 잔인하고 악마 같은 사람들이다. 그들은 자기가 부리는 노예들을 스페인인들보다도 훨씬 가혹하게 대하기 때문이다." 아즈텍족도 책을 불태워버릴 줄 알았지만, 무엇보다 인간을 제물로 바치는 짓을 자랑스럽게 여겼다. 현지에서 작성된 한 보고서를 보면 아즈텍족이 스페인인을 어떻게 대했는지 알 수 있다. "아즈텍인은 스페인 사람을 모조리 제물로 바치거나 잡아먹거나 야생동물에게 던져버렸다. 그리고 일단 스페인인이 포로로 잡히면, 아즈텍족은 코르테즈Cortés 병사들이 보는 앞에서 그들을 희생물로 바치고 살을 뜯어 먹는 의식을 거행했다. 그리고 이런 방식으로 다른 모든 이도 제물로 바쳐 그들의 팔을 먹었으며, 심장과 피는 신들에게 바쳤다." 이런 관례에 직면해서 어떻게 비폭력으로 처신할 수 있다는 말인가? 이런 곳에서 어떻게 선교를 할 수 있단 말인가?

근대 이전에는 인도나 중국의 종교 선교사가 유럽의 기독교 국가로 가서 전도하는 경우가 전혀 없었다. 이와 대조적으로, 이미 사도들은 초기 기독교 전승에 따라 전 세계에서 선교 활동을 해야 했다. 예를 들어 성 토마스는 인도로 가 선교했다. 실제로 인도는 아무리 늦어도 3세기에 기독교 공동체가 형성됐다. 중국의 경우는 635년에 네스토리우스파가 최초로 기독교 공동체를 설립했다. 기독교 선교 사상은 처음부터 전 세계를 겨냥했고, 모든 경계를 뛰어넘으려 했다. 미국 출신 역사학자 케네스 스콧 라투렛Kenneth Scott Latourette은 고전이 된 그의 저서 《기독교 확장의 역사》A History of the Expansion of Christianity에서 근대 해외 선교에 대해 다음과 같이 강조한다. "예전에는 기독교 외에는 다른 어떠한 종교도 인류의 대부분에게 영향력을 끼칠 수 있는 가능성을 부여받은 적이 없었다." 실제로 16세기에 세계 종교 지도는 크게 바뀌었다. 기독교가 전 세계를 포괄하는 종교가 된 것이다. 이러한 해외 활동은 주로 가톨릭이 적극적으로 했다. 개신교 쪽은 처음에는 신세계에 대한 선교 열의를 발전시키지 않았다. 반면 가톨릭 쪽에서는 이미 중세 전성기부터 선교에 뜻을 둔 수도회는 물론 당시 새로 설립된 예수회가 탐험가들을 따라 신대륙으로 진출했다. 그 결과 기독교는 세계에서 가장 큰 종교가 됐고, 로마 가톨릭교는 가장 큰 기독교 종파의 자리에 올랐다.

당시 선교사들은 다음과 같은 질문을 받았다. 머나먼 세상에 사는 사람들을 어떻게 대해야 할까? 도대체 그들도 사람이라 할 수 있을까? 그들도 사람이라면 유럽인과 동일한 지위에 있다고 할 수 있을까?

선교에 효과적인 사상 - 자연법, 인권, 국제법

고대에 자연법이 만들어졌다. 자연법은 인간의 천성에서 나온 권리, 그러므로 모든 사람에게 적용되는 권리를 다룬다. 하지만 이후 자연법은 이론상으로만 가능했다. 왜냐하면 고대 그리스 시대에는 오직 그리스인만 권리를 완전하게 누렸고, 야만인들은 누리지 못했기 때문이다. 또한 오직 남성만 권리를 누렸고 여성은 권리를 동등하게 누리지 못했다. 그리고 당연히 노예도 그런 권리를 누리지 못했다. 철학자 플라톤은 오직 차등화된 권리만 알았다. 그의 제자이자 적수인 아리스토텔레스는 평등에 도달할 수 없다고 여겼으며, 노예의 경우는 본질적으로 불가능하다고 생각했다. 후기 스토아학파 철학에 이르러서야, 인간의 정신 활동에 근거해 모든 인간은 공통된 천성을 지닌다고 보았다. 하지만 이런 생각은 실질적으로 아무런 결과를 끌어내지 못했다.

초기 기독교의 경우, 자연법은 보다 단단한 기반 위에 있었다. 왜냐하면 기독교인의 입장에서는 신이 모든 인간을 창조했기에, 누구나 근원이 좋으며 이에 걸맞게 대해야 한다고 생각했기 때문이다. 이러한 시각은 특히 사도 바오로가 로마 신자들에게 보낸 서간문 중 다음과 같은 두 구절에서 근본적으로 잘 드러난다.

첫 번째 구절은 모든 인간에게 이성이 있다는 것을 인정하고 이를 존중하는 내용이다. "세상이 창조된 때부터, 하느님의 보이지 않는 본성 곧 그분의 영원한 힘과 신성을 조물을 통하여 알아보고 깨달을 수 있게 되었습니다. 따라서 그들은 변명할 수가 없습니다."(로마 신자들에게 보낸 서간 1장 20절)

두 번째 구절은 모든 인간에게는 양심이 있다고 확신하는 내용이다. "그들의 양심이 증언하고 그들의 엇갈리는 생각들이 서로 고발하기도 하고 변호하기도 하면서, 그들은 율법에서 요구하는 행위가 자기들의 마음에 쓰여 있음을 보여 줍니다."(로마 신자들에게 보낸 서간 2장 15절)

교회법을 모아 1140년에 편찬된 권위 있는 법령집인《그라시아누스 교령집》Decretum Gratiani은 처음부터 자연법을 곧바로 다음과 같이 정의했다. "자연법은 모든 민족에게 공통으로 적용된다. 자연법은 어디에서나 타당하고, 자연이 추진하는 것이지 어떤 법령이 추진하는 것이 아니기 때문이다." 중세의 가장 위대한 사상가 토마스 아퀴나스도 그런 이유에서 후대를 위해 결정적인 결론을 끌어냈다. 그가 보기에, 모든 인간은 도덕적·법적 행동이라는 가장 일반적인 원칙을 인지하고, 이를 표현하고, 이를 관철하는 성향을 타고났다. 우리는 이러한 원칙을 통해 "선한 것을 행한다"고 토마스 아퀴나스는 썼다. "그러므로 진짜 순수한 자연법칙이 우리 앞에 있는 것이다." 이 법칙에 무조건 순종해야 할 의무가 있다. 가령 찬탈자가 공포한 법질서가 자연법 규범에 위배된다면, 적극적인 저항은 정당하다. '저항으로 인해 공익에 아주 큰 피해가 일어나지 않는' 조건에서 말이다. 그리고 토마스 아퀴나스는 아주 명확하게 밝힌다. "성문법이 자연법에 어긋나는 내용을 포함하는 경우, 이는 부당하며 구속력도 없다." 토마스 아퀴나스의 사상은 훗날 기독교가 법치를 실행하지 않는 국가에서 저항 운동을 전개할 때 근거로 삼은 의미로 작용했다.

그런데 무엇보다 토마스 아퀴나스의 사상은 선교에 커다란 영향을 끼치는 결과로 이어졌다. 오로지 신의 법God's law만 아는 이슬람교와는 대조적으로, 기독교의 경우 자연법은 크게 확장된 관용으로 이어졌다. 즉 모든 인간은 선한 천성을 지녔다는 자연법의 시각은 비신자와 이교도에 대한 견해에 광범위한 영향을 끼쳤다. 그들 또한 하느님이 창조하셨으니, 그들의 특성은 존중받을 수 있기 때문이다. 그래서 그들이 예수 그리스도에 대해서 들은 적이 없더라도 죄를 짓지 않았다면, 즉 자신의 양심에 따르고 경건하게 살았다면, 세례를 받지 않았더라도 구원받은 이로 여길 수 있다. 이러한 관점은 심지어 훗날 제2차 바티칸 공의회에서 만든 결정적인 문서인 교회에 관한 교의 헌장, 일명 '인류의 빛'Lumen gentium에도 들어가게 됐다.

프로테스탄트 선교와 가톨릭 선교

프로테스탄트가 근대 법 전통에 결정적으로 기여한 것은 사실이다. 하지만 자연법에 대한 인식은 전혀 없었다. 루터는 인간의 천성은 완전히 부패했기 때문에 영육 전체를 신의 은총에 의탁해야 한다고 생각했다. 프로테스탄트 역사에서 신학적 신념이 결정적인 결과를 야기한 사례는 별로 없었다. 1652년만 해도 비텐베르크 대학교 루터교과 교수진이 선교를 위해 작성한 감정서에는 교수 한 명이 밝힌 발언이 기록되어 있다. 즉 유대교도, 무슬림, 이교도가 복음을 거부하는 이유는 악마로 인해 생긴 완고함과 신이 예정한 운명 때문인 것으로 밝혀졌다는 내용이다. 훨씬 뒤에야 복음주의 부흥 운동으로부터 선교사가 배출됐다. 이는 독일 최초의 선교사로, 헤른후트 형제단(18세기에 모라비아 교도들이 독일 작센 주 헤른후트에 정착해 만든 기독교 신앙단체 – 옮긴이)의 일원이었다.

이와 대조적으로, 가톨릭 선교 신학은 확실히 처음부터 이교도의 천성에 대해 긍정적인 태도를 보였다. 유명한 도미니크 수도사인 바르톨로메 데 라스 카사스^{Bartolomé de Las Casas}(대략 1484~1566)는 인디오를 절대 '용서받을 수 없거나', '타락한' 존재로 여기지 않았다. 그들은 비록 기독교를 알지는 못했지만, 가능한 한 최선을 다해 자연법의 이성이라는 빛을 따랐기 때문이다. 그 결과는 오늘날까지도 구체적이고 명백하다. 선교사학자 마리아노 델가도^{Mariano Delgado}가 단언한 것처럼, 자연법 전통의 결과로 "문명화된 아메리카 인디언 대부분은 살아남았고, 스페인 식민통치 체계를 통해 더 잘 보호받았다." 반면 "청교도 영향권에 있던 서양인은 자신의 이해에 따라 '형식상' 합법적이고 정확한 계약을 아메리카 인디언과 맺고는 그들의 땅을 점점 더 많이 사들였다. 아울러 저주받은 아메리카 인디언 무리는 야생동물처럼 사냥 당하거나 보호구역으로 쫓겨났다." 가톨릭의 선교 및 정착 정책은 "선교를 통해 개종한 민족과 혼합하고, 기존 신자와 새로운 신자가 조화롭게 섞인 사회를 만드는 것을 목표로 했다. 이와 대조적으로 프로테스탄트의 선교 및 정착 정책은 인종차별 체제라는 결과로 이어졌고, 유럽의 선택받은 자들은 이런 식으로 원주민과 함께 지낼 수 있었다."

그 밖에 모든 인간이 아담과 하와라는 공통 혈통을 지녔다고 보는 기독교 관점은 모든 이에게 인권이 있다고 인정하는 데 결정적인 요소로 작용했다. 기독교와 점점 멀어지다가 결국 대립한 볼테르Voltaire(1694~1778) 같은 계몽주의자조차, 훗날 '흑인의 사고력이 과연 백인의 사고력과 동일한 종류에 속할 수 있는지' 의심했다. 또한 볼테르는 흑인의 성적 특성이 '원시적이고 병적'이라고 여겼다. 임마누엘 칸트는 백인종이 인류의 근간이 되는 종족이라고 여겼다. 유럽인이 바로 이러한 종족이며, 그렇기 때문에 언제나 다른 민족을 정복하고 가르치는 게 당연하다고 보았다. 정치학자 구드룬 헨트게스Gudrun Hentges는 다음과 같이 평가한다. "칸트는 이러한 관점을 통해, 유럽 식민 열강이 전제정치 하에 원주민의 영토를 모조리 정복하고 굴복시키는 행위를 암묵적으로 정당화했다." 철학자 요한 고트리프 피히테Johann Gottlieb Fichte(1762~1814)는 '유대인, 흑인, 타타르족, 인디오'가 지배하는 세계 정부가 등장할지도 모른다고 경고했다. 게오르크 빌헬름 프리드리히 헤겔Georg Wilhelm Friedrich Hegel(1770~1831)은 아프리카를 '어린이들의 땅'이라고 여겼고, 미국 원주민은 원래 우둔한 바람에 몰락했다고 설명했다.

이와 대조적으로 기독교 선교사들은 아주 당연하게 인류가 일치를 이룬다고 설교했다. 무엇보다 선교사들은 피부색과 문화를 초월해 인간을 항상 차별 없이 개종시키고 교화할 수 있다고 여겼다. 미션 스쿨과 여기서 교육한 개인의 자유라는 사상을 통해, 기독교 선교사들은 개별화 및 근대화 과정을 본격적으로 가동했고, 이는 결국 탈식민지화에 결정적으로 기여했다. 선교사들은 항상 자신을 원주민을 대변하는 존재로 여겼다. 그래서 역사학자 호르스트 그륀더Horst Gründer가 단언한 것처럼, 맨 처음 기독교를 믿는 식민지 민족 사이에서 식민지화에 대한 반발과 독립 요구가 분명하게 나타났고, 이것이 기독교 복음을 가르친 결과라는 점은 전혀 놀랍지 않다.

그럼 유럽인이 추잡하게도 원주민을 대량으로 절멸시켰다는 비난은 어떤가? 실제로 유럽이 세계를 정복하는 과정 중에 여러 곳에서 인구가 두드러지게 감소하는 현상이 나타났다. 하지만 인구가 줄어든 이유는 악의로 인한 것일 뿐만 아니라 비극에서 비롯됐다. 즉 유럽인이 들어오면서 질병이 퍼졌고, 이로 인해 많은 곳에서 원주민 인구수가 경악할 만한 수준으로 줄어들었다. 남미에서는 인구수가 대략 7천만 명에서 1천만 명으로, 뉴질랜드에서는 1769~1890년 사이에 10만 명 이상에서 4만 명으로 줄어들었다. 17세기 뉴잉글랜드에서는 인디오 수가 90%나 사라졌다. 마찬가지로 시베리아, 중국, 그린란드도 언급할 수 있다. 이렇게 인구가 크게 줄어든 이유는 무엇보다 세균 때문이지만, 유럽에서 유입된 화기火器 탓도 확실하다. 이 화기는 원주민을 상대로 난폭하게 맹위를 떨쳤다. 그리고 여기서도 마찬가지로 차별화된 상황이 나타난다. 호르스트 그륀더가 강조한 것처럼, 스페인과 포르투갈이 점령한 남미에서는 "왕실이나 중앙 행정기관 쪽에서 인디오를 절멸하라는 명령을 내리거나 공고를 발표한 적이 단 한 차례도 없었다. 또는 승인을 받은 경우에만 학살을 허용한다는 입장을 내보인 적도 절대 없었다." 왜냐하면 스페인인은 원칙적으로 '인디오가 제국 식민지에서 한 자리 차지하는 것'을 허용했기 때문이다. 이른바 '예수회 국가'로 불렸던 파라과이에서 아메리카 원주민은 18세기까지 예수회 사제의 보호 아래 있었으며, 스페인 왕국의 마지못한 동의로 착취와 절멸을 모면할 수 있었다. 이는 영국에서 온 프로테스탄트 이주민이 보인 태도와는 완전히 달랐다. 호르스트 그륀더에 따르면, 영국계 프로테스탄트 이주민이 표방한 식민지 팽창주의는 '유난히 공격적인 방식'을 내보였고, '원주민이 필요한지 아닌지 판단한 다음 그들을 노예로 만들거나 쫓아내거나 절멸'시켰다고 한다. 그곳에서 알코올은 '아메리카 원주민을 확실하게 말살할 수 있는, 신이 주신 수단'으로 간주됐다.

거대한 침묵 – 잊힌 인디오 옹호자

위대한 인문주의자이자 영국 왕의 대법관이며, 결국 가톨릭교회의 순교성인이 된 토마스 모어^{Thomas More}(1478~1535)는 흥미롭게도 아메리카 원주민에게 호의적이었다. 즉 토마스 모어는 이 새로 발견된 이방인들에게 큰 존경을 표시했다. 그들은 기독교를 믿지는 않았지만 모범적인 공동체에서 살고 있으니, 그들을 개종시키는 일은 관대하게 이루어져야 한다고 생각했다. 토마스 모어는 자신의 유명한 저서 《유토피아》^{Utopia}에서 모범적인 상상의 세계를 제시했는데, 이 세계에서 비관용적인 열정은 허용되지 않았다. "새로 세례를 받은 사람이 있었다. 그는 우리의 조언을 무시한 채 사려 깊다기보다는 점점 더 열정적인 자세로 예수 그리스도에 대한 흠모를 설파했다. 그는 불처럼 타오르는 열렬한 상태에 빠져, 곧 우리의 신앙고백을 높이 치켜올리고 다른 모든 이의 신앙고백은 얕보았다. 게다가 이 모든 것을 철저하게 저주했고 경건하지 않다고 비난했다. 또 다른 신앙고백자를 극악무도한 신성모독자라고 일컬었으며, 그들은 마땅히 지옥불에 던져져야 한다고 악담을 퍼부었다. 그는 이런 식으로 오랫동안 계속 설교를 하다가 결국 체포됐다." 남미에 파견된 선교사들이 《유토피아》를 여행 가방에 챙겨 넣었다는 증거는 얼마든지 있다.

교회는 탐욕스러운 스페인 정복자와 즉시 충돌했다. 스페인 정복자는 무엇보다 금에 관심을 가졌고, 바로 이런 이유로 원주민을 절멸시킬 생각이 없었다. 원주민에게 강제 노역을 시켜 금을 캐낼 필요가 있었기 때문이다. 이미 1500년에 프란치스코 수도회 선교사들은 이런 착취 행위에 대해 항의했다. 당시 콜럼버스^{Columbus}와 그의 부하들에게 직접 맞선 것이다. 1511년, 도미니크 수도사 안토니오 데 몬테시노스^{Antonio de Montesinos}는 다음과 같은 성령강림절 강론을 해 즉시 유명세를 탔다. "말해보십시오. 여러분은 이 인디오들을 무슨 권리로 그토록 잔인하고 무서운 노예 상태에 가두었습니까? 여러분은 무슨 권한으로 평화롭고 평온하게 자기 나라에서 살던 이 사람들을 혐오스러운 전쟁으로 몰아갔습니까? 그들 중 상당수는 결국 여러분이 일으킨 전쟁에 휘말려 예전에는 한 번도 들은 적 없는 살인과 파괴로 절멸됐습니다. 여러분은 왜 그들을 억압해 심신이 지치게 만듭니까? 왜 그들에게 먹을 것을 주지 않습니까? 왜 그들에게 과도한 노동을 부여하고 병이 걸려도 고쳐주지 않습니까? 인디오들은 날마다 금을 마지막 한 개까지 캐다가 갑자기 죽거나 여러분에게 죽임을 당할 뿐입니다. 그렇지 않습니까? 그리고 그들이 신앙을 가지도록 가르침을 받고, 이를 통해 신을 알게 되고, 세례를 받고, 미사곡을 경청하고, 축일과 주일을 지키도록 여러분은 신경이나 썼습니까? 인디오는 인간이 아닙니까? 그들은 이성을 지닌 영혼이 없습니까? 여러분은 자신을 사랑하는 것처럼 그들을 사랑할 의무가 있지 않습니까?" 도미니크 수도사들은 스페인 정복자들의 행동에 몹시 분개해서, 듣도 보도 못한 수단에 손을 뻗쳤다. 즉 노예를 계속 보유하면서 그들을 풀어주겠다는 약속을 하지 않는 스페인인의 고해를 일체 거부했다. 역시 도미니크 수도사인 바르톨로메 데 라스 카사스Bartolomé de Las Casas(1484~1566)는 불쾌하고 혐오스러운 식민지 상황에 매우 충격을 받았고, 이 때문에 인디오의 수호자로 전향했다. 심지어 그는 카를 5세 황제 앞에 나타나 인디오 보호법을 공포하라고 설득하기도 했다. 하지만 반대가 심했기 때문에 인디오 보호법 공포는 오랫동안 실현되지 못했다.

아메리칸 원주민의 권리에 대한 논의로부터 근대 국제법의 토대가 마련됐다. 이는 스페인 역사의 정점으로 평가된다. 프란치스코 데 비토리아Francisco de Vitoria(1483~1546)는 토마스 아퀴나스 사상을 기반으로 근본적인 법 신념을 발전시켰다. "신앙이 없는 것이 진정한 신사가 되는데 방해가 되지는 않는다." 이를 통해 비토리아는 특히 신神법의 관점에서 자신의 소유물을 잃을 수 없다는 신념을 표명했다. 심지어 교황도 야만인과 다른 비신자에 대해서는 세속적인 전권을 행사할 수 없었다. 식민지 이주자는 식민지에서 손님에 어울리는 행동을 해야 했다. 누구도 강제로 세례를 받아서는 안 되며, 오직 복음 설교를 할 권리—요즘 식으로 말하면 의사 표시의 자유—만 주장해야 했다. 하지만 비토리아는 라스 카사스와는 달리, 인간을 제물로 바치는 행위는 강제로 막아야 한다는 견해를 보였다.

스페인 세력 지배권 내에서도 하류층 아메리칸 원주민을 착취하

기독교 콘서트

고 궁핍하게 만드는 경향을 전반적으로 심각하게 인식하지 않을 수 없었다. 이에 대해 역사학자 볼프강 라인하르트Wolfgang Reinhard는 다음과 같이 단언한다. "1542~1573년에 제정된 스페인 입법과 16세기 후반 스페인에서 진행된 신학 토론에서 볼 수 있듯이, 스페인만큼 그렇게 많은 자기비판을 한 식민통치 강대국은 없었다." 그리고 스위스 출신 역사학자 우르스 비털리Urs Bitterli는 다음과 같이 확언한다. "포르투갈이나 훗날 네덜란드, 영국, 프랑스 같은 다른 식민통치 세력은, 스페인만큼 해외 활동 초반 문화 접촉이라는 실제 상황에 지적으로 침투하고, 이를 법적으로 규정하려고 크게 노력하지 않았다." 그래서 피델 카스트로의 초기 지지자였으며, 현재는 반교회주의 자유사상가가 된 로베르토 페르난데스 레타마르Roberto Fernández Retamar는 다음과 같은 결론을 내린다. "스페인 정복은 네덜란드, 프랑스, 영국, 독일, 벨기에, 미국-여기서는 몇몇 유명한 서양 국가를 언급한다-이 벌인 약탈과 구별되는 점이 있다. 스페인은 위엄 있는 다른 경쟁 국가처럼 식민지에서 범죄 행위를 엄청나게 저지르지는 않았다. 오히려 양심의 가책을 느끼고 악행을 자제했다. 물론 이 국가들이 실행한 정복에는 죽음과 파괴는 절대 없었다. 하지만 이들 국가에게는 바르톨로메 데 라스 카사스 같은 남자들은 물론, 도미니크 수도사들이 시작해 16세기 스페인 제국을 뒤흔들었던 정복의 합법성을 둘러싼 내부 논쟁도 없었다."

이러한 결론은 최근 연구 동향과도 일치한다. 그럼에도 불구하고 이 모든 것은 놀랍게도 일반 대중에게 여전히 알려지지 않았다. 왜냐하면 450년이 지난 뒤에도 스페인의 '검은 전설'은 전혀 수그러들지 않고 계속 영향을 끼치고 있기 때문이다. 이 검은 전설은 역사상 가장 지속적으로 이루어지는 역사 왜곡으로 꼽히며, 모든 스페인인을 검은 색으로 물들이고 있다. 이 때문에 실제로는 북미에서 훨씬 더 급진적인 아메리카 원주민 절멸이 일어났지만 이러한 사실은 묵과되고 있다. 프랑스에서 새로 출간된 《기독교의 역사》Geschichte des Christentums는 검은 전설이 "오늘날까지도 스페인 식민 정책을 둘러싼 논쟁을 왜곡시킨다"고 확인한다.

그러는 사이, 1537년 교황 바오로 3세는 인디오가 겪는 비참하고 견디기 힘든 상황에 반기를 드는 결정적인 조치로 '숭고하신 하느님Sublimis Deus이라는 교황 칙령을 공포했다. 이 칙령은 '인디오의 권리 향상을 위한, 마그나 카르타Magna Carta에 필적할 만한 교령'으로 칭송받게 된다. "그렇기 때문에 우리는 다음과 같이 결정하고 선언한다. 기독교인은 앞서 언급한 아메리카 원주민과 다른 모든 민족을 나중에야 알게 됐다. 그러므로 비록 그들은 신앙 밖에서 살더라도, 그들의 자유와 재산에 대한 처분 권한을 박탈당해서는 안 된다. 오히려 그들은 자유와 재산을 합법적이면서도 논쟁의 여지가 없을 정도로 확실하게 획득하고 이용하고 향유해야 한다. 또한 그들을 노예로 삼아서는 안 된다. 여기서 말한 내용을 거역하는 일이 일어난다면, 이는 전부 법적으로 무효이며, 없던 일이다. 그리고 하느님 말씀을 전하고, 선하고 성스러운 삶의 모범을 보이는 방법을 통해서 아메리카 원주민과 다른 민족들이 예수 그리스도를 믿도록 초대해야 한다." 교회는 항상 강제로 세례를 베푸는 것을 거부했다. 스페인에서 '숭고하신 하느님'은 오랫동안 간행이 금지되었지만, 장차 선교사가 되어 전 세계로 파견될 모든 성직자에게는 이 교황 칙령은 대단히 귀중한 의미로 다가왔다.

지칠 줄 모르는 인디오 옹호자 바르톨로메 데 라스 카사스는 매우 깊은 종교적 동기, 심오한 기독교적 동기에 의해 행동에 돌입했다. "그러하오니 주여, 저는 저만의 방식으로 행하여, 서인도제도에 우리 주 예수 그리스도를 전했습니다. 그곳에서 우리 주 예수는 한 번이 아니라 몇 천 번을 채찍질 받으시고, 괴롭힘 당하시고, 매 맞으시고, 십자가에 못 박히셨습니다. 이는 스페인 사람들이 서인도제도에서 저지른 일과 똑같습니다. 그들은 그곳 민족을 진압하고 파괴하고 살던 터전을 아무런 보상 없이 모조리 빼앗고 몰아내 버렸습니다. 그리하여 그곳 민족은 신앙을 갖거나 종부성사를 받지도 못한 채 너무 일찍 죽었습니다. 저는 이에 대한 구제 대책을 마련해달라고 왕실 회의에 여러 차례 간절히 요청했습니다." 해방신학자 구스타보 구티에레즈Gustavo Gutierrez는 이 고백에서 라스 카사스 신학 사상의 핵심을 발견할 수 있고, 이 사상의 뿌리가 복음 중심적이며 영적임을 파악할 수 있다고 설명한다.

8장

계몽주의

인권은 실제로 어디에서 비롯됐으며,
누가 노예를 해방시켰을까?

기독교 종파 간의 싸움과 계몽주의

아메리카 원주민을 둘러싼 논쟁 중에 종교개혁이 단행됐다. 종교개혁은 기독교인과 이교도가 아닌, 기독교 신자와 다른 기독교 신자 사이의 갈등을 촉발했다. 서양에서 대규모 기독교 신자 집단을 두거나 심지어 기독교를 국교로 삼은 국가는 거의 천 년 만에 처음으로 자신과 같은 기독교 신앙을 공유하지 않는 다른 기독교 세력과 접촉하게 됐다. 그렇다면 이러한 상황을 어떻게 다루어야 했을까? 16~17세기에 일어난-그리고 이후에도 계속된-기독교 종파 간의 싸움에서, '허용된 종교'라는 모델은 다시 한 번 갈등을 완화시키는 효과를 발휘했다. 이 '허용된 종교'라는 개념은 그때까지는 외국 종교와의 관계를 설정하는 데 도움이 됐지만, 기독교 종파 간에 싸움이 일어나자 기독교 내부 분쟁을 해결하는 데도 중요한 역할을 했다. 1555년 아우크스부르크 종교회의에서는 국가가 제정하는 '허용이라는 관용'Erlaubnistoleranz이라는 개념을 마련했다. '허용이라는 관용'

은 각 소수 종파 신자들에게 동등한 권리까지는 아니지만 관용을 베푼다는 개념이었다. 당시 뮌스터 주교들인 베른하르트 폰 레스펠트Bernhard von Raesfeld(재위 기간 1557~1566)와 요한 폰 호야Johann von Hoya(재위 기간 1566~1574) 같은 교회 대표자들이 관용을 베풀기 위해 애쓰는 것은 드문 일이 아니었다. 하지만 소수 종파를 계속 비관용적으로 다루는 지역에서는 비밀 종파가 생겼다. 영국과 네덜란드에서의 이른바 비밀 가톨릭파, 루터파가 지배적인 국가에서의 비밀 칼뱅파, 오스트리아에서의 비밀 루터파를 꼽을 수 있다. 후자의 경우 1782년 신성 로마 제국 황제 요제프 2세Joseph II가 비밀 루터파 수천 명에게 신교자유령을 내리기 전까지는 힘들게 버텨야 했다. 이 비밀 루터파는 표면적으로는 일요 미사에 참석해 고해성사를 하고 영성체를 받아 모셨지만, 미사에 참석하기 전에 미리 성경 예배를 드렸고, 견진성사에서 바르는 성유聖油를 '적그리스도의 표징'이라고 여겨 가급적 피했다. 국가에서 제정한 종파에 순응하기 싫은 사람은 북미로 이민을 가서 자신처럼 '영이 요동치는 이들'을 만나 다시 한 번 의기투합할 수 있었다.

30년 전쟁이 일어나자, 특히 초기에는 반反종파 프로파간다가 가톨릭과 프로테스탄트 양 진영에서 엄청나게 강화됐지만, 결국 정치적 동기가 결정적으로 작용했다. 저명한 역사학자 안톤 신들링Anton Schindling은 이 시기에 대해 심지어 다음과 같이 평가했다. "기독교도의 평화Pax christiana는 아주 세분화된 방식으로 이루어지는 양심 토론에서 윤리적으로 온건한 국가이성(자기 목적적 존재인 국가가 국가를 유지·강화하기 위해 지켜야 할 법칙이나 행동 기준. '국시'라고도 한다-옮긴이)과 결합하는 경우가 많았고, 이는 도덕적으로 무절제한 마키아벨리즘을 거부하는 것이었다." 어쨌든 현대 종파 연구자들은 종파 간 분쟁이 좀 더 세분화된 양상으로 일어났다고 보며, 여기에는 심각한 수준의 배척과 단절이 있었음을 부정하지 않는다. 근대사학자 하인츠 실링은 "종교와 교회는 종파주의의 영향 아래에 있었는데, 이 종파주의에는 근대의 변화라는 의제가 포함되어 있었다"고 설명한다. 근대 기독교 종파를 통해 엄격한 규율화가 유럽에 광범위하게 퍼졌고, 이로 인해 교육의 발전이 가능하게 되어 결국 산업화도 촉진할 수 있었다는 것이다. "중세와 비교하면, 근대 유럽인은 포괄적인 의미에서 '다른' 존재가 됐다." 그리고 이 점에 있어서 종파 형성은 지속적으로 긍정적인 효과를 냈다. 이것이 역사 연구자들이 말하는 내용이다. 하지만 기독교 신학의 입장에서 교회 분열은 줄어들 조짐이 보이지 않는 골칫거리로 계속 남았으며, 이는 요한복음서에 나오는 그리스도의 사명과도 위배됐다. "저는 그들 안에 있고 아버지께서는 제 안에 계십니다. 이는 그들이 완전히 하나가 되게 하려는 것입니다. 그리고 아버지께서 저를 보내시고, 또 저를 사랑하셨듯이 그들도 사랑하셨다는 것을 세상이 알게 하려는 것입니다."(요한복음서 17장 23절)

가톨릭 국가와 프로테스탄트 국가 간에 일어난 무력 충돌은 실제로 종파 전쟁은 아니었다. 대부분 정치적 이유는 물론 경제적 원인도 전쟁을 일으키는 결정적인 원동력으로 작용했기 때문이다. 30년 전쟁에서 가톨릭 국가인 프랑스는 대체로 프로테스탄트 영주와 동맹을 맺었고, 심지어 교황은 이러한 동맹에 때때로 공감하고 지지했다. 그럼에도 이 끝없는 투쟁이 지나간 뒤 사람들은 종교 논쟁에 지쳐버렸다. 그래서 이제부터는 기독교와의 연관성이 확실하게 배제된, 사회 및 국가 생활을 위한 공통 기반을 찾으려고 했다. 그리하여 자연법이 다시 한 번 등장해 힘을 얻었다. 자연법은 선과 악이라는 문제는 인간의 일반적인 천성에서 비롯되므로 성경에서 이유나 근거를 찾을 필요는 없다고 본다. 실제로 1789년 프랑스 혁명에서 나온 인권선언을 보면 종교적인 개념이나 내용은 완전히 배제되었다. "인간은 권리에 있어서 자유롭고 평등하게 태어나 생존한다." 이 선언은 프랑스 혁명의 가장 지적인 원동력으로 꼽히는 계몽주의 정신으로 충만했다.

오늘날 심지어 교회 내부에서는 우리가 많은 빛을 지고 있다고 여기는 계몽주의가, 특히 인권이 교회의 전면적이면서도 고식적인 반대와 맞서 싸워 성취해낸 일대 스캔들이었다는 데 널리 의견이 일치할 때가 자주 있다. 하지만 이런 이야기가 과연 사실일까? 계몽된 현대의 학문은 이러한 논제에 대해 뭐라고 말할까?

계몽주의가 등장하게 된 계기는 무엇보다도 지식이 엄청나게 증가했기 때문이다. 아메리카 대륙과 다른 수많은 국가와 민족을 발견함으로써, 돌연 유럽인의 지식 시야가 엄청나게 넓어졌다. 다른 종교들이 시야에 들어오게 됐고, 다른 종교가 존재한다는 사실을 통해 기독교 신앙이 과연 유일한 당위성을 지니는가에 대한 의문이 제기됐다. 또한 천문학 차원에서도 유럽인은 자신들이 세상의 중심이라는 생각을 더 이상 당연하게 여길 수 없었다. 이에 대해 괴테도 다음과 같이 심사숙고해야 했다. "하지만 모든 발견과 신념 중에서 코페르니쿠스의 학설만큼 인간 정신에 엄청난 영향을 끼친 것은 없다. 지구가 둥글고 그 자체로 독립적이라고 인정하자마자, 지구가 우주의 중심이라는 엄청난 특권을 포기해야 했다. 아마도 인류에게 이보다 더 큰 도전은 일어난 적이 없었을 것이다. 왜냐하면 이러한 사실을 인정한다고 해서 모든 것이 안개와 연기 속으로 사라져버리는 것은 아니기 때문이다. 두 번째 낙원, 순수·문학·경건의 세계, 감각의 증언, 시적-종교적 믿음이라는 확신이 있기 때문이다. 당연히 인간은 이 모든 것을 절대 놓아버리려 하지 않는다."

그러나 계몽주의자들은 계속 앞서 나갔다. 새로운 과학적 통찰은 인간의 사고에 영감을 불러일으켰고, 주목할 만한 기술 성과로 이어졌다. 그 결과는 일상생활에까지 영향을 끼쳤다. 1750년에 발명된 피뢰침이 발휘한 효과를 한번 상상해 보라. 그때까지 천둥과 번개는 신의 분노를 가시적으로 드러내는 증거이며, 특히 우레 소리는 신이 징벌하는 행위라고 보았다. 그래서 인간은 기도와 선한 생활태도로 자신을 보호하려 했다. 그러나 이제는 엄청난 악인도 지붕에 피뢰침을 꽂아 구제받을 수 있었다. 무엇보다 낙관적인 진보 사상이 점점 더 활로를 개척하게 됐다. 모든 게 가능해 보였다.

이제 계몽주의가 끌고 들어온 자연법과 관련해, 가톨릭은 프로테스탄트보다는 문제가 훨씬 적었다. 루터 이래로 프로테스탄트는 인간의 천성이란 완전히 부패하고 무능하다고 여겼기 때문이다. 기독교는 고대 자연법을 보편적으로 확장시켰고 효과적으로 시행했지만, 결국 계몽주의 시대에 이르러 자연법은 세속법이라고 선언하게 됐다. 이러한 선언은 오늘날까지도 유효하다. 그래서 국가의 최종적인 세속화는 의심할 여지없이 계몽주의의 위대한 업적 중 하나다. 이 세속화를 통해 유럽 국가는 오랫동안 만연했던, 강제적으로 종파를 가져야 한다는 압박에서 벗어났다.

북미에서는 교회와 국가의 분리로부터 근대적 자유가 생겨났다. 이는 북미에서 처음부터 당연한 것으로 여겨졌기 때문에, 이러한 자유를 절대 반기독교적으로 간주하지 않았다. 덧붙이면 이러한 사실을 통해, 오늘날 미국인에게 종교는 유럽에서보다 훨씬 공개적이고 선입견이 없는 상황인 이유를 알 수 있다. 구대륙에서 이러한 자유를 시행하려면, 많은 국가에서 만연한 강제 종파 의무에 맞서야 하는 경우가 드물지 않았기 때문이다. 종교의 자유는 새로운 자유의 핵심을 차지했다. 복음주의 신학자 프리드리히 빌헬름 그라프^{Friedrich Wilhelm Graf}는 다음과 같이 단언한다. "미국인은 처음부터 국가는 신앙 내용을 해석할 권한이 절대 없으며, 무엇을 믿어야 하는지에 대해서도 독실한 신자보다 더 잘 알 리가 없다고 여기는 게 분명하다."

계몽주의와 더불어 자유로운 양심이라는 개념이 전면에 등장했다. 이 개념은 정부 당국에 잡혀 흔들리기를 거부했다. 장 자크 루소^{Jean-Jacques Rousseau}(1712~1778)는 다음과 같이 외쳤다. "양심이여! 양심이여! 양심은 신이 부여한 본능이다! 하늘에서 들려오는 불멸의 목소리다! 양심은 무지하고 편협하지만, 이성적이고 자유로운 존재를 인도한다! 선과 악을 그릇됨 없이 심판하며, 인간을 신과 닮은 존재로 만든다. 양심이여, 그대는 인간의 천성에 완전함을, 인간의 행동에 도덕을 부여하는구나! 그대가 없다면 나는 마음속에서 짐승보다 나을 게 아무것도 없다고 느끼게 된다. 무질서한 오성과 근본 없는 이성의 도움을 받아, 오류에서 오류로 계속 어긋나고 방황하는 서글픈 특권만 느낄 뿐이다." 이는 계몽주의적인 강조이며, 이미 사도 바오로가 로마인들에게 보낸 편지에도 나온 내용이다. "그들의 양심이 증언하고 그들의 엇갈리는 생각들이 서로 고발하기도 하고 변호하기도 하면서, 그들은 율법에서 요구하는 행위가 자기들의 마음에 쓰여 있음을 보여줍니다."(로마 신자들에게 보낸 서간 2장 15절)

그래서 계몽주의는 기독교가 자체적으로 시동을 걸고 이후로도 계속 진척시킨 과정의 결과이기도 했다. 수도원은 문명·문화·예술을 위해 중요한 역할을 했다. 수도원이 없었다면 계몽주의는 자신의 정신적·지적 원천에 접근하지 못하고 차단되었을 것이다. 왜냐하면 수도원에 소속된 필경사와 사서가 이전 시대인 중세의 사상과 지식을 전부 전했기 때문이다. 자신을 일컬어 "종교와 관련해서는 음치나 다름없다"고 설명한 근대 사회학의 창시자 막스 베버가 보기에, 중세 수도사는 '그 시대에 이성적으로 산 최초의 인간'이었다. 또한 서양 기독교는 이성을 바탕으로 하는 실험 같은 전무후무한 문화적 성취를 이룩했으며, 이러한 업적은 예를 들어 극도로 발전을 이룬 인도 자연과학에서는 전혀 볼 수 없었다는 결론에 도달한 인물도 바로 막스 베버다. 이성을 바탕으로 하는 화학은 서양 이외의 지역에서는 전혀 발전하지 않았다는 것이다. 음표·악기·오케스트라가 딸린, 이성을 바탕으로 하는 화성和聲 음악도 마찬가지다. 베버는 서양의 정치 및 사회 분야도 마찬가지로 전무후무하다고 보았다. 전문 관료제도, 정치 기관인 국가, 마지막으로 자본주의를 보면 알 수 있다는 것이다.

그 밖에도 계몽주의가 오로지 계몽되지 않은 종교에 저항하기 위해서만 등장했다면, 다른 종교가 대세를 이루는 국가에서도 계몽주의가 출현해 종교에 저항하는 사례가 있었을 것이다. 하지만 계몽주의는 오로지 기독교 토양에서만 발생했다. 이는 계몽주의가 이러한 기독교 토양에서 정신적 영양소를 가져왔으며, 이러한 영양소는 다른 어디에서도 찾지 못한다는 것을 암시한다.

그리고 예를 들어 이슬람교의 경우, 실제로 2005년 이스탄불 대학교 이슬람신학대학 학장은 다음과 같이 말했다. "우리는 솔직하게 밝혀야 한다. 무슬림 국가가 21세기를 살아가려면 꼭 필요한데도 불구하고 아직 충분히 계몽되지 못한 상태라는 것을." 아랍 전문가들이 유엔의 위탁을 받아 작성한 〈아랍 인간 개발 보고서〉Arab Human Development Report에 따르면, 1999년 모든 아랍 국가의 국내총생산GDP은 전부 합쳐도 상대적으로 규모가 작은 국가인 스웨덴보다 낮은 것으로 나타났다. 특허 등록과 서적 생산은 미미하고, 과학 분야에 종사하는 인력은 거의 없다. 무엇보다 자유와 민주주의는 저조한 편이다. 알다시피 이 모든 것은 금융 자본이 부족해서가 아니다. 의심의 여지없이 유럽 계몽주의는 지식과 해방의 증대를 야기했고, 이로 인해 유럽은 풍요롭고 인간화된 사회가 되었다. 하지만 계몽주의가 이 모든 것을 혼자 힘으로 만들어낸 것은 아니다.

하느님의 형상 – '인권의 계보학'에 대하여

"하느님께서 말씀하셨다. '우리와 비슷하게 우리 모습으로 사람을 만들자. 그래서 그가 바다의 물고기와 하늘의 새와 집짐승과 온갖 들짐승과 땅을 기어 다니는 온갖 것을 다스리게 하자.'"(창세기 1장 26절)

성경 첫 부분에 등장하는 이 문장으로부터 인권의 역사가 시작된다. 즉 이 하느님의 형상은 모든 인간에 대한 신성한 존경을 요구했고,

그 결과로 이에 상응하는 윤리와 정치도 요구했다. 기독교인은 매우 신속하게 이러한 요구로부터 자신만의 결론을 이끌어냈다. 그래서 교회 초창기 신학자인 교부들은 노예 제도를 비난했다. 대교황 그레고리오는 교의를 통해 자연은 태초에 모든 인간을 평등하게 낳았고 인간의 법이 노예 제도를 도입했을 뿐이지만, 구세주 예수 그리스도를 통해 태초의 자유를 복구했기 때문에 노예 해방은 유익한 행위라고 선언했다. 이미 고대 그리스인이 인간의 평등에 대해 말하기는 했지만, 이러한 논의는 이론의 성격이 더 강했고 실제로 적용되지는 않았다. 고대 그리스 사회는 이론과 현실 사이에 현저한 차이가 있었다. 더욱이 노예 제도는 논의에서 아예 제외된 상황이었다. 고대 로마는 법적·정치적 의미에서 평등이라는 개념이 전혀 존재하지 않았다. 이후 스토아학파 철학이 최초로 평등한 인권을 보다 단호하게 촉구했다. 심지어 세네카(Seneca, 대략 기원후 1~65)는 노예도 엄연히 인간이라고 생각하기는 했지만, 그럼에도 여전히 노예 제도에 근본적인 의문을 제기하지는 않았다. 이 모든 고찰에는 사회를 변화시키겠다는 결정적인 충동이 빠져 있었다. 이러한 충동은 기독교가 등장하고서야 피어올랐다. 기독교는 '모든 인간은 하느님의 형상'이라는 생각을 핵심 신념으로 삼기 때문이다.

그 결과 중세사학자 하르트무트 호프만Hartmut Hoffmann은 카롤링 왕조 시대 상황은 고대 상황과 완전히 달랐다고 설명한다. 카롤링 왕조 시대의 노예는 '주관적 권리'를 지녔다는 것이다. 즉 노예는 더 이상 단순한 물건이 아니라 '사람으로' 인정받았다. 중세 전성기의 예를 들면,《작센 슈피겔》의 저자 아이케 폰 레프고는 하느님의 형상 개념으로부터 노예 제도가 불가능하다고 추론했다. "우리는 하느님의 말씀으로부터 명백하게 알게 됐다. 즉 인간은 하느님의 형상을 지녔고 하느님에게 속해야 한다는 것을. 또 하느님 외에 다른 이가 인간을 (노예 제도를 통해) 소유하는 짓은 하느님에게 대적하는 행위라는 것을." 반면 고대에서 그랬던 것처럼 인간의 존엄성을 하느님의 형상 개념이 아니라 오로지 인간의 천성에 근거를 두려 한다면, 선입견에 지배된 천성 이미지에 부합하지 않는 사람들은 재빠르게 '선천적으로 열등하다'고 평가절하할 수 있다. 고대에는 바로 이런 짓을 특정 사람들에게 했다. 이 특정 사람들을 선천적으로 노예 제도에 어울린다고 여긴 것이다.

독일 땅에서 최초의 중요한 교회법학자로 꼽히는 인물인 보름스의 부르카르트Burchard von Worms(대략 965~1025)는 하느님의 형상이라는 논거를 보편적이라고 여겼다. 또한 이 논거를 유대인과 이교도 같은 비기독교도와 연관시켰다. "그들 중 한 사람을 죽인다면, 이는 하느님의 형상을 따라 만든 존재는 물론 미래에 개종할 수 있는 희망도 말살하는 행위다." 마이스터 에크하르트는 이를 시적으로 표현했다. 그는 '고귀한 사람들'에게서 '각인되어 뿌려진 하느님의 형상'을 보았다. 이 형상은 절대 메워지지 않으며, 인간이 끊임없이 만들어내야 한다는 것이다. 예술가가 대리석 덩어리에서 조각품을 만들어내듯이 말이다. 독일 화가 알브레히트 뒤러Albrecht Dürer(1471~1528)는 1500년부터 자화상을 그렸는데, 자신의 얼굴에 구세주 예수의 풍모, 그러니까 하느님의 형상을 반영시킨 것이 특징이다.

스페인에서 신대륙 문제에 대한 논의가 진행됐을 때, 프란치스코 데 비토리아는 아메리카 원주민을 변호했다. 즉 그들은 하느님의 형상대로 만들어진 인간이므로 식민생활에서 벗어나 독립해야 하고, 또한 그들이 이교도이고 죄를 저질렀다고 해서 이러한 존엄성을 손상시켜서는 안 된다는 것이다. "왜냐하면 인간은 천성에 따라, 즉 대죄로도 잃을 수 없는 천부적인 능력에 따라 하느님과 똑같은 형상으로 만들어진 존재이기 때문이다." 그 밖에도 비토리아는 아메리카 원주민이 이성을 활용할 줄 안다고 인식했다. 또한 이성은 인간에게 특별한 것이기 때문에, 비토리아는 이성에 근거한 국제법을 제정해 인간의 평화로운 공존을 보장했다. 로테르담의 에라스무스는 기독교 특유의 이유를 제시하며 사람을 죽이는 모든 행위에 반대하는 입장을 표명했다. "인간을 절멸시키려 전쟁을 준비하는 자는 감히 그리스도의 피를 흘리게 하는 것이나 마찬가지다. 그리스도는 인간을 위해 목숨을 바쳤고, 그들을 위해 피를 흘렸기 때문이다." 그리고 영국의 시인이자 비타협주의자인 존 밀턴John Milton(1608~1674)은 중세 때는 물론 이후에도 수없이 인용된 다음과 같은 문장을 썼다. "사람을 죽이는 자는 하느님의 형상대로 만들어진 이성적 존재를 죽이는 것이다." 철학자 위르겐 하버마스는 이러한 고려가 "당연히 인권의 계보학에 속한다"고 밝힌다. 이슬람학자 틸만 나겔은 한 걸음 더 나아가 다음과 같이 단언한다. "기독교는 세속 국가와 인권이 출현하기 위한 필수 선행 조건conditio sine qua non이었다."

노예 제도의 폐지와 인권

노예 제도의 역사는 교훈적이고 시사하는 바가 많다. 노예 제도는 이슬람에서 가장 오래 지속됐다. 사우디아라비아의 경우 1963년이 되어서야 서양의 압력으로 마지막 남은 노예 시장을 폐지했다. '아랍 세계에서의 노예 제도'와 관련된 특별조사에서는 다음과 같은 사실이 확인됐다. "이슬람 세계에서 노예 제도에 대해 문제를 제기한 곳은 어디에도 없었다." 아랍에서는 수 세기 동안 몇 백만 명이 노예로 고통받았다.

계몽되지 못한 계몽주의자 - 납작코와 인권

물론 계몽주의자들도 노예 제도로 곤경을 겪었다. 삼권 분립의 선구자인 몽테스키외Montesquieu(1689~1755)는 숭고한 언어로 노예 제도를 비난하면서도 동시에 '흑인 노예'를 영혼이 없는 검은 피부라고, 그들의 노동 없이는 설탕을 생산할 수 없다고 묘사했다. 선도적인 계몽주의자인 몽테스키외는 가장 유명한 대표 저서인《법의 정신》에서 문자 그대로 '최고의 계몽'이라는 의미 차원에서 다음과 같이 설명했다. "그러나 모든 인간은 태어날 때부터 평등하기 때문에, 노예 제도는 자연의 순리에 어긋난다고 해야 한다." 하지만 같은 저서에 나오는 다음과 같은 구절을 보면 말문이 막힐 지경이다. "우리에게 흑인을 노예로 만들 권리가 있는 이유를 대야 한다면, 나는 다음과 같이 말할 것이다. 설탕을 생산하는 농장에서 노예가 경작하지 않는다면 설탕 가격은 너무 비싸질 것이다. 이런 일을 하는 사람들은 머리부터 발끝까지 까만데다 코는 너무 납작해서, 이를 한탄하기가 거의 불가능할 지경이다. 전지전능한 존재인 신이 영혼을, 심지어 선한 영혼을 완전히 새까만 육신에 담는 광경은 도저히 상상할 수 없다. 그래서 피부색이 인간의 본질을 이룬다고 믿는 것은 너무나 당연하다." 사람들은 이 부분을 몽테스키외가 일부러 마련한, 거리를 두는 아이러니라고 여기고 싶어 한다. 하지만 독일 레클람Reclam 출판사에서 출간한《법의 정신》번역본에는 이 단락이 삭제되어 있다는 사실을 유념할 필요가 있다. 이 단락은 계몽주의가 빛의 시대라는 이미지와는 분명 어울리지 않는다. 어디까지나 몽테스키외만의 사례도 아니다. 다른 계몽주의자들이 노예 문제에 대해 한 발언도 오늘날 대중이 잘 모르는 상황이다. 미국의 종교사회학자 로드니 스타크Rodney Stark는 특히 토마스 홉스Thomas Hobbes(1588~1679), 존 로크John Locke(1632~1704), 데이비드 흄David Hume(1711~1776), 미라보 백작comte de Mirabeau(1749~1791), 볼테르가 노예제를 옹호했거나 최소한 어깨를 으쓱하면서 받아들였다고 신랄하게 비판한다. 심지어 조지 워싱턴George Washington과 토마스 제퍼슨Thomas Jefferson 같은 북미 자유주의 창시자들도 노예를 소유했다. 적어도 계몽주의 사상을 집대성한《백과전서》를 편집한 디드로Diderot는 노예 제도 폐지를 확고히 지지했고, 프랑스 혁명 기간에는 두 명의 가톨릭 성직자인 에마뉘엘 조제프 시에예스Emmanuel Joseph Sieyès와 앙리 그레구아르Henri Grégoire가 노예 제도 폐지를 옹호했다. 하지만 전반적인 상황은 매우 미심쩍다. 계몽주의 역사학자 피터 게이Peter Gay에 따르면, 대다수 계몽주의자가 보인 노예 제도에 대한 견해는 '의도는 좋지만 모호한' 경우가 많았다고 한다. 또한 역사학자인 크리스티앙 들라캉파뉴Christian Delacampagne는 노예 제도와 관련해 "인본주의자들은 무관심했고, 철학자들은 침묵했다"고 설명한다. 스토아학파 철학의 평등사상이 고대에 아무런 영향을 끼치지 않았던 것과 마찬가지로, 계몽주의 또한 사회적 충동을 효과적으로 발전시켜 노예 제도를 최종적으로 폐지시키지 못했다. 19세기에 이르러서야 영국과 북미 기독교계의 반대자들이 노예 제도 폐지를 성취했다. 하지만 이후 계몽주의는 치명적인 후퇴로 이어진다. 노예 제도와 관련한 저작을 많이 발표한 로버트 블랙번Robert Blackburn은 다음과 같이 요약한다. "통념과는 달리, 계몽주의는 노예 제도에 별로 적대적이지 않았다. 그러다가 종교적 근거에 바탕을 둔 반박으로 인해 노예 제도가 터무니없어 보이고 당위성까지 약화되자, 인종 인류학이라는 사이비 과학이 강화됐다. 심지어 데이비드 흄, 임마누엘 칸트, 게오르크 헤겔 같은 저명한 지식인들도 때때로 인종과 관련한 고정관념을 이용해 아프리카인을 평가절하했다."

물론 노예 제도는 태곳적부터 모든 문화권에서 통례적으로 실시됐으며, 옛날 사람 중 어느 누구도 오늘날 우리가 노예 제도를 바라보는 관점을 떠올릴 수 없었다는 점을 고려해야 한다. 당시 노예는 소유물이고 물건이었지, 사람 취급을 받지 못했다. 로드니 스타크는 다음과 같이 단언한다. "옛날에 노예 제도는 그 제도를 감당할 수 있는 모든 사회에서는 거의 보편적이었다." 노예 제도는 "피라미드보다도 훨씬 오래됐다. 당시 수메르, 바빌론, 아시리아의 철학자 중에서 노예 제도에 저항한 인물은 한 명도 없다." 함무라비법전의 내용도 대부분 노예와 관련된 것이고, 멀리 떨어진 고대 중국도 '가축 같은 노예'에 익숙했다. 남미와 북미도 마찬가지였다. 위대한 그리스 철학자들도 노예 제도를 비난한 적은 한 번도 없다. 유일한 예외가 있는데 바로 이스라엘이다. 하버드 대학교 교수이자 종교학자인 에프라임 아이작Ephraim Isaak이 지적한 것처럼 '이스라엘의 노예 제도는 고대 다른 어떤 사회보다 훨씬 인도주의적'이었고, 이스라엘 사회의 정서는 전반적으로 '노예 제도에 대해 강한 반감'을 드러냈다.

기독교인과 노예 - 구원의 종교인지를 가늠하는 리트머스 테스트

지금까지 설명한 배경을 통해 기독교가 보여준 가히 혁명적인 태도를 제대로 이해할 수 있다. 사도 바오로가 필리피 신자들에게 보낸 서간에서 말했듯이, 기독교인이 하느님의 아들 예수 그리스도가 스스로 노예의 모습을 받아들였다는 것을, 그리고 인간을 해방시키려 오셨다는 것을 믿는다면, 이러한 믿음은 태고부터 존속해온 노예 제도와 충돌하는 게 당연하다. 사도 바오로의 다음과 같은 말씀은 오늘날 매우 빈번하게 오해를 받고 있다. "형제 여러분, 저마다 부르심을 받았을 때의 상태대로 하느님과 함께 지내십시오."(코린토 신자들에게 보낸 첫째 서간 7장 24절) 하지만 이 말씀은 초기 기독교 신자들의 다소 조급한 기대, 즉 예수 그리스도의 재림이 임박했다고 믿어 의심치 않던 기대를 나타낸 표현일 뿐이었다. 이러한 시각에서 보면 모든 이는 본질적인 것, 즉 예수 그리스도를 향한 내적 회개에 집중해야 하고, 이를 통해 신의 마음에 드는 삶으로 이어져야 한다. 그리고 현세의 삶이라는 외적인 것에 주의를 흐트러뜨려서는 안 된다. 이 말씀이 노예제의 강화를 염두에 둔 게 절대 아니라는 사실은, 위에서 언급한 사도 바오로가 코린토 신자들에게 쓴 서간을 보면 잘 알 수 있다. "하느님께서 값을 치르고 여러분을 속량해 주셨습니다. 사람의 종이 되지 마십시오."(코린토 신자들에게 보낸 첫째 서간 7장 23절) 그 다음 훗날 엄청난 폭발력으로 발전된 구절이 등장한다. "주님 안에서 부르심을 받은 종은 이

기독교 콘서트

미 주님 안에서 해방된 자유인입니다. 마찬가지로 부르심을 받은 자유인은 그리스도의 종입니다."(코린토 신자들에게 보낸 첫째 서간 7장 22절) 이러한 결과로 기독교는 스스로를 노예와 자유민을 위한 구원 및 해방의 종교로 이해한다. 기독교 견해에 따르면, 하느님의 아들 예수 그리스도는 십자가에서의 고통과 죽음을 통해 모든 인간의 죄를 사하고 구원했으므로, 이제 죄를 용서받고 구원과 해방을 얻은 이들은 다른 사람도 자유롭게 해방시켜야 한다. 오늘날 시각에서는 이상하게 들릴지도 모르지만, 예수 그리스도가 이런 방식으로 희생물이 되어 피를 흘리며 맞이한 죽음은 실제로 노예 해방의 신호탄이 된 것이 분명했다. 이후 사도 바오로는 티모테오에게 보낸 첫 번째 서간에서 노예 상인(인신매매를 하는 자―옮긴 이)을 중범죄자라고 일컫는다!(티모테오에게 보낸 첫째 서간 1장 10절) 그 밖에도 루카복음서에는 다음과 같은 예수의 말씀이 있다. "일꾼이 품삯을 받는 것은 당연하다."(루카복음서 10장 7절)

이러한 신약성서 텍스트는 현실에 영향을 끼치는 결과를 낳았다. 이미 기독교 수사학자이자 호교론자인 락탄티우스^{Lactantius}(대략 250~320)는 다음과 같이 공언했다. "인간을 창조하신 하느님은 모든 이가 평등하기를 바라신다. 그분이 보시기에 어느 누구도 노예가 아니고 주인도 아니다. 하느님이 모든 사람의 평등한 아버지라면, 우리 모두는 평등한 권리를 지닌 자녀이기 때문이다." 이후 3세기에는 해방된 노예 여러 명이 교황 직을 수행하기도 했다. 고대사학자 에곤 플라이크는 첫 번째 기독교 세기가 대체로 어땠는지 다음과 같이 밝힌다. "교부신학을 보면, 거의 모든 내용이 인간이 천부적으로 자유롭다는 데 동의한다는 점을 알 수 있다. 노예 제도는 죄악의 결과라고 보는 것이다." 그리고 기독교 신자들은 이러한 생각을 의무로 여기도록 동기를 부여받았다. 자신이 그리스도의 피로 구원받고 죄를 용서받았음을 안 사람들은 서로 '혈맹'을 맺어야 할 의무가 있다고 여겼다.

노예 해방과 죄수 석방은 처음부터 교회의 주요 관심사나 다름없는 경우가 많았다. 카르타고의 시프리안 주교^{Thascius Caecilius Cyprianus}(대략 200~258)는 자기 교구에서 죄수 석방을 위해 쓸 돈으로 10만 세스테르티우스(고대 로마의 화폐 단위 -옮긴이)를 모금했다고 보고했다. 이렇게 기금을 마련한 이유는 예수 그리스도는 '십자가에 못 박혀 피를 흘리며 우리를 구원하셨으므로', 모든 형제의 영혼에 계신 그리스도도 당연히 자유롭게 해야 마땅하기 때문이라는 것이다. 이는 기독교인이 노예 제도에서 다른 이를 해방시키기 위해 자신을 몸값으로 바치는 사례로 제시할 수 있다. 밀라노 대주교 성 암브로시우스는 미사에 쓰는 귀금속을 몸값으로 치르고 죄수를 석방하는 행동이 그리스도를 통한 구원의 행위라고 정당화했다. "나도 죄수를 석방하기 위해 미사용 그릇을 깨뜨리고 녹이는 바람에, 증오로 가득한 비난을 자초한 적이 있다." 그리고 성 암브로시우스가 정당화의 근거로 든 내용은 훗날 중세의 기본 교회법을 집대성한 《그라티아누스 교령집》에 포함되었다. "교회는 금을 보존하기 위해서가 아니라 지출은 물론 필요한 상황에서 도움을 베풀기 위해 소유한다. 거룩한 물건들의 장식은 죄수의 몸값에 쓰이므로, 이것들은 값진 그릇이다." 여기서 더 나아가 아를 대주교 성 케사리우스^{Caesarius}(대략 470~542)는 예전에 자신이 다스리던 도시를 포위했다가 잡힌 적들을 풀어주었다. 성 케사리우스는 포로를 석방한 이유를 다음과 같이 제시했다. "그들 모두가 영성이 충만하고 그리스도의 피로 죄를 씻었기 때문이다."

교회의 보물은 가난한 이를 위한 것이었다. 흔히 중세 예술 작품이 끊임없이 유실되었다고 한탄하는데, 이는 적지 않은 작품이 죄수 몸값을 치르는 데 사용되느라 그렇게 됐다고 설명할 수 있다. 13세기에 메르체다리오 수도회와 트리니타티스 수도회가 창설됐는데, 이 두 수도회는 특히 노예와 죄수를 구하는 데 전념했고, 수 세기에 걸쳐 수천 명의 몸값을 치르고 끔찍한 상황에서 구해냈다. 18세기 말까지 거의 100만 명에 이르는 노예가 자유를 얻었다는 이야기도 있다. 또한 유대인과 무슬림도 자신과 같은 종교를 믿는 이들을 자유롭게 풀어주어야 한다는 의무감을 느꼈지만, 기독교인과 비교하면 그 규모가 턱없이 적었고, 체계적으로 실행하지도 못했다.

기독교인이 노예 해방에 대해 보인 태도는 기독교 신앙의 핵심 교리에서 비롯됐다. 그리고 이는 사회적으로 광범위한 결과를 초래했다. 그래서 카롤링 왕조 시대에 설교자로 활동한 오세르의 에이릭^{Heiric} d'Auxerre은 다음과 같이 부르짖을 수 있었다. "모든 기독교인은 우리의 형제입니다. 예수 그리스도가 흘리신 피의 대가로 죄를 용서받고, 세례를 통해 거듭나고, 어머니 교회의 품에서 자라고, 천국이라는 조국 땅에 똑같이 부름을 받은 형제입니다." 이는 당시 신분제가 철저히 유지되던 사회에서는 아주 위험할 정도로 혁명적인 발언이었다. 여성 노예가 처했던 상황을 특별히 다룬 연구에 따르면, 기독교 쪽에서는 동반자 관계를 바탕으로 한 결혼을 적극 장려했는데, 이는 오랫동안 지속되어온 노예 제도를 근본적으로 극복하는 데 커다란 기여를 했다고 한다. 자유롭지 못한 남성과 여성이 사회에서 억압받는 위치에 있음을 고려하면, "카롤링 왕조 시대에는 양쪽 모두 똑같이 상승된 수준의 자유를 누렸다. 왜냐하면 기독교 교회 법률의 시각에서는 둘 다 완전한 자유인이라고 여겼기 때문이다." 교황 하드리아노 4세^{Hadrianus}^{IV}(대략 1110~1159)는 부자유한 신분의 사람들이 주인의 동의 없이도 결혼을 할 수 있다고 공포했다. 교회법학자와 신학자는 부자유한 신분의 사람들이 자기 주인의 뜻과 맞지 않더라도 자유롭게 결혼할 권리가 있다는 점을 항상 강조했다. 그렇기 때문에 기독교가 누구나 자유롭게 결혼에 동의해야 한다고 여기는 시각은 그 자체로 엄청나게 해방을 추구하는 효과가 있었다. 그럼에도 젊은 남성과 여성은 수 세기에 걸쳐 통치 세력의 반대에 맞서 싸운 뒤에야 이러한 권리를 쟁취할 수 있었다. 물론 이러한 투쟁은 기독교 교리를 기반으로 했다. 로드니 스타크는 '교회가 성체성사 대상을 모든 노예에게도 확대했기 때문에' 중세 유럽에서 노예 제도가 끝났다고 파악한다.

심지어 세속법인 《작센 법전》도 기독교가 내세운 논거를 활용한다. "신은 자신의 형상대로 인간을 만들었고, 순교를 통해 모든 인류를 구원했다. 가난한 사람도 부자만큼이나 신에게 가까이 있다. 율법이 처음 제정됐을 때 짐꾼이나 하인 같은 건 없었다. 그때는 모든 인간이 자유로웠다." 심지어 마르크스주의 중세사학자인 프란티셰크 그라우스^{František Graus}도 중세에는 특히 종교적 이유가 있었다고 본다. 즉 예수 그리스도는 모든 인간을 위해 십자가에서 돌아가심으로써 "모든 인간이 신 앞에서 평등하다는 점을 강조하고, 모든 차이는 부차적이며 결국 중요하지 않다는 것을 선언한다."

13세기 유럽에서 고대 그리스 철학자 아리스토텔레스의 저작이 다시 부각됐다. 그런데 이때 처음에는 노예 해방 논의가 오히려 지장을 받았다. 아리스토텔레스는 노예 제도가 천부적인 것이라고 여겼기 때문이다. 그럼에도 예를 들어 중세의 가장 위대한 사상가로 꼽히는 도미니크 수도사 토마스 아퀴나스는 아리스토텔레스의 시각을 이어받지 않았고, 농노 제도라는 중세 개념을 받아들였다. 이 농노 제도는 노예 제도와는 달리 인간의 물건 소유권에 개입하지 않았다. 주인은 농노가 먹고 자는 것은 물론 결혼도 제약할 수 없었다. 프란치스코 수도회 수도사이자 철학자인 둔스 스코투스Duns Scotus(대략 1266~1308)는 노예 제도에 훨씬 단호한 반대 입장을 보였다. 1435년 교황 에우제니오 4세는 '예수 그리스도가 흘리신 피를 위하여' 스페인 난사로테 섬의 노예 주민을 지체 없이 해방하라고 명령했다. 그러지 않을 경우 노예 소유주를 가톨릭교회에서 파문시킬 것이라고 했다. 훗날 로테르담의 에라스무스도 마찬가지로 오로지 종교적 논거만을 활용해 젊은 황제 카를 5세에게 경고했다. "예수 그리스도께서 자신의 피로 구원한 사람들을, 누구나 공동으로 누릴 수 있도록 자유를 부여한 사람들을, 카를 황제 폐하와 똑같이 성체를 받아 모시고 폐하와 함께 영생의 지배를 받도록 부르심 받은 사람들을 노예로 삼는다면 이 얼마나 부조리합니까." 이렇게 기독교 메시지에 자유와 해방을 추구하는 성향이 담겨 있음이 분명하게 드러났다. 특히 이러한 성향은 16세기 농민전쟁에서 반란을 일으킨 농민들에게 뚜렷하게 나타났다. 이때 농민들은 다음과 같이 봉건영주들을 비난했다. "그들은 우리를 농노로 부려 먹는다. 이는 예수 그리스도께서 고귀한 피로 모든 사람을 구원하고 속량하셨음을 헤아리면, 너무나 측은한 일이 아닐 수 없다."

그 밖에도 기독교가 중세 초기에 일으킨 노예 해방과 관련된 논쟁은 대단한 성공을 거두었다. 고대 후기는 물론 그 뒤를 잇는 게르만 야만인 제국은 노예 소유제를 계속 유지한 사회였다. 하지만 프랑스 중세사학자 스테판 레베크Stéphane Lebecq가 단언했듯이, 이미 카롤링 왕조 시대인 8세기와 9세기는 '근본적으로 다른 생각'이 제시됐다. 이전에 노예였던 사람들은 이제는 가족을 꾸리고 토지 딸린 집을 소유하고 상속할 수 있는 농노가 되었다. 그래서 로드니 스타크는 다음과 같은 결론을 내린다. 중세의 농부는 "노예가 아니었다. 그리고 이 야만적인 제도는 10세기 말 유럽에서 근본적으로 사라졌다." 이 밖에도 중세에서는 일반적으로 전쟁포로도 더 이상 노예로 삼을 수 없었다. 1179년 제3차 라테라노 공의회에서는 '로마 또는 다른 국가의 기독교인을 포로로 잡거나 약탈하는 사람'은 모조리 파문했다. 그렇지만 이러한 생각은 머지않아 혼탁해진다. 십자군이 성지에서 노예를 대하는 무슬림의 태도를 목격하고 강한 인상을 받았기 때문이다. 그리하여 십자군 원정 참가자가 노예를 소유하는 풍조가 계속 힘을 얻었다. 십자군이 무슬림을 노예로 여기고 소유하는 상황이 전개되자, 그동안 주변 무슬림 이웃과의 평화로웠던 관계는 금이 갔다.

그래서 중세 이후 유럽에서 노예 시장은 최종적으로 사라지기는 했지만, 그럼에도 노예 제도는 무슬림 세계와의 접촉을 통해 존속됐다. 십자군 원정이라는 군사 충돌의 결과로 무슬림 노예는 근대 초기, 특히 지중해 연안에서 상당한 역할을 했다. 이러한 형태의 노예제는 18세기 말까지 계속됐다. 하지만《옥스퍼드 역사 안내서 세계의 노예 제도 편》Oxford Historical Guide to World Slavery은 다음과 같이 확언한다. "유럽은 노예 제도에 저항하는 윤리 혁명이 일어날 거라고 예측할 만한 장소가 됐다."

최저점 - 대서양횡단 노예무역

하지만 이후 노예 제도는 최저점에 이르렀다. 바로 대서양을 횡단하며 아프리카인을 노예로 판 무역 활동이다. 아메리카 원주민의 노예화를 열렬히 반대했던 바르톨로메 데 라스 카사스는 아메리카 원주민의 부담을 덜기 위해 아프리카에서 노동력을 수입할 수 있다는 가능성을 언급한 적이 있지만, 결국 이런 견해를 몹시 후회했다. 그러나 이후에 일어난 일은 가히 상상을 초월한다. 1500년부터 1800년까지 1천만 명 이상의 사하라 남쪽에 사는 아프리카인이 노예로 유럽 강국에 팔렸다. 이들은 배를 타고 비인간적인 조건에 시달리며 대서양을 건넜다. 유럽 경제 강국의 만족할 줄 모르는 탐욕을 먹고 자란 노예무역은 오래전에 극복했다고 여기던 시대로 다시 돌아간 경악스러운 징표였다. 당연히 이런 과도한 만행은 기독교 선교에 치명적인 영향을 끼쳤다. 교황들은 계속 노예 제도를 엄하게 꾸짖었지만, 처음에는 아프리카인을 명확하게 언급하지 않았다. 교황 우르바노 8세Urban VIII(대략 1568~1644)는 모든 가톨릭 성직자, 수도사, 평신도가 '이른바 아메리카 원주민을 노예로 삼는 행위, 그들을 사고 파는 행위, 그들의 아내와 이별시키는 행위, 그들의 소유물과 재화를 약탈하는 행위, 그들을 다른 장소로 이주시키는 행위'를 엄격하게 금지했고, 이를 어길 경우 파문에 처하겠다고 위협했다. 1680년에 이르러 로마에서는 종교재판을 통해 노예무역을 비난하는 일이 다시 일어났다. 그런데 이러한 교회의 개입은 별로 효과를 거두지 못했다. 노예무역은 전반적으로 은밀하게 이루어지는 비즈니스였다. 사람들은 다음과 같은 슬로건으로 노예무역을 정당화했다. "해외에서 온 '흑인 노예'가 없으면 설탕을 생산할 수 없다." 이 슬로건은 이후 몽테스키외가 무책임하게 퍼뜨리기도 했다.

이번에는 주류 대형 교회가 아니라 국교를 반대하는 북미와 영국 기독교인, 그리고 퀘이커교도와 그리스도 재림론자 같은 공동체가 노예제를 완전히 철퇴해야 한다고 나섰다. 이들 기독교 공동체는 노예 제도 철폐의 논거를 자연법에서 끌어오지 않았다. 오히려 기독교 특유의 구원·속죄 교리에서, 예수 그리스도를 통해 실현된 속량이라는 소명 의식에서 논거를 끌어왔다. 그 결과로 자신의 구원은 물론 다른 사람의 해방도 필요하다는 입장이었다. 로드니 스타크는 다음과 같이 강조한다. "노예 제도 종식 요구를 명시적으로 제의한 곳은 세속 클럽이나 조직이 아니라 일차적으로 교회였으며, 지역 공동체인 경우도 많았다." 이러한 기독교 운동의 결과로 영국에서는 1807년, 미국에서는 1808년에 노예무역이 금지됐다. 그리고 19세기 말에는 노예 소유도 완전히 불법화됐다. 물론 미국에서는 노예 소유를 둘러싼 여러 다양한 견해가 계기가 되어 결국 파괴적인 내전으로 치달은 남북전쟁이 일어나기는 했다. 반면 혁명기의 프랑스에서는 노예 제도와 관련해 완전히 효과가 없는 것으로 입증됐다. 그러는 사이에 교황들은 다시 목소리를 높였다. 1839년 교황 그레고리오 16세는 노예무역을 비난했는데, 이제는 아프리카인을 확실하게 언급했다. 1888년 교황 레오 13세는 브라질에서 노예 제도가 종식된 데에 대해 기쁨을 표명했다.

노예 제도는 하느님의 형상대로 만들어졌다는 교리와 자신의 구원을 위해 다른 이의 구원도 강화해야 한다는 생각 등의 종교적 동기로 인해 결국 무력화됐다. 신약성경이 제시하는 전형적인 사상, 즉 하느님의 아들인 예수 그리스도 자신이 인류를 구원하고 해방하기 위해 노예의 형상을 받아들였다는 구원종교의 면모 또한 노예 해방에 효과를 발휘했다. 심지어는 노예가 완전한 해방을 맞이하는 데 결정적인 동기로 작용했다. 그래서 로드니 스타크는 다음과 같이 설명한다. "기독교는 윤리적 차원에서 노예 제도를 반대하는 양상을 발전시켜 나갔다는 점에서 독특하다."

하버드 대학교 교수이자 사회학자인 올랜도 패터슨Orlando Patterson은 다음과 같이 요약한다. "구원자 예수 그리스도가 십자가에 못 박혀 죽은 희생자가 됨으로써, 인류는 구원받았을 뿐만 아니라 영적 노예 상태와 원죄의 저주에서 해방되었다. 그래서 기독교는 자신이 추구하는 지극히 높은 종교적 목표가 자유라고 선언한 최초이자 유일한 종교가 되었다." 기독교가 이런 태도를 취하는 이유는 '인류를 해방하기 위해 자기 아들을 파견한' 신을 믿기 때문이다. 이러한 의미에서 보면 유대교도, 이슬람교도 구원의 종교가 아니다. 그렇기 때문에 로드니 스타크는 다음과 같이 강조한다. "3대 유일신교(기독교, 유대교, 이슬람교- 옮긴이)를 포함한 모든 세계 종교 중에서, 유일하게 기독교만 노예화는 죄이며 폐지되어야 한다는 생각을 발전시켰다." 결국 종교사회학자 한스 요아스Hans Joas는 다음과 같이 냉정하게 단언한다. "종교적 열의를 바탕으로 추진된 것은 종교의 자유 확립뿐만이 아니었다. 18세기 인권선언이나 노예제 폐지 투쟁 또한 종교적 열의를 바탕으로 추진됐다. 인권선언과 노예제 폐지 투쟁 모두 거슬러 올라가면, 오로지 계몽주의적 충동에서만 비롯된 게 아니다." 심지어 통념과는 달리, 계몽주의의 비중은 상당히 적었다는 것이다.

계몽주의의 그림자 - 혁명의 희생자들

누구나 계몽주의가 관용이라는 개념을 보장하고 증진했다고 생각할 게 분명하다. 하지만 볼테르가 외친 전투 구호인 "흉악스러운 것들(교회)을 분쇄하라!"Écrasez l'infâme!는 결코 온건한 비폭력을 표방하는 것이 아니다. 하버마스의 제자인 라이너 포르스트는 "무신론자뿐만 아니라 계몽주의의 길을 가로막을 잠재성이 있는 사람들도 국가 차원의 관용에서 배제시키려 했던 인물이 하필이면 볼테르였다"고 지적한다. 그래서 계몽된 국가는 강제 종파 의무에서 막 해방되었고 누구에게도, 어떤 것에도 더 이상 종교를 정당화할 필요가 없게 됐지만, 이제는 관용의 강박에 빠질 위험에 놓였다. 여기서 라이너 포르스트는 글자 그대로 '관용의 광신주의'에 대해 말한다. 계몽주의자들의 '성경'으로 일컬어지는 《백과전서》에서는 '관용'이라는 개념을 다음과 같이 상술한다. "아시아나 신대륙의 영주가 기독교 개종을 목표로 처음 파견된 선교사를 교수형에 처했다고 해서 어떻게 그들을 비난할 수 있을까?" 상당수 계몽주의자에 의해 이제 국가는 예전 종파가 강제하던 시절 못지않게 종교에 엄격한 태도를 보이게 됐다. 장 자크 루소는 다음과 같이 말했다. "그래서 순수한 시민들의 신앙고백이 있는 것이다. 이러한 교의를 공공연히 인정하면서도 마치 믿지 않는 것처럼 행동하는 사람은 사형에 처해야 한다." 그런데 루소는 가톨릭이 최악의 종교라고 보았는데, 가톨릭이 국가 주권을 분열시키고 사람들을 두 가지 상이한 유형의 입법, 즉 국가법과 교회법에 동시에 종속시키게 하기 때문이라고 했다. 그래서 이제 곳곳에서 '계몽된' 국가들이 기독교 종파에 대해 분노했다. 프리드리히 대왕Friedrich der Große은 단지 탈영병을 사면해주었다는 이유만으로 군목軍牧을 교수형에 처하기도 했다. 역사학자 하르트무트 레만Hartmut Lehmann은 자신의 고향인 뷔르템베르크의 세속화에 대해 다음과 같이 설명한다. "1803년 이후 몇 년 동안 뷔르템베르크 왕국에는 종교의 자유가 없었다. 오히려 정부는 어떤 형태로, 자세히 말하면 어떤 방식으로 가톨릭 신앙을 실천할지 결정했다. 프로테스탄트도 상황이 나을 것은 없었다. 수많은 독실한 개신교인이 새롭게 계몽된 교회 정책 명령에 따르지 않았다가 박해받고, 심지어 일부는 감옥에 갇히기도 했다."

계몽주의자들이 유대인과 무슬림에 대해 발언한 것 또한 관용과는 거리가 멀다. 최근 실시한 연구는 볼테르를 비판한다. 볼테르는 '세속적 반유대주의를 표방하는 수사학의 특성'을 마련했고, 이슬람에 대해서는 '경탄할 만한 수준의 경멸'만 퍼부었기 때문이다. 여러 차례 수상 경력이 있는 역사학자 라인하르트 코젤렉Reinhart Koselleck은 계몽주의가 근대의 관용을 만들어냈다는 주장에 대해 '눈물겹도록 낙관적인 발언'이라고 여긴다. 그리고 마지막으로 철학자 헤르만 뤼베Hermann Lübbe는 다음과 같이 설명한다. "궁극적으로 프랑스 혁명 후기의 공포시대는 죽음을 통한 사회 정화를 의도했다. 여기서 '정화'는 계몽주의 정신에 근거해 근대 대량 살상을 정당화한, 근대 특유의 원칙이기 때문이다." 계몽주의가 첫 번째로 바랐던 목표인 관용과 인도주의는, 계몽주의 스스로가 보인 비관용과 광신주의 때문에 부분적으로 다시 묻혀버리고 말았다. 결국 현대 역사학자들은 "프랑스 혁명사에서 공포 시대는 계몽주의에서 나온 것이다"라는 경악할 만한 결론에 도달한다.

이 점에 있어 최근에 진행된 연구에서도 답답한 결과가 나왔다. 프랑스 혁명사 연구 권위자인 역사학자 미셸 보벨^{Michel Vovelle}은 다음과 같이 설명한다. "공포정치(1793년 6월부터 1794년 7월까지) 기간만 해도 공식·약식 처형이 5만 건이나 진행됐다. 이는 프랑스 국민의 약 0.2%가 살해당했다는 것을 의미한다." 13개월 동안 지속된 공포정치에서 처형당한 사람 수는 400년 동안 유럽 전역에서 마녀 박해로 희생된 총인원 수와 같다. 또한 350년 동안 스페인 종교재판에서 희생된 전체 사람 수보다 10배나 많다. 그리고 이 13개월의 기간이 지난 뒤에도, 아울러 파리 이외의 지역에서도 희생자가 훨씬 많이 발생했다. 예를 들어 반혁명세가 강했던 지역인 방데^{Vendée}에서는 혁명파인 해골단^{têtes de morts}이 미친 듯이 날뛰는 바람에 이 지역 인구의 15%(815,029명 중 117,257명)가 목숨을 잃었고, 전체 가구 중 20%(53,273채 중 10,309채)가 완전히 파괴됐다.

9장

19세기 교회

대량 학살 이후의 기독교

교황 또한 인간일 뿐

1832년, 교황 그레고리오 16세는 이탈리아어 억양을 가득 담아 '인권은 미친 짓'이라고 선언했다. 오늘날 우리가 보기에 이 발언은 미친 짓이며 스캔들이라고 할 만하다. 어떻게 이런 일이 일어날 수 있었을까? 불과 1백 년도 지나지 않은 옛 시절만 해도, 자유주의 성향의 교황 베네딕토 14세는 볼테르와 우호적인 서신을 주고받는 사이였다. 볼테르도 편지에 아첨하는 문구를 아끼지 않으며 교황에게 존경을 표했다. 이 계몽된 교황은 그레고리오 16세가 했던 선언 같은 건 입도 뻥긋하지 않았을 것이다. 수 세기 동안 기독교 신학자들은 인간이 양심에 따라 결정할 자유가 있다고 선언했다. 심지어 중세 교황들은 시민이 이탈리아 영주와 귀족에게 맞서 민주주의 성향을 키우도록 장려했던 것으로 인정받고 있다.

물론 그레고리오 16세가 프랑스 혁명의 인권선언을 최초로 거부한 교황은 아니다. 이미 1791년에 교황 비오 6세는 평등과 자유에 대한 혁명 선언을 두고 "말도 안 된다"며 단호한 입장을 표명했다. 또한 '진정으로 터무니없는 언동'이라고 폄하하기도 했다. 하지만 프랑스 혁명 선언에서 나온, 그리고 오늘날 우리가 아주 당연하게 여기는 '국민 주권'이라는 개념은 당시에는 엄청나게 새로운 사상이었다는 점을 유념할 필요가 있다. 정부 당국은 신의 은총을 기반으로 모든 세계를 통치했다. 단, 여기서 막 새롭게 건국되어 반항적이었던 데다 멀리 떨어져 있던 미국은 예외였다. 그리고 프랑스 혁명 당시 혁명 주체 세력은 잔인한 방법도 불사했다. 때문에 사회 전반에 공포 분위기를 일으켰다. 국왕 루이 16세와 그의 가족들이 파리로 강제 압송될 때, 왕실 마차 앞에는 경호원 두 명의 잘린 머리가 실려 있었다. 게다가 계몽주의 철학자 임마누엘 칸트조차 오로지 개인에게만 바탕을 둔 인권에 대해 의구심을 품은 게 확실했다. 왜냐하면 철학자 오트프리트 회페 Otfried Höffe가 지적했듯이, 칸트가 생각하는 인간의 존엄성이란 "제일 먼저 우리가 자신의 도덕적 성취를 통해 입증해야 하는 것이지, 다른 사람에게 우리를 인정해 달라고 요구하는 것이 아니"기 때문이다. 교황 비오 6세의 논증도 이와 매우 유사하다. "덧붙여 말하면, 인간은 자신의 의지대로 창조된 개인일 뿐만 아니라 이웃을 위해 살고 그들에게 도움을 주는 존재라는 사실을 과연 무시할 수 있을까? 인간은 타고난 약점이 있기 때문에, 상부상조의 정신을 유지할 필요가 있다. 이를 위해 인간은 신으로부터 이성은 물론 언어도 받았다. 인간은 이성과 언어를 통해 도움을 간청하고, 도움을 요청한 이를 도울 수 있다." 여기서 억제되지 않은 무한대 개인주의가 지닌 위험성은 물론 재산에 사회적 의무를 부여하라는 오늘날까지도 계속되고 있는 새로운 논쟁

거리가 등장했다. 하지만 결국 교황은 "국왕도 승인할 수 있는 새로운 민법에 이의를 제기하려는 의도는 아니었다. 이 새로운 민법은 세속 정부 영역에 속하기 때문이다"라고 선언하며 다소 삼가고 완화된 입장을 보였다. 따라서 교황은 앙시엥 레짐^{ancien régime}(프랑스 혁명 때 타도의 대상이 되었던 절대 왕정 체제. 구제도라고도 한다 – 옮긴이)을 다시 도입하는 것 또한 지지하고 싶지 않다고 강조했다.

혁명가들의 폭력적인 행동은 교황이 격렬한 반응을 보이는 데 결정적인 영향을 미쳤다. 그리고 머지않아 비오 6세 자신도 이러한 폭력을 몸소 느껴야 했다. 교황이 위에 언급한 선언을 하고 5년 뒤(1796년 – 옮긴이) 혁명군이 로마를 점령했다. 또한 그로부터 2년 후, 비오 6세는 나폴레옹에 의해 감옥에 갇히는 신세가 됐다. 1799년, 81세의 고령이었던 비오 6세는 남프랑스 발랑스의 작은 성채에서 구금 상태에 있다가 세상을 떠났다. 베네치아에서 선출된 후계자 비오 7세도 나폴레옹에게 잡혀 감금 생활을 했다. 이후 빈 회의가 교황 직을 유럽 국가의 자유를 좀 더 확보하기 위한 전제조건으로 여기고 교황의 세속 통치를 복구하고 나서야, 비로소 비오 7세는 교황령을 회복할 수 있었다. 그래서 프랑스 혁명의 주요 기치인 인권사상이 19세기 전반 유럽 전역에서 신뢰가 떨어진 이유는, 무엇보다 혁명이라는 무시무시한 사건이 일어난 기간에 인간을 멸시하는 살의^{殺意}가 만연했기 때문이다. 감옥에 갇혔던 교황들의 후계자들 또한 마찬가지로 경멸의 시선을 보냈다.

그럼에도 교회는 인권선언에 대해 처음부터 계속 긍정적인 반응을 보였다. 1789년 국민의회에 참여한 성직자들은 전혀 반대 의사를 보이지 않았다. 마르크스주의 역사학자 알베르 소불^(Albert Soboul)이 설명하듯이, 국민의회에 참여한 291명의 성직자 대표 중에서 "200명 이상이 개혁에 대해 열린 태도를 보이는 사제와 자유주의 성향의 성직자였다." 그래서 성직자들은 특권 포기는 물론 다음과 같은 내용의 인권선언에 대해서도 찬성하는 투표를 했다. "1조_인간은 자유롭고 평등한 권리를 지니고 태어나서 살아간다. ……10조_어느 누구도 자기가 한 발언이 법에 의해 확립된 공공질서를 어지럽히지 않는 한, 종교적 입장을 포함해 자신의 견해를 밝히는 행위가 방해를 받아서는 안 된다. 11조_사상과 의견의 자유로운 소통은 인간의 가장 소중한 권리 중 하나다. 그러므로 모든 시민은 자유롭게 의견을 말하고 글을 쓰고 출판할 수 있다. 하지만 법에 규정된 경우에는 이러한 자유를 남용한 데 대해 책임을 져야 한다."

하지만, 국민의회에 참여한 성직자 중 가장 진보적인 인물로 꼽히는 그레구와르 사제^(Abbé Grégoire)는 인간 본연의 자유를 억제할 의무가 없다면 사회적 유대란 존재할 수 없다는 비판적인 견해를 보였다. 이러한 견해는 임마누엘 칸트의 사상과 같은 노선을 타고 있다.

공교롭게도, 교황 비오 6세가 거칠고 가혹한 선언을 하자 하필 프랑스 주교들이 즉시 등을 돌렸다. "우리는 세습군주제에서 벗어나 공공의 자유를 구현하는 진정한 왕국을 건설하기를 소망했다. 또 우리는 천부적인 평등을, 어떠한 시민도 배제되지 않고 그들이 자신의 재능과 미덕을 섭리로 삼고 부름을 받아 평등의 장에 참여할 수 있다는 사실을 흔쾌히 인정했다. 정치적 평등은 다양한 정부 형태에 따라 확대되거나 제한될 수 있다. 그리고 우리는 이렇게 다소 광대한 문제에 대한 우리의 견해를 모든 시민의 견해와 마찬가지로 자유롭게 밝힐 거라고 믿었다. 심지어 하느님조차 이 문제를 인간들 간의 의견 교환 및 논쟁에 맡기겠다는 뜻을 내보이신다." 가톨릭교회는 이른바 '교황교회'가 아니다.

가톨릭 신자는 교황의 말씀대로 따르지 않는다

또한 가톨릭 신자들은 1830년 벨기에 혁명 때에도 교황 비오 6세의 편을 들지 않았다. 그들은 자유주의자들과 동맹을 맺었고 오늘날까지도 유효한, 모든 근·현대 자유를 포괄하는 헌법을 공동으로 만들었다. 마찬가지로 독일 가톨릭 신자들도 자신뿐만이 아니라 모든 이를 위해 '벨기에와 똑같은 자유'를 원했다. 즉 새로운 자유는 아니지만, 헌법에 보장된 자유를 원했다. 벨기에·아일랜드·폴란드는 가톨릭 국가였고, 당시 가톨릭교는 다양한 방식으로 이들 국가의 해방에 영향을 끼쳤다. 특히 민족자결권 같은 근대 자유주의 차원에서 매우 관련이 깊다. 그런데 이것은 종교의 자유를 위한 옹호라는 의미도 있었다. 교황 그레고리오 16세는 자유주의적 자유를 미친 짓이라고 여겼지만, 그가 사망하자마자 독일 비오회는 즉시 이러한 자유를 요구했다. 이 단체는 자유주의 성향의 새 교황 비오 9세의 이름을 땄다. 1848년 혁명에 즈음해 마인츠 주교는 마인츠 대성당에서 감사 미사를 장엄하게 집전했다. 또한 훗날 마인츠 주교가 된 빌헬름 엠마누엘 폰 케텔러Wilhelm Emmanuel von Ketteler(1811~1877)는 국민의 의지를 대변했다. "국민, 국민을 이루는 개인은 법적 주체로, 그 자체로 법적 존재감을 지닌다. 그러나 국가, 국가가 지닌 입법·행정 권한은 국민으로부터 전권을 위임받았을 뿐이다." 프랑크푸르트 헌법에서 유명한 조항으로 꼽히는 종교의 자유 역시, 가톨릭계 의원들의 연합 단체인 가톨릭 클럽의 적극적인 후원을 받아 들어갔다. 이와 대조적으로 프로테스탄트 교회사학자인 쿠르트 노박^{Kurt Nowak}이 확언했듯이 "개신교인은 자유주의의 열망과 요구로부터 개혁이라는 유산을 볼 수 있었음에도, 전반적으로 무기력한 모습을 보였다. 반면 가톨릭교는 아주 당연하다는 듯이 정치라는 새로운 도구를 적극 활용했다." 19세기와 관련해 대단한 전문가로 꼽히는 역사학자 토마스 니퍼다이^{Thomas Nipperdey}는 혁명의 해였던 1848년에 대해 다음과 같이 확언한다. "……그런데 가톨릭이 전개한 운동은 자유와 해방을 추구한 운동이었다. 가톨릭을 믿는 벨기에·아일랜드·폴란드 국민이 벌인 자유를 얻기 위한 투쟁은 독일에서도 엄청난 반향을 일으켰다. 그리하여 가톨릭과 자유주의가 실용적으로 결합하는 결과가 나왔다. 자유주의가 요구하는 집회·결사·언론의 자유, 국가 권력의 제한, 자치 및 법치국가, 헌법은 가톨릭 신자도 제기할 수 있었다. 이러한 요구는 교회 내부 정치 투쟁에 잠재적으로 쓸모가 있을 뿐만 아니라, 바로 여기서 가톨릭 자연법 사상의 기초를 세우고 정당화할 수 있었기 때문이다. 가톨릭과 반프로이센 성향이 강했던 라인 지역 시민들은 헌법 정치에 관심을 둔 것으로 보아 다분히 자유주의적이었다." 니퍼다이에 따르면, 특히 '반교권주의와 저급한 무신론'이 이러한 자유주의적 입장과 싸움을 벌였다. 1862년 케텔러 주교는 오랜 가톨릭 전통, 토마스 아퀴나스, 후기 스콜라철학에 근거해 종교의 완전한 자유를 계속 옹호했다.

하지만 이후 교황 비오 9세는 1864년에 《오류목록》^{Syllabus}을 간행했다. 이는 가톨릭이 거부해야 할 오류를 망라한 리스트로, 민주주의 자유권을 다시 맹렬하게 반대하는 내용이 포함됐다. 어떻게 이런 일이 일어났을까? 1846년, 젊은 추기경이었던 비오 9세는 교황이 됐고, 당시에는 자유주의 성향을 지닌 유망주로 꼽혔다. 그러나 1848년 로마 혁명은 고삐 풀린 폭력 행위로 변질됐다. 교황청 수상이 살해됐고, 교황령은 공화국으로 선포됐다. 교황은 야음을 틈타 변장을 한 채 나폴리 왕국으로 도주해야 했다. 이 사건으로 비오 9세는 분명 극도의 혼란에 빠졌고, 자유주의 사상을 급진적으로 바꾸는 상황으로 이어졌다. 그래서 비오 9세는 자신의 전임자들, 특히 비오 6세와 그레고리오 16세가 걸었던 노선으로 선회했다. 그리고 이러한 교황의 입장은 32년이라는 오랜 시간 동안 가톨릭교회를 다스리면서도 절대 바뀌지 않았다.

1878년이 되어서야 새로운 교황이 선출됐다. 바로 레오 13세다. 그는 좀 더 실용적인 자세를 드러냈다. 벨기에와 미국 같은 현존하는 국민 주권 국가를 사실상 인정해야 했다. 또한 교황은 프랑스 가톨릭 신자가 공화국을 받아들일 것을 명시적으로 촉구했다. "국가의 다양한 형태 중 어느 것도 그 자체로 비난받을 수는 없다. 그러므로 어떠한 형태의 국가도 가톨릭 교리와 모순되지 않는다." 이제 레오 13세가 교황 직을 맡은 19세기 말 가톨릭교회는 전반적으로 수많은 충격파를 받아들였다. 이미 상당히 오래전부터 헌신적인 가톨릭 평신도들이 사회는 물론 교회에도 보낸 충격파를 말이다. 레오 13세는 특히 이러한 충격파를 받아들이기 위한 준비 작업으로부터 영감을 얻었고, 그

결과 노동 문제에 대한 획기적인 사회 교서인 《노동 헌장》^{Rerum novarum}
을 발표하기에 이른다. 《노동 헌장》에는 노동자가 자신의 권리를 행사
할 수 있음을 보장하는 내용이 들어 있다. 이렇게 가톨릭교회는 정부
형태가 변할 수 있음을 이해하는 태도와 노동자 자신에게 권리가 있
음을 옹호하는 태도를 함께 보여주었다. 이 두 가지 개방적인 태도는
독일에서 '가톨릭 사회교리'가 크게 발전하는 계기로 작용했다. 이 가
톨릭 사회교리는 헌법, 민주주의, 사회정책에 초점을 맞추었다. 이와
대조적으로 루터교에서 가장 중요하게 여기는 신학 사전에 나와 있듯
이, 독일 루터교는 여전히 '권위, 왕권신수설에 기반한 군주, 기독교적
이거나 최소 도덕적인 관료주의 국가, 다시 말해 반민주주의 국가'를
지향했다.

교황 무류성 – 자유주의적 교의인가?

1989년 공산주의가 붕괴한 뒤, 캐리커처 한 편이 화제를 모으며
널리 퍼졌다. 이 풍자만화에 등장하는 인물은 명백히 카를 마르크스
^{Karl Marx}인데, 그는 바지 호주머니에 손을 깊숙이 찔러놓은 채 있다. 그
의 머리 위로 다음과 같은 대사가 적힌 말풍선이 있다. "내가 틀린 것
같군. 하지만 나쁜 뜻은 없었다고." 이 재기 넘치는 캐리커처는 '공산
주의는 항상 오류가 없다'는 주장을 비꼬아 반영했고, 따라서 이러한
오류는 이제 정말 사소한 실수가 아니라는 것을 암시했다.

교회도 오류를 저지를 수 있을까? 기독교인 또한 2천 년 동안 이
질문을 해왔다. 교회가 참으로 신성^{神聖}을 바탕으로 하는 기관이라면,

신이 '성령'이 임할 것이라고 분명히 약속한 장소인 교회가 조직적·영구적으로 신자를 나쁜 길로 이끈다는 가정은, 신실한 기독교인이라면 당연히 부조리하다고 여길 것이다. 어찌됐건 기독교인은 신이 분명 교회를 통해 신자들을 진리에서 완전히 벗어나지 않게 해주리라고 믿었다. 하지만 어떻게? 이 질문에 대해 여러 종파의 기독교 교회는 다양한 대답을 제시한다. 그리스 정교회는 성경을 고수하고, 무엇보다 초기 교회 공의회의 방침을 굳게 따른다. 초기 공의회는 무엇이 정교正教인지, 그러니까 무엇이 정통 신앙인지 규정했기 때문이다. 동방교회인은 이것만으로도 충분하고, 이런 이유로 그들은 아직도 옛 교부들의 말씀을 읽는다. 그리스 정교회는 교회가 법보다는 신비주의와 훨씬 관련이 깊다고 생각한다. 또한 그리스 정교회는 무엇보다 미사와 장엄한 전례에서 신앙을 체험한다. 그래서 미사와 전례를 그 어떤 신학보다도 훨씬 중요하게 여긴다. 이와 대조적으로 개신교가 교회와 관련해 내놓는 대답은 정말 간단하다. 물론 구속력이 있는 신앙고백서를 쓰도록 하는 개신교 교회도 당연히 있기는 하다. 그러나 개인과 신의 관계 면에서 다른 종파와 결정적인 차이가 있다. 무엇보다 개신교는 성경 본문과 직접 만나는 체험과 신이 효과적으로 은총을 베풀리라 믿는 것을 중요하게 여긴다. 그래서 교회는 예배를 제공하는 기관에 불과한 것처럼 보인다. 마지막으로 가톨릭교는 고대 이래로 다른 종파보다 훨씬 법적, 이성적, 기관(교회-옮긴이) 지향적인 면모를 보였다. 예수가 "진리가 무엇인가?"라는 빌라도의 질문에 침묵하는 동안, 그리스 정교회인은 미사에 몰두하고, 개신교인은 성경과 상의해 개인적인 해답을 구한다. 가톨릭교인은 아마도 자리에 앉아 본격적으로 문서를 작성할 것이다. 그런데 이 문서가 진리인지, 기독교적인지, 가톨릭적인지, 그러니까 교회 전체의 신앙과 일치하는지 여부는 누가 결정할까?

초기 교회의 경우, 이 질문에 대한 대답은 간단했다. 결정적인 해답을 내놓기 어려운 질문이 제기되면, 많은 경우 가장 존경받는 교구장에게 물어보았다. 그 교구장은 로마의 주교인 교황이었다. 베드로와 바오로가 바로 로마에 기독교 공동체를 설립했기 때문이다. 동방 지역의 교구도 이와 뜻을 같이했고, 로마인들은 이에 화답해 자신은 태곳적부터 무엇을 믿어왔고 이러한 결과로 무엇이 나왔는지 설명했다. 이와 관련해 성 아우구스티누스는 "Roma locuta, causa finita"라는 유명한 말을 남겼다. "로마가 말하면, 사안은 종결된다"라는 뜻이다. 물론 로마의 주교가 말하는 모든 내용이 과연 '하느님의 성령이 언제나 교회에 머물게 될 것'이라는 예수의 약속에 바탕을 두는 것인지에 대한 논쟁은 2천 년 동안 계속되었다고 할 수 있다. 당연히 교황들은 터무니없는 말도 했다. 특히 말을 너무 많이 할 때 그랬다. 하지만 교황들은 특정 까다로운 상황, 즉 신앙의 본질과 관련된 상황에 직면했을 때는 교회의 일치, 또한 현재 살아있는 모든 기독교인뿐만 아니라 과거의 모든 기독교인과의 일치를 위해 노력했다. 그리고 교황들이 실제로 위대한 성취를 이룩했다는 것은 의심의 여지가 없다. 그리고 이를 기독교 정체성을 보존하기 위한 것이라 일컫는다.

이제 19세기가 되자 전형적으로 서구적이고, 전형적으로 가톨릭적인 질문이 등장했다. 즉 교황은 결정을 내릴 때, 정확히 언제 성령의 믿을 만한 도움을 받을 수 있다고 확신하느냐-그리고 언제 그럴 수 없다고 확신하느냐-는 질문이다. 이른바 전통주의자들은 심지어 교황이 '원초적인 계시'라는 직접적인 경로를 통해 확신한다고까지 여겼다. 교황은 이른바 무류성無謬性이 있어서, 모든 사람과 세상 만물에 대한 견해를 얼마든지 피력할 수 있다는 것이다. 주목할 만한 것은, 이미 교황들 자신이 이러한 주장을 이단으로 판정했다는 사실이다. 1869~1870년 제1차 바티칸 공의회에서, 어떤 '교황주의자들'은 교황 무류성의 범위를 크게 확대하려고 시도했다. 하지만 이 또한 저지됐다. 그 결과 교황이 오류를 저지르지 않는다고 여기는 경우는 극도로 드물었다. 다만 교리와 윤리학 문제에 대해서는 교황의 무류성이 인정됐고, 이 또한 교황이 특별히 엄숙하게 명시적으로 선언하는 경우에만 인정됐다. 이후 이러한 교의는 단 한 번, 엄숙한 형식으로 적용되었다. 즉 1950년 성모 마리아의 육신과 영혼이 천국으로 승천했다는 교의를 공포했을 때다. 이는 전혀 놀라운 사실이 아니다. 이 교의가 공포되기 전에 교황 비오 12세는 전 세계 주교 수천 명에게 그들 교구 신자들이 아주 오래전부터 성모 마리아 승천을 믿는지 물어보았다. 거의 모든 신자가 이를 믿는다는 사실이 확인된 다음에야, 교황은 성모 승천을 교의로 채택하는 일에 착수했다. 그러니까 가톨릭 교리에 따르면 교황은 새로운 교리를 어쩐지 자기 마음에 든다고 해서 교의로 승격시킬 수 없으며, 교회가 항상 믿어온 교리만 표명하도록 되어 있다.

1870년 교황 무류성 교의가 공포되자, 유럽 전역에서 분노의 폭풍이 터져 나왔다. 이른바 고古가톨릭주의자들은 가톨릭교회에서 떨어져 나왔다. 교황의 발언은 기괴하게 왜곡됐다. 그래서 이제 앞으로 가톨릭 신자들은 이탈리아 노인의 독단적인 생각에 굴복해야 한다는

기독교 콘서트

통념이 제멋대로 퍼졌다. 오늘날까지도 많은 이가 여전히 이러한 통념을 믿는다. 상황은 전반적으로 히스테릭한 방향으로 나갔다. 특히 독일에서는, 극™개신교 성향의 제국 수상 오토 폰 비스마르크Otto von Bismarck가 경찰국가 방식으로 가톨릭을 정규적으로 박해했다. 가톨릭 신자가 믿는 교리가 실제로 국가와는 아무 상관도 없었는데도 말이다. 주교들은 체포됐고, 수도회는 금지됐으며, 강론의 자유는 제한됐다. 이 무자비한 '문화 투쟁'은 인권과 자유권에 정면으로 위배됐다.

커뮤니케이션 이론의 관점에서 보면, 1870년 무류성 교의는 사실 보수적 행위라고 볼 수 없다. 실제로는 높은 장벽에 부딪히기 때문에 거의 적용되지 못한다. 그래서 일상 관행에서는 다음과 같은 의미를 지닌다. 즉 모든 가톨릭 신자는 자신이 오류가 없다고 여기는 게 금지되어 있고, 교황 역시 그렇다. 따라서 무류성 교의는 오히려 무류성을 금지하는 효과로 작용하고 독선을 제한하고 자만과 종파 형성을 막는다. 이러한 맥락에서 너무 짜증나게 들리지만 않는다면, 무류성 교의는 기본적으로 자유주의 성격이 강하다고 할 수 있다.

이제 가톨릭교의 상황은 종파 대립으로 인해 힘들어졌다. 특히 독일은 다른 유럽 국가와는 다르게 종파가 본격적으로 분열된 국가였다. 그래서 가톨릭은 강력한 소수파를 형성하기는 했지만, 정부 당국은 개신교에 보다 비중을 두는 모습을 뚜렷하게 보였다. 신생 독일 제국에서 가톨릭 신자는 2등 시민 취급을 받았다. 비스마르크 제국은 스스로를 민족 국가로, 그리고 역사가들을 사제와 예언자로 여기고 이를 열렬하게 강조했다. 또한 개신교 왕좌와 개신교 제대 간의 긴밀한 동맹을 강조했다. 반면 가톨릭은 세계 교회, 즉 국제적 규모의 일관된 조직의 성격을 띠기 때문에 국가 차원에서 신뢰하지 못할, '교황권 지상주의가 두드러진', '산 뒤편에 있는^{hintergebirgig}' 종교로 간주됐다. 여기서 '산 뒤편에 있는'이라는 표현은 '세상 물정 모르는' 것과 같은 뜻으로 쓰였는데, 당시 독일 제국 정부는 베를린이 아니라 알프스 저편에 있었기 때문이다. 이런 이유로 루터교회의 '목회자 민족주의'에 대응할 만한 가톨릭 세력은 전혀 없었다. 하지만 이 모든 차별의 결과로, 누구도 예상하지 못한 일이 일어났다. 가톨릭계는 공공연한 불의에 저항하면서 더욱 견고해졌다. 종파를 보호하는 구舊제국 법 규정이 19세기 초부터 사라지면서, 각 종파는 직접 자기주장을 더 많이 할 수밖에 없었다. 이에 대한 여파로 무엇보다 종파 간 논쟁이 촉발됐다. 이뿐만 아니라 각 종파가 자체적으로 운영하는 학교, 협회, 출판물을 통해 자신감을 높이는 상황으로 이어지기도 했다.

기독교인이 카를 마스크를 따른 이유

"철학자들은 세상을 다른 방식으로 해석했을 뿐이다. 하지만 핵심은 세상을 바꾸는 것이다." 카를 마르크스가 한 유명한 발언이다. 그런데 사실 이 말은 19세기에 마르크스주의자가 아니라, 교회가 실행으로 옮겼다. 공산주의자와 사회주의자는 선동적·정치적 노력을 기울였지만, 기껏해야 미적지근한 성공을 거두었을 뿐이다. 그들은 세상을 바꾸지 못했다. 반면 19세기 말에 비스마르크가 실시한 진보적인 사회입법은 가톨릭 중앙당의 추진력으로 비롯됐다. 그리고 당시 무수히 생겨난 가톨릭 수도회는 실제 행동에 돌입해서 대중이 불행한 상황에 빠지는 것을 막았다. 이와 더불어 개신교인들도 집중적으로 노력을 기울여서 대중의 곤경에 적극적으로 대응했다. 그들은 대성공을 거두었다. 그리고 도움을 받은 당사자에게는 완벽하지는 않지만 아주 많은 변화가 일어났다.

오랫동안 기독교인들은 19세기 교회가 노동 문제에 제대로 대응하지 못하고 실패한 데 대해 한탄했다. 이런 자탄은 기독교인 사이에서 널리 행해졌다. 그들은 자책하는 모습을 보이면서 앞으로는 꼭 개선하겠다고 약속했다. 그런데 최근 실시된 학문 연구를 통해, 이와는 다른 사실이 밝혀졌다. 토마스 니퍼다이는 당시 가톨릭 사회교리를 '자본주의와 사회주의 사이의 길, 사회복지국가에서 자본주의를 길들이는 제3의 길'이라고 설명한다. 그리고 정치학자 카를 로헤Karl Rohe는 루르 지역 가톨릭교 덕분에 '19세기 독일 사회사에서 가장 주목할 만한 현상'으로 꼽히는 엄청난 통합의 성취를 이루었다고 밝힌다. 1912년 말, 루르 지역에만 300곳 이상의 가톨릭 노동조합 및 광부협회가 있었고, 여기에 소속된 회원은 7만 명이 넘는 것으로 집계됐다. 이렇게 놀라울 정도로 많은 인원을 끌어들인 매력의 근원은 "아마도 종교적 센스메이킹과 사회적 이익 대변의 독특한 조합일 것이다. 여기서 더 나아가, 루르 지역 가톨릭교의 특징으로 노동자의 사회적 이해와 관심에 열린 태도를 보이는 성직자들을 꼽을 수 있다."

19세기는 기독교인에게 흥미진진한 시기였다. 살기가 넘쳤던 프랑스 혁명이 지나자, 많은 성직자가 지지하던 계몽주의의 이상은 빛이 바래고 말았다. 그럼에도 이제 민주주의를 옹호하는 사람들이 동시에 거의 모두 열렬한 민족주의자였다는 사실은, 특히 가톨릭교인에게 심각한 문제로 다가왔다. 가톨릭 신자는 독일인의 노래(독일 국가 -옮긴이)인 "독일, 모든 것 위에 군림하는 독일"Deutschland, Deutschland über alles을 쉽게 따라 부를 수 없었다. 그들은 모든 민족으로 이루어진 국제 교회를 자처하는 가톨릭교회에 속했기 때문이다. 그래서 막 싹이 트기 시작한 치명적인 민족주의는 모든 유럽 국가의 가톨릭 신자가 방어적인 자세를 취하도록 내몰았다. 하지만 가톨릭 신자는 민족주의로 인해 약해지지 않았다. 심지어 그들의 활약으로, 많은 이가 19세기 가톨릭교회를 매력적으로 느끼게 됐다. 수많은 수도원 설립과 더불어, 무수히 많은 개종과 예기치 않은 부흥이 있었다. 사방에 새로운 교회 건물이 지어졌다. 낭만주의는 중세와 오래된 교회에 완전히 도취됐다. 하지만 교황은 스스로 교황권을 잠시 멈출 때가 종종 있었다. 왜냐하면 교황은 프랑스 혁명이라는 충격적인 폭력을 겪은 뒤 자신의 안위와 교황령을 유지하기 위해 더 많은 노력을 기울였던 데다, 세속 통치의 상실과 파괴적인 세속화가 교회에 해방을 의미할 수 있다는 점을 좀 더 일찍 깨닫지 못했기 때문이다. 2011년 교황 베네딕토 16세 Benedikt XVI는 프라이부르크 연설에서 이게 사실이었다고 아주 솔직하게 인정했다.

때때로 교회가 지적으로 일정 부분 편협한 태도를 보인다는 불평이 나올 때가 있다. 새로운 철학자들이 제시한 원대한 사상에 마음이 열리는 것은 너무나 타당할 것이다. 칸트·피히테·헤겔에게 있어 기독교는 종교의 선두에 위치해 있고, 그들의 텍스트 중 상당수는 언뜻 기독교가 철학으로 탈바꿈한 것 같다는 인상을 주기 때문이다. 그러나 바로 이러한 인상에는 위험 또한 내재해 있다. 헤겔 좌파·우파는 물론 포이어바흐^{Feuerbach}와 마르크스 같은 사상가도 기독교 분위기 물씬 풍기는 헤겔의 철학사상으로부터 절대적인 영향을 받았다는 결론을 따른다면, 이 헤겔의 후예들이 기독교가 원초적으로 지닌 직관에서 얼마나 멀리 벗어나 있는지도 알아차리게 될 것이다. 이러한 측면에서 보면, 19세기에 보다 새로운 지적 발전이 상당수 이루어지는 상황에서 교황과 가톨릭교회가 때때로 소심하게 권력을 자제했던 사실은 여러모로 시사하는 바가 크다. 이렇게 자제함으로써, 이미 19세기초에 사망 선고를 받았던 가톨릭교회는 놀랍게도 더욱 강화된 면모로 20세기에 들어서는 결과로 이어진 듯하다. 국가사회주의에 저항하다가 목숨을 잃은 수많은 순교자의 일대기를 보면, 그들이 19세기 가톨릭의 견고한 환경이 지닌 엄청난 힘으로부터 얼마나 큰 영향을 받았는지 거듭 깨닫게 될 것이다.

10장

20세기 교회

기독교인과 국가사회주의,
원죄와 안락사, 교회와 유대인

불행으로 점철된 숙명적인 20세기가 시작된 지 얼마 안 된 1912년, 뮌스터 출신의 윤리신학자이자 가톨릭계의 대변자로 떠오른 요제프 마우스바흐 Joseph Mausbach(1861~1931)는 다음과 같이 경고했다. "국민과 국가가 외부에 대해 방어와 무장을 하기가 점점 더 어려워지고 있다. 참으로 답답한 상황이 아닐 수 없다. 그뿐만이 아니다. 내부에 만연한 소외와 무정無情 또한 갑옷에 들어간 삼중三重 청동처럼 국민의 가슴을 짓누른다. 그리고 위정자들이 장담하는 수많은 평화 보장에는 진실을 파고드는 따스한 목소리라고는 없다. 오랜 역사를 지닌 인도주의 사상은 오늘날에는 계몽주의 시대에나 통하던 유토피아라고 조롱받는다. 그러므로 새로운 평화운동이 이슈에 영향력을 행사하는 권위있는 사회 지도층에 뿌리를 내리기란 몹시 어렵다. 비이성적이고 국민을 분열시키는 민족주의와 매우 비인간적이고 자연주의적인 인종 이론이 발생하는 상황을 비판하고, 이게 바로 인류에게 위협이 되는 치명적인 상황이라고 질타해야 한다. 우리 기독교인에게는 이렇게 비판할 권리가 확고하게 있다."

제1차 세계대전 때 기독교인은 양쪽 진영으로 갈라져 싸웠다. 하지만 기독교의 최고위 대표자인 교황 베네딕토 15세^{Benedikt XV}는 전쟁을 옹호하거나 장려하는 강론을 전혀 하지 않았고, 1917년에 극적인 평화안을 내놓았다. 물론 양쪽 진영의 전쟁 선동자들은 이 평화안을 대놓고 경멸할 뿐이었다. 역사학자 볼프강 몸젠^{Wolfgang Mommsen}은 "1914년 8월부터 1918년 쓰라린 종전을 맞이할 때까지, 독일 각 주^州의 개신교 교회만큼 단호한 태도로 독일 제국의 전쟁 추진을 적극 지지한 사회 공동체는 없었다"라고 확인한다. 하지만 당시 매우 존경받던 개신교 교회사학자 아돌프 폰 하르나크는 결국 양쪽 진영의 합의를 통한 평화를 지지한 바 있다. 가톨릭을 믿는 열렬한 참전용사들은 '전장 성가집'을 휴대하고 전쟁터에 나갔다. 이 성가집에는 다음과 같은 노랫말의 성가가 있다. "절대 불필요한 유혈사태를 저지르지 않도록, 절대 다치거나 포로로 잡힌 적에게 비인간적인 대우를 하지 않도록 이끌어주소서. 제가 무장하지 않은 사람을 잔인하게 학대하거나 살해하면 세상을 떠날 때 이 기억으로 불쾌한 기분에 사로잡혀 평안한 죽음을 맞이하기 어려울 것입니다. 전장에서 대립하는 전사만이 저의 적임을 절대 잊지 않도록 해주소서. 또한 그 땅의 무장하지 않은 주민은 무방비 상태로 고통받는 상처받은 이웃이기에, 제가 관용과 연민을 베풀 책임이 있음을 절대 잊지 않도록 해주소서." 기도문은 통치자들을 위한 청원으로 끝맺는다. "그들에게 평화를 사랑하는 심성을 심어주시고, 그들로 인한 전쟁의 고통을 줄여 주시고, 멀지 않은 장래에 저희에게 복된 평화라는 커다란 은총을 다시 베푸소서." 게다가 다른 여러 주장과는 달리 하인리히 미살라^{Heinrich Missalla}가 단언했듯이 "제1

차 세계대전 때는 물론 제2차 세계대전 시기에도 성직자가 전쟁 무기를 축복한 사례는 지금까지 단 한 건도 밝혀진 적이 없다."

민주주의의 길에 들어선 기독교인

20세기 유럽 가톨릭교회의 상황은 각양각색이었다. 20세기 초 스페인에서는 교구 신자 18,000명 중 겨우 여성 200명과 남성 10명만이 주일미사에 참석했고, 어린이 중 4분의 1이 영세를 받지 않은 마을이 있을 정도였다. 반면 네덜란드의 경우, 산업도시 틸뷔르흐에 사는 가톨릭 신자의 1950년도 미사 참석률은 무려 97%로 집계됐다. 그리고 독일의 경우 노동자 도시 보훔의 미사 참석률이 보수적인 도시 뮌스터보다 더 높았다. 토마스 니퍼다이에 따르면, 독일 가톨릭교는 현대 대중·산업사회 시대에 자기 자리와 권위를 아주 잘 확보했으며, 심지어 새로 각성할 수 있는 잠재력을 지닌 채 20세기 및 1918년 바이마르 공화국으로 들어섰다.

제1차 세계대전 이후 20년 동안 수많은 지식인이 공산주의 아니면 국가사회주의의 엄청난 유혹에 굴복한 이유를 묻는 질문에 대해, 자유주의 성향의 저명한 사회학자 랄프 다렌도르프^{Ralf Dahrendorf}는 다음과 같은 해답을 제시한다. "많은 지식인, 특히 자신의 유대인 부모 또는 기독교인 부모가 섬기던 신을 불신하게 된 이들에게 사회주의 낙원에 대한 희망은 단순히 천국을 대체하는 수준을 뛰어넘은 듯했고, 무엇보다 지상 낙원을 건설하겠다는 의지를 불태우게 했다." 이에 비해 예전에는 모두에게 '계몽되지 않은 종교'라고 야단맞던 가톨릭교는 제1차 세계대전 이후 지식인 계층의 눈길을 끌기 시작했다. 이는 매우 놀라운 일이 아닐 수 없다. 수많은 지식인이 가톨릭교회가 흥미롭고 시대에 맞게 변화했다고 여겼다. 저명한 에세이스트 테오도어 해커Theodor Haecker(1879~1945), 랑케학파 역사학자 루트비히 데히오Ludwig Dehio(1888~1963), 미술사학자이자 독일 유네스코 대표인 오토 폰 짐존Otto von Simson(1912~1993)이 대표적이다. 그리고 저명한 미술사학자 아비 바르부르크Aby Warburg(1866~1929)도 임종 때 가톨릭으로 개종했다. 독일에서 베네딕트회 소속인 보이론 수도원과 마리아 라흐 수도원은 특별한 분위기와 영향력을 발산했다. 1899년에 가톨릭 신자가 된 철학자 막스 셸러Max Scheler는 고갱Gauguin의 제자였다가 개종한 보이론 수도원 수도사 겸 화가인 얀 페르카트Jan Verkade를 찾아가 고해했다. 에드문트 후설Edmund Husserl의 제자이자 결국 아우슈비츠에서 살해당한 에디트 슈타인Edith Stein(1891~1942)은 가톨릭으로 개종해 훗날 카르멜회 수녀가 되었고, 수도원에서 밤낮없이 영성 묵상에 몰두했다. 심지어 철학자 마르틴 하이데거Martin Heidegger(1889~1976)는 보이론 수도원에서 야간 성무일도를 바치다가 특별한 체험을 하기도 했다. "저녁 기도를 바치며, 밤에는 신화적·형이상학적인 근원적 힘이 있음을 계속 느낀다. 우리는 이 힘을 끊임없이 돌파해, 진정으로 방어하는 존재가 되어야 한다." 스트라스부르, 메스, 본에서 온 학생과 학자가 마리아 라흐 수도원에 모였다. 이들 중에는 프랑스 출신 로베르 쉬망Robert Schuman과 독일 라인란트 출신인 콘라트 아데나워Konrad Adenauer가 있었고, 이들은 훗날 현대 유럽이라는 이념을 실현한다. 같은 시기 프랑스에서는 이른바 '가톨릭 부흥'Renouveau catholique으로 불리는 현상이 일어나기도 했다.

1918년 11월 혁명 이후 시기, 그러니까 제국이 종말을 고한 뒤의 시기 동안, 독일에서는 개신교와 가톨릭 간의 분명한 차이가 있었다. 이는 수많은 역사 연구를 통해 드러난 사실이다. 개신교인 대부분에게 프로테스탄트 성향 정부의 붕괴는 재앙으로, 공화국은 국가 재난으로 다가왔다. 이때 개신교는 자연법도 광범위하게 거부했는데, 이는 특히 민주주의 사상과 실천을 바라보는 개신교인의 태도에 치명적인 영향을 끼쳤다. 독실한 개신교인이 거부를 주장한 근거는 오로지 성경뿐인 경우가 많았다. 특히 로마 신자들에게 보낸 서간 13장을 개신교 시각으로 해석해, 호헨촐레른가(프로이센 왕족-옮긴이)를 신의 뜻에 따른 왕가로 여기고 군주제를 정당화하려 했다. "사람은 누구나 위에서 다스리는 권위에 복종해야 합니다. 하느님에게서 나오지 않는 권위란 있을 수 없고, 현재의 권위들도 하느님께서 세우신 것입니다."(로마 신자들에게 보낸 서간 13장 1절) 나중에 가서야, 많은 신자가 이 로마 신자들에게 보낸 서간 구절은 '민주주의도 신의 뜻에 맞을 수 있다'는 의미로 해석하게 됐다. 그래서 1918년에 독일 제국이 소멸한 후 가톨릭교가 지체 없이 바이마르 민주주의의 든든한 조력자가 된 반면, 개신교는 정치적으로 방향성을 크게 잃었다.

가톨릭교인은 이미 지난 수십 년 동안 의회에서 진행되는 토론을 강력한 반대 여론을 일으키는 활동으로, 심지어 일부 노동자 계급을 의회에 편입시키는 방안으로 이해했다. 그래서 개신교 교회사학자 게르하르트 베지어Gerhard Besier가 단언한 것처럼, 가톨릭교인은 "사회 문제를 둘러싸고 건설적인 토론을 할 때 개신교인보다 훨씬 더 나은 전제조건을 갖추었다." 가톨릭 중앙당은 이미 1917년에 독일 제국 의회에서 평화결의안을 상정할 때 사회민주주의자는 물론 진보주의자와도 연합했고, 이를 통해 후기 바이마르 동맹의 기반을 마련했다. 반면 개신교는 가능한 한 멀리 떨어진 태도를 유지했다. 앞에서 언급한 가톨릭 윤리신학자 요제프 마우스바흐는 바이마르 국민의회에서 국가와 교회의 새로운 관계를 형성하는 데 핵심적인 역할을 했으며, 인민 국가는 물론 국민 주권도 합법화시켰다. 아울러 이 가톨릭 사제는 제1차 세계대전의 결과 "만물의 지배자(남성 - 옮긴이)가 그리 압도적으로 위대하지는 않다는 사실이 드러났기 때문에, 여성은 이 장엄함 앞에 놀라 감탄하며 무릎을 꿇지 않아도 된다"고 강조하면서, 여성 선거권도 지지했다. 가톨릭 중앙당은 바이마르 공화국을 지지하는 정당이 됐고, 1919년부터 1932년까지 모든 연립정부에 참여했다. 그리고 마지막 자유선거까지 계속 안정적인 선거 결과를 얻었다. 물론 역사학자 만프레트 키텔Manfred Kittel이 확언한 것처럼, 공화국 체제를 받아들일 때 일부 주교는 처음에는 앞장서 나간 가톨릭 평신도 뒤를 따라가기를 주저했다. "정치적인 측면에서 가톨릭교는 압도적으로 공화국 진영 편에 있었고, 개신교는 주로 반대 세력 진영 편에 있었다." 키텔은 그 이유에 대해 다음과 같이 설명한다. "개신교는 다원주의 문화 및 의회 헌법의 현실화라는 요구에 부합하는, 이른바 '민주주의 신학'을 생산할 수 없는 종교로 입증됐다." 개신교 세력이 강한 베를린이 바이마르 공화국이 종말을 고하자 매우 기뻐했다는데, 이는 전혀 놀라운 게 아니다.

기독교인과 저항 세력

그렇다면 가톨릭교회는 국가사회주의를 어떻게 대했을까? 1933년 이전까지 가톨릭교회는 국가사회주의에 급진적이면서도 단호하게 적대적인 태도를 보였다. 실제로 국가사회주의 독일 노동자당NSDAP의 모든 당원이 파문됐다. 가톨릭교회는 그들이 성사를 받는 것은 물론 교회 묘지에 묻히는 것도 거부했다. 저명한 역사학자 한스 울리히 벨러Hans-Ulrich Wehler는 이에 대해 "가톨릭교회는 1933년까지 공식적으로 히틀러 운동에 대적하며 호되게 비판했다. 이는 가톨릭교회의 정치적 판단력이 뛰어났음을 보여주는, 영광스러운 역사의 한 페이지다"라고 설명한다.

그런데 벨러에 따르면, 개신교 교회는 '완전히 정반대'의 태도를 보여주었다고 한다. 이러한 태도에는 '교회 직권으로 국가사회주의를 솔직하게 비판하는 행위는 말할 것도 없고 원칙적인 거리두기조차' 전혀 없었다. 교회 선거에서 개신교인의 70%가 이른바 '게르만 기독교인'을 지지한다는 입장을 밝혔다. 이들 게르만 기독교인은 나치식 경례를 하며 국가사회주의 정신을 맹목적으로 추종했다. 반면 소수 기독교인은 즉흥적으로 '고백교회'(독일 프로테스탄트 교회 중 교회의 나치화와 국가의 교회 간섭을 반대한 단체-옮긴이)를 조직해야 했다. 프로테스탄트 교회사학자 쿠르트 노박은 히틀러의 권력 장악이 개신교계 입장에서는 '억제되지 않는 희망의 기폭제'가 됐다고 쓴다. 심지어 당시 "고백교회인들은 누구 못지않게 민족 국가에 대단히 열광했다." 어쨌든 '고백교회'는 국가사회주의 이데올로기는 물론 특히 국가의 교회 개입에 저항하기는 했지만, 국가 자체에 대항하지는 않았다. 프로테스탄트 역사학자 귄터 판 노르덴Günther van Norden이 강조하는 것처럼, 심지어 고백교회는 국가사회주의가 끼치는 영향에 대해 일부 공감하는 태도를 보이기도 했다.

이와 대조적으로 가톨릭교인은 원래 초민족·초국가적인 자아상을 지녔기 때문에, 언제나 그랬듯이 민족주의 목소리에 덜 휩쓸렸다. 하지만 그들에게는 1933년 히틀러의 권력 획득이 문제로 떠올랐다. 이제 아돌프 히틀러는 자유선거를 통해 합법적인 국가 정부 수반으로 우뚝 섰다. 원래 가톨릭교회는 히틀러와 거리를 유지하기는 했지만, 이제부터는 전면적인 저항은 물론 가톨릭 신자의 국가사회주의 독일 노동자당 가입을 원천적으로 금지하던 정책도 포기해야 했다. 바티칸은 이전 독일 제국 정부 시절에 체결한 제국 협약을 바탕으로, 가톨릭이라는 종교 제도의 위치를 국제법 아래에 두는 안전 조치를 시도했다. 그래서 역사학자 루돌프 릴Rudolf Lill이 확언했듯이, 가톨릭교회는 적어도 "전체주의 기운이 가득했던 독일에서 독립성을 근본적으로 유지할 수 있었다." 특히 이제부터 "가톨릭 성직자는-개신교 목사와는 달리-국가사회주의 독일 노동자당에 협력하지 않아도 되는 보호막을 얻게 됐다." 또한 개신교 교회사학자 게르하르트 베지어의 판단에 따르면, 이 제국 협약은 '나치 이데올로기가-개신교와는 달리-가톨릭 예식과 교리에 침투하는 상황을 최대한 피하는 데' 확실히 기여했다. 현대사학자 베르너 블레싱Werner Blessing은 밤베르크(독일 남부 바이에른주에 있는 도시로, 독일 가톨릭의 중심지로 꼽힌다-옮긴이)에 대해 다음과 같이 단언한다. "적극적으로 활동하는 가톨릭교인은 그 수가 줄어들기는 했지만, 종교 습관을 끈질기게 고수했다. 동시에 그들은 다른 대규모 집단과는 달리, 국가사회주의 세계관을 받아들이라는 나치 정권의 요구에서 벗어났다." 이를 반영하듯 1942년에는 러시아 민간 노동자들이 밤베르크 성체 성혈 대축일 행렬에 동참한 적도 있다.

여전히 역사학자 사이에서는 제국 협약을 어떻게 평가해야 하느냐를 두고 의견이 분분하다. 왜냐하면 새로 권력을 잡은 국가사회주의 정부는 제국 협약을 통해 이미지를 향상시킬 수 있었고, 결국 제국 협약만으로는 수많은 교회 협회의 전체주의적 억압을 막을 수 없었기 때문이다. 심지어 제국 협약을 유지하는 대가로 엄청난 압력을 받은 가톨릭 중앙당이 몇몇 소수 시민당과 함께, 또 훗날 독일연방국화국 초대 대통령이 되는 테오도어 호이스^{Theodor Heuss} 같은 국회의원과 함께 수권법^{授權法}(히틀러에게 전권을 부여한 법률-옮긴이)에 찬성표를 던져 의회 권한을 무력화시켰다는 주장도 있다. 이 주장은 상당 기간 학자들 사이에서 광범위한 논란을 일으켰다.

어찌됐든, 바이마르 독일 제국 국회의원 선거를 주제로 한 새로운 연구를 진행했던 정당 전문 연구자 위르겐 W. 팔터^{Jürgen W. Falter}는 다음과 같이 단언한다. "국가사회주의 독일 노동자당에 넘어간 개신교인의 수는 가톨릭 신자보다 평균 두 배나 많았다." 그리고 다음과 같은 결론을 내린다. "만약 독일에 가톨릭 신자만 있었다면 국가사회주의자가 권력을 획득하는 일은 절대 없었을지도 모른다." 그리고 귄터 판 노르덴은 훗날 교회가 나치 정부를 상대로 벌인 투쟁에 대해 다음과 같이 정곡을 찌른다. "개신교가 우세한 지역은 나치 체제에 광범위한 협조를 아끼지 않았다. 물론 개신교인 사이에서 저항할 의향이 일부이기는 하지만 증가하고 있었고, 해를 거듭하면서 협력의 강도도 감소하기는 했다. 이와 대조적으로 가톨릭이 우세한 지역에서는 주민 대부분

기독교 콘서트

이 나치 체제에 광범위하게 저항했고, 이러한 경향은 해를 거듭할수록 증가했다. 반면 일부 주민의 협력 의향은 눈에 띄게 감소했다." 역사학자 하인츠 보버라흐 Heinz Boberach는 자신이 진행한 특별 연구에서, 제2차 세계대전 중에 게슈타포가 작성한 가톨릭교인 관련 보고서를 보면 다음과 같은 강론 주제가 계속 언급된다고 밝힌다. "지금 일어나고 있는 전쟁은 하느님이 국가사회주의 지도부가 저지른 신성모독과 부도덕에 대해 내린 벌입니다." 이와 대조적으로 귄터 판 노르덴은 다음과 같이 판단한다. "개신교 교회는 독일 권력자들이 일으킨 전쟁의 본질을 제대로 간파하지 못했다. 오히려 만장일치로 전쟁에 찬성하는 행동을 대놓고 보여주었다. 공식적으로 정부의 인준을 받은 제국교회로부터 '고백교회'에 이르기까지 전부 그랬다. 개신교 교회는 예로부터 내려오는 전통에 따라 조국에 대한 의무·봉사·희생을 다 하라고 신자들에게 촉구했다. 이런 면을 보면 개신교 교회가 나치 국가를 비판할 가능성은 전혀 없었다." 물론 '고백교회'의 공로가 있는 것은 사실이다. '고백교회'는 탄탄한 지지 구조가 없는 상태에서도 현대의 우상이라 할 국가·인종·민족성에 대항하는 내용의 설교를 했고, 모든 국가가 국적에 상관없이 기독교적 일치를 이루라고 촉구했기 때문이다. 또한 이 프로테스탄트 설교자들은 결국 전쟁을 신이 내린 벌로 여겼다. 그래서 전쟁이 승리로 끝나면 기독교 박해가 일어날까 봐-분명 이런 생각이 이치에 맞지 않는 것은 아니다-두려워했다.

기독교인은 20세기에 등장한 폭력적인 독재에 저항했다. 특히 여기서 기독교가 지닌 힘이 잘 드러났다. 기원후 1세기에 교회의 이미지를 각인시켰던 순교자들이 대규모로 현대에 돌아온 것이다. 그들 중 상당수는 기독교의 희생자 사상에 깊이 감화됐고, 기꺼이 저항하다 목숨을 바쳤다. 거의 모든 교회가 파괴된 러시아에서는 무수한 기독교인이 신앙 때문에 죽음도 불사했다. 독일의 경우는 빌레펠트 출신 근·현대사학자 한스 울리히 벨러가 다음과 같이 요약한다. "전반적으로 가톨릭교회는 제2차 세계대전 기간 중 압제에 고통 받은 사람과 희생 당한 사람의 수를 집계한 기록을 자랑스럽게 제시할 수 있다. 전체 가톨릭 성직자 중 절반인 8,021명이 강압적인 조치를 당했고, 사제 418명이 강제수용소에 보내져 이 가운데 110명이 사망했다. 59명의 다른 성직자는 처형당하거나 살해당했다. 가톨릭 희생자 수와 자의적 행위의 규모·범위는 개신교 목사와 '고백교회'가 겪은 부담 수준을 월등히 뛰어넘는다." 심지어 2017년, 최고의 전문가로 꼽히는 헬무트 몰Helmut Moll은 20세기에 독일에서 순교한 사람들을 집계했는데, 이중 살해당한 독일 사제 수를 총 241명으로 정정한다. 이로써 가톨릭 사제는 제3제국(히틀러가 권력을 장악한 시기의 독일 제국—옮긴이) 시기 박해를 가장 많이 받은 직업군이 됐다. 가톨릭교회는 20세기에 순교자, 즉 신앙을 위해 죽은 사람들이 전 세계적으로 1만 2천 명이 넘는다고 기록한다. 하지만 수많은 독일 개신교 순교자의 공로도 빠뜨리면 안 된다. 그들은 종종 교회의 힘을 빌리지 않고 홀로 외롭게, 말하자면 자기 자신에게만 의지한 채, 영웅적으로 저항하는 방식을 고안해내야 했다. 예를 들어 깊은 인상을 남긴 개신교 목회자인 파울 슈나이더Paul Schneider와 디트리히 본회퍼Dietrich Bonhoeffer를 생각해보라. 이들 두 사람은 신앙을 위해 믿을 수 없을 정도로 용감하게 목숨을 바쳤다. 그러나 가톨릭교인은 비스마르크 치하 문화투쟁 때부터 국가가 주도하는 박해에 워낙 익숙했기 때문에, 가톨릭계의 환경과 가톨릭교회 자체가 개신교보다 훨씬 더 저항적인 것으로 입증됐다. 어찌됐든 역사학자 만프레트 가이루스Manfred Gailus는 다음과 같이 증명한다. "국가사회주의 정부 입장에서 전체주의적 통치와 전체주의 세계관 강요를 온전하게 관철하려 할 때, 양대 기독교 교회가 가장 까다로운 사회적·문화적 장벽으로 다가왔을 것이다." 교회를 전면적으로 공격하는 것은 "아무리 굳건하게 확립된 국가사회주의 정부라 할지라도 극도로 위험부담이 큰 사안이었고, 이러한 점은 나치 지도층 인사 중 좀 더 똑똑한 이들이라면 잘 알고 있었다."

역사학자 토마스 니퍼다이에 따르면 "가톨릭 하위문화subculture의 강도强度, 심지어 고착화된 빈민가ghetto, 국민교회인 가톨릭교회의 자기주장, 1918년 이후 및 1933년 이후에 닥친 위기에 대한 교회의 저항, 좌파·우파 전체주의에 대한 저항, 그리고-장기간에 걸친-교회의 갱신 가능성이 확실히 가능했고, 또한 가톨릭교회는 이를 실행으로 옮겼다."

나치가 원죄를 증오한 이유

기독교인은 '열등한 인종'이라는 생각을 금지했다. 모든 인간은 하느님의 형상대로 만들어졌다고 확신하기 때문이다. 그리고 원죄를 믿기 때문에, 흠 없는 '지배자 민족'(아리안 인종이 가장 우세하다고 여기는 나치 이데올로기-옮긴이)이라는 개념을 엄격히 금지했다.

사실 많은 사람에게 원죄 개념은 완전히 터무니없어 보이고 심지어 불쾌감도 일으킨다. 죄는, 설령 존재하더라도 개인적인 성격의 것이고 물려받을 수 없기 때문이다. 오히려 정반대다. 그래서 인간은 연좌제, 피의 복수, 연대책임을 정당하게 거부한다. 헤르베르트 슈네델바흐는 모든 인간이 원죄로 인해 타락했다는 주장을 인간이 지닌 자유와 품위에 대한 모욕이라고 보았고, 심지어 '인간 혐오적'이라고 힐난했다. 하지만 그도 이 원죄라는 개념을 크게 오해했다.

사실 원죄는 모든 인간이 매일 경험할 수 있는 현상을 의미한다. 즉 인간은 한편으로 항상 평화·행복·삶·아름다움·완전함을 생각하고 이를 실현하려 노력하지만, 다른 한편으로는 계속 좌절하거나 적어도 완벽의 경지에는 절대 이르지 못한다는 현상이다. 성경은 이러한 실패에 대해 다음과 같이 설명한다. 세상을 잘 창조한 신은 완전함에 이르겠다는 동기를 인간에게 부여했지만, 이후 교란이 일어나는 바람에 인간이 이러한 완전함에 도달하는 것을 방해받았다는 것이다. 성경에서 신과 인간의 형상은 인격을 강조하므로, 이러한 교란은 최초의 인간이 악의로 저지른 결정이라고만 설명될 수 있었다. 이것이 바로 낙원(에덴동산-옮긴이)에서의 원죄다. 이후 원죄는 후세의 모든 사람에게 영향을 끼쳤다. 성경 해석을 어떻게 하느냐는 입장과 상관없이, 위에서 언급한 현상은 이론異論의 여지가 없다. 즉 우리 모두는 다른 사람들의 죄책감이 만들어낸 상황에서 태어난 것이다. 우리 또한 이러한 죄책감이 만들어낸 상황을 모면할 수 없다. 위대한 계몽주의자 임마누엘 칸트가 일컬은 것처럼, 인간은 '똑바로 걸으려는 구부러진 목재'와 같기 때문이다. 즉 한편으로는 선에 의해 똑바로 서 있지만, 다른 한편으로는 악에 의해 불구가 된 존재가 바로 인간이다. 칸트에 따

기독교 콘서트

르면 "선천적 죄책감이라는 게 있다. 이 죄책감은 언제나 인간이 자유를 활용하자마자 나타나고 인식될 수 있기 때문에 '선천적'이라고 불린다. 그럼에도 선천적 죄책감은 자유로부터 생겨난 게 분명하므로 자유에 귀속될 수 있다." 그러고서 칸트는 "우리의 온전한 순수성 안에는 선의 싹이 계속 남아있으며, 이는 제거되거나 썩어버릴 수 없다고 추정해야 한다"고 좀 더 정확하게 표현했다. 이를 통해 칸트는 원죄에 대한 가톨릭의 견해를 정확하게 설명했다. 반면 루터는 인간은 근본적으로 타락했으므로, 스스로 진정한 선을 행할 수 없는 상태에서 신의 은총에 전적으로 의존한다고 보았다.

원죄의 핵심 주제가 된 인간의 나약함은 당연히 좌파와 우파가 전개한 인간 숭배를 지향하는 모든 운동에서 엄청난 혐오의 대상이 됐다. 상당수 계몽주의자, 19세기 진보를 신봉하는 시민 계급, 그리고 무엇보다 프리드리히 니체Friedrich Nietzsche가 보기에, 원죄는 '기독교가 만들어낸 천재적이지만 사악한 작품'이다. 반면 니체는 '힘'을 만들어내어, 자기 세대 전체의 신앙고백에 투입했다. "악한 것이란 무엇인가? 나약함에서 나온 모든 것이다. 행복이란 무엇인가? 힘이 자라는 느낌이다. 저항을 이겨내는 느낌이다. 만족이 아니라 더 많은 힘이다. 절대로 평화가 아니라 전쟁이다. 미덕이 아니라 유능함이다. virtù(르네상스 양식의 미덕. 마키아벨리가 주창한 개념으로, 도덕 중립적인 미덕을 의미한다 – 옮긴이), 즉 도덕으로부터 자유로운 미덕이다." 그리고 니체는 무자비한 결론을 이끌어냈다. 다윈의 생존경쟁·적자생존 사상에서 자극을 받아서, 보다 수준 높은 '유럽 인종'의 번식을 원했다. "약자와 실패한 자는 파멸해야 하리라. 이것이 '우리의' 인간애를 설명하는 첫 문장이다.

그리고 그들이 파멸하도록 도와야 한다. 그 어떤 악덕보다도 더 해로운 건 무엇인가? ─실제로 모든 실패한 자와 약자를 동정하는 행위─ 바로 기독교다." 천재적이고 열정적인 철학자인 니체는 천 리를 꿰뚫어 보는 날카로운 통찰력을 발휘해, 기독교를 인간 혐오 사상에 단호히 반대하는 종교로 파악했다. 그리고 장애인 수만 명이 살해 당한 나치의 안락사 조치가 이 니체 사상을 오해한 결과라고 말하는 것은 적절치 못하다. 비록 니체는 '고귀한 인종의 통치'를 위해 몇몇 '품종 개량된' 유대인이 필요하다고 생각했지만 말이다.

프리드리히 니체가 옳았다. 동정심은 바로 기독교가 발명한 개념이니까. 물론 이교도가 동정심이 전혀 없는 것은 아니다. 하지만 이교도들은 병자·약자·장애인을 무엇보다 신의 매를 맞은 존재로 보았기 때문에, 신의 은총을 잃지 않기 위해서라도 그들에게 너무 많이 관심을 두지 않는 게 최선이라고 여겼다. 반면 구약성경은 물론이고 특히 신약성경은 가난한 자·병자·장애인을 하느님의 벗으로 여겼다. 예수는 그들이 축복받았다고 일컫는다. 더욱이 이 사람들에게서 하느님의 아들인 그분을 만난다. 당연히 이처럼 완전히 새로운 태도, 약자에 대한 헌신적인 사랑은 기독교를 대단히 매력적인 종교로 만드는 요인이 됐다. 부유한 이교도는 가난한 이에게 자선을 베푸는 대신, 같은 시민에게 건축물과 오락거리를 아낌없이 제공했다. 반면 기독교인은 사회 전체에 만연한 빈곤층에 촉각을 곤두세웠다. 프랑스 고대사학자 폴 벤느Paul Veyne는 다음과 같이 확언한다. "양로원, 고아원, 병원 등의 기관은 기독교 시대에 이르러서야 지어졌다. 심지어 이들 기관의 명칭은 그리스어와 라틴어에서 신조어 취급을 받았다." 콘스탄티누스 대제

기독교 콘서트

가 죽고 20년이 지난 뒤, 배교자 율리아누스^Julianus Apostata 황제는 방향을 다시 한 번 바꿔 이교를 재도입하려 한 적이 있다. 그래서 그는 이교도를 위한 사회복지시설을 고안해냈는데, 여기에는 고대 신들의 이미지를 좀 더 다정하게 보이도록 하려는 의도도 있었다. 그러나 불과 2년 만에 소동은 끝났고, "하느님을 공경하라!"와 "네 이웃을 사랑하라!"라는 두 가지 주요 계명을 내세우는 종교는 자기 길을 계속 걸어갔다. 예를 들어 갈리아 지방은 제노도키움^Xenodochium, 그러니까 외지인을 위한 여인숙 체인망으로 온통 덮여 있었다. 도시가 차츰 사라지자, 수도원이 가난한 사람들을 돌보았다. 12세기, 한동안 서양에서 가장 큰 대수도원으로 꼽히던 부르고뉴의 클뤼니^Cluny 수도회는 매년 가난한 사람 1만 7천 명에게 급식을 제공했다. 새천년이 시작되고 도시가 재건되자마자, 각 도시 또한 성령 병원^Holy Spirit hospital을 설립했다. 아시시의 프란치스코가 가장 탁월하게 자비로운 사랑을 베푼 사례로 꼽힌다. 그는 한센병 환자를 보고 말에서 내렸다. 아시시의 프란시스코는 환자에게서 나는 악취 때문에 코를 막은 채 입을 맞추었다. 이때 그에게 개심改心해야겠다는 생각이 피어올랐다. 이때의 경험은 아시시의 프란치스코가 새로운 존재로 탈바꿈하는 돌파구로 작용했다. 프란치스코 수도회만큼 수 세기 동안 영향력 있는 사회운동을 촉발한 수도회는 어디에도 없었다. 이 사회운동이 강조한 이른바 수난과 경건은 오늘날 우리에게는 생소한 개념이지만, 당시 개개인에게는 커다란 의미로 다가왔다. 많은 이가 예수가 겪은 고난을 동정하는 마음으로 숙고하면서, 다른 사람의 고난도 적극적으로 나누자는 자세를 근본적으로 발전시켜 나갔다. 이렇게 함으로써 일단 동정할 수 있는 능력을 갖추었다.

　이러한 동정심은 20세기에 '지배자 민족'을 형성하려 했던 새로운 이교도에게는 낯설게 다가왔다. 새로운 이교도들에게 길을 마련해 준 것은 바로 다윈주의^{Darwinism}와 유전학이었다. 적자생존 법칙은 자연 법칙이며, 이 법칙에 따르면 상위 개체는 어디서든 하위 개체를 이긴다. 그래서 강한 인종은 존재할 권리가 전혀 없는 열등한 인종을 이긴다는 것이다. 이 사상이 요구하는 것은 기독교의 허약한 윤리가 아니라 상위 인종을 번식하는 윤리였다. 영국의 저명한 문학사가인 존 캐리^{John Carey}는 유럽 지식인 상당수가 이런 견해를 품었다고 지적한다. 즉 자신을 인식할 줄 아는 인류는 선택할 수 있는 주체의 지위로 우뚝 솟아야 하며, 이를 통해 예전에는 유토피아로만 꿈꾸던 경지에 도달하게 된다고 생각했다는 것이다. 요제프 멩겔레^{Josef Mengele}가 아우슈비츠 경사로에 서서 가스실로 보낼 유대인을 선별했을 때, 그의 정신 상태에 동조하는 이는 한둘이 아니었다. 안락사를 집행하는 의사들도 마찬가지였다.

　히틀러 집권 시기에 진행된 안락사 조치, 그러니까 불치병환자와 장애인 12만 명이 살해당한 사건의 전사^{前史}를 살펴보면, 안락사 이슈가 1900년경 '죽을 권리' 문제에 관한 논의로부터 시작되었음을 알 수 있다. 이후 제1차 세계대전이 끝난 뒤 '불치병환자에 대한 구원사^{救援死}'라는 주제로 논의는 계속되었다. '삶을 이어나가기 힘든 사람들'의 생존을 유지하기 위한 비용이 추가로 투입되다가, 결국 불치병에 걸린 신생아를 죽이는 것을 허가하기에 이르렀다. 이로써 소위 '살 가치가 없는 생명'을 말살할 수 있는 포문이 열렸다. 나치는 예전부터 생각하고 논의되던 것을 무자비하게 실행했다.

안락사 조치에 대해 저항한 집단은 높은 직책에 있던 엘리트가 아니라 교회였다. 안락사는 기독교의 기본 신념과 완전히 정반대로 모순되기 때문이다. 그래서 교황 비오 11세[Pius XI](1857~1939)는 다음과 같이 단호하게 선언했다. "국가 당국은 우생학적 이유나 다른 어떤 이유로 신체의 온전성을 직접적으로 해치거나 침해해서는 안 된다." 그래서 특히 기독교인이 이 야만적인 행위에 반대했다. 역사학자 미하엘 슈바르츠[Michael Schwartz]가 단언했듯이, "저항 운동은 의심의 여지없이 교회에서 가장 강력하게 전개됐다. 그런데 의학계와 법조계에서의 저항은 일관성이 매우 부족했고, 그나마도 조건부로 전개되기 일쑤였다." 이렇게 저항 수준이 차이가 나는 이유에 대해 프로테스탄트 교회사학자 쿠르트 노박은 다음과 같이 단순화시켜 구분한다. 즉 개신교 쪽은 병자 보호 조치 사안에 대해 실제로 모호한 입장에서 끝까지 못 벗어 난 반면, 가톨릭 쪽은 굉장히 단호하게 저항했다고 한다. 가톨릭은 '타협할 뜻이 없다는 입장'을 취했고, 적어도 한 사건을 통해 돌파구를 마련했기 때문이다. 바로 '뮌스터의 사자' 클레멘스 아우구스트 그라프 폰 갈렌[Clemens August Graf von Galen](1878~1946) 주교의 공개 고발 소동이다.

홀로코스트에 직면하다

잘 알려진 바와 같이, 나치는 안락사 조치를 시행하면서 정신질환자와 장애인을 가스실에 집어넣고 살해했다. 하지만 이러한 만행은 이

보다 훨씬 큰 규모의 대량 학살인 유대민족 학살, 즉 홀로코스트의 서막이자 리허설에 불과했다. 그러므로 나치는 기독교인이 실제 여러 방법으로 특별한 관심과 배려를 쏟은 두 집단(유대인 집단과 환자·장애인 집단 - 옮긴이)을 겨냥해 공격한 셈이다. 하지만 홀로코스트 이후 기독교인 또한 아우슈비츠라는 무시무시하고 암울한 대사건을 돌이켜보며, 자신이 2천 년 역사에서 유대인에게 한 말과 행동이 혹시 추잡한 영향이나 불운을 몰고 왔던 것은 아닌지 비판적으로 자문해야 했다. 그렇지 않아도 바로 이 지점에서 모든 역사적 판단이 과도할 정도로 철저하게 이루어진다. 홀로코스트가 일으킨 공포를 헤아리면, 예전 어느 시점부터 유대인을 모욕하는 언행이 쌓이고 쌓여 결국 반인륜적 범죄가 일어나는 방향으로 치달았을지도 모른다. 그래서 이러한 언행은 아무리 사소하더라도 절대 용서할 수 없다. 하지만 다른 한편으로 어떠한 역사적 평가도 포기하려는 행위 역시 마찬가지로 위험하다. 그렇게 되면 더 이상 홀로코스트 전후 상황을 구분지어 말할 수 없고, 결국 홀로코스트는 역사에서 벗어나게 된다고 할 수 있다. 그러면 인간은 더 이상 미래를 위해 홀로코스트로부터 배울 게 아무것도 없게 된다. 그래서 우리가 특히 유대인 희생자에게 큰 빚을 진 게 사실이기는 하지만, 때로는 까다로웠던 유대인과 기독교인의 관계를 역사적으로 진지하게, 오늘날 학술연구 상황에 비추어 살펴보아야 할 의무를 느낀다.

홀로코스트는 어떻게 시작되었을까 - 골육상쟁부터 유대인 보호까지

신약성경에서 '유대인'을 가리키는 말 중에는 상당히 격한 표현도

기독교 콘서트

일부 있다. 물론 성서해석학자 게르트 타이센Gerd Theißen이 강조하는 것처럼, 이는 "유대인의 유대인에 대한 부정적 판단, 메시아를 믿는 유대인의 다른 유대인에 대한 부정적 판단이었다"는 것을 유념해야 한다. 이런 부정적 판단은 초기 기독교인이 기독교를 엄격하게 거부한 유대인과 빚은 갈등과 분쟁을 반영한다. 하지만 동시에 로마 신자들에게 보낸 서간을 보면 이와는 완전히 다른 사도 바오로의 목소리를 들을 수 있다. 로마 신자들에게 보낸 서간에서 유대인은 '형제들'이며 신의 영원히 예정된 자녀들이라고 표현된다. 또한 그들이 메시아인 예수 그리스도에 대한 믿음이 부족한 이유는 '비밀'로 남아있다고도 했다. 더욱이 저명한 유대계 종교학자 데이비드 플루서David Flusser는 신약에 나오는 여러 다른 표현이 유대인에 대한 공격성을 띠기는 하지만 충분히 이해할 수 있다고 밝힌다. 예전 예수 그리스도를 믿는 유대인에게 이러한 표현은 바로 '기독교가 세계 종교로 자리매김하기 위한 역사적 필연성'이었다는 것이다. 그렇기 때문에 플루서는 이러한 표현은 "아우슈비츠 이후 신학의 공격에 대비해 어느 정도 보호받아야 한다"고 강조한다. 일부 신학자는 신약이 반유대주의 특성을 보인다는 견해를 지지하지만, 최근에 실시된 연구는 이와는 다른 결론에 도달했다. 명망 있는 유대교인인 하인츠 슈레켄베르크Heinz Schreckenberg는 "유대인에 대한 적대감이 신약성경의 본질과 핵심을 이룬다는 추정은 적절치 않다"고 설명한다. 그리고 고대사학자 알렉산더 데만트Alexander Demandt는 다음과 같이 간결하게 단언한다. "유대 율법에 따르면 예수의 죽음은 정당했다." 자신이 메시아라는 예수의 주장을 신성모독이라고 여겼기 때문이다. 그러므로 "복음서가 묘사한 대로 유대 제사장과 추종자들이 예수를 재판에 세우려고 추진력을 발휘했다"는 내용은 분명 신약성경 저자들이 지어낸 게 아니라는 것이다. 이러한 사실은 이스라엘 국가 최고 재판관을 역임한 하임 콘Chaim Cohn이 밝힌 "실제로 총독의 통수권 아래 있는 로마군이 십자가형을 집행했다"는 견해와 모순되지 않는다. 당시 법적 상황이 그랬다.

따라서 기독교 논쟁에서 곧바로 부각됐던, "유대인이 신을 죽였다"는 비난은 부당하다. 아우구스티누스는 이미 다음과 같은 고전적 방식으로 이러한 비난을 거부한 바 있다. "유대인이 하느님의 아들을 제대로 알아보았다면, 십자가에 못 박지 않았을 것이다." 대교황 그레고리오는 여기서 더 나아가, 예수의 죽음은 사악한 기독교인을 포함해 모든 나쁜 인간의 책임이라고 밝혔다. 이러한 견해는 오늘날까지도 많은 기독교 신자에게 설득력을 발휘한다. 또한 대교황 그레고리오는 후대 교황들이 계속 그랬던 것처럼 강제 세례를 단호하게 반대했고, 유대인에게 광범위한 권리를 보장하는 '허용된 종교'의 지위를 확인했다. 초기 기독교인의 위대한 스승인 오리게네스Origenes(대략 185~254)는 유대인을 높이 찬양했다. "그런데 누군가가 유대인이 처한 상황을 다른 민족의 현 생활방식과 비교해 평가한다면, 유대인만 한 민족이 없다는 사실을 알고 감탄할 것이다. 왜냐하면 유대민족은 인류에게 해로운 것은 전부 제거하고 유용한 것만 받아들이려고, 사람의 힘이 닿는 한 최선을 다했기 때문이다." 그리고 나지안즈의 그레고리우스Gregory Nazianzen(대략 329~390)는 다음과 같이 말한다. "그러므로 예수가 십자가에 못 박히기 이전 시기에 살았던 사람들을 경멸하면 안 된다. 그들이 십자가 정신에 부응하는 삶을 살았다면 오히려 찬양받을 자격이 있다." 그럼에도 요한네스 크리소스토무스^{Johannes Chrysostomus}(대략 349~407)의 경우처럼 탈선 사례도 있었다. 그는 많은 기독교 신자가 다시 유대교에 마음이 기울어지는 긴장 상황에 직면하자 넋이 나가버려 불쾌한 악담을 서슴지 않았다. 나중에 크리소스토무스는 자기가 한 말을 후회했고, '유대인의 고귀함'을 강조했다. 심지어 유대인이 구원의 역사에서 우선권이 있다고 인정하기까지 했다. 그뿐만 아니라 예루살렘 히브리 대학교에서 가르치는 미하엘 토흐를 통해, 기독교가 유대인을 기독교 진리의 반박할 수 없는 증인으로 생각한다는 사실을 확인할 수 있다. 이러한 생각은 이미 당시에도 기독교인의 지지를 받아 '원칙적으로 폭력을 금지하는 조치'도 이어졌으며, 실제로 '유대인을 세상이 끝날 때까지 수호할 의무'가 제정되기도 했다.

하지만 유대인을 둘러싼 논쟁도 중단되지는 않았다. 유대교 예배의 핵심 기도문인 이른바 아미다^{Amidah}('18축복기도'라고도 한다-옮긴이)는 독실한 유대인이라면 하루 세 번 반드시 서 있는 자세로 바친다. 그런데 기독교계는 2세기 무렵부터 아미다를 위협적으로 여겼다. "박해자들에게 희망이 번성하지 않도록 해주소서! 오만^{傲慢}의 왕국을 우리 시대에 속히 뿌리 뽑아 주소서! 나사렛 사람들(기독교인을 의미한다-옮긴이)과 다른 이탈자(유대교에서는 '미님'^{minim}이라고 부르며, 이단의 의미도 있다-옮긴이)가 일순간에 멸망하도록 해주소서! 그들을 생명의 책(영원한 생명을 얻을 사람의 이름을 기록한 책-옮긴이)에서 지워버려 주시고, 그들의 이름이 의인들과 함께 기록되지 않도록 해주소서." 이 기도문에서 '그들'이란 로마 당국은 물론 유대인 이단 집단, 그중에서도 기독교를 믿는 유대인을 가리킨다. 미하엘 토흐에 따르면, "고대 후기 유대교는 기독교를 신의 약속이라는 은총을 받은 종교로 절대 인정하지 않았다."

고대 후기, 유대인은 생동감과 활력이 넘치는 태도로 시민·도시 생활에 참여해 열심히 활동했다. 고대사학자 카를 L. 뇌틀리히스^{Karl L.} Noethlichs가 강조한 것처럼, "유대인의 삶은 일반적으로 비참한 상황에 놓였다"는 묘사는 어디까지나 '기독교 이데올로기'에 의한 시각이라는 것이다. 중세 교황들은 대교황 그레고리오가 확실하게 보장해놓은 유대인 보호 의무를 성실하게 수행했다. 교황 알렉산데르 2세^{Alexander II}(대략 1010~1073)는 다음과 같이 명백하게 선언했다. "유대인은 보호받아야 하며 피를 흘리게 해서는 안 된다." 이 발언은 이후 1140년《그라티아누스 교령집》에 수록되었다. 그때부터 4세기가 넘는 기간 동안, 모든 교황은 유대인을 명시적으로 보호하기 위해 이른바 '유대인으로서 칙령'^{Sicut Judaeis}을 공포했다. 이 칙령을 준수하지 않으면 매우 엄한 처벌을 받았다. 때때로 이 엄숙한 교황 칙령에는 특별 갱신 사항이 삽입되기도 했다. 즉 유대인 관련 재판이 금전 갈취를 목적으로 진행됐다면 허위 행위를 한 원고는 유대인에게 뒤집어씌우려 했던 형벌을 고스란히 받도록 했다. 마찬가지로 제물로 바치려고 사람을 죽이거나 성체를 모독하는 행위도 처벌받도록 했다. 교황 그레고리오 9세도 유대인을 공정하게 대우하라고 주장했다. 왜냐하면 그들은 '구세주의 형상을 지니고 있고 만물의 창조주에 의해 창조되었기' 때문이다. 또한 그레고리오 9세는 십자군 종군자가 유대인을 살해하는 상황을 접하고는 다음과 같이 경고했다. "예수 그리스도는 당신의 피로 하느님과 우리를 화해시키기 위해, 모든 사람과 민족을 신분과 성별의 차별 없이 하느님의 자녀로 받아들이기 위해 이 땅에 오셨다. 하지만 십자군은 이를 전혀 고려하지 않는다." 그리고 독일 주교를 접견하는 자리에서는 다음과 같이 정형화된 문구를 간명하게 피력했다. "우리 기독교인은 이방인의 땅에서 호의를 받기를 바란다. 마찬가지로 우리도 기독교인의 땅에 사는 유대인에게 똑같이 호의를 베풀어야 한다." 교황 니콜라오 4세[Nikolaus IV](1227~1292)는 다음과 같이 선언했다. "교회는 무감각하지 않다. 그래서 기독교인이 고해성사에서 유대인을 부당하게 비난하면 결코 못 들은 척 넘어가지 않는다." 미국 역사학자 솔로몬 그레이젤[Solomon Grayzel]은 교황들에 대해 다음과 같이 증언한다. "유대인 공동체가 불만을 표시하면 교회는 불만 사항이 무엇인지 조사했고, 이 불만이 정당한 것으로 판명되면 문제를 일으킨 당사자에게 중지 명령을 내렸다." 그리고 저명한 이스라엘 역사학자 슐로모 지몬존[Shlomo Simonsohn]은 자신의 저서 최종판에서 중세 교황들이 공포한 총 1,100건의 유대인 관련 성명서에 대해 다음과 같이 썼다. "사도좌使徒座(사도들이 세운 교회라는 뜻으로, 로마 가톨릭교회를 의미한다 – 옮긴이)가 중세 시대에 자기 갈 길을 제대로 갔더라면, 유대인이라는 존재는 대부분의 서유럽 국가에서 오랫동안 계속 살아남았을 것이라고 보는 게 타당하다."

유대인이 기독교 환경에서 굉장히 고립된 삶을 산 것은 사실이다. 그런데 이는 무엇보다 음식에 엄격한 제한을 두고 여성의 순결 유지를 강요하는 유대교 관습 탓이 컸다. 이러한 생활방식 때문에 비유대인과 함께 식사하는 것은 불가능할 정도였고, 여성과 옷깃만 스치는 것도 금지됐다. 종교가 다른 사람끼리의 결혼도 철저하게 대비해, 신랑신부 양쪽 모두를 거부했다. 여기에는 의복을 통한 식별도 포함됐다. 유대인은 개종을 막기 위해 수단방법을 가리지 않았다. 심지어 바빌로니아 탈무드에 따르면 유대교에서 떨어져 나온 사람은 죽여야 한다는 요건도 있었지만, 중세 시대에는 배교할 기회가 거의 없었기 때문에 결국 이 요건은 누락됐다. 유대인은 대체로 비유대인과의 접촉을 피했다. 심지어 시각적인 접촉도 피하려고 노력했다. 예를 들어 유대인 쪽에서는 교회나 십자가가 보이는 창문을 벽으로 막아버리기도 했다.

한편 기독교 쪽에서는 이미 오랫동안 유대인을 특별히 겨냥한 문학 장르가 있었지만, 12세기에 지적 각성이 전반적으로 일어나면서 이제는 기독교인을 겨냥한 과격한 문학이 등장하게 됐다. 유대교 성경 주석은 기독교인에 대한 신의 복수를 중심 주제로 삼았다. 기독교인은 우상 숭배를 하기 때문에(성상이나 성화를 모신다는 의미 – 옮긴이) 하느님의 적이며, 따라서 이교도와 동일시해야 한다는 것이다. 기독교인이 신성하게 여기는 것을 겨냥한 악담과 욕설도 있었는데, 이는 특히 유대인 내부에서 활발하게 사용됐다. 하지만 유대인 내부에서도 신학 논쟁이 한층 더 날카롭게 진행됐다. 예를 들어 프랑스 유대인들은 당시 막 생겨난 종교재판으로 눈을 돌렸고, 이로 인해 1233년 저명한 유대인 철학자 모세스 마이모니데스^{Moses Maimonides}의 저서가 불에 태워졌다. 하지만 관용을 더 많이 보이려는 노력도 있었다. 예를 들어 탈무드 학자 메나헴 메이리^{Menachem Meiri}(1249~1316)는 기독교가 당시 관습보다 합법성을 더 많이 갖추었다고 여겼다. 마찬가지로 기독교인 측에서도 유대인에 관한 발언이 매우 다양하게 나왔다. 유대인은 힐데가르트 폰 빙엔^{Hildegard von Bingen}(독일 출신의 베네딕토회 수녀원장 – 옮긴이)을 이해하려고 하더라, 유대인은 클레르보의 베르나르도를 비교적 우호적으로 보더라, 클뤼니 수도원장 베다 베네라빌리스는 욕하더라 등등 여러 이야기가 나왔다. 오스트리아 빈 출신의 유대교도인 쿠르트 슈베르트Kurt Schubert가 밝혔듯이, 중세 유대인과 기독교인 간의 논쟁을 오늘날 시각에서 보려면 다음과 같은 원칙을 적용해야 할 것이다. "우리는 양쪽 모두에게서 거리를 둘 필요가 있다."

하지만 상호 간의 긍정적인 영향도 있었다. 위대한 기독교 스콜라 철학자들은 히브리어 구약성경을 이해하기 위해 유대인에게 조언을 구했다. 모세스 마이모니데스는 토마스 아퀴나스는 물론 나중에는 마이스터 에크하르트에게도 상당한 영향을 끼쳤다. 역으로 이스라엘 역사학자 아브라함 그로스만Avraham Grossmann은 중세 유럽에서 유대인 여성의 지위가 탈무드가 엄격하게 적용되던 시대에 비해 '주목할 만한 수준으로 개선'되었다고 설명한다. 이러한 개선은 무슬림계 여성은 물론 이웃 기독교 사회에 소속된 여성의 지위 향상과 밀접한 연관이 있었다고 한다. 그럼에도 유대인 여성은 계속 불이익을 받는 상태에 있었다. 중세 유대계 여성 중 글을 쓸 수 있는 사람은 단 한 명도 없었다. '유대인 여성이 가장 강력한 차별을 받은 분야는 바로 교육과 문화'였기 때문이다.

중세에는 효율적인 행정 국가가 존재하지 않아서 유대인은 통치자가 개인적으로 베푸는 보호 특권을 누렸을 뿐이었지만, 그럼에도 모든 면에서 효과가 있었다. 그러나 실제로 이런 특권은 지속적으로 유효한 '인권'이라고는 볼 수 없었기 때문에 계속 갱신해야 했다. 이와 동시에, 강력한 국가가 존재하지 않는 상황 또한 유대인이 이점을 누릴 수 있는 요인으로 작용했다. 원래 중세에는 유대교 회당을 각 도시에 하나만 두어야 했지만, 공교롭게도 로마에는 회당이 열 곳이나 있었다. 그래서 훗날 근대 민족국가가 새롭게 등장하고서야 효율성을 추구했고, 이는 대규모 유대인 추방으로 이어졌다. 프랑스와 영국, 그리고 특히 스페인에서 이런 일이 일어났다.

유대인의 '눈물의 골짜기' - 중세 유대인 박해

서고트족이 다스리던 시대에 스페인에서 일어난 사건을 제외하면, 첫 번째 기독교 천 년 기간에 유대인 학살은 전혀 없었다. 이후 중세 전성기에 이르러 무시무시한 유대인 박해로 이어졌다. 이를 다룬 최신 연구를 통해 놀라운 결과가 일부 밝혀졌다.

어떤 재앙이 일어나면 사람들은 엉터리 이야기를 계속 지어내 유대인을 속죄양으로 만드는 구실로 삼았고, 이를 통해 유대인 박해를 떠들썩하게 자행했다. 한편으로는 유대인이 예식을 치르며, 살인을 저지른다는 터무니없는 주장을 했다. 이 주장의 구체적인 내용은 유대인이 유월절 때 쓰려고 때때로 기독교인 어린이를 죽인다는 것이다. 또 한편으로는 유대인이 기독교인이 '그리스도의 몸'으로 여기는 성체를 모독한다는 그릇된 주장도 있었다. 그리고 마지막으로 유대인이 우물에 독을 넣는다는 비난도 있다. 마녀 박해 때 그랬던 것처럼, 유대인 박해의 경우도 처음엔 남부 유럽 국가는 이런 소문의 영향을 거의 받지 않았다. 미하엘 토흐가 확언한 것처럼 "이러한 북부 유럽 국가의 망상은 절대 뿌리를 내리지 못했다." 반면 교육과 문화 수준이 낮았던 알프스 북부 지역 사람들은 이런 식으로 대중의 무질서한 분노가 둔탁하게 폭발하는 상황을 무척 반겼다. 하인츠 슈레켄베르크에 따르면 특히 '교육을 거의 받지 않고 지위도 낮은' 사람들이 이러한 분노를 부추겼다. 반면 "가톨릭 고위 성직자는 박해 받는 유대인을 편들어주는 경우가 많았다."

이렇게 교회는 증오와 분노가 폭발하는 상황을 단호하게 반대했다. 교황 인노첸시오 4세는 독일 주교들에게 보낸 편지에서 불평을 늘어놓았다. "성경을 보면 율법 명령 가운데에서도 '살인하지 말라'는 계명을 특히 강조한다. 그리고 성경은 유대인이 유월절에 죽은 생명체의 살을 건드리는 것을 금지한다. 그런데 사람들은 유대인이 유월절에 소년들의 심장을 먹었다고 믿고는, 율법에 어긋나는 행위라며 거짓으로 죄를 덮어씌운다. 사실 유대인은 율법의 명령을 따르지 않은 적이 없는데도 말이다. 사람들은 죽은 사람의 시신을 어디선가 우연히 발견하고는 유대인의 짓이라며 악의적으로 비난한다. 똑같은 사람들이 이런저런 이야기를 지어내어 유대인에게 분노한다. 고발도 당하지 않고 자백도 받지 않았는데도 분노한다. 그리고는 유대인의 재산을 강탈한다. 또 유대인을 추방해, 아주 오래전부터, 조상 때부터 살았던 곳을 비참하게 떠나도록 강요한다. 이는 신의 공의에 어긋나는 행위다."

유대인의 성체 모독 행위와 관련하여, 교황 베네딕토 12세[Benedikt XII]는 1338년 오스트리아에서 발생했다고 주장하는 사건을 철저하게 조사하라고 명령했다. 필요하다면 유대인을 처벌해야겠지만, 무죄로 밝혀지는 경우 이 사건에 연루된 기독교인을 기소해야 한다고 강조했다. 이렇게 조치해야, 재산 강탈로 종종 이어지는 반유대주의적 불법 행위가 다시는 일어나지 않는다는 것이다. 심지어 우물에 독을 넣었다는 근거 없는 비난과 관련해, 교황 클레멘스 6세[Clemens VI](대략 1290~1352)는 소문을 퍼뜨린 자를 파문시키기도 했다.

교황들은 유대인 박해에 거듭 반대했다. 1236년 십자군이 프랑스 앙주, 푸아투, 브르타뉴에서 유대인에게 가혹행위를 하자, 교황 그레고리오 9세는 프랑스 주교들에게 다음과 같은 격렬한 내용의 편지를 썼다. "우리는 프랑스에 사는 유대인으로부터 하소연을 들었습니다. 몹시 비통해 가슴이 찢어질 듯한 내용입니다. 당신들 교구의 십자군이 신의 인내심을 시험했다는 것입니다. 십자군은 유대인을 지상에서 완전히 말살시키려 했고, 이미 유대인 2,500명이 전례를 찾아보기 힘든 분노와 비정상적인 잔학행위로 인해 목숨을 잃었습니다. 어른과 아이 할 것 없이, 심지어 임산부도 분노의 희생양이 되어 마구 살해당했습니다. 십자군은 생존자를 비열하고 수치스럽게 대했으며, 그들의 소유물을 빼앗아 자기 것으로 썼습니다. 이런 파렴치한 행위를 경건한 망토로 은폐하기 위해, 십자군은 유대인이 세례 받기를 거부했기 때문에 그런 짓을 했다고 허풍을 떱니다. 그들은 자발적으로 세례 받기를 원하지 않는 사람에게 세례를 강요해서는 안 된다는 생각 자체를 하지 않습니다. 이런 뻔뻔스러울 정도로 대담한 행동이 억제되지 않는다면, 십자군이 더 이상 다른 이에게도 이런 악행을 저지르지 않도록 조치를 취할 수밖에 없습니다. 그래서 교회가 규정한 형벌 지침에 의거해, 악행과 소유물 절취에 대한 배상을 지체 없이 집행할 것을 명합니다."

1348~1350년 사이 유럽에 페스트가 창궐했다. 그리고 그 뒤를 이은 유대인 박해는 특히 독일에 큰 영향을 끼쳤다. 박해는 잔혹했다. 심지어 일부 도시에서는 정부 당국이 박해를 신중하게 기획하기도 했다. 예를 들어 뉘른베르크에서 카를 4세 황제와 시의회가 그랬다. 그

런데 마르크스주의 중세사학자인 프란티셰크 그라우스가 강조하듯이, 성직자가 박해를 선동하는 경우는 전혀 없었다. 심지어 교황 클레멘스 6세는 유대인을 보호하기 위해 교서를 두 차례나 보냈지만, 성공을 거두지 못했다. 이때 귀족과 길드가 연합해 살인 행위를 저지르는 경우가 계속 나타났다. 이는 무엇보다 돈이 동기가 됐다. 때문에 귀족과 길드 조합원은 자기 재산을 불리기 위한 기회를 거리낌 없이 활용했다. 독일에서는 수천 명의 희생자가 발생했다. 그래서 교황들조차 미신에 사로잡힌 대중이 일으킨 폭동에는 무기력할 수밖에 없었던 것으로 드러났다. 이와는 대조적으로 교황 권력이 유효한 곳인 교황령에서는 유대인이 심각하게 괴롭힘을 당하는 일이 없었다. 저명한 개신교 역사학자 페르디난트 그레고로비우스Ferdinand Gregorovius(1821~1891)는 저서 《중세 로마시사市史》에서 다음과 같이 설명한다. "중세 유대인은 그 어느 곳보다도 로마에서 매우 인도적인 대우를 받았다." 그 결과 1596년 유대인 거주지역이 형성됐지만, 추방은 없었다. 그리고 교황 그레고리오 13세가 규정한 유대인 강론은, 로마에 사는 유대인이라면 참석해야 하는 의무처럼 보였지만, 어찌됐든 효과는 전혀 없었다.

스페인은 특별한 경우다. 오랫동안 통용됐던 선입견과는 정반대로, 최근 연구를 통해 무슬림이 우세하던 스페인에서 유대인이 처했던 상황은 별로 낫지 않았다는 결론이 나왔다. 1066년 최초의 유대민족 학살이 무슬림령 그라나다에서 일어났고, 그 이전에도 유대인은 무슬림 지역에서 탈출해 기독교가 우세한 북부 지역으로 도피했다. 사실 스페인은 오랫동안 유대인에게 굉장히 긍정적인 태도를 보여, 박해 예외 지역으로 통했다. 또한 1348년 페스트가 크게 유행했을 때도 유대민족 박해는 없었다. 미국의 유대교인 스티븐 헬리처^{Stephen Haliczer}는 다음과 같이 확언한다. "실제로 중세 후기 유대인은 서로 간의 갈등이 이웃 기독교인과의 갈등보다 훨씬 더 많았던 것으로 보인다." 이는 미국 역사학자 데이비드 니렌버그^{David Nirenberg}도 확인한 내용이다. 슐로모 지몬존이 밝힌 것처럼, 스페인은 15세기까지는 비교적 자유로운 분위기가 지배적이었다.

그러나 이후 유대교 자체가 심각한 위기에 빠졌다. 1263년 바르셀로나에서, 그리고 1413~1414년 토르토사에서 열린 학술 토론회는 대거 몰려든 청중 앞에서 진행됐는데, 이 행사에서 여러 유대인 문서, 특히 탈무드에 대한 완전히 새로운 해석이 등장했다. 이 문서에 예수가 메시아라고 증언하는 구절이 포함됐다는 인식이 널리 퍼진 것이다. 효과는 엄청났다. 수많은 유대인이 근본적으로 마음이 흔들렸기 때문이다. 하버드 대학교 유대학 교수인 요제프 예루살미^{Josef Yerushalmi}가 밝혔듯이, 유대인 수천 명이 랍비들과 함께 자발적으로 세례를 받고 '진지한 가톨릭 신자'가 되었다. 심지어 일부 유대인은 사제와 주교가 되기도 했다. 오늘날에 추정하기로는 1381~1414년 사이 개종한 사람의 수는 수만 명에 달했으며, 이에 따라 유대인 사이에도 분위기가 매우 뒤숭숭했던 것으로 파악된다. 이러한 상황에서 1391년, 유대민족 박해가 세비야에서 일어나 스페인 전역으로 퍼졌다. 그러나 프랑스 역사학자 필리프 볼프^{Philippe Wolff}가 보고한 것처럼, 아라곤 왕은 '살인자와 강제 개종자에 대해 대단히 노골적으로 거부감을 보이면서' 가해자를 즉시 처벌했다.

그럼에도 상황은 더욱 악화되어 갔다. 개종한 유대인은 겉으로

만 기독교 신자 행세를 한다는 의심을 받았다. 교황 니콜라오 5세(1397~1455)는 개종자를 온전한 기독교인이라고 부르지 않는 자를 처벌하라고 명령함으로써, 이런 치명적인 양상에 온 힘을 다해 맞서려 했다. 하지만 그는 더 이상 재앙을 막지 못했다. 개종자의 아들 알폰소 데 에스피나^{Alfonso de Espina} 같은 사람들은 종교재판을 개시해, 진정으로 기독교 신자가 되지 못한 자들을 추적한 뒤 처벌했다. 요제프 예루살미가 서술한 바와 같이, 수많은 개종자가 '유대교도화된 사람들을 없애버리면, 자신의 가톨릭 정통성을 더 이상 의심받지 않을 것'이라는 생각을 분명히 했던 것으로 보인다. 하지만 이는 치명적인 착각이었다. 결국 1492년, 모든 유대인을 완전히 추방하는 사태가 벌어졌다. 이전에는 추방자 수가 대단히 많은 것으로 제시됐지만, 최근에 이루어진 연구에서는 이를 정정해 '3만 명은 넘지 않을 것'(헨리 케이먼)으로 추정한다. 하지만 이것만으로도 상황은 충분히 나빴다. 비극적이게도 예전에는 완전한 기독교인이 됐다고 인정받던 개종 유대인은 '난폭한 종교재판' 단계에서 추악한 박해를 당했다. 이때 4천~5천 명의 희생자가 발생했다. 역사학자 호르스트 피에치만^{Horst Pietschmann}은 이런 조치를 단행한 이유가 진정 종교적인 동기는 아니었다고 본다. 스페인 국시^{國是}가 '단일 국가에 단일 종교'를 요구했기 때문이라고 파악한다. 결국 스페인에서는 어떤 사람이 유대인의 자손이면 몸속에 '불순한 피'가 흐른다는 생각이 등장했다. 이는 기독교 원칙과 완전히 모순되는, 인종차별의 초기 형태다.

게다가 이른바 '탈무드 논쟁'은 13세기부터 유럽 전역에서 형성된 유대인과 기독교인 간의 화해 분위기에 독을 뿌렸다. 탈무드는 유대인 사이에서 매우 존경받는 경전이며, 두 가지 버전으로 존재한다. 2세기부터 유대인은 탈무드를 통해 가르침을 받았다. 탈무드는 히브리어로 쓰였기 때문에, 기독교인은 좀처럼 가까이 다가갈 수 없었다. 하지만 모세스 마이모니데스의 '자유주의' 사상을 두고 유대인 내부에서 갈등이 불타올라, 그의 추종자들이 유대인 공동체에서 '파문'되는 일이 일어났다. 이때 추종자 일부는 세례를 받고 반격을 가하기 시작했다. 이 세례 받은 유대인들은 기독교에 적대적인 내용처럼 보이는 탈무드 구절을 교회에 제시했다. 예수가 펄펄 끓는 지옥의 시궁창에 빠졌다든지, 성모 마리아가 불결한 간음녀이자 창녀라는 등의 험담이었다. 탈무드를 옹호하는 유대인들은 이러한 구절을 반기독교적이지 않은 방향으로 해석하려고 노력했지만, 미국 역사학자 데이비드 버거^{David} ^{Berger}는 당시 그들의 노력은 달리 이해받을 수 없었을 거라는 견해를 보인다. 파리에서는 탈무드를 불태우는 일이 시작됐다. 하지만 교황 인노첸시오 4세는 색다른 결정을 내렸다. 탈무드는 전반적으로 유대교 정통 신앙에 부합되며, 신성모독 부분만 삭제해야 한다는 것이다. 이 사례는 일부 기독교인 저자를 다루었던 방식과 똑같았다고 보아야 한다. 즉 상스러운 구절은 삭제하지만, 저자 개인은 절대로 괴롭히지 않는 방식이다. 탈무드를 둘러싼 논쟁은 오랫동안 계속됐다. 마르틴 루터의 유대인 논쟁은 탈무드의 신성모독 의혹으로 인해 불이 붙었다. "전 세계 기독교인 한가운데에서—그리고 그들이 암묵적으로 관용을 베푸는 가운데에서—메시아, 그분의 어머니, 심지어 하느님 자신도 모독을 받고 있다. 이런 일은 오로지 악마가 악행을 저지르는 곳에서만 일어날 수 있다."

어쨌든 종교개혁은 유대인의 여건 향상은커녕 오히려 악화되는 상황만 야기했다. 이후 계몽주의는 유대인이 해방을 맞이하는 데 기여하기는 했지만, 당대 최고로 꼽히는 인물 중에는 이를 반대하는 사람도 있었다. 볼테르는 유대인을 '모든 민족 중에 꼴찌'라고 했고, 칸트는 '사기꾼 민족'이어서 시민권을 누릴 자격이 없다고 일컬었다. 피히테는 유대인에게서 인류에 대한 증오를 보았고, 요한 고트프리트 헤르더 Johann Gottfried Herder도 그렇다고 밝혔다. 헤겔은 유대인에게는 개성과 자유가 결여됐다고 진단했다. 그럼에도 역사의 발전은 멈출 수 없었다. 독일에서 유대인 해방이 처음 이루어졌는데, 정확히 말하면 국가 관료제에 의해 단행됐다. 이를 계기로 독일 유대인들은 국가에 대해 깊은 신뢰를 품게 됐다. 유대인 해방은 오스트리아 신성 로마 제국 황제 요제프 2세와 함께 시작되어 1848년 혁명으로 완료됐다. 유대인 자신도 새로운 상황에 적응해야 했다. 고대로부터 내려오던 종교 의식이 폐지됐고, 소년 소녀 의무교육 덕분에 유대교인은 교양 있는 시민 계급으로 상승할 수 있었다. 이는 경제적 번영을 높이는 것보다 훨씬 중요했다. 이와 대조적으로 교황령은 19세기에도 여전히 시대착오적으로 보였다. 하지만 최근에 밝혀진 내용에 따르면, 교황청은 유대인 어린이의 강제 세례를 막기 위해 계속 개입했다. 바티칸 기록보관소에서 이 사례를 연구한 교회사학자 후베르트 볼프는 다음과 같이 단언한다. "종교재판이 유대인을 가톨릭으로부터 보호한다는 사실은 우리가 교회에 대해 떠올리는 이미지와 맞지 않는다. 종교재판이 불과 칼에 의한 강제 세례를 명시적으로 포기한다는 것도 마찬가지다."

살인적인 생각 - 인종차별적 반유대주의와 그 결과

19세기에 인종차별적 반유대주의가 나타나기 시작했다. 이는 이미 스페인에서 낌새가 보이기는 했지만, 이제는 새로 등장한 유전학을 활용해 유사 과학적 체계를 제시하는 게 특징이었다. 동시에 유대인 해방이 큰 성공을 거두며 사회적 위화감과 시기심을 불러 일으켰다. 아울러 사회에 동화되어 종교와 멀어진 유대인은 자유주의 성향을 띠게 됐고, 이 때문에 보수 성향이면서 종교적으로도 보수적인 유대계의 반감을 사게 됐다. 유대주의와 자유주의의 혼합은 폭발적이었다. 개종한 유대인의 아들인 카를 마르크스는 다음과 같이 추측했다. "유대교의 세속적 토대는 어떤 것인가? 실제로 필요한 것, 즉 사리사욕이다. 유대인의 세속적 숭배는 어떤 것인가? 폭리 행위다. 유대인의 세속적 신은 어떤 것인가? 돈이다." 그리고 예루살렘 출신 역사학자 슐라미트 폴코프Schulamit Volkov는 다음과 같이 단언한다. "사회민주주의는 사회 기저에 '잠재의식'으로 깔린 반유대 정서를 극복하지 못했다. 심지어 일부 사회 지도층 인사도 극복하지 못했다."

기독교 입장에서 인종차별은 어떤 행태든 낯설었다. '이 세상 모든 민족에게' 복음을 전파하는 것을 중요하게 여기는 데다, 기독교를 최초로 추종했던 무리가 전부 유대인이었기 때문이다. 하지만 아우슈비츠 생존자인 프란티셰크 그라우스František Graus는 심리적 공감을 일으키는 실감나는 필치로 기독교와 유대교가 계속 공존할 때 나타날 수 있는 유혹을 묘사한다. "본인이 '올바른 신앙'을 지니고 있다고 자부한다면, 도시와 시골의 땡전 한 푼 없는 기독교인은 자신이 부유하지만 '믿음이 없는' 유대인보다 훨씬 우월하다고 느낄 수 있다. 마찬가지로 유대인 거지가 기독교인 권력자를 어느 정도 경멸하는 것도 가능하다." 이러한 배경에서, 기독교와 유대교가 수 세기 동안 논쟁하면서 좋지 않은 여파가 생긴 것은 당연하다. 즉 서로를 부정적으로 여기는 선입견과 일반화되다시피 한 상호 비난이 축적된 것이다. 여기서는 당연히 기독교인이 품는 반유대인 고정관념이 훨씬 파괴적인 효과를 발휘했다. 유대인은 항상 힘없는 소수자 위치에 있었기 때문이다. 대교황 그레고리오는 유대인이 하느님의 아들을 죽였다는 세간의 비난을 거부했고, 수 세기 동안 영향력을 끼친 로마 교리서도 이를 확실히 강조했다. 그리고 교황들은 유대인이 인신제물을 바치고 성체를 모독한다는 사악한 비난에 단호한 조치를 취했고, 이러한 개입은 교황 베네딕토 14세[Benedikt XIV](재위 1740~1758) 때까지 계속됐다. 1882년 몇몇 개신교 학부는 헝가리 수석 랍비의 간청으로 감정 평가에 참여해, 인신제물 비난이 "확실히 터무니없고 모욕적인 거짓 표현으로 기술되어 있다"는 결론을 내렸다. 교황들 또한 정기적으로 유대인 보호 선언을 공포했지만, 이 모든 것 중 어느 것도 신학적으로 상스러운 반유대주의를 막을 수는 없었다. 이제 인종차별적 반유대주의는 점점 더 창궐해, 스스로 활로를 개척하는 지경에 이르렀다. 이 반유대주의에 단호하게 저항하는 자세가 필요했지만, 이제 그런 일은 일어나지 않게 됐다.

하지만 역사학자 올라프 블라슈케[Olaf Blaschke]가 확언한 것처럼, 가톨릭교인은 "인종차별 이데올로기로 축소된 유대인 혐오를 거부하고 반유대주의 정당과도 거리를 두었다." 토마스 니퍼다이에 따르면 실제로 "가톨릭 중앙당은 반유대주의자의 입당 신청을 모조리 거부했다. 중앙당과 가톨릭교인은 반유대주의자를 적으로 간주했다. 반유대주의가 갑자기 등장한 곳은 가톨릭 세력이 강한 선거구가 아니라 개신교 선거구였다." 바이마르 공화국 말기, 유대인 중 약 25~30%가 가톨릭 중앙당에 투표했다. 1928년, 미하엘 폰 파울하버Michael von Faulhaber 뮌헨 추기경은 사제들에게 반유대주의적인 것은 무엇이든 피하라고 명시적으로 지시했다. 유대교 회당과 교회는 하느님 나라에 함께 속해 있기 때문에, 예수를 십자가형에 처했다는 비난에는 그리스도교 민족이 지은 죄도 항상 포함되어야 한다는 것이다. 파울하버 추기경은 '이스라엘의 친구들'이라는 단체의 회원이기도 했다. 1926년 1월에 결성된 '이스라엘의 친구들'은 결국 전 세계적으로 추기경 19명, 주교 278명, 사제 약 3천 명이 가입했다. '이스라엘의 친구들'은 다음과 같이 선언했다. "어떤 종류의 반유대주의도 피해야 한다. 오히려 반유대주의와 명시적으로 투쟁을 벌여 뿌리를 뽑아야 한다." 훗날 이 단체는 더 많은 정치 계획을 도모하고자 해산되기는 했지만, 교황 비오 11세는 해산 때 다음과 같이 선언했다. "사도좌는 하느님이 일찍이 선택하신 민족에 대한 증오, 즉 오늘날 일반적으로 반유대주의라고 불리는 증오가 점점 더 증가하는 추세를 규탄한다." 교황은 〈타오르는 듯한 근심에〉Mit brennender Sorge라는 제목의 교서에서 특히 나치의 인종차별을 날카롭게 공격했다. 〈타오르는 듯한 근심에〉는 역사상 최초로 독일어로 작성된 교서이며, 온갖 모험을 거쳐 독일에 밀반입된 뒤 비밀리에 복제됐다. 이후 1937년 종려주일(기독교에서 부활주일 바로 전 주일-옮긴이)에 모든 성당 제단에서 선포됐다. 1938년 교황 비오 11세가 벨기에 순례자들 앞에서 한 "기독교인은 영적으로 셈족(기독교 성경에 나오는 노아의 맏아들인 셈의 자손으로, 유대인이 여기 속한다-옮긴이)이다"라는 발언도 결국 유명해졌다. 비오 11세는 전반적으로 친유대적인 행보를 뚜렷하게 보였다. 유대인을 바티칸에 초청해 숙소를 제공했고, 일자리를 주었고, 친구가 되었다. 결국 비오 11세는 반인종차별 교서를 작성했지만, 이후 전쟁 발발 직전에 그의 후계자인 교황 비오 12세가 교서 공포를 막았다.

반면 개신교 영역에서는 일부 신학자 사이에서 완전히 기이한 양상이 전개됐다. 그들은 예수가 실제로는 유대인이 아니라 아리아인이라고 주장했다. 한스 울리히 벨러에 따르면, 전반적으로 개신교에는 '민족주의-반유대주의 색채를 과도하게 입힌 새로운 정치신학'이 대두됐다. 그리고 개신교 교회사학자 게르하르트 베지어는 공인 종교인 독일 개신교의 답답한 광경을 다음과 같이 설명한다. 즉 개신교는 유대 혈통의 개신교 신자에게 더 이상 '독일인' 예배에 참석하지 말고 자기들끼리 교구를 형성하라고 요구했다, 이와 대조적으로 1943년 10월, 구프로이센 교회 연합회가 주관한 신앙고백 종교회의는 욤 키푸르('속죄의 날'이라는 뜻으로 유대교 최대의 명절-옮긴이)에 맞춰 유대인 대량학살을 비난하는 선언문을 낭독했다. 그 밖에 디트리히 본회퍼도 있었다. 그는 마침내 반유대주의라는 뿌리 깊이 내린 사상 구조에서 빠져나와, 하느님이 유대인에게 한 영원불변한 약속을 강조했다. 또한 교회가 유대인을 유대인으로 지지해주어야 한다고 목소리를 높였다. 개신교 목사인 헬무트 골비처Helmut Gollwitzer는 1938년 욤 키푸르 때 박해받는 이들과의 연대를 주제로 설교했다. "우리는 유대인 박해를 부끄러워해야 하고, 여기에 공동 책임이 있음을 결코 잊지 말아야 합니다." 그의 목사관牧師館은 비아리아계 기독교인들의 접선 장소가 됐다. 가톨릭 쪽에서는 베를린 가톨릭 주교좌성당 참사회 회장 베른하르트 리히텐베르크[Bernhard Lichtenberg]가 있었다. 훗날 교황 요한 바오로 2세에 의해 시복(교회가 공경할 복자로 선포하는 일-옮긴이)된 그는 "정치범 수용소에 갇힌 사제들을 위해, 유대인들을 위해, 비아리아인을 위해 기도하라"고 신자들에게 촉구했다. 그리고 1938년 수정의 밤[Kristallnacht](1938년 11월 9일 밤에 나치가 자행한 유대인 학살-옮긴이)에 즈음해 다음과 같이 선언했다. "지금 바깥에는 회당이 불타고 있습니다. 회당 또한 하느님이 계신 성스러운 곳입니다." 리히텐베르크는 체포되어 순교자로 삶을 마쳤다. 독일 주교회의 의장 베르트람[Bertram] 추기경은 제국 정부에 끊임없이 '탄원서'를 제출하는 일에 몰두했다. 이러한 항의 행위는 별다른 효과 없이 흐지부지됐지만, 베르트람 추기경은 여기서 멈추지 않았다. 1943년 독일 주교회의는 '십계명 교서'를 발표했고, 이 교서는 모든 가톨릭 성당에서 낭독됐다. "살인은 비록 공익을 위해 저질렀다 하더라도, 그 자체로 나쁜 것입니다. 죄 없고 무방비 상태인 정신박약자와 정신질환자, 불치병을 오래 앓은 자와 치명상을 입은 자, 선천적 장애인과 스스로 살아갈 능력이 없는 신생아, 무고한 인질과 무장 해제된 전쟁포로 또는 기결수, 외국 인종과 혈통을 지닌 사람들을 죽이는 것은 사악한 행위입니다." 그리고 무엇보다 용기 있는 베를린 주교 콘라트 그라프 폰 프라이징[Konrad Graf von Preysing]도 빼놓아서는 안 된다. 그는 가톨릭교회의 개입을 촉구했으며, 개인적으로 잘 알고 총애받던 사이인 교황 비오 12세를 설득해, 같은 해 유대인을 공개적으로 지지하는 행동에 돌입하도록 노력했다.

기독교 콘서트

신의 대리인 - 교황 비오 12세를 둘러싼 논쟁

하지만 비오 12세는 주저했다. 그는 외교관이었고, 교양 수준이 높고 감각이 예민하고 신앙심이 깊지만, 아울러 용감한 인물이기도 했다. 뮌헨에서 교황 대사로 있던 시절, 그는 제1차 세계대전이 끝난 시기에 스파르타쿠스단(1916년 독일의 과격한 사회주의자들이 조직한 비합법적 정치 단체-옮긴이) 단원들이 가한 압력을 대담하게 이겨냈다. 비오 12세는 이미 1924년에 국가사회주의를 '아마도 우리 시대의 가장 위험한 이단'이라고 천명한 바 있다. 이후 그는 서기관 추기경을 역임하며 다혈질 성향의 비오 11세를 충성스럽고 현명하게 보필했다. 제2차 세계대전 직전에 추기경들은 그를 특별히 교황으로 선출했다. 그들은 가톨릭교인이 가톨릭 신자에게 총을 쏘는 잔혹하고 무서운 전쟁 상황에서, 비오 12세가 교회 생존에 필요한 자질을 갖춘 인물일 것이라 기대했기 때문이다. 비오 12세는 한편으로 전쟁 당사자로 인식되지 않도록 노력을 기울여야 했고, 그리하여 평화를 강조한다는 인상을 효과적으로 구축할 수 있었다. 그리고 다른 한편으로 비오 12세는 양쪽 전선에서 끊임없이 죽을 위기에 처한 가톨릭 신자들이 지고한 목자에게서 벗어나 길을 헤매지 않도록 신경 써야 했다. 하지만 나치가 폭력을 무절제하고 적나라하게 자행하는 현실에 비추어볼 때, 이는 근본적으로 불가능한 임무였다. 나치는 폭력을 유난히 과시했고, 도덕 논쟁 같은 것은 전혀 신경 쓰지 않는 반응을 보였기 때문이다. 하지만 비오 12세는 이러한 임무에서 벗어날 가능성이 없었고, 피할 생각도 하지 않았다.

평화를 촉구하는 비오 12세의 호소는 극적이면서도 진정한 열정과 관심으로 가득 차 있는 게 특징이었다. 하지만 이러한 호소는 전반적으로 아무런 효과가 없었다. 제1차 세계대전 때 교황 베네딕토 15세가 내놓은 제안이 그랬듯이 말이다. 또한 바티칸은 양측 포로를 위해 끈기 있게 관여했다. 로마 폭격이 임박하자, 교황은 자신이 당장 폭격 예정 장소에 갈 것이라고 공개적으로 선언했다. 그는 이런 행동으로 '영원의 도시' 로마를 멸망에서 구해냈다. 휴전 협정이 조인된 날, 로마 사람들은 자발적으로 떼를 지어 성 베드로 광장에 몰려들었다. 교황에게 감사를 표하기 위해서였다. 전쟁이 끝난 뒤 비오 12세는 독일에서 12년간 살면서, 독일인이 세계 공동체에서 제자리를 다시 찾을 수 있도록 기여했다. 1958년 그가 세상을 떠나자 전 세계는 충격에 빠졌다. 레너드 번스타인^{Leonard Bernstein}은 뉴욕 공연에서 지휘봉을 들기 전에, 청중에게 잠시 묵념의 시간을 갖자고 요청했다. 특히 모든 유대인 연합은 물론 이스라엘 국가 공식 수장도 고故 비오 12세에게 감사를 표했다. 교황은 지칠 줄 모르는 독자적 개인행동을 통해, 이탈리아뿐만 아니라 다른 나라에서도 살해당할 위기에 놓인 수많은 유대인을 구했기 때문이다. 오늘날 연구에 따르면 교황이 구조한 유대인은 10만~20만 명으로 집계된다. 세상을 떠날 무렵 비오 12세는 누구도 반박할 수 없는 권위자로 세계적인 존경을 받았다. 때때로 지나칠 정도로 가톨릭 신자들의 공경을 받았다.

하지만 이후 1963년 2월 20일, 당시까지 무명의 젊은 작가였던 롤프 호흐후트^{Rolf Hochhuth}가 쓴 희곡 《신의 대리인》^{Der Stellvertreter}이 베를린에서 상연되었다. 이를 계기로 교황 비오 12세는 가차 없이 비판받았다. 비오 12세가 유대인 절멸에 '침묵'한 것은 추악한 스캔들이라는 것이다. 그래서 교황은 홀로코스트에 책임을 져야 한다는 것이다. 결국 작가가 조사를 제대로 하지 않은 상태에서 작품을 쓴 것으로 드러났고, 희곡 형식에도 결함이 많아 비판을 받았다. 하지만 《신의 대리인》은 교황의 이미지에 의혹의 그림자를 드리울 의도로 나왔고, 이러한 목표는 독일뿐만 아니라 전 세계에서 톡톡히 효과를 보았다. 그때부터 '교황의 침묵'은 비오 12세의 전형적인 특징으로 자리매김됐다, 분노에 사로잡힌 교황 추종자들과 작가를 숭배하는 사람들 사이의 왁자지껄했던 싸움이 잠잠해진 뒤, 오랜 시간이 지나 더욱 명확해진 역사 연구 결과가 나왔다.

1942년 7월 26일, 총 열 곳의 네덜란드 기독교 교회 명의로 된 선언문이 발표됐다. 이 선언문의 작성자는 위트레흐트 추기경 요하너스 더 용Johannes de Jong이었다. 네덜란드의 모든 가톨릭교회는 물론 개혁파 교회까지 설교 때 이 선언문을 낭독했다. 선언문은 유대인 추방을 명확한 표현으로 비난하는 내용이었다. 당시 네덜란드는 독일이 점령한 상태였다. 나치가 보인 반응은 신속하고도 가혹했다. 이제는 세례 받은 유대인도 즉시 추방했는데, 이 중에는 철학자이자 카르멜회 수녀인 에디트 슈타인도 포함됐다. 독일 출신이며 당시 비오 12세의 가사 일을 담당한 파스쿠알리나Pasqualina 수녀는, 교황이 이 소식을 듣고 이미 마무리해둔 교서, 즉 유대인 박해에 항의하는 내용이 담긴 원고를 난롯불에 던졌다고 회고한다. "네덜란드 주교가 쓴 편지가 4만 명의 목숨을 앗아갔다면, 내 항의서한은 아마도 20만 명을 죽음으로 몰아넣을 것입니다. 나는 여기에 책임질 수도 없고 그래서도 안 됩니다. 그러니 대중 앞에서는 침묵을 지키고, 지금까지 그랬던 것처럼 이 불쌍한 사람들을 위해 인간으로서 할 수 있는 모든 일을 조용히 진행하는 게 낫겠습니다." 그럼에도 더 용 추기경은 훗날 프라이징 주교가 그랬던 것처럼, 비오 12세에게 공개 촉구를 해달라고 요청했다. 하지만 비오 12세는 네덜란드 추방 사건을 겪은 뒤였고, 앞으로 이와 유사한 공격적인 항의 행위가 일어날 경우 전 세계적으로 재앙이 뒤따를 것을 두려워했다. 자신은 피해를 입지 않더라도 다른 무고한 사람들이 희생될 수 있다고 우려했다. 개신교 순교자 디트리히 본회퍼도 이와 비슷한 견해를 주장했다. "오늘날 교회는 유대인 문제에 대해서도 직접 국가에 참견할 수 없다. 저항이란 저항해야 한다는 소명을 깨달은 기독교인 남성 개인의 사안이다." '교회'가 선언하면 필연적으로 모든 교인이 개입할 텐데, 이 중에는 '약자'도 포함될 것이다. 그럼에도 교황 비오 12세는 항의 발언을 했다. 바티칸 라디오에서 방송된 1942년 성탄절 축사에서, 교황은 비난의 목소리를 높였다. "수십만 명의 사람들이 자기가 잘못을 저지르지 않았는데도, 때로는 자신의 국적이나 인종 때문에 죽음 또는 절멸의 길로 나가고 있습니다. 그들은 이런 상황을 피하기는커녕 체념할 수밖에 없습니다." 이 방송을 듣고 즉각 탄압 조치로 반응한 나치뿐만 아니라 국제 언론도 교황의 발언을 유대인 박해에 대한 명백한 항의로 이해했다. 그럼에도 일부는 이런 발언으로는 충분하지 않다고 여겼다. 오히려 미국 대통령 프랭클린 D. 루스벨트는 교황이 독일에 맞서 연합군 편을 분명하게 들기를 기대했다. 하지만 비오 12세는 이를 무책임하다고 여겼다. 그래서 현재 열람 가능한 개인 서한을 보면, 교황은 독일 주교들에게 공개적으로 목소리를 높이도록 격려한 내용이 있다. 비오 12세는 로마와 이탈리아 전역에 있는 수도원은 물론 다른 교회 기관에 유대인을 숨겨주도록 촉구했다. 그래서 바티칸만 해도 수백 명의 유대인이 몰려들었다. 다른 한편으로, 이제 나치는 더 극적인 항의가 일어나는 걸 원하지 않아 더 이상 개입하지 않았다. 그래서 처음에 추방 명령을 내린 유대인 8천 명 중 1천 명만 로마에서 쫓아냈다. 프랑스의 경우, 수십 년 동안 거물급 나치 인사를 추적해온 세르지 클라스펠드^{Serge Klarsfeld}는, 비오 12세의 요청에 응한 고위 성직자들이 비시^{Vichy} 정권에 항의해 많은 유대인을 확실하게 구하는 영향력을 발휘한 사실을 확인한다.

그런데 이것으로 충분할까? 홀로코스트를 돌이켜보면, 오늘날 우리는 안전한 위치에서 후세 사람답게 똑똑한 척하며 다음과 같이 대답할 수 있다. "아뇨, 충분하지 않아요!" 세간의 이목을 끄는 저항을 하면 의심의 여지없이 평판이 좋아졌을 것이고, 똑똑한 교황은 이를 확실히 알고 있었다. 그랬다면 나폴레옹의 포로가 된 교황 비오 7세처럼, 비오 12세도 자신의 신앙과 소신을 용기 있게 고백한 찬란하게 빛나는 교황으로 우뚝 섰을 것이다. 그러나 히틀러는 나폴레옹이 아니다. 히틀러는 무한한 복수에 능통한 인물이기에 교황이 저항했다면 이리저리 날뛰며 수많은 무고한 가톨릭 신자를 무자비하게 때려잡았을 것이다. 그래서 연구자들은 교황이 공공연히 본격적으로 개입했다면 어떤 끔찍한 일이 일어났을지 가늠이 안 된다는 견해에 동의하고 있다. 마찬가지로 아무리 로마 교황의 압력을 받아도, 나치가 자신들의 핵심 이데올로기인 광신적이고 살인적인 반유대주의와 결별하는 일은 절대 없었을 게 분명하다. 러시아군이 문 앞까지 쳐들어온 와중에도, 나치는 여전히 유대인을 죽이느라 정신이 없었다. 이와는 다르게, 안락사 조치는 나치 핵심 이데올로기와 맞닿는 사안은 아니었다. 그래서 폰 갈렌 주교의 항의는 일시적으로 성공을 거둘 수 있었다. 여기에 덧붙여서, '도덕의 수도^{首都}'라 일컬어지는 바티칸은 이미 제1차 세계대전 때도 가치를 전혀 발휘하지 못했던 것으로 판명됐다.

비오 12세는 반유대주의자가 아니었다. 국가사회주의의 단호한 반대자였다. 하지만 그는 무시무시한 딜레마에 직면했다. 한편으로는 잘 알려진 대로 스탈린 시대의 잔학 행위가 있었다. 전 세계 가톨릭 사제 수백 명이 공산주의자에게 살해당했다. 또 한편으로는 나치가 저지른 대량 학살이 있었다. 이 모든 것을 겪은 뒤, 교회 입장에서는 공산주의자가 승리하든 나치가 승리하든 모두 똑같은 수준의 악몽으로 다가왔을 것이다. 상황이 이러니, 당연히 비오 12세도 전쟁 기간 내내 근본적으로 절망적인 기분을 끊임없이 느꼈을 것이다. 이 세상 물정 잘 아는 남자가 용기가 부족했던 것도 아니고, 시야가 교회로만 국한된 것도 아니었다. 교황이 전면에 나서지 못하게 만든 것은 아마도 상황이 더 나빠질 수도 있다는 두려움, 다른 사람에게 더 나쁜 상황이 닥칠 수도 있다는 두려움이었다. 적나라한 폭력 상황에 계속 노출되어 있던 동시대 사람들은 후세에 교황을 고발한 이들보다는 비오 12세의 처지를 훨씬 더 잘 이해했을 것이다. 그래서 다음과 같이 매우 조심스럽게 말할 수 있다. 교황 비오 12세는 자신이 직면한 비극적 과업에 압도된 예민한 지식인이었다고. 교황 자신이 유언장에서 그렇게 말했다. "매우 길었던 임기 동안, 유난히 어려웠던 시기 동안 부족함과 결함 탓에 실수를 많이 저질렀음을 통감한다. 이 모든 불찰이 눈앞에 생생히 떠오른다." 하지만 이러한 과업에 압도되지 않을 자신이 있다고 당당히 나설 사람이 누가 있겠는가.

독일인이 교황 비오 12세를 열렬히 존경하다가 공격적으로 거부하는 방향으로 급격히 전환한 것은 정말 놀랍지 않을 수 없다. 교황 덕분에 독일에서 롤프 호흐후트 같은 사람이 어른으로 자랄 수 있었다(롤프 호흐후트는 유년 시절 히틀러 유겐트 활동 의혹이 있다–옮긴이). 훗날 대니얼 골드하겐Daniel Goldhagen이 논란의 여지가 많은 논문을 독일에서 발표해 큰 성공을 자축할 수 있었다(유대인인 골드하겐은 1996년《히틀러의 자발적 학살자들》Hitler's Willing Executioners을 출간했는데, 홀로코스트가 평범한 독일 국민이 적극적으로 가담한 결과라는 내용을 담고 있다–옮긴이). 영국의 저명한 히틀러 전기 작가 이언 커쇼Ian Kershaw는 독일인과 교회에 대한 대니얼 골드하겐의 전면적인 고발을 전혀 근거가 없다고 일축한다. 그는 이것이 '독일인과 그들 과거의 관계가 지속적으로 말썽이 일어나기 때문'이라고 설명한다.

이러한 맥락을 설명하려면 사회심리학 관점을 끌어와야 한다. 확실히 독일인은 정부 당국에 특별한 매력을 느낀다. 평소에 가톨릭 신자가 생각하는 교황에 대한 인식은 절대 고정되어 있지 않다. 교황을 확고하게 추종하는 사람도 있고, 공격적으로 반대하는 사람도 있다. 그래서 교황이라는 직위는 자신의 부담스러운 과거에 면죄부를 던져 세간의 인식을 완화하는 데 특히 적합하다. 1976년, 필자는 대학생 무리와 함께 빈에 간 적이 있다. 이때 오스트리아 외무차관이 학생들에게 거의 아이러니에 가까운 발언을 했다. 즉 오스트리아 외교정책이 거둔 가장 큰 성과는, 베토벤을 오스트리아인으로 만들고 히틀러를 독일인으로 만든 것이란다(베토벤은 독일 출신이고, 히틀러는 오스트리아 출신이다-옮긴이). 오늘날에도 상당수 오스트리아인이 여전히 자기가 독일 나치의 첫 번째 희생자라고 생각한다. 그리고 독일 사람들도 오랫동안 자신의 과거를 알고 싶어 하지 않았다. 1963년이 되어서야 프랑크푸르트 아우슈비츠 재판이 오랜 연기 끝에 마침내 열렸다. 프리츠 바우어Fritz Bauer 검찰총장은 심한 인신공격을 감수해야 했다. 많은 사람이 아우슈비츠에 대해 일절 듣고 싶어 하지 않았다. 같은 해, 독일인이라면 환영할 만한 탈출구가 나타났다. '이탈리아 교황이 홀로코스트에 책임이 있다'는 비난이 공개적으로 나왔다. 당시 가장 높은 도덕적 권위를 지녔다고 인정받던 교황이 그런 잘못을 저질렀다는 것이다. 이러한 배경에서 '신의 대리인'이라는 희곡 제목은 완전히 다른 의미를 얻는다. 또한 1963년은 많은 사람이 폰 슈타우펜베르크von Stauffenberg 대령(1944년 히틀러 암살 미수 사건의 주동자-옮긴이)이 단순히 히틀러를 쏘지 않았다고 해서 위선자라고 비난한 시기이기도 했다.

그러나 자신을 일부 역사로부터 거리를 두려 하고, 이를 위해 다른 사람에게 책임을 전가하려는 사회심리학적 충동은 결코 건강한 자신감으로 이어지지 않으며, 왜곡된 현실 인식으로 낙착된다. 이것이 바로 독일 교회를 유난히 공격적으로 비판하고 사실이 밝혀져도 반발하는 근본 이유다. 비판자들은 지난날의 교회 역사를 아주 일상적으로 공격하면서, 자기 부모와 조부모가 지난날 저지른 죄-그들 대부분이 나치에게 최소한의 저항도 하지 않은 죄-를 쉽게 간과하도록 도왔다. 그리고 이 같은 채무상환 메커니즘은 오늘날까지도 여전히 작동하고 있다. 기원후 2000년, 늙고 병든 교황 요한 바오로 2세는 이스라엘의 홀로코스트 기념관인 야드바셈Yad Vashem에 서서, 이 인류가 저지

기독교 콘서트

른 범죄가 얼마나 놀랄 만한 일인가라고 갈라진 목소리로 한탄했다. 이때 미국은 물론 심지어 이스라엘도 교황의 여행에 대한 비판을 일체 삼갔다. 오로지 독일에서만 몇몇 사람이 교황이 홀로코스트에 대해 좀 더 분명하고 열렬하게 사과해야 했다고 비판했다. 한번 생각해 보라. 폴란드 출신인 교황 요한 바오로 2세는 독일 강제 노동의 희생자다. 그런데 독일이 저지른 그릇된 행위를 무조건 사과하지 않았다며 독일인의 비판을 받는다. Difficile est satiram non scribere─이에 대한 풍자시를 쓰지 않기란 참으로 어렵구나!

골육상쟁의 종말 ─ 죄의 고백과 통찰력

많은 기독교인이 실패했음은 부인할 수 없다. 그럼에도 결국 다음과 같은 사실을 기억해야 한다. 아우슈비츠 운영자들과 인간 절멸을 기계적으로 수행한 모든 자는 유대인의 적이자 기독교인의 적이라는 사실을. 그리고 괴벨스Goebbels가 유대인 절멸을 완료한 뒤에, '최종 승리'를 거둔 뒤에, 다음 차례로 가톨릭교인을 '손봐 줄 것'이라고 일기장에 적었다는 사실을.

1945년 8월, 가톨릭 주교들은 '본인이 먹기에도 부족한 일용할 양식을 무고하게 박해받은 비아리아인과 나눈' 이들에게 감사를 표했다. 그리고 다음과 같이 인정했다. "심지어 우리 성직자를 포함한 많은 독일인이 국가사회주의라는 그릇된 가르침에 현혹되어, 인간의 자유와 존엄에 반하는 범죄에 무관심으로 일관했다. 또한 많은 이가 범죄를 방조하는 태도를 보였고, 심지어 많은 이가 스스로 범죄자가 됐다." 베를린 추기경 폰 프라이징은 아마도 모든 주교 중에서 국가사회주의의 범죄적 특성을 가장 분명하게 파악한 인물일 것이다. 그는 망설이는 태도를 보이던 독일 주교회의 의장 베르트람 추기경은 물론 교황에게도 나치에 단호히 항의할 것을 거듭 촉구한 바 있다. 또한 1949년, 폰 프라이징 추기경은 살해당한 유대인이 5백만 명이나 된다고 밝히기도 했다. 그에 앞서 1946년 교황 비오 12세는 뮌스터 주교 폰 갈렌과 함께 그를 추기경으로 임명했다. 사실 그들이 맡은 교구가 너무 작았는데도 말이다. 이는 교황이 이들 두 사람이 한 일을 인정했다는 의미로 볼 수 있다. 아울러 그들의 활약상은 교황 자신이 할 수 없었거나 해서는 안 된다고 믿었음을 인정한 것으로도 풀이된다. 독일 개신교 교회는 1950년이 되어서야 다음과 같이 명확하게 선언했다. "우리는 단념과 침묵을 통해 나치의 공범이 되었고, 우리 독일 민족이 유대인에게 저지른 악행에 가담했음을 널리 알린다."

비오 12세의 후계자인 교황 요한 23세^{Johannes XXIII}가 1961년 10월 17일 유대인 사절단을 맞이하며 한 인사말은 전설로 기록된다. "Sono io, Giuseppe, il fratello vostro(그것은 나, 요셉, 당신의 형제)." 특히 요한 23세의 본명이 주세페 론칼리^{Giuseppe Roncalli}이기 때문에, 이 인사말은 성경에 나오는 야곱, 즉 이스라엘(원래 이름이 야곱이지만, 나중에 하느님으로부터 이스라엘이라는 새 이름을 얻었다-옮긴이)의 아들들 가운데 먼 곳으로 사라진 형제(요셉이며, 요셉의 이탈리아식 명칭이 주세페다-옮긴이)의 이야기를 떠올리게 한다. 가톨릭교회의 경우 이후 제2차 바티칸 공의회에서 'Nostra aetate'^{우리 시대}(비그리스도교와 교회의 관계에 대한 선언) 선언이 나왔다. 이 선언은 치열하면서도 국제적으로 공개된 토론 끝에 나온 것으로, 기독교인과 유대인 관계에 새로운 장을 펼쳤다. 이 선언은 유대인이 하느님의 아들을 죽였다는 세간의 비난을 명확한 표현으로 거부했고, 어떤 형태의 반유대주의도 반대했다. 또한 교황 요한 바오로 2세가 1980년 독일 방문 때 마인츠 유대인 공동체 앞에서 "구약성경에서 하느님이 하신 약속은 절대 철회되지 않았다"고 발언한 것도 중요하다. 왜냐하면 가톨릭 신학자 클라우스 베르거Klaus Berger가 공의회 당시 이 같은 내용의 신념을 주장하다가 이단이라는 비난을 받은 적이 있기 때문이다.

아우슈비츠 생존자 예후다 바콘Jehuda Bacon은 유대인과 기독교인은 너무나 밀접한 관계를 맺고 있어서 서로 떨어지면 못 살 것이라고 말했다. 신약성경에도 이런 내용이 나온다. 유대교가 살아남았다는 사실은 '유대인이 이룬 기적'이다. 저명한 문화학자 조지 스타이너George Steiner는 그렇다고 보았다. 아울러 그는 유대인이 세계 문화에 엄청나게 기여했기 때문에 기적은 필수 불가결했다고 설명했다. 19세기 유대인의 해방과 더불어 박해의 역사는 끝난 것처럼 보였다. 참으로, 인류는 유대인이 끈질기게 살아남는 데 특별한 자질이 있다는 사실을 똑똑히 보아 왔다. 하지만 세월이 흐른 오늘날에는 이러한 사실을 정정할 필요가 있다. 홀로코스트는 이전 유대인이 겪은 공포를 월등히 뛰어넘었으니까. 저명한 유대인 홀로코스트 전문 학자인 스티븐 T. 캐츠Steven T. Katz는 "이전 어느 시대에도, 교회나 기독교 국가가 유대교의 물리적 말살을 공식적인 정치 목표로 설정한 적은 없다"고 단언한다. 그리고 하버드 대학교와 뉴욕 컬럼비아 대학교의 유대학 교수인 요제프 하임 예루살미Josef Hayim Yerushalmi는 1993년, 중세 시대의 반유대인 폭력에 관한 강의에서 다음과 같이 논평했다. "중세에 대량 학살은 없었다. 중세의 어떤 왕도 대량 학살을 명령한 적이 없고, 어떠한 교황도 승인한 적이 없다. 유대인 학살이 일어난 경우, 이는 권력 상층부에서 명령한 게 아니었다." 이후 나치 상층부에서 유대인 학살 명령을 내린 것은 '전례 없는 현상'이었다. 그러니까 중세 소수 민족 박해의 연장선이 아니다. "우리 모두는 유대인과 독일인만 잃은 게 아니다. 전 세계에 마지막으로 남아있던 인간의 순수함까지 전부 잃었다."

기독교 관점에서 덧붙이면, 유대인 절멸만큼 인류 전체는 물론 기독교인도 원죄에 연루되어 역사에 아무 변명도 할 수 없는 지경에 몰린 사건은 없다. 유대인 학살 연루는 절대 용서받을 수 없을 뿐만 아니라, 인간이 엄청나게 사악해질 수 있다는 불안한 사실을 일깨워주기도 한다.

기독교 초기에 사도 바오로는 유대인을 '내 형제들'이라고 불렀다. 로마 신자들에게 보낸 서간 9장 4절에 다음과 같은 말씀이 나온다. "저희는 이스라엘 사람이라 저희에게는 양자 됨과 영광과 언약들과 율법을 세우신 것과 예배와 약속들이 있고." 하지만, 기독교인과 그들의 '형들'(교황 요한 바오로 2세)의 관계는 2천 년이 넘는 기간 동안 우여곡절을 겪었다. 특히 소수자로 억압과 차별을 받은 유대인은 항상 대가를 치러야 했다. 홀로코스트라는 무서운 범죄를 겪고서야, 유대인은 진정 새로운 시작을 향해 발걸음을 내디딜 수 있었다. 하지만 진정한 의미에서 새로운 시작을 하려면, 죄를 정직하게 고백하는 행동이 꼭 포함되어야 한다.

그래서 2000년 3월 12일, 교황 요한 바오로 2세는 대희년을 맞아 성 베드로 대성당에서 다음과 같이 엄숙하게 공포했다. "기독교인은 역사를 통틀어 유대 민족이 받았던 고통을 기억해야 합니다. 기독교인은 약속과 축복의 민족에게 대적해 적지 않게 저지른 죄를 인정하고, 마음을 정결케 해야 합니다." 그리고 성 베드로 대성당에 모인 모든 신자가 묵상 기도를 한 뒤, 교황은 몸소 다음과 같이 기도했다. "우리 조상의 하느님, 당신께서는 아브라함과 그 후손을 선택하시어 당신 이름을 모든 민족에게 전하도록 하셨습니다. 역사가 진행되면서 당신의 아들과 딸에게 고통을 안겨준 모든 행동에 대해, 저희는 매우 깊이 슬퍼합니다. 저희는 당신의 용서를 구합니다. 그리고 약속의 민족과 참된 형제애를 다져나가기 위해 온 힘을 바치렵니다. 우리 주 그리스도의 이름으로 비나이다."

새로운 시작과 '제2차 교황 혁명'

1945년 이후, 독일 양대 교회는 국가사회주의에 반대한 많은 기독교인 덕분에 특별한 존경을 누렸다. 또한 기독교인은 새로운 국가의 기초를 마련하는 데 필요했다. 예를 들어 사법부는 가톨릭교회가 항상 높이 평가하는 자연법을 다시 수용하지 않고서는 업무를 제대로 처리할 수 없었다. 왜냐하면 그것이 사람들이 불의한 국가의 불의한 법을 따른 데 대해 단죄할 수 있는 유일한 방법이기 때문이다. 비록 그들이 천성으로 인해 그 법이 불의하다는 사실을 알고는 있었지만 말이다. 법철학자 구스타프 라트브루흐^{Gustav Radbruch}(1879~1949)는 이렇게 강조하기도 했다. "잘못된 법은 정의에 양보해야 한다."

가톨릭교와 개신교는 박해를 받은 공통 경험이 있다. 그래서 이 양대 기독교 교회는 하나로 화합했고, 이로써 가톨릭 중앙당 같은 종파 정당의 시대는 끝을 맺었다. 여러 기독교 연합 정당을 통해 가톨릭 교인과 개신교인은 기독교 사회교리의 정신으로 새로운 국가를 형성할 기회를 마련했다. 그리고 그들은 실행에 옮겼다. 전체주의 독재라는 충격적인 경험의 여파로, UN은 1948년 세계인권선언을 발표하게 됐다. 이 선언문은 기독교 교회 대표들의 도움을 받아 마련됐다. 이미 양대 세계대전 사이 시기에도, 특히 개신교 신학자들이 국제평화기구 설립을 위해 노력했다. 제2차 세계대전 이후 교회들은 점점 더 급진적으로 모든 전쟁에 반대하는 의견을 피력했고, 양심적 병역 거부권을 열렬히 지지했다. 2003년 제2차 이라크 전쟁이 발발하자 전쟁 동맹국 정치인들이 집단으로 교황 요한 바오로 2세를 알현했는데, 고령의 교황은 병이 든 상태였음에도 완강하게 전쟁을 거부하는 태도를 보였다.

제2차 세계대전 직후, 프랑스에서는 독일과 화해하자는 주교의 촉구에 따라 팍스 크리스티^{Pax Christi}('그리스도의 평화'라는 의미 – 옮긴이) 운동이 일어났다. 1948년 팍스 크리스티 운동 독일 지부가 설립됐고, 이를 통해 양대 세계대전 사이 시기에 활동했던 '독일 가톨릭평화협회'와 연계될 수 있었다. 유럽의 화해와 일치를 추진한 인물들은 알치데 데 가스페리^{Alcide de Gasperi}, 로베르 쉬망, 콘라트 아데나워를 중심으로 한 가톨릭 정치인이었다. 1962년 7월 8일 샤를 드골^{Charles de Gaulle}과 콘라트 아데나워는 랭스 대성당에서 열린 미사에 함께 참석했는데, 이는 독일과 프랑스의 새로운 우정을 상징하는 순간이었다. 이에 대해 전문가들은 두 사람 모두 가톨릭 신자라는 점이, 독일과 프랑스가 다시 가까워지는 데 특별한 역할을 했다고 동의했다.

1963년 교황 요한 23세는 '지상의 평화'Pacem in terris 회칙을 공포했다. 이 회칙은 오래된 전통을 바탕으로 작성됐으며, 인권을 주제로 하는 내용이다. "인간 개인의 존엄성을 신의 계시에 따른 진리라고 여긴다면, 그만큼 존엄성의 가치를 아주 높이 평가해야 합니다. 인간은 예수 그리스도께서 흘린 피로 진정 구원받았고, 이로써 하늘의 은총을 받아 신의 자녀와 친구가 되었고, 영원한 영광의 상속자가 되었습니다. 우리가 주목하고자 하는 인권과 관련해, 일단 이것부터 확실하게 말하고 싶습니다. 즉 인간은 살 권리가 있습니다. 또한 신체를 온전히 유지할 권리는 물론, 삶을 적절히 발전시켜 나가기 위해 꼭 필요한 수단을 마련할 권리가 있습니다. 그뿐만 아니라 인간은 자유롭게 진리를 추구할 권리, 그리고 도덕 질서와 공익을 유지하면서 자신의 의견을 표현하고 전파할 권리, 어떤 직업이든 자유롭게 선택하고 추구할 수 있는 권리를 천부적으로 지니고 있습니다. 마지막으로, 인간은 공적 사건에 대한 진실을 타당하고 정확하게 알 권리가 있습니다. 올바른 양심 규범에 따라 신을 경배하고 자신의 종교를 공적·사적으로 표명할 권리도 인권에 포함됩니다." 그리고 제2차 바티칸 공의회(1962~1965)는 다음과 같이 엄숙히 선언했다. "이처럼 인간 개인이 종교의 자유를 누릴 권리는 시민권으로 자리매김되어, 사회 법질서 차원에서 인정받아야 한다." 그리고 공의회는 다른 항목에서는 "정치 체제의 결정과 통치자의 선택은 국민의 자유의지에 맡길 것"을 촉구한다. 이는 국민 주권을 명백히 인정하는 내용이다. 이후 후임 교황들도 인권에 관한 발언을 많이 했는데, 특히 요한 바오로 2세는 이루 헤아릴 수 없을 지경이다. 독일의 유력 신문인 〈프랑크푸르터 알게마이네 차이퉁〉(FAZ)은 요한 바오로 2세의 사망에 즈음해 다음과 같이 언급하기도 했다. "오늘날 세계에서 기독교가 우세한 지역 중에 독재 체제를 유지하는 곳은 거의 없다. 이는 요한 바오로 2세가 남긴 유산이다(1978년만 해도 상황은 아주 달랐다). 반면 비기독교 국가의 경우는 독재 체제를 유지하거나 심지어 새롭게 세울 수 있었다." 저명한 역사학자 하인리히 아우구스트 빙클러Heinrich August Winkler는 이를 중세 그레고리오 개혁 이후 두 번째로 일어난 교황 혁명이라고 밝혔다. "교회 내부에서 볼 때, 역사상 두 번째 교황 혁명은 보수적인 혁명이었다. 하지만 이 혁명은 세속 세계가 자유화하는 데 큰 영향을 끼쳤다. 교황 혁명은 폴란드 자유화를 훌쩍 뛰어넘어, 공산주의 통치의 공동空洞화는 물론 궁극적으로는 공산주의 체제가 붕괴하는 데 결정적으로 기여했다."

개신교 측에서는 1985년에 제출한 〈루터 교회와 자유민주주의〉The Lutheran Church and Liberal Democracy 각서에서 민주주의에 대한 입장을 밝혔다. 이에 대해 개신교 사회윤리학자 트루츠 렌트토르프Trutz Rendtorff는 각서 서문에 다음과 같이 썼다. "이 각서에서 자유민주주의 국가 체제는 상세하면서도 긍정적인 평가를 받았다. 이는 그동안 있었던 개신교 교회의 입장 표명 중 처음 있는 일이다." 개신교가 오랫동안 주장한 것과는 다르게, 이제 인간의 품위와 존엄성은 신이 자신의 형상대로 인간을 만들었다는 교리는 물론 로마서 말씀과도 밀접하게 연결되었다. "사람은 누구나 위에서 다스리는 권위에 복종해야 합니다. 하느님에게서 나오지 않는 권위란 있을 수 없고, 현재의 권위들도 하느님께서 세우신 것입니다."(로마 신자들에게 보낸 서간 13장 1절) 이 발언은

"사람에게 순종하는 것보다 하느님께 순종하는 것이 더욱 마땅합니다."(사도행전 5장 29절)라는 성경 말씀 뒤에 명시적으로 등장한다.

그래서 이후 20세기에는 마침내 에큐메니칼 운동(기독교인이 국가·지역·종파를 초월해 하나로 결속하고 근본적으로 연합하자는 운동-옮긴이)도 진전을 이룰 수 있었다. 이 운동은 종파 분리라는 스캔들을 극복하기 위해 교단 간의 이해와 소통의 노력을 기울이고 있으며, 상당한 성공을 거두고 있다. 어쨌든 기독교 내부의 갈등은 오랫동안 외부인의 짜증을 북돋웠을 뿐이다. 세 번째 기독교 천 년이 시작되면서, 신에 대한 문제가 서구 사회의 의제로 떠오르고 있다. 기독교인은 이 문제에 대해 설득력 있게 대답하고 이 대답에 걸맞은 삶을 살아 설득력을 강화하는 게 중요하다. 또한 기독교인은 각자 다양한 방식으로 살아가지만, 그럼에도 언젠가는 하나로 일치하는 것도 매우 중요하다.

11장

현재도 진행 중인 논쟁들

항상 알고 싶었지만 감히 묻기는 두려웠던,
기독교에 관한 모든 것

여성해방과 여성 성직자

그런데 20세기는 현대 여성해방의 시대이기도 하다. 여성해방은 1900년 무렵에 시작되었으며, 세계사에서 유일무이한 현상이다. 지난 역사를 돌이켜보면, 어느 문화와 시대를 막론하고 언제 어디서나 남성의 우위를 맞닥뜨릴 수 있었다. 이에 비해 토마스 니퍼다이가 확언하듯, 여성해방운동의 효과는 '세계사에서 일어난 엄청나게 혁명적인 변화 중 하나'다. 여성해방운동은 기독교 세력이 뚜렷한 국가에서 시작됐다. 그런데 여성해방이 기독교와 무슨 관계가 있는 걸까?

로마 바르베리니 궁전에는 야코포 틴토레토^{Jacopo Tintoretto}(1519~1594)가 그린 유명한 그림이 걸려 있다. 바로 〈그리스도와 간음한 여인〉이다. 이 그림은 삶과 죽음의 기로에 선, 드라마틱한 장면의 궁극적 경지를 드러낸다. 예수는 연민으로 가득한 강렬한 시선으로 여인을 바라본다. 이 여인은 아름답고 자유롭고 자신감이 넘치는 태도로 예수 앞에 서 있다. 그림 뒷부분에는 몇몇 인물이 현장을 떠나는 모습이 보인

기독교 콘서트

다. 그럼 앞부분에 서 있는 제자들은 짜증이 난 듯하다. 무슨 일이 일어난 걸까? 이미 예수는 상인들을 예루살렘 성전에서 쫓아냈고, 안식일에 어떤 사람을 고쳐주었다. 이는 유대 율법 규정에 어긋나는 행동이자 도발 행위였다. 이때 율법학자와 바리사이파는 교활하면서도 세련된 덫을 예수 앞에 놓았다. 그들은 간음하다 현장에서 잡힌 여인을 끌고 와서, 예수에게 어떻게 하면 좋겠느냐고 물었다. 이런 경우 모세 율법은 돌로 쳐서 죽이라고 했다. 이 순간 예수의 운명은 이미 결정될 수도 있을 것이다. 예수가 돌로 쳐 죽이는 것에 반대한다면, 이는 율법을 어기는 죄를 짓는 것이다. 반면 돌로 쳐 죽이는 것을 찬성한다면 사랑과 자비를 강조한 예수의 새롭고 신성한 메시지는 신뢰가 떨어질 것이다. 그렇게 되면 예수는 수많은 랍비 중 한 명에 지나지 않게 될 것이다. 오늘날에도 복음에서 이 부분을 읽으면, 팽팽한 긴장으로 넘치는 장면이 절로 떠오른다. 그렇다면 이제 예수는 어떻게 대처했을까? 요한복음서에는 다음과 같은 내용이 나온다. "예수는 몸을 굽히고는 땅바닥에 무언가를 계속 썼다." 다음과 같은 상황을 상상해 보라. 예수는 대답하지도 않고 물러나지도 않는다. "그들이 줄곧 물어대자 예수님께서 몸을 일으키시어 그들에게 이르셨다. '너희 가운데 죄 없는 자가 먼저 저 여자에게 돌을 던져라.' 그리고 다시 몸을 굽히시어 땅에 무엇인가 쓰셨다." 이는 전혀 예기치 못한 해결 방법이다. 복음서 저자 요한은 다음과 같이 보고한다. "그들은 이 말씀을 듣고 나이 많은 자들로부터 시작하여 하나씩 하나씩 떠나갔다. 마침내 예수님만 남으시고 여자는 가운데에 그대로 서 있었다." 틴토레토는 바로 이 순간을 그렸다. 예수가 이 여인만 바라보고, 그녀의 영혼을 들여다

본 순간이다. 결국 성경 이야기는 이렇게 끝난다. "예수님께서 몸을 일으키시고 그 여자에게, '여인아, 그자들이 어디 있느냐? 너를 단죄한 자가 아무도 없느냐?'라고 물으셨다. 그 여자가 '선생님, 아무도 없습니다'라고 대답하자, 예수님께서 이르셨다. '나도 너를 단죄하지 않는다. 가거라. 그리고 이제부터 다시는 죄 짓지 마라.'"(요한복음서 7장 53절~8장 11절)

이 이야기에는 많은 의미가 담겨 있지만, 무엇보다도 동등한 권리가 강조되어 있다. 유대 율법에 따르면 부정한 여자는 항상 돌로 쳐서 죽여야 하는 반면 남자는 성경에 나온 경우처럼, 돌에 맞아 죽는 처벌을 피할 수 있었다. 예수는 고대 시대, 심지어 비유대교 사회에도 존재했던 여성 차별의 전통을 깨뜨렸다. 이번 경우만 예외적으로 깬 것이 아니라, 체계적이면서도 급진적인 태도까지 보였다. 이전까지 남성은 일방적으로 아내와 이혼할 수 있었다. 반면 예수는 남자와 여자가 태초부터 동등하며 결혼 안에서 "한 몸이 된다"는 이유를 언급하며, 남자들이 이혼하는 것을 금지했다. 예수는 매춘부인 음란한 여자를 옹호했고, 그녀가 지은 많은 죄를 용서했고, 거기 있던 냉정한 남성들을 도발적인 말로 비난했다. "이 여자는 그 많은 죄를 용서받았다. 그래서 큰 사랑을 드러낸 것이다. 그러나 적게 용서받은 사람은 적게 사랑한다."(루카복음서 7장 47절) 그리고 신약성경에는 '혈루증을 앓는 여자' 이야기가 나오는데, 이 여성은 예수의 옷자락에 손을 대고 치유받는다. 이 이야기는 모든 문화권의 여성이 영원히 겪던 차별, 즉 월경 중인 여성은 부정하므로 접촉해서는 안 된다는 고정관념에 반기를 든다. 또 부활절 아침 무덤에서 예수의 부활을 첫 번째로 증언한 사람도 바로 여성이다. 당시 모든 문화권에서 여성은 증인으로 나서는 게 허용되지 않았다. 사도 바오로가 갈라티아서에서 한 발언은 기독교의 미래를 결정지었다. "그래서 유다인도 그리스인도 없고, 종도 자유인도 없으며, 남자도 여자도 없습니다. 여러분은 모두 그리스도 예수님 안에서 하나입니다."(갈라티아 신자들에게 보낸 서간 3장 28절) 바오로는 민족, 사회, 교육 수준, 성차별의 한계가 전부 극복되는 것을 보고 싶어했다. 그래서 이 발언만큼 단어 몇 개로 많은 사람을 실제로 해방시킨 위력을 발휘한 텍스트는 별로 없을 것이다.

이는 특히 여성의 역할에 적용됐다. 물론 이 발언에 내재된 잠재력은 역사가 점진적으로 발전하고서야 제대로 효력을 발휘했지만 말이다. 바오로도 남편을 '아내의 머리'라고 말한 바 있다. 이런 인식은 다른 모든 문화권에서도 일반적으로 통용됐고, 이미 4백 년 전에 아리스토텔레스도 이런 취지의 발언을 한 적이 있다. 그래서 기독교는 기존 지배적인 사회질서에서 급격히 전면적으로 이탈하지는 않았다. 하지만 다음과 같은 발언은 남성에게 여성과 동등한, 색다른 의무를 부여했다. "남편 여러분, 아내를 사랑하십시오!"(에페소 신자들에게 보낸 서간 5장 23~25절) 그리고 이보다 훨씬 과격한 발언도 했다. 모든 남편은 '자기 아내를 거룩하게 또 존중하는 마음으로 대해야' 한다.(테살로니카 신자들에게 보낸 첫째 서간 4장 4절) 최초의 라틴 신학자인 테르툴리아누스^{Tertullian}(기원후 150~220)는 다음과 같이 간결하게 부부의 동등한 권리를 설명한다. "부부는 참으로 둘이서 한 몸이 되는 것이다. 육신이 있는 곳에 영혼도 있을 따름이다. 부부는 함께 기도하고, 함께 엎드려 예배드리고, 함께 금식하고, 서로 가르치고 훈계하며, 서로 지탱한다. 부부는 함께 하느님의 교회에 참석하고, 하느님의 잔치에 함께 참석하고, 함께 고난과 핍박을 감수하고, 서로 위로한다. 배우자에게 아무것도 숨기지 않고, 배우자의 존재를 피하지 않고, 배우자에게 고통을 주지 않는다." 저명한 프랑스 고대사가 폴 벤느는 "이러한 개념만큼 로마인에게 생소한 것은 없었다"라고 단언한다. 복음서에 나오는 결혼의 불가분不可分성은 자기 마음대로 아내를 버릴 수 있는 남성의 오래된 특권을 파괴했다. 프랑스 법사학자 장 고드메Jean Gaudemet는 이를 '가족 구조를 크게 발전시키는 데 혁명적으로 기여한 것'으로 간주한다.

그래서 기독교가 처음부터 여성들에게, 특히 교양 수준이 높은 계층의 여성들에게 굉장히 매력적으로 다가왔다는 사실은 전혀 놀라운 게 아니다. 고대에는 기독교를 믿는 여의사가 이교도 여의사보다 두 배나 많았다. 여성이 공공장소에서 법적 구속력이 있는 행위를 할 수 없도록 규정한 고대법과 게르만법과는 달리, 기독교는 여성의 지위를 두드러지게 격상시켰다. 여성은 옆방이 아니라 남성과 같은 공간에서 공공연히 미사를 드리고, 고해성사도 동등하게 참여할 수 있었다. 무엇보다 결혼할 때 혼인 동의 면에서 남성과 동등한 권리를 인정받았다. 이러한 사실만으로도 여성의 상황은 근본적으로 바뀌었다. 역사학자 페터 블리클레Peter Blickle가 단언했듯이, 중세 문헌에는 남성 그리고 여성에 대한 이야기가 항상 등장한다. "결혼은 남성 그리고 여성에게 허용되거나 금지된다. 남성 그리고 여성에게 이전의 자유가 허용되거나 제한된다, 남성 그리고 여성은 유산을 상속받을 수 있거나 그렇지 않을 수 있다." 사도 바오로에게 있어 결혼의 동등한 권리는 분명 양성평등을 의미하기도 한다. "아내의 몸은 아내가 아니라 남편의 것이고, 마찬가지로 남편의 몸은 남편이 아니라 아내의 것입니다." 이러한 개념은 기독교 이외의 환경에서는 들어본 적이 없는 것이었다.

특히 게르만 민족 사회에 기독교가 침투하면서, 당연히 격렬한 충돌이 발생했다. 법사학자 라이너 슐체^{Reiner Schulze}가 밝힌 것처럼, 게르만법과 초기 독일법에 따르면 여성은 '법적 지위 면에서 남성보다 훨씬 약했기' 때문이다. "초창기에 여성은 법률 관련 교류에서 거의 완전히 배제됐다. 또한 여성 개인은 근본적으로 남자 친척이나 남편의 법적 구속력에 얽매여야 했다." 여기서도 기독교가 요구한 자유로운 결혼과 동등한 혼인 동의 권리는 결정적이면서도 혁명적인 효과를 발휘했다. 교황은 전통적으로 부모가 주도하는 결혼에 반대하고 신랑 신부의 자유로운 결정을 옹호해 최종적으로 권위를 부여했다. 심지어 교황은 전통적인 결혼 풍습을 고수하는 왕과도 대립했다. 대머리 왕 샤를 2세의 딸이 아버지의 뜻을 거역해 사랑하는 남자와 결혼하려고 교황 니콜라오 1세^{Nicolaus I}(820~867)가 있는 로마로 도망간 일이 있었다. 이때 교황은 공주에게 전폭적인 지원을 아끼지 않았다. 훗날에도 여성들, 심지어 하녀를 포함한 하층계급 여성들은 계속 로마로 향했다. 주로 강제로 결혼을 하게 되거나 수도원에 들어갈 위기에 놓였을 때, 또는 남편이 아내와 자녀에게 책임을 다하지 않는다는 자각이 들 때였다. 그리고 이들 여성의 행동은 정당성을 얻었다. 결혼 생활에서 폭력 상황이 발생하는 경우, 로마는 별거 결정을 내렸다. 남성이 부부강간을 저질러 유죄 판결을 받은 사례는 16세기로 거슬러 올라간다. 1140년《그라티아누스 교령집》은 여성이 "오로지 자신의 자유로운 의사 결정을 통해 누군가와 결혼할 수 있다"라고 명시했다. 중세 전문 연구자인 빌프리트 하르트만^{Wilfried Hartmann}이 한 발언에 따르면, 실제로 중세 초기 교회법은 여성에게 세속법보다 현저하게 나은 지위를 부여했고, 심지어 남녀평등을 지향하는 경향까지 보였다. 이러한 경향은 간통에도 적용됐다. 즉 교회법은 남녀 모두 동등하게 오로지 영적 형벌만을 내렸다. 이에 비해 《작센 법전》으로 대표되는 세속법은 남녀 모두 참수형에 처하도록 규정되어 있었다. 그럼에도 중세 시대에 남자는 '가족의 머리' 위치를 유지했다.

놀랍게도 중세에는 이른바 '부부의 의무'에 대해서도 상당히 해방적인 면모를 보여주었다. 교회법학자 샤르트르의 성 이보^{Ivo of Chartres}(대략 1040~1115)는 다음과 같이 설명한다. "아내가 일단 성적 합일 욕구에 사로잡히면, 이를 남편에게 절대 숨기지 말아야 한다. 또한 남편은 아내를 낮추어본 나머지 항상 성관계에 동의해야 한다고 생각해, 아내에게 폭력을 행사해서는 안 된다." 교회법학자들은 여성이 성관계를 할 권리를 매우 중요하게 여겼기 때문에 터무니없는 사례를 억지로 만들어내기도 했다. 즉 기혼 남성이 교황으로 선출되면, 교황 직을 인수할 때 의무 사항으로 되어 있는 '결혼 포기'를 위해 아내의 동의가 필요했다. 이때 아내가 동의를 거부하면, 남편은 선출된 교황 직을 포기해야 했다. 캔터베리와 요크 지방 교회 가정법원 조서에는 다음과 같은 내용이 보고되어 있다. 한 여성이 자기 남편이 발기불능이라며 교회 법원에 불만을 제기했다. 그러자 법원은 직권으로 '고결한' 여성들을 용의자 남편에게 보냈다. 그들은 용의자가 성행위 능력이 있다는 사실이 드러날 때까지 성적 유혹을 했다. 그리하여 용의자가 무능력한 것으로 판명되면, 고결한 여성들은 발기불능 남편이 수치심을 느

기독교 콘서트

끼도록 모욕을 가하는 경우가 많았다. 법원은 이를 바탕으로 결혼 무효를 판결했다. 또한 초야권^{ius primae noctis}은 당시 여성 억압을 상징하는 악습으로 자주 언급된다. 초야권이란 '예속된' 여성이 결혼할 때, 귀족 주인이 신랑보다 먼저 신부와 첫날밤을 함께 보낼 수 있는 권리다. 초야권 또한 실제로 일어난 일이라기보다는 전설에 훨씬 가깝다. 아무리 법률사를 뒤져도, 초야권이 실제로 행사된 사례를 전혀 찾아볼 수 없다. 〈피가로의 결혼〉^{Le Nozze Di Figaro}은 그저 재미난 픽션일 뿐이다.

그 밖에 기독교에서 여성은 결혼에 의존하지 않았고, 결혼을 통해 남성의 보호 아래 놓이지도 않았다. 오히려 여성은 천국을 위해 비혼을 선택할 수 있었고, 이런 선택을 한 여성은 매우 존경받았다. 이는 사도 바오로가 선언한 내용과 관련이 있다. 세상의 종말이 다가왔다고 여긴 바오로는, 비혼자는 온 마음을 다 바쳐 신에게 헌신할 수 있으므로 결혼하지 않는 게 훨씬 낫다고 강조했다. 바오로는 자신의 선언은 명령이 아니라 조언일 뿐이며, 결국 신이 어떤 소명을 주었는지는 각자가 스스로 판단해야 한다고 밝혔다. 그래서 육신에 대한 적대감이나 결혼의 평가절하와는 절대 관련이 없었다. 하지만 바오로의 발언은 특히 여성들에게 매력적인 대안을 제시했다. 훗날 아빌라의 다혈질 성녀 데레사는 바보 같은 남자의 굴레에 얽매이고 싶지 않아서 수도회에 들어갔다고 말하곤 했다. 수녀의 수는 고대에는 상당히 적은 편이었지만 중세에 이르러 증가했다. 수녀가 되면 가부장제 사회에서 거의 완전하게 벗어날 수 있었기 때문이다. 권력이 막강한 수녀원장은 때때로 남성을 다스리는 통치권을 지니기도 했다. 예를 들어 '카노사의 굴욕'으로 유명한, 이탈리아 북부 토스카나 지방 카노사 성의 마틸데 백작부인^{Mathilde di Canossa}(1046~1115)은 교황의 동맹자로서 아주 독립적이고 자신감 넘치게 정책을 이끌었다. 이러한 정책에는 두 번의 위장 결혼도 포함되어 있다. 이 결혼은 정치적인 이유로 진행했는데, 마틸데는 남성과 결혼했다가 지겨워지면 그냥 이혼해 버렸다. 마이스터 에크하르트의 남성 신비주의가 등장하기 1백 년 전인 13세기에, 이미 여성 신비주의가 존재해 꽃을 피웠다. 여성 신비주의를 대표하는 뛰어난 인물은 독일 헬프타 수녀원에서만도 네 명이나 있었다. 이러한 신비주의 현상은 기이한 망상이 절대 아니었다. 오히려 심오한 영적 체험을 표현하는 행위였다. 여성 신비주의자들은 이러한 체험을 처음에는 독일어로 보고했지만, 나중에는 자신이 겪은 것을 제대로 표현하기 위해 완전히 새로운 단어를 찾아내야 했다. 그래서 여성이 독일어를 발명했다고 주장할 수도 있는 것이다. 교육은 매우 중요했고, 수녀원은 여성에게 교육을 제공했다. 당시 귀족 여성은 읽고 쓰는 능력이 남성보다 훨씬 뛰어났다. 중세 말과 근대 초 영국 국왕 헨리 8세의 대법관으로 활동했고, 훗날 가톨릭교회에 의해 시성된 토마스 모어는 SF 작품인 《유토피아》를 썼다. 그는 이 작품에서 여성 평등이 완전하게 실현되는 미래 사회를 묘사했다.

종교개혁이 일어난 뒤, 자유화가 상당히 이루어지기는 했다. 하지만 유감스럽게도 여성의 역할이 퇴행하는 양상이 전개됐다. 개신교는 여성의 수도 생활을 금지했다. 비혼 상태를 유지하는 여성은 때때로 '노처녀'라는 조롱을 당했다. 이후 계몽주의 시대가 왔지만, 여성의 지위와 역할은 실질적인 진전을 이루지 못했다. 오히려 계몽주의는 여성이 열등하다는 생물학적 논제를 널리 선전했다. 장 자크 루소는 여성은 남성을 기쁘게 해주기 위해 존재하며, 남성에게 복종해야 한다고 선언했다. 왜냐하면 '여성의 부드러운 근육은 저항력이 없기' 때문이라고 했다. 루소는 세탁소집 딸 사이에서 다섯 명의 자녀를 두었다. 그는 이 여성에 대해 지능은 단순하지만 친절하다고 묘사했다. 고전의 반열에 오른 교육소설 《에밀》Émile을 쓴 루소는 다섯 명의 자녀를 모조리 고아원에 맡겼다. 계몽주의는 "행실이 바르지 못하다"고 손가락질 받던 여성의 법적 불이익을 결국 없애버리기는 했다. 하지만 많은 여성의 비참한 운명을 결정적으로 바꾸지는 못했다. 사실 20세기에 들어서도, '성적으로 문란하다'고 낙인이 찍힌 여성은 고통스러운 상황을 계속 감수해야 했다. 이런 여성은 사회에서 차별을 받았고, 임신하면 목숨이 위태로웠고, 아이도 낙인이 찍혔다. 반면 남성은 아무리 문란해도 이러한 불이익을 전부 피할 수 있었다. 심지어 철학자 게오르크 빌헬름 프리드리히 헤겔도 저서 《법철학》에서 소녀가 욕정에 굴복하면 명예를 포기하는 것이라고 냉담하게 선언했다. "하지만 남성의 경우, 그런 일은 없다." 강제교육법은 '타락한 소년'이 아니라 '타락한 소녀'를 위해 시행됐다. '타락한 소년'이라는 개념 자체가 없었다. 심지어 카를 마르크스의 사례를 두고서도, 사회주의자들은 그가 사생아를 두었다는 사실을 부정하려 했다. 특히 19세기에는 이교異敎적 성격이 짙은 명예 관념이 크게 유행했다. 가톨릭교회가 금지한 것과는 상관없이, 화려하고 떠들썩한 결투가 빈발했다. 이런 처참한 명예 관념은 사회 전반에 만연했는데, 특히 여성 차별이 극성을 부렸다. 심지어 바이마르 공화국 시절에도, 대부분 비혼 여성으로 구성된 '우편 및 전신 담당자 협회'는 동료가 사생아를 낳자 해고를 요구했지만, 제국 체

신부 장관은 이를 거부했다.

그 밖에 가톨릭 사회는 남편과 아내가 낮에는 밭에서, 밤에는 집에서 함께 일하는 농경 이미지가 강했다. 반면 개신교 사회는 가부장적 사회 모델을 추구하는 경향이 있었다. 개신교 시민 계급 여성은 19세기에도 여전히 집에 갇혀 지냈고, 남성은 집 밖에서 직업 활동을 하며 존경받았다. 이는 미국의 '필그림 파더스'Pilgrim Fathers(1620년 북아메리카 식민지 시대에 매사추세츠주 플리머스에 정착한 사람들-옮긴이)도 마찬가지였다. 역사학자 하인리히 폰 트라이치케Heinrich von Treitschke(1834~1896)는 신흥 개신교 국가인 프로이센을 다음과 같이 칭찬했다. "프로이센만큼 '여인 천하' 광경이 거의 없는 국가는 처음 본다." 독일의 저명한 소설가 토마스 만Thomas Mann도 1925년에 '자전거를 타고, 운전하고, 공부하고, 정신이 강해지고, 어떤 의미에서는 남성화가 되는 여성이 독립과 해방을 맞이하는 상황'을 계속 미심쩍어했다. 토마스 니퍼다이가 강조한 것처럼, 평등하고 동등한 권리를 요구하는 사회민주주의자조차 "여성은 공장노동자보다는 주부와 어머니의 역할이 훨씬 더 중요하다"고 여겼다. 19세기 말에도 여성은 여전히 세속 영역에서 영업 능력을 펼칠 수 없었고, 직업을 얻어 활동할 수도 없었고, 심지어 투표권도 없었다. 이러한 여성 차별은 다른 모든 문화권에서도 우세하기는 했다. 하지만, 기독교 사회에서는 결혼을 동등한 혼인 동의에 기반을 둔 동반자 관계로 여겼다. 오스트리아 출신 경제·사회사학자인 미하엘 미테라우어Michael Mitterauer는 이를 두고 상호문화적 차원에서 '유일무이'하다고 일컫고, '기독교의 본질적인 요소'라고 설명한다. 이렇게 단호한 기독교의 주장은 오랫동안 내려온 남성 우위의 성역할과 격렬하게 충돌하는 상황을 야기했고, 이런 양상은 점점 더 증가했다.

이는 1900년 무렵 여성 저항 운동이 아시아나 아프리카가 아니라, 기독교가 우세한 유럽 국가와 미국에서 형성된 이유를 설명해준다. 이 운동에서 결정적인 주인공으로 꼽히는 인물은 독일 최초의 여성 사회정책가인 엘리자베트 그나우크 퀴네^{Elisabeth Gnauck-Kühne}다. 여담이지만 그녀는 가톨릭으로 개종했는데, 가톨릭교가 순결이라는 이상을 강조한 덕분에 여성은 결혼하지 않아도 자신의 역할을 인정받을 수 있다고 보았기 때문이다. '반페미니즘 연맹'은 이러한 가톨릭의 입장을 '성직자 페미니즘'이라고 공격했다. 훗날 페미니즘 신학의 창시자인 메리 데일리^{Mary Daly}는 성모 마리아의 무원죄 잉태설이라는 (가톨릭) 교의를 극찬했다. 이 교의는 여성이 남성이 아니라 오로지 신에게만 구속된다는 점을 분명히 밝히기 때문이다. 예루살렘 출신 역사학자 아브라함 그로스만은 세계 3대 유일신교에서의 여성의 역할을 연구했다. 특히 여성의 공공장소 출입 및 이동권에 있어서, 기독교 세력이 강한 유럽이 이슬람 국가나 유대교가 우세한 지역보다 비교할 수 없을 정도로 큰 자유를 누린 것으로 밝혀졌다. 이는 유럽에 사는 유대인 여성에게 긍정적인 영향을 끼쳤다. 물론 랍비들은 이러한 상황에 우려와 의구심을 거두지 않았지만 말이다. 유대인 남성은 기독교가 우세한 환경에서는 예외 없이 일부일처제를 따랐지만, 이슬람교가 지배적인 사회에서는 그냥 관습대로 유대교식 일부다처제를 고집했다. 이러한 이슬람교 입장을 보면, 기독교가 고집하는 배우자 중심의 결혼이 얼마나 특별한 발전을 이룬 것인지 단번에 확인할 수 있다. 종교뿐만 아니라 문화 차원에서 비교해보아도 그렇다. 물론 이슬람 사회에서의 여성의 지위는 이슬람이 우세하기 전 시대보다 많이 향상되기는 했다. 하지만 여전히 남성의 법적 지위가 훨씬 우월했다. 또한 남성이 혼인 관계를 시작하고 끝낼 수 있는 주도권은 물론 여러 아내를 둘 수 있는 권리도 그대로 유지됐다. 이슬람학자 구드룬 크레머^{Gudrun Krämer}는 최근 아랍 문학에서도 여성 문제가 "체계적으로 논의된 적이 별로 없다"고 강조한다. 오늘날 북아프리카, 중국, 인도, 심지어 일본 같은 비이슬람 지역에서도 부모는 여전히 젊은 여성의 인생을 결정하고 결혼을 주선한다. 하지만 기독교가 '발명'한 배우자 중심의 일부일처제가 오늘날 세속화된 형태로 사방에 퍼지고 있는 것은 분명한 사실이다. 신랑 신부 당사자가 직접 자신의 배우자를 선택하고, 다른 사람은 여기에 간섭할 수 없는 결혼제도 말이다.

하지만 가톨릭교회에서 여성이 사제가 될 수 없는 상황은 결국 스캔들이라 부를 수 있는 것 아닌가? 거룩한 미사라고 불리는 '성스러운 극장'에서, 가톨릭 사제는 예수 그리스도 역할을 수행한다. 이 순간, 신자는 사제를 그리스도로 여긴다. 그리스도는 남성이었기 때문에, 여성이 그런 역할을 맡을 수 있다는 생각은 2천 년 교회 역사에서 어느 누구도 하지 않았다. 최근에야 생각이 바뀌었다. 현재 개신교에서는 여성도 목회자가 될 수 있다. 그럼에도 여성 목사는 예배를 집전할 때 대개 목깃이 달린 남성용 제의^{祭衣}를 입는다. 이는 참으로 모순적이다. 남성용 제의를 입음으로써, 종교 예식에서 남성의 역할이 여전히 유효하다는 인식을 스스로 드러내기 때문이다. 따라서 가톨릭교회에서의 사제 역할이 미사 전례에만 국한된다면, 본질적으로 여성 사제직이 요구되는 일은 절대 없었을 것이다. 세속 연극에서 여성이 햄

릿을 연기해야 한다고 요구하는 사람은 아무도 없듯 말이다(실제로는 여성 배우가 햄릿 역할을 맡는 경우가 간혹 있다-옮긴이).

하지만 페미니스트들은 당연히 권력 문제를 제기할 수 있다. 왜냐하면 사제직은-거룩한 미사를 집전할 전권을 부여받은 것과는 별개로-교회의 값진 영적 권능과도 곧바로 연결되어 있기 때문이다. 그리고 여성은 더 이상 여성이라는 이유만으로 권력에서 배제되는 것을 원칙적으로 못 받아들인다. 사실 가톨릭교회에서는 여전히 남성이 권력자 지위를 거머쥐고 있다. 교황 요한 바오로 2세는 이에 대한 항의를 반복적으로 했고, 교황 프란치스코도 마찬가지였다. 최근 일부 주교는 결국 여성에게 실제로 교회에서 권력이 있는 지위를 부여하기 시작했다. 그러나 이것만으로는 충분하지 않다. 이에 대해 제2차 바티칸 공의회는 결정적인 방법을 제시한다. 성직자 직무를 더 이상 '공직'이 아니라 '봉사직'으로 이해하라고 요구한 것이다. 주교와 사제가 말뿐이 아니라 실제로도 자신을 교회 남녀 신자를 섬기는 '종'으로 여긴다면, 또 무엇보다 자신이 종임을 신자가 믿도록 실천에 옮긴다면, 권력 문제는 더 이상 강렬하게 제기되지 않을 것이다. 또한 이를 통해 기독교인은 교회 및 국가 권력이 절대 가치 있거나 바람직하지 않으며, 오히려 자신의 영혼을 구제하는 데 위협이 된다는 걸 분명히 깨달을 것이다.

교회, 독신, 섹스 -엄청난 오해에 대하여

기원후 312년, 콘스탄티누스 대제는 밀비오 다리 전투에서 승리를 거두었다. 이는 기독교인들에게 기쁨뿐만 아니라 문제도 안겨주었다. 그리고 이 문제는 권력 문제와도 관련이 있었다. 지금까지 기독교인이 된다는 것은 본인의 신앙 때문에 권력을 잃고 상당한 불이익을 감수한다는 것을 의미했다. 이에 대한 최근 사례로, 디오클레티아누스^{Diocletianus}(재위 284~305) 황제 치하 로마에서는 기독교인을 잔혹하게 박해해, 수많은 순교자가 희생된 것을 꼽을 수 있다. 그러나 콘스탄티누스 대제는 기독교인을 주요 직책에 임명하는 것을 선호했다. 때문에 돌연 기독교를 믿는다는 게 장점이 됐다. 그래서 기회주의자들은 기독교인이 되어 경력을 쌓을 기회를 마련했다. 이런 사람이 얼마나 많았는지 누구도 정확히 말하지 못할 지경이었다. 그런데 하필이면 그 당시에 가톨릭 성직자 독신 운동이 유난히 번성했고, 그 영향이 우리 시대까지도 이른 것은 전혀 우연한 일이 아니다.

여기서 '독신'이라는 표현은 오늘날 일반적으로 통용되는 의미와 똑같이 사용된다. 가톨릭 사제와 수도자가 오늘날에도 그러하듯이, 천국에 이르기 위해 비혼 생활을 하는 것이다. 아주 정확하게 말하면, 독신이라는 단어는 이른바 '교구 사제'에게만 적용된다. 수도사─이들 또한 남성이다!─의 경우는 전문용어로 '처녀성'$^{Jungfräulichkeit, virginity}$이라고 하는데, 오늘날 이 말은 의도치 않게 우스꽝스럽게 들린다.

이 모든 것의 시초는 기독교 초기 당시 신자들이 급진적인 신앙생활을 하기 위해 이집트 사막으로 가서 홀로든 공동체든 극빈의 삶을 이어나가면서부터다. 이 신자들에 대한 소문은 도시로 퍼져나갔고, 곧 로마 제국 전역에서 사람들이 그 광경을 구경하려고 이집트로 몰려들었다. 그리고 이것은 단순한 구경거리가 아니었다. 많은 이는 기독교인의 삶이 진지한 의미에서의 풍요로움이 깃들어 있다는 사실을 깨달았다. 이 중 가장 유명한 인물은 사막의 수도자 안토니우스^{Antonius}다. 그의 독특한 삶은 많은 사람이 읽은 전기를 통해 널리 알려졌다. 사람들은 사막의 남성들로부터-그리고 소수 여성으로부터-삶의 본질에 대한 교시를 얻을 것으로 기대했다. 그리고 머지않아 그들은 이집트 사막뿐만 아니라 자신이 사는 지역에서도 진리를 얻고 싶어 했다. 물론 단순히 직업으로, 또는 교회 지도자가 되려는 야심으로 독신 사제와 주교가 되기를 바라는 사람도 있었다. 하지만 영적 실체를 지녀 자신을 온전히 성소에 바칠 수 있는 성직자가 되기를 원하는 사람도 있었다. 이 사람들의 위대한 자유정신과 사욕 없는 청렴결백은 시대의 격랑 속에서도 교회를 강하게 만들었다. 심지어 훗날 20세기에도 독재 정권의 압제를 이겨내는 원동력으로 작용했다.

여러 연구 결과에 따르면, 독신은 절대 중세 때 발명된 개념이 아니다. 사도들이 활동하던 시대부터 교회는 천국에 가기 위한 독신 생활을 매우 귀중하게 여겼다. 왜냐하면 독신은 예수 자신은 물론 사도 바오로가 고집하던 생활방식이었기 때문이다. 이미 기원후 300년 무렵 스페인 엘비라에서 열린 교회 회의에서 부제, 사제, 주교의 금욕 생활이 법적으로 확립됐다. 교회 세력이 약해진 시기에는 독신 체제에 위기가 계속 닥치기도 했다. 독신 생활과 성직을 동시에 감당하려는 사람이 거의 없었기 때문이다. 하지만 중세뿐만 아니라 교회개혁 시대에도 영적 각성에 설득력을 부여하고 날개를 달아준 사람들은 다름 아닌 금욕 생활을 고수하던 이들이었다. 역사가 진행되면서, 사제의 독신 생활을 강제하는 새로운 조치가 계속 등장했다. 1059년 사제 결혼을 처음부터 아예 무효로 정한 법적 규정이 대표적이다. 이런 규정을 정당화하는 또 다른 이유도 있었다. 특히 고대에서는 '성행위를˙하면 몸이 더럽혀진다'는 인식이 있었다. '오염'된 육신은 비기독교적이라는 개념이 팽배했다. 그래서 성 경험이 있는 사람은 예배 활동에 부적합하다는 생각이 강했다. 좀 더 세월이 흘러서는 독신으로 살면 외롭고 버림받은 이들과 연대할 수 있고, 가용성도 굉장히 높은 삶을 살수 있다는 생각이 등장했다. 여러 종교를 보면 대체로 자발적으로 독신을 택한 성직자가 많다. 특히 영적 각성이 뛰어난 사람에게 독신은 거의 필수다. 예를 들어 마하트마 간디는 결혼한 몸이기는 했지만, 정식으로 '독신 서약'을 했다.

반독신주의자들은 강제 독신에 대해 논쟁하기를 좋아한다. 강제독신은 추잡한 스캔들이라는 것이다. 하지만 이러한 논쟁은 차치하더라도, 냉정히 말해 강제성은 분명히 없었다고 자신 있게 말할 수 있다. 왜냐하면 독신은 여러 세월에 걸쳐 성인成人이 자발적으로 자유롭게 결정한 것이고, 그것도 아주 진지한 고민을 거쳐 선택한 것이기 때문이다. 이런 점에서 독신 생활 결정은 상당수 결혼 결정보다 훨씬 자유롭게 이루어진다고 할 수 있다. 하지만 독신과 결혼을 연계하는 상황도 있다. 결혼을 포기해야 가톨릭 사제가 될 수 있다. 그런데 당연히 이러한 규정은 라틴 교회가 규정한, 오로지 주교만을 대상으로 한것이었다. 동방 교회에는 적용되지 않았다. 기본적으로 얼마든지 바뀔 수 있는 교회 규정에 불과하다는 뜻이다. 교회는 이 규정을 얼마든지 폐지할 수 있었다. 그러나 결혼이 가능한 개신교 목회자도 감소세에 있다는 현실을 고려하면, 장기적으로 가톨릭 사제 수가 엄청 부족한 현상을 얼마나 해소할 수 있을지 의문이다. 그렇다고 독신 제도를 '해방'시키는 타협을 해도 과연 도움이 될지 의문이다. 19세기에 로마 가톨릭교회에서 분리된 구舊 가톨릭교는 1878년에 이러한 타협안을 도입했다. 구 가톨릭교에서 독신 체제는 사실상 종말을 고한 것이다.

더구나 세상은 독신 생활 방식을 철두철미하게 부정적으로 묘사했고, 이는 유감스럽게도 부작용을 야기했다. 즉 오늘날 상당히 많이 볼 수 있는, 비자발적으로 '독신' 생활을 하는 싱글들을 무의식적으로 차별하는 경우가 많아진 것이다. 이 비자발적 독신자는 몇몇 계약 반려자와 사는 과정을 거친 뒤, 결국 혼자 살게 된 경우가 많다. 이 사람들은 오늘날 우리 도시의 수많은 개별 아파트에 살고 있다. 그렇기 때문에 이를 '부자연스럽다'라고 말해서는 안 된다. 하지만 일부 사람들은 교회와는 거리가 먼 독신자를 비판하는 데 열을 올린다. 이는 마치 댄서를 해방시켜 주겠다며 총을 들고 나이트클럽에 뛰어든 정신질환자 이야기를 떠올리게 한다. 막상 댄서는 해방될 마음이 전혀 없는데도 말이다. 이에 덧붙여, 독신은 성을 적대시하는 심리와는 전혀 무관하다. 다름 아닌 독신자들은 육신에 적대적인 종파 신도에 대항해 결혼을 단호하게 옹호한 바 있다.

모든 시대에 걸쳐, 인간은 성을 기묘하면서도 상당히 으스스한 현상으로 여겼다. 예식을 통해 소환되고 추종자들에게 둘러싸여 숭배받는 현상 말이다. 고대 철학과 의학은 성을 모든 본능 중에서 가장 강력하고 해로운 것으로 여겼다. 성욕은 인간을 이끄는 주요 기관인 이성을 차단하기 때문이다. 로마 철학자 무소니우스 루프스Musonius Rufus는 다음과 같이 설명한다. "부부간의 사랑은 도덕적으로 자녀를 낳을 목적일 때만 허용되어야 한다." 세네카는 동성애를 "자연에 어긋난다"

고 일컬었다. 그리고 프랑스 고대사가 폴 벤느는 놀랍게도 다음과 같이 설명한다. "'이교도는 관능적이다'라는 소문은, 이교 의식을 연달아 잘못 해석하는 바람에 퍼진 것이다."

고대 후기 인물인 아우렐리우스 아우구스티누스는 오늘날 기독교가 육신에 적대적인 태도를 보이는 증거로 곧잘 소환된다. 서양에서 중요한 기독교 교부로 꼽히는 아우렐리우스 아우구스티누스는 특히 중세 시대에 큰 영향을 끼쳤다. 그런데 그는 성과 관련해 상당히 소란스러운 전력이 있다. 기독교에 귀의하기 전 아우구스티누스는 '난폭한 결혼 생활'을 했다. 독실한 기독교 신자인 그의 어머니 모니카Monika는 이를 매우 한탄했다. 그는 아들을 낳고 아데오다투스Adeodatus(신이 주신 선물)라는 이름을 지어주었지만, 어머니를 진정으로 안심시키지는 못했다. 이후 아우구스티누스는 진리에 대한 탐구에 열정을 보여, 육신에 적대적인 태도를 보이는 마니교도에 합류했다. 그러다가 마침내 기독교에 귀의했다. 그의 어머니가 지칠 줄 모르고 기도에 몰두한 결과였다. 이러한 삶의 이력 때문에, 아우구스티누스의 성에 대한 입장 표명이 너무 염세적으로 보일 수도 있겠다. 그는 성을 원죄의 산물인 '육체의 욕망'이라고 보았으니까. 하지만 이 시기의 전문가로 꼽히는 고대사학자이자 프린스턴 대학교 교수를 역임한 피터 브라운Peter Brown은 아우구스티누스의 이러한 사상이 일반대중에게 반향을 일으키지는 않았다고 확신한다. 하지만 이후 놀랍게도, 다른 사람도 아닌 아우구스티누스가 쓴 상당히 현대적인 내용의 텍스트가 발견됐다. 그 내용은 이렇다. "사람들은 다음과 같은 질문도 습관적으로 한다. 즉 한 남자와 여자가 있다. 그들은 서로 결혼한 사이도 아니고 다른 사람의 배우자도 아니다. 그들은 아이를 낳기 위해서가 아니라, 단지 이기적으로 성적 만남을 즐기기 위해 서로 결합한다. 이런 경우도 결혼이라 할 수 있을까, 하는 질문이다. 남성도 여성도, 서로 사랑을 나눈 기간 동안에 외도하지 않았다고 당당히 밝힌다. 이 경우 상대 파트너가 죽을 때까지 관계를 유지하겠다고 서로 합의했다면, 아마도 이를 결혼이라고 보는 게 불합리하지 않을 것이다."

독신 생활을 한 사도 바오로는 실제로 성에 대해 절대 적대적인 태도를 보이지 않았다. 오히려 결혼을 적극 권장했다. "그러나 그대가 혼인하더라도 죄를 짓는 것은 아닙니다. 또 처녀가 혼인하더라도 죄를 짓는 것은 아닙니다."(코린토 신자들에게 보낸 첫째 서간 7장 28절) "욕정에 불타는 것보다 혼인하는 편이 낫습니다."(코린토 신자들에게 보낸 첫째 서간 7장 9절) 심지어 토마스 아퀴나스도 글을 쓸 때 전혀 내숭을 떨지 않았다. "남자는 애당초 육체 결합 때문에 아내를 사랑한다." 학식 있는 의사이자 신학자인 교황 요한 21세Johannes XXI(1205~1277)는 보다 상세하게, 키스와 애무는 결혼 생활에서 가장 고귀한 것, 즉 성교를 위한 전제조건이라고 설명한다. 그리고 가장 엄격한 가톨릭 수도회로 꼽히는 카르투지오 교단의 수도사 디오니시우스Dionysius(대략 1402~1471)도 결국 인생 한복판에서 산전수전 다 겪은 사람이 수도회에 입회할 수 있다고 표명했다. "이 욕망이라는 것은 더 큰 우정을 쌓는 데 자극제 역할을 할 수 있다. 그러므로 혼인 관계에서 피어난 우정은 어떤 의미에서는 성적 우정이라고 할 수 있다."

마르틴 루터는 결혼을 '세속적인 것'이라고 선언했고, 이는 엄청난 영향을 끼치는 결과를 초래했다. 따라서 개신교 세력이 강한 도시의 세속 권력은 이른바 '풍기風紀 법원'을 도입했다. 이 법원은 혼외 성관계, 특히 간통에 대해 엄청나게 가혹한 세속 처벌을 부과했다. 이 때문에 종교개혁 전문 역사학자인 하인츠 실링은 "실제로 개신교 신자 결혼의 기반이 가톨릭 혼인 성사보다 훨씬 안정적이었다"고 공식적으로 밝힐 수 있었다. 심지어 국가는 때때로 국민이 알몸 상태로 자는 것을 금지할 정도로 간섭하기도 했는데, 이는 치명적인 결과를 초래했다. 국가는 가족을 부양하는 데 필요한 경제력이 없는 사람이 결혼하는 것을 금지했다. 이는 돈이 없어 가정이 해체되거나 사생아 수가 증가하는 데 따른 조치였다. 하지만 이는 기독교인의 기본 권리인 혼인권을 심각하게 침해했다. 이와 대조적으로, 교회의 결혼 절차는 남성이 아내에게 폭력을 행사할 가능성을 상당히 감소시켰다. 아내가 남편을 교회에 고소할 수 있었기 때문이다. 그렇다고 해서 사회 전체가 여전히 남성 중심적이라는 사실은 변함이 없었다. 가톨릭 세력이 강한 독일 뮌스터 지역에서는 성범죄가 일어난 경우, 거의 여성에게만 공개 모욕형 처벌을 내렸다. 또한 여성이 추방을 당하는 경우도 매우 빈번했다.

교회의 혼인 절차는 원시 시대부터 만연했던 남성의 가정 폭력을 감소시켰다. 그뿐만 아니라 부부의 친밀도도 증가시켜, 결혼 생활에서 애정과 책임감이 보다 중요한 요소로 자리잡기 시작했다. 이러한 발전 양상은 19세기 초 낭만주의를 통해 더욱 가속화됐다. 낭만주의 시대는 프랑스 혁명의 과잉 폭력과 이에 대해 유럽 열강이 보인 반자유주의적 반응이 한바탕 휩쓴 뒤에 등장했다. 낭만주의는 이상화된 중세 시대로의 회귀를 추구했을 뿐만 아니라, 낭만적인 사랑을 숭배하는 풍조도 유행시켜 결혼에 큰 영향을 주었다. 이 낭만적인 사랑은 기독교의 산물로 간주된다. 토마스 니퍼다이에 따르면, "파트너십에 뿌리를 둔 사랑이 결혼 및 부모-자식 관계의 기초를 이룬다"라는 개념이 정립된 해가 바로 1900년이었다. 이러한 개념 형태를 통해 결혼은 '분명 가장 고귀한 타당성'을 확보했으며, 심지어 '가족 종교'로 떠받들어지기도 했다. 20세기 초가 되어서야 뭔가 새로운 것이 등장했다. 이제 성은 해방이자 황홀경이라고 선언됐고, 사람들은 이에 상응하는 삶의 개혁과 나체주의, 그러니까 이전까지 규제받던 것들을 완화해 달라고 요구했다.

1960년대의 성 혁명은 '피임약'이 도입된 후 본격적으로 일어났다. 이는 성행위와 출산이 완전히 분리되는 상황을 초래했고, 아울러 심각한 사회적 결과로 이어졌다. 일간지 〈프랑크푸르터 알게마이네 차이퉁〉 발행인을 역임한 고故 프랑크 쉬르마허Frank Schirrmacher는, 베스트셀러 《므두셀라의 음모》에서 다음과 같은 딜레마를 설명한다. "노인은 계속 살고 절대 죽지 않는다. 반면 우리 미래에 꼭 필요한 젊은이는 절대 태어나지 않는다."

이미 오래전부터 성을 주제로 하는 공개 토론이 개최됐다 하면, 일단 가톨릭교회, 특히 통상적으로 '가톨릭 성 윤리'로 알려진 개념과 연관 짓는 게 관례가 됐다. 여기에는 사회심리학적인 이유가 있다. 왜냐하면 그동안 성행위를 금지하던 구체제 법원이 모조리 물러났고, 많은 이가 이제는 가톨릭교회만 문란한 성 풍조에 저항할 수 있다고 기대하기 때문이다. 반면 자유주의자들은 가톨릭교회의 저항을 통해 자신의 성적 자유를 확인해볼 필요가 있다고 생각한다. 그러나 이는 치명적인 오해에서 비롯된 것이다. 왜냐하면 사실 가톨릭교회는 이 땅에 등장한 후 2천 년 동안 정숙한 척하는 성행위 반대자의 공격을 계속 성공적으로 방어해 왔기 때문이다. 이들 반대자는 예외 없이 교회에서 축출되거나 최소한 격렬한 공격을 받았다. 고대에는 금욕파, 몬타누스교도, 마니교도가 모두 축출됐다. 중세에는 순결파가 쫓겨났다. 근대 교회는 심지어 블레즈 파스칼Blaise Pascal도 가담한 엄숙주의자 집단인 얀센파 교도와 맞서 싸웠다. 19세기에도, 예의는 바르지만 성에 기이하게 집착하던 개신교 부르주아지는 가톨릭 신자가 성적으로 쉽게 살아간다고 여겼다. 풍속사 연구를 통해, 가톨릭이 성 분야에서 비교적 자유주의적인 태도를 보였다는 사실이 확인된다. 그러나 이후 언젠가부터 가톨릭 신자도 성을 적대시하는 시대정신에 순응하는 씁쓸한 결과를 낳았지만, 이는 수 세기 동안 이어져 온 가톨릭 전통에 전혀 부합하지 않았다. 그리고 오늘날 일부 가톨릭 신자는 이러한 전통을 더 이상 알지 못하기 때문에, 가톨릭교회 내부에서 양극단 진영이 등장하기에 이르렀다. 한편으로는 보수적인 가톨릭 신자 진영으로, 이들은 무지에서 비롯된 청교도적인 경직된 성 관념을 '대담하게' 옹호한다. 다른 한편으로는 진보적인 가톨릭 신자 진영으로, 이들도 똑같이 전통을 알지 못하기에, 가톨릭이 경직된 태도를 보였다며 사과한다. 그런데 요즘 상당수 언론은 가톨릭교회를 잘 모른다. 때문에 이러한 갈등을 쫓는 과정에서 성 윤리가 가톨릭 교리의 핵심이라고 믿게 되고, 이 주제를 거듭 물고 늘어진다. 이런 이유로 나이든 비혼 남성(가톨릭 고위 성직자를 의미한다-옮긴이)이 성에 관한 상세한 질문에 대답해야 하는 상황에 얽혀 들어가는 광경을 지켜보아야 한다. 이는 보기 좋은 광경도 아니고, 의도치 않게 거짓 정보가 퍼지는 상황으로 이어질 수도 있다. 교황 베네딕토 16세는 쾰른에서 개최된 세계 청소년의 날 기념행사에서 성 윤리에 관한 발언은 한마디도 하지 않았다. 하느님에 대한 믿음, 심화된 영성, 기독교인의 삶에 깃든 아름다움에 대해서만 말했다. 이는 아마도 의도적이었을 것이다. 그럼에도 많은 언론이 교황이 특별히 콘돔을 언급했다고 보도했다.

정확히 1천9백 년 동안, 베드로 사도의 후계자 중에서 일찍이 성 윤리를 체계적으로 정립해 널리 공포한 이는 아무도 없었다. 그러나 1968년 7월 25일, 때는 왔다. 교황 바오로 6세Paul VI는 '인간 생명'Humanae Vitae 회칙을 공포했다. 이미 비오 11세가 1930년 12월 31일에 '정결한 혼인'Casti conubii 회칙을 발표해, 이 주제를 확실하게 논평한 바 있다. 하지만 바오로 6세의 새로운 회칙만큼 철저하면서도 굉장한 구경거리가 되지는 못했다. 비오 11세는 회칙에서 역사상 처음으로 "가톨릭 신자는 토끼처럼 번성할 필요가 없다"고 언급했다(교황 프란치스코, 2015년 1월). 이는 물론 지나가는 말이기는 했다. 오늘날 교회는 이를 '책임지는 부모가 되기'라고 일컫는다. 이 견해에 따르면, 결혼한 부부는 자신이 책임질 수 있는 자녀 수를 스스로 결정한다. 그런 다음 자연임신이 가능하지 않은 날을 선택해 '결혼 생활에서 가장 고귀한 것'을 한다(교황 요한 21세, 1275년 경). 이것이 바로 제2차 바티칸 공의회가 생각하는 가족계획 방식이다. 어쨌든 공의회가 열리던 당시에 피임약은 아직 나오지 않았다. 그러니까 가톨릭 실용주의인 셈이다. 하지만 이후 '피임약'이 시장에 등장했고, 전 세계가 교황 바오로 6세에게 이에 대한 논평을 촉구했다. 그리고 교황은 1968년에 논평을 했다. 그는 피임약을 금지했다. 자동반사적으로 외침이 터져 나왔다. 이건 스캔들이야! 우선, 누구도 당연히 피임약이 금지되는 것을 원하지 않았다. 하물며 결혼하지 않은 남자, 교황이 금지하는 것은 말할 것도 없다. 게다가 여성은 분노했다. 피임약 금지는 이의의 여지없이 교회에서의 남성 지배를 의미하기 때문이다. 여성들은 토론을 통해 이런 정당한 분노를 맹렬히 터뜨렸다. 마지막으로 제2차 바티칸 공의회가 끝나고 3년 뒤, 윤리신학자들은 임마누엘 칸트를 재발굴했다. 이 독일 철학자가 1788년 쾨니히스베르크에서 쓴 내용은, 지금 이탈리아 교황이 로마에서 선언한 내용과 도저히 화해할 수 없었다. 얼마 지나지 않아 아무도 더 이상 토론 내용을 정확하게 이해하지 못했다. 한 가지 사실은 분명했다. 교황 회칙에 찬성하는 사람은 보수주의자로, 반대하는 사람은 진보주의자로 간주됐다. 이렇게 편협한 생각에 사로잡힌 사람들은 소란을 일으키며 성 윤리 개념을 오용했고, 정보가 부족한 언론인은 이를 보고 선입견을 더욱 강화했다. 즉 가톨릭교회를 본질적으로 성적 쾌락을 막는 기관으로 오해하는 경향이 심화된 것이다.

하지만 진실은 이와 다르다. 가톨릭교회는 항상 성에 대해 전체론적·생태주의적인 견해를 보인다. 이 견해에 따르면 성적 욕망은 충족된 성의 일부를 이루며, 이는 아름답고 좋은 것이다(교황들도 이를 인정했다. 요한 21세(1205~1277), 요한 바오로 2세(1920~2005) 참조). 여기에는 개인적인 사랑, 그리고 궁극적으로 생명력, 그러니까 '자녀를 낳으려는 개방적인 태도'가 포함된다. 그래서 한 남자가 첫 번째 아내와는 오로지 섹스만 하고, 두 번째 아내와는 오로지 사랑의 시만 읊고, 세 번째 아내와는 오로지 자녀만 낳는다면, 그는 이 세 명의 아내를 도구로 이용한 것이다. 어느 누구도 진정으로 사랑하지 않은 것이다. 가톨릭의 관점에서는 처음부터 자녀를 배제한 결혼은 이러한 '온전함'의 원칙 차원에서 전혀 유효한 혼인이 아니다. 그리고 '인간 생명' 회칙에 따르면, 혼인 성사를 통해 결혼했더라도 인위적인 수단으로 자녀 낳기를 의도적으로 막는다면, 이 또한 옳지 않은 행위다. 가톨릭의 견해에 따르면, 이런 행위는 자연임신이 가능하지 않은 기간을 관찰하지 않으므로, 자연의 섭리를 조작한 짓이기 때문이다. 물론 이와는 다른 견해가 있을 수 있다. 오늘날 윤리신학자 상당수도 다른 견해를 보인다. 하지만 최근에는 가톨릭교회가 내세운 것과 같은 이유로 피임약 복용을 거부하는 비가톨릭 여성이 상당히 많다. 왜냐하면 그들은 이 호르몬 제제에서 일어나기 쉬운 여러 '부자연스러운' 효과와 부작용에 노출되고 싶지 않기 때문이다. 또한 미국 시인 아드리안 리치[Adrienne Rich]가 예전에 공식적으로 밝힌 것처럼, 생태주의를 지향하는 여성이나 페미니스트는 오히려 피임약을 '남성의 발명품', '가부장제 메커니즘에서 나온 발명품'이라고 여길 수도 있다. 사회학자 허라트 쉥크[Herrad Schenk]는 이렇게 말한다. "그래서 페미니스트가 피임약을 피곤해하는 이유는 그들이 내숭을 떨어서가 아니라, 가부장적 연출 지시에 따라 연극 놀이를 하는 것을 거부하기 때문이다. 그리고 피임약은 남녀 모두의 필요에 부응할 때 다시 쓰라는 지시에 따라야 하며, 새로운 맥락에 놓고 재고해야 한다." 알리체 슈바르처[Alice Schwarzer]는 이미 피임약의 '부작용'에 대해 다음과 같이 불평한 바 있다. "과거에는 여성이 성욕이 들지 않으면 정숙한 척하고 싶다거나 원치 않는 임신에 대한 두려움을 핑계로 성관계를 거부할 수 있었다. 하지만 오늘날에는 피임약에 대한 교육이 워낙 잘 되어 있어서, 여성은 원치 않아도 피임약을 복용하고 성관계를 가질 수밖에 없다."

그럼에도 가톨릭 여성 신자는 궁극적으로 자신의 양심에 따라 피임약을 복용할지 말지 여부를 결정한다. 그리고 그들이 무슨 결정을 하든 파문당하는 일은 절대 없다. 이에 덧붙여서, '인간 생명' 회칙은 가톨릭 혼인 성사를 위해 작성됐다. 가톨릭 전체론적·생태주의적 관점에서 보면 혼외 성관계는 창조 질서와 모순된다. 이는 모든 비혼 이성애자, 호적상 재혼한 모든 사람, 모든 동성애자에게도 동일하게 적용된다. 하지만 이마저도 가톨릭 신자가 상상할 수 있는 가장 나쁜 죄악은 아니다. 예전에도 그랬고 지금도 그렇다. 예를 들어 교리서를 보면, 교회가 동성애자를 차별하지 않는 것이 훨씬 중요하다고 강조되어 있다. 그리고 동성애자를 생식기 활동으로만 국한시키는 것도 의심할 바 없이 차별행위다. 그럼에도 대중이 '가톨릭교회와 동성애'라는 주제를 접할 때 항상 던지는 질문은 대개 성교와 관련된 것뿐이다.

더욱이 고해 신부의 엄격한 수호성인인 성 알폰소 마리아 데 리구오리^{Alfonso Maria de Liguori}(1696~1787)는 "사제는 고해성사 중에 성적 문제를 계속 추궁하면 안 된다"고 충고했다. 하지만 이후 19세기에 이르러, 이러한 관행은 조금 바뀌었다. 당시 가톨릭 신자는 빅토리아 시대의 압도적으로 경직된 시대정신에 적응해, '다른 모든 사람'과 똑같이 '도덕적으로 엄격한' 인상을 풍기려 했기 때문이다. 어쨌든 당시 사람들은 이를 종교적 신념이 아니라 '과학'이라고 여겼는데, 그 결과 가장 터무니없고 끔찍한 성적 억압을 초래하고 말았다. 일반적으로 남성의 정액에는 인간 전체가 들어 있다고 믿었기 때문에 '정액을 낭비하는 짓'은 수치스러운 행위로 간주됐다. 그래서 세속법학자이자 근대 법률소송법의 공동 창시자인 베네딕트 카르프초프$^{Benedict\ Carpzov}$(1595~1666)는 자위행위, 동성애 행위, 동물과의 성행위를 강하게 비난했다. 자위행위자는 국외 추방형, 동성애자는 참수형, '수간자'는 화형에 처할 수 있다는 것이다. 1683년, 덴마크는 동성애자는 사형에 처한다는 법률을 시행했다. 계몽주의 시대도 유난히 엄격했으며, 향후 수 세기 동안 비참한 결과를 초래할 새로운 '과학적' 발견이 등장하는 데 상당한 기여를 했다. 바로 자위행위는 뇌와 척수의 탈수를 초래한다는 발견이다. 나중에 이 증상은 '척수연화증'으로 불렸다. 칸트는 자위행위를 '인류를 훼손하는 짓'으로 간주했고, 자살보다 더 나쁘게 여겼다. 심지어 베를린 자선병원의 유명한 의사이자 전투적 무신론자인 루돌프 피르호$^{Rudolf\ Virchow}$(1821~1902)도 국가가 자위행위에 대한 조치를 마련하라고 촉구했다.

오늘날에는 누구나 이런 생각이 얼마나 터무니없는지 잘 안다. 이런 생각을 입 밖에 꺼냈다가는 큰 망신을 당한다는 것도 잘 안다. 그래서 당시 종교가 반계몽주의에 빠진 탓에 이런 어처구니없는 상황이 나왔다고 여기려 한다. 하지만 역사를 살펴보면, 이와는 다른 사실을 알게 된다. 교회는 어디까지나 과학이 제공하는 내용만 적극적으로 받아들였을 뿐이다. 당연히 이런 사이비 과학은 당시 기독교인에게 나쁜 영향을 끼쳤다.

이에 덧붙여서, 사실 예전에는 가톨릭 신자들이 대개 성적 사안에 있어 다소 느슨한 태도를 보인다는 인식이 있었다. 심지어 '돼지 같다'는 평판도 있었다. 그래서 올바름을 추구하는 개신교인들은 이런 가톨릭교인의 행태를 수 세기에 걸쳐 불쾌하게 여겼다. 평신도, 사제, 주교, 심지어 교황까지도, 더 많은 사람이 라인 지방의 오래된 좌우명인 "선하신 주님은 별로 엄격하지 않으시다."Der leewe Jott is net esu를 따라 살아야 한다고 여겼다. 이게 좋든 나쁘든 간에 말이다. 지난 2백년 동안 성범죄는 일반 사회에서 주요 논쟁거리로 부각됐다. 그러나 가톨릭교회가 이 사안을 전면적으로 떠오르게 만든 건 아니다. 계몽주의자들이 특히 개인이 성범죄에 가장 취약하다고 여기고, 이를 해결하기 위해 노력한 결과다. 그리고 19세기 사회는 전반적으로 편협하고 경직된 신앙심이 팽배했다. 이는 개신교 시민문화 탓이다. 여성은 평가절하 당했고, 남성과 여성의 몸은 아주 두껍고 입고 벗기 번거로운 옷 속에 갇혔다. 반면 기독교 시대 극초기부터, 수도사가 짓는 최악의 죄는 성적 비행이 아니라 무관심acedia이라는 인식이 주류를 이루었다. 심지어 살인도 사실 무관심에서, 다른 사람의 생명권에 대한 무관심에서 비롯되기 때문이다. 무관심의 반대 개념이 바로 사랑이다. 그래서 예수는 모두가 경멸하는 창녀를 보고, 다음과 같은 도발적 발언을 하며 격려를 아끼지 않았다. "많이 사랑한 사람이 많이 용서받는다." 이 말씀을 다르게 표현하면, 바로 가톨릭의 성 윤리다.

기독교와 아동성범죄

"어머니 배에서 나를 만드신 분이 그도 만드신 게 아닐까…?" 구약성경 욥기에 나오는 유명한 구절이다. 기독교인은 모든 어린이는 처음 태중에 있을 때부터 하느님의 보호를 받는다고 믿는다. 고대에는 낙태와 아동 살해가 일상적으로 일어났다. 반면 1세기에 작성된 것으로 추정되는 초기 기독교 문헌 중 하나인《열두 사도들의 가르침》을 보면 다음과 같은 내용이 확실하게 나와 있다. "태중의 아이를 낙태하면 안 된다. 태어난 아이도 죽이면 안 된다." 그리고 이보다 조금 늦게 등장한《디오네투스에게 보낸 서간》에도 기독교인에 관한 내용이 나온다. "그들도 다른 사람과 마찬가지로 결혼해 아이를 낳지만, 갓난아기를 버리지는 않는다네." 이 모든 것은 혁명적이었으며, 특히 여성과 어린이에 대한 남성의 권리에 심대한 영향을 끼쳤다. 의사들은 오늘날 낙태를 시행하는 유일한 집단이지만, 고대에는 히포크라테스 선서 때문에 낙태가 금지된 유일한 집단이었다. 의사 집단만 빼고는 누구든 낙태를 시행할 수 있었고, 문제도 되지 않았다. 임신중절은 "인구 밀도에 따라 가치중립적인 수단으로 권장되거나 아니면 아예 금지됐다." 의학사학자 로베르트 위테^{Robert Jütte}는 다음과 같이 요약한다. "기독교가 서구 사회에 등장하고서야, 태어나지 않은 아이의 생명권이 제대로 논의될 수 있었다." 심지어 아동 살해도 로마법에서는 처벌받지 않았다. 아이는 세상에 태어나도 아버지가 '들어 올린' 다음에야 생명권을 부여받았다. 아이에게 눈에 보이는 장애가 있거나 기타 다른 이유가 있는 경우, 아버지는 들어 올리기를 멈추고 다른 결정을 자유롭게 내릴 수 있었다. 예를 들면 산이나 다른 곳에 아이를 내버리거나, 그냥 태어난 자리에 내버려 두어 고통스러운 죽음을 맞이하게 했다. 이는 그리스인, 로마인, 게르만인도 마찬가지였다. 오늘날에도 이런 끔찍한 관행이 이루어지는 곳이 있다. 인류학자 불프 쉬펜회벨^{Wulf Schiefenhövel}이 추정한 내용에 따르면, 뉴기니 부족에서 태어난 신생아 중 30%가 살해당한다.

하지만 기독교인은 성장하는 아이에게도 특별한 관심을 기울였다. 예수는 아이들을 극도로 다정하게 대했고, 진심으로 존중했기 때문이다. 또한 예수는 어린이들에게 절대 '유치한' 행동을 하지 않았다. 기독교인이 아이에게 특별한 애정을 쏟은 표면적인 이유 중 하나는 바로 유아세례다. 특히 원죄 교리가 등장하면서 유아세례는 하느님이 순수한 은혜를 베푼다는 확실한 표징으로 자리매김됐다. 유아세례 덕분에 아이는 아무런 사전 노력 없이도 성령의 은총을 받을 수 있었다. 이를 통해 인류에게 대대로 내려온 원죄에 연루되는 상황에서 해방됐다. 하지만 유아세례를 받은 결과만으로는 아이의 신앙고백을 기대할 수 없었기 때문에 교육, 그것도 부모와 교회가 수행하는 기독교 신앙 교육이 결정적으로 중요했다. 이러한 교육을 통해서 아이는 사회가 일구어온 모든 결과물을 습득할 수 있는 권리를 부여받았다. 프랑스 역사학자 필립 아리에스^{Philippe Ariès}는 유명한 저서인 《유년기의 역사》에서, 주교가 설립한 학교가 "서구 학교 시스템 전반에 원^原세포 역할을 했다"고 설명했다. 이와는 대조적으로 고대사학자 오토 힐트부르너^{Otto Hiltbrunner}가 단언했듯이, 고대 로마의 가장^{家長}은 "신생아를 내다 버릴 수 있었을 뿐만 아니라 아이들을 나이에 상관없이 마음대로 팔아버릴 수도 있었다. 또한 아이들을 담보로 맡길 수도 있었고, 제3자에게 서비스를 제공하도록 할 수도 있었다." 4세기, 그러니까 로마 제국이 기독교화 되고 난 뒤에야 아버지가 자녀를 죽일 수 있는 권리가 폐지됐다.

아이들이 겪은 성적 착취는 참으로 답답했다. 베티나 슈툼프^{Bettina Stumpp}가 박사학위논문 〈고대의 매춘〉에서 확언했듯이, "유기된 아이들을 데리고 와 성매매를 시키는 경우가 많았다. 포주가 이 아이들을 맡아 길렀고, 어릴 때부터 매춘을 할 수 있도록 '훈련'시켰다." 특히 노예 아이들이 이런 운명을 겪었다. "이 아이들 중 일부는 세 살 때 팔려 우스꽝스러운 행동으로 고객을 즐겁게 했다. 그리고 이 아이들 중 상당수는 확실히 성 노리개로 간주됐다." 기독교인은 이에 대해 맹렬하게 반발했다. "이미 기원후 1세기 로마 제국 시대부터 기독교 작가들은 버려진 아이들을 납치해 홍등가에서 '직업 경력'을 쌓도록 하는 작태를 가혹하게 비판했다." 당연히 고대의 일반 어린이들은 그런 조건 아래에서 자라지는 않았다. 하지만 어린이를 위한 법적 보호장치는 아직 마련되지 않았다.

세속법과는 달리, 중세 초기 참회 절차 규정서는 낙태를 저지른 자를 즉시 처벌하도록 했다. 신생아를 살해한 자와 청소년을 성적으로 착취한 자는 말할 것도 없다. 1500년 무렵이 되어서야 세속법은 이러한 처벌 규정을 따랐다. 교회는 이미 고대에 고아원을 설립해 아이들을 보호했다. 교황 인노첸시오 3세와 식스토 4세가 바티칸 인근에 지은 고아원은 오늘날에도 여전히 로마에 남아있다. 이 고아원은 아이들이 남들 눈에 띄지 않게 출입할 수 있도록, 외부에 회전식 덧문이 마련되어 있었다. 이 시스템은 최근 들어 전 세계적으로 재활성화되고 있다. 도움 받는 아이들의 범위는 깜짝 놀랄 만한 수준이었다. 1844년, 밀라노 고아원은 매년 어린이 2천7백 명을 수용했는데, 이는 밀라노에서 태어난 신생아 중 3분의 1에 해당하는 수치였다. 1900년까지 고아원에 수용되는 어린이 수는 연간 6천 명으로 증가했다. 파리의 경우, 18세기 초반에는 해마다 7천 명의 아이들이 고아원에 수용됐다. 런던에서는 4년 동안 약 1만 5천 명의 어린이를 수용했다. 이를 모두 합하면, 19세기에만 해도 수백만 명에 이르렀을 게 분명하다.

최근 들어 기독교의 영향력이 쇠퇴하면서, 태어나지 않은 아이와 태어난 아이를 대하는 사회 환경이 다시 헐거워졌다. 독일에서는 1995년 낙태법에 대한 정치적 타협이 성사됐는데, 이는 낙태 규정에 대한 대중의 논의가 제대로 이루어지지 않은 상태에서 체결된 것이다. 이 규정에 따르면, 장애가 있는 태아는 아직 산도에 있는 상태에서 심장에 칼륨을 주입해 죽일 수 있도록 했다. 태아가 언청이라는 이유만으로 낙태를 정당화하기 충분했다. 낙태 비용은 진료비 정산표에 잘 나와 있다. 낙태 시술을 완료한 의사는 69.94유로를 받는다.

1960년대에 성 혁명을 거치면서, 성적 만족을 위해 아이들을 더 많이 이용하자는 발상이 떠올랐다. 당연히 이러한 발상이 공개적으로 발표된 적은 없다. 대신 '아동 성 해방'이라는 말로 그럴듯하게 포장됐다. 성 혁명을 이끈 구루^{guru} 중 한 사람이 바로 논란의 여지가 있는 정신분석학자 빌헬름 라이히^{Wilhelm Reich}(1897~1957)였다. 그는 아이들이 사춘기 때부터 '완전히 자유롭게 성교할 권리'를 누려야 한다고 주장했다. 사춘기 이전의 어린이라도 자신의 성을 계발하는 데 방해를 받아서는 안 된다고도 했다. 정숙한 척하면서 성에 적대적인 사회가 아이들의 성적 만족을 허용하지 않았다. 이것이 바로 수 세기 동안 이어져 온 일반적 확신이었다. 이제 성 과학^{sexual science}은 최신·최상의 결과를 제공했다. 1970년, 독일에서 가장 인정받는 성 과학자 중 한 명인 에버하르트 쇼르쉬^{Eberhard Schorsch}는 다른 곳도 아닌 독일 연방의회 공청회에서 다음과 같이 선언했다. "성인과 어린이 간의 비폭력적인 성행위는 건강한 어린이에게 절대 해를 끼치지 않습니다." 이런 공개 선언이

기독교 콘서트

나온 뒤, 대중은 경악해 소리라도 질렀을까? 아니다. 어디에서도 그런 일은 없었다. 이게 당시 '과학계의 입장'이었다. 사실 이 모든 주장은 당연히 어린이 당사자와 관련된 게 아니었다. 어린이에게 성적으로 끌리는 어른과 관련된 이야기였다. 아이에게 성적 매력을 느꼈다는 이유로 수 세기 동안 '차별'과 '범죄자 취급'을 받았다고 주장하는 무리 말이다. 우선 이성애자를 성적으로 해방시킨 다음, 동성애자를 해방시켰다. 이제는 소아성애자가 해방될 차례였다. 곧 목표를 성취할 듯했다. 소아성애 잡지가 생겼다. 정치인(예를 들면 녹색당원)이 아동 성 해방 캠페인에 참가했다. 결의안 발표와 공개 고백이 있었다. 그리고 1989년 평판이 좋은 독일 의사협회 산하 공식 출판 부문에서, 소아성애의 '비범죄화'를 열렬히 옹호하는 책 한 권이 출간됐다. 반면 교회는 소아성애 이슈에 맹렬히 저항했다. 또한 성 혁명이라는 이름의 돌격대가 최후의 보루까지 진격하는 지경에 이르러도 절대 협력하지 않았다. 이런 태도를 끝까지 유지한 사회기관은 교회가 거의 유일했다. 하지만 교회가 도움을 줄 거라고 기대한 사람은 아무도 없었다. 논쟁에 참여한 모든 관련자가, 아무튼 교회는 시대착오적인 곳이라고 여겼기 때문이다.

물론 당시 가톨릭교회에서는 성 문제에 관해 매우 다양한 의견이 나왔다. 진보 성향의 사제들은 여자친구-또는 남자친구-를 어느 정도 공공연히 사귀는 모습을 보여주면서, 자신의 진보적인 반항심을 드러냈다. 사람들은 성과 관련된 사안이라면 무조건 개방적인 태도를 보였다. 이 시기에 소아성애자는 특히 아이들과 접촉할 기회가 많은 직업을 찾았는데, 사제직이 안성맞춤이었다. 사제가 되면, 어린이와 청소년을 상대로 '성적으로 마음을 연' 행동을 비교적 쉽게 할 수 있기 때문이었다. 또한 독일 남부 오덴발트 지역에는 '진보적인' 사립 기숙학교가 있었다. 이 학교 운영진은 어린이 및 청소년과의 '해방을 추구하는' 성적 접촉을 어느 정도 지원했다. 심지어 '하우스'를 자체 운영하는 정책을 공식적으로 추진하기도 했다. 이와 대조적으로, 소아성애자 사제는 도처에 몸을 숨기고 있어야 했다. 하지만 교회의 규제가 덜 엄격한 시대였기 때문에, 좀 더 쉽게 일을 저지를 수 있었다. 하지만 가톨릭 지도층이 소아성애 활동을 승인하거나 심지어 적극적으로 후원한 사례는 단 한 건도 없다. 다른 기관과의 차이점이 바로 여기에 있다.

하지만 이후 거대한 각성이 엄습했다. 1990년대 초반 페미니스트가 운영한 상담 기관의 공로로, 성인과 아동 간의 '비폭력적' 성관계 같은 건 절대 존재할 수 없다는 사실이 명백하게 드러났다. 이러한 관계에는 항상 권력의 불균형과 근본적인 오해만 가득했다. 아이는 소아성애자 '파트너'로부터 애정, 인정, 심지어 배려까지 갈구한다. 하지만 어른은 섹스만 갈구한다. 아이와 섹스를 하기 위해 애정, 인정, 배려를 꾸며내어 교묘하게 활용한다. 이러다 보면 언젠가 아이는 자신이 배신당했다는 사실을 깨닫게 된다. 그리고 이러한 배신감으로 인해 많은 아이가 트라우마에 시달린다. 그런데 가톨릭 사제가 학대하는 경우는 이보다 훨씬 나쁘다. 왜냐하면 사제는—아니면 '예전의 사제는' 이라고 말해야 할까?—하느님의 남자로서 특별한 신뢰를 미리 부여받았기 때문이다. 이러한 신뢰가 깨지면, 희생자는 미래에 맺을 모든 인간관계에 부담을 느낄 수 있다. 이뿐만이 아니다. 희생자가 평생 동안 신에 대한 신뢰를 완전히 잃는 경우도 빈번하다. 그래서 가톨릭 사제가 어린이와 청소년을 학대하는 행위는 특히 종교를 배신하는 비열한 범죄에 해당된다.

1990년대 초, 마침내 아동·청소년 성적 학대가 공공의 문제로 떠올랐다. 이는 정말 잘된 일이었다. 하지만 머지않아 분위기는 과열됐다. 심지어 전문가를 자처하는 이들이 등장해 가해자 같아 보이는 사람을 색출했다. 당시 '전문가'들은 '마녀 판정'을 떠올리게 하는 수법을 활용했다. 아이가 긴 모양의 물건을 그리면, 일부 열렬한 아동성범죄자 사냥꾼은 이를 학대를 받았다는 표시로 믿어 의심치 않았다. 아버지는 단지 자녀를 목욕시켰다는 이유만으로 고소당했다. 이러한 과열 현상의 정점을 찍은 사례가 마인츠 지방법원에서 진행된 법률소송 건이다. 어느 대가족이 16명에 이르는 아동·청소년 식구를 성적으로 학대했다는 혐의를 받아 기소된 것이다. 이 사건은 언론에 대서특필됐다. 이 가족의 아이들은 전부 고아원으로 보내졌다. 하지만 4년에 걸친 재판 심리가 진행된 끝에, 이의 없는 확정판결이 나왔다. 학대 행위가 전혀 없었다는 결론이다. 저명한 진술심리학자 막스 스텔러 Max Steller는 감정 내용을 정밀하게 분석해 다음과 같이 분명한 결론을 내렸다. 즉 이 사건은 현실에서 절대 일어나지 않았다는 것이다. 단지 아이가 의도치 않게 착각하는 바람에 발생한 사건이라는 것이다. 충격에 빠진 법원은 피해를 입은 당사자들에게 사과했다. 특히 아이들이 받았을 고통은 이루 헤아리기 어렵다. 아이들은 몇 년 동안 가족과 떨어졌을 뿐만 아니라, 이 중 몇몇은 실제로 고아원에서 학대를 받기도 했으니 말이다. 이런 일로 많은 가정이 산산조각났다.

마인츠 재판 사례가 신호탄 역할을 했다. 이후 성적 학대 관련 고발 건은 더욱 신중하게 다루어졌다. 당시 교회는 다소 멀리 물러서 있는 상태였다. 여태까지는 개별 사례만 있었다. 하지만 2000년 무렵, 고소·고발의 물결이 미국에서 유럽으로 한바탕 휩쓸고 지나갔다. 그리고 2002년, 독일 주교회의는 성적 학대와 관련된 지침을 발표했다. 다른 나라에서도 이와 비슷한 일이 일어났다. 이후 2003년에 바티칸에서 회의가 열렸다. 이 회의에서 국제적으로 명망 높은 전문가들은 이 주제와 관련한 학계 입장을 보고했다. 공개 강연과 토론이 진행됐다. 독일 주교회의는 바티칸 회의에서 나온 결과를 받아들였다. 그리고 이제 이러한 사례를 가능한 한 전문적으로 다루기 위해, 최고 수준의 감정인을 초빙했다. 이후 2010년, 베를린 카니시우스 신학교에서 기자회견이 열렸다. 사실 이 회견에서 밝힌 사제의 성적 학대 건은 오래된 사례뿐이었다. 그렇다고 새로운 견해를 제시하지도 않았다. 하지만 이 기자회견의 여파는 마치 눈사태처럼 걷잡을 수 없이 커졌고, 여러 이유로 국제적인 반향을 불러일으켰다. 그제야 수많은 희생자가 자신이 겪은 고통을 직시할 용기를 얻었고, 이를 공론화하기로 마음먹었다. 이는 의심의 여지없이 커다란 은총이었다. 주교구는 이러한 사례가 더 이상 발생하지 않도록 더욱 주의를 기울였고, 예방 및 개입 규정을 만들었다. 독일과 다른 나라에서는 가해자가 자신의 죄를 고백했고, 교회는 상황을 개선하겠다고 약속했다. 교황 베네딕토 16세도 이를 강력하게 지지했다. 베네딕토 16세는 추기경 시절, 학대 사건에 대해 단호한 조치를 취한 적이 있다. 프란치스코 교황도 이러한 조치에 동참했다.

하지만 성범죄 스캔들 때문에 가톨릭교회의 명성이 심하게 훼손

되었다는 사실은 절대 돌이킬 수 없다. 특히 제3자 입장에서는 풀기 힘든 의문이 있다. 왜 유독 가톨릭교회가 저지른 범죄만 부각된 것일까? 2012년, 교회 비판 성향이 강한 '자르트비터'Zartbitter 상담센터 소장은 개신교 교회에서도 가톨릭 못지않게 학대 사례가 많다고 밝혔다. 전문가들은 독일 올림픽스포츠연맹에서 더 많은 학대 사례가 발생했지만, 기껏해야 해당 지역에서만 주목을 받는 데 그쳤다고 지적한다. 여기서 특단의 조치가 취해지지 않은 이유를 제대로 묻는 사람은 아무도 없다. 게다가 "성적 학대 현상은 유독 가톨릭교회에서 만연하다"는 치명적인 인상을 바로 잡아준 곳은 교회가 아니라, 〈프랑크푸르터 알게마이네 차이퉁〉 일요판이라는 탁월한 언론 매체였다. 1990년대에 다른 매체 언론인이 개혁 교육을 지향한다는 오덴발트 사립 기숙학교를 취재한 적이 있는데, 〈프랑크푸르터 알게마이네 차이퉁〉 일요판은 이를 바탕으로 다시 추적하기 시작했고, 그 결과 많은 문제가 드러났다. 또한 대부분의 경우 성적 학대 사건은 기관이 아니라 가정에서, 신뢰했던 친척에 의해 발생한다. 이러한 사실은 최근에야 대중의 관심사로 떠올랐다.

교회 내부에 있는 일부 아마추어는 사제의 생활방식이 학대와 관련이 있는 것 같다고 속삭인다. 하지만 독신 생활이 범죄 위험을 감소시킨다는 내용의 과학 통계 자료가 확실하게 존재한다. 더욱이 '독일에서 가장 명망 높은 법원 위탁 전문가(《슈피겔》)'이자 이 분야에서 가장 선도적인 전문가 중 한 명으로 꼽히는 한스 루트비히 크뢰버Hans Ludwig Kröber는, 자신이 개신교 신자이자 불가지론자라고 밝힌다. 그런데 그는 〈차이트〉지 인터뷰에서 매우 과감한 발언을 했다. "독신자가 소아성애자가 될 가능성보다 키스로 임신이 될 가능성이 훨씬 높다."

하지만 최근 들어 가톨릭교회는 직접 희생자를 양산하는 종교기관이 되고 말았다. 이는 난생 처음 보는 광경이다. 이러한 양상은 특히 비극적으로 다가온다. 왜냐하면 학대 스캔들이라는 엄청난 충격을 겪은 뒤 이제 교회는 매사에 무한한 선의를 베풀며 열심히 잘해보려 하지만, 안타깝게도 여기에는 전문성이 부족하기 때문이다. 그리고 결과는 치명적이었다. 이를 통해 최근에 '무고한 피고인'이라는 새로운 희생자 집단이 나타난 것이다. 이 어두운 문제에 대해서도 언론은 심층 탐사를 통해 어느 정도 실체를 조망했다. 1994년 치명적인 재앙을 초래했던 마인츠 사건이, 정확히 20년이 지난 뒤에 다시 반복됐다. 그것도 하필이면 그때 그 장소인 마인츠 주교구에서다. 이번에는 어느 유치원에서 사건이 일어났다. 교회는 '아주 모범적인 태도로' 스스로 죄를 시인했다. 하지만 교회는 너무 성급하게 유치원 교사들을 고소했고, 결국 선의가 지나쳐 과잉 대응하고 말았다는 사실을 의기소침하게 인정해야 했다. 이와 비슷한 사례가 여러 건 더 있다.

여기서 제2의 희생자 집단(무고한 피고인 집단–옮긴이)에 대해 이야기하는 게 좀 지나친 것 아니냐고 여길 수도 있다. 하지만 그렇게 생각하면 안 된다. 무고한 사람이 성적 학대를 저질렀다는 비난을 받고, 고소 고발까지 당한다면 분명 트라우마에 시달릴 것이다. 이때 입은 심리적 상처는 때로는 성적 학대로 인한 트라우마보다 훨씬 심각할 수도 있다. 왜냐하면 이런 비난이나 혐의를 받은 뒤에는 모든 사람의 외면을 받기 때문이다. 즉 직장에 복귀할 수도 없고, 설령 복귀하더라도 동료는 더 이상 말도 걸지 않고, 어디를 가든 사람들이 수군거리

기독교 콘서트

고, 이야기에도 끼워주지 않고, 친구도 이웃도 심지어 가족 친지도 거리를 두거나 '요주의 인물'로 낙인찍는다. 이 억울한 희생자의 입장에서, 주변 사람이 자신을 외면하는 태도를 그냥 보아 넘기거나 체념하기란 심리적으로 절대 쉽지 않다. 무고함이 입증되고 상황이 다시 예전처럼 돌아가도 마찬가지다. 비현실에 가까운 세상에 사는 듯한 느낌에, 악몽 속에서 사는 듯한 느낌에 휩싸인다. 지금까지 이러한 재앙을 예방하기 위한 대책, 또는 수사를 불가피하게 받더라도 피해를 최소화하기 위한 대책은 거의 마련되지 않았다. 최근에는 이 억울한 피해자들도 예전에 다른 피해자 집단이 했던 것과 똑같이 고통을 호소한다. 아무도 자기에게 말을 걸지 않고, 교회와 공동체가 자신에게 신경을 써주어야 하는 것 아니냐고 항변해도, 전혀 진지하게 받아들이지 않는다고 한다. 그래서 아무리 복직을 확약받았다 하더라도 예전과 똑같은 일터, 동일한 직위로 복귀하지 못한다. 명예 회복도 마찬가지다. 따라서 의심스러운 경우가 발생하면 조속히 진술심리학을 이용해야 할 것이다. 아울러 혐의를 받는 당사자는-죄가 있든 없든-여느 법규와 마찬가지로 당장 조력자의 도움을 받아야 한다. 그리고 혐의가 없는 것으로 판명될 경우 예전 일상으로 완벽하게 복귀하고 싶은 소망이 곧바로 이루어져야 한다.

이는 정말 이러지도 저러지도 못하는 상황에 빠진 것이다. 항상 어떻게 처신을 하든, 결국 교회는 희생자가 된다. 최악의 경우, 노력했는데도 스스로 희생자를 양산하기도 한다. 하지만 이와 동시에, 이러한 희생자 역할을 교회가 예수 그리스도를 따르기 위해 대신 수난을 받는 것으로 여겨, 억울한 일을 당해도 화내지 않고 자신이 받는 고통을 영적 차원으로 승화시키는 인상적인 기독교인도 있다. 그들은 세상의 칭찬이나 세속의 법에 얽매이지 않고, 오로지 신의 심판대 앞에서 칭찬받을 정의만 신경 쓴다. 이러한 기독교인의 태도는 실천하기 쉽지는 않지만, 적어도 일관성은 있다. 그러나 다른 사람은 공감하기 어려울 수도 있다.

12장

21세기 교회

기독교의 위기와 난민

면죄免罪 – 저항과 이성의 칼날

　기독교의 역사를 다루는 이 책의 마지막 장에서는, 다음과 같은 문제를 다룬다. 이미 오래전에 과학적으로 반박된 거짓 정보가 오늘날에도 여전히 신뢰를 얻고 기승을 부리는 이유는 무엇일까? 이런 오류를 바로잡아도 감사하다는 인사는커녕, "말도 안 돼!"라는 다소 짜증 섞인 반응을 받을 때가 많은 이유는 무엇일까? 심리학적 관점에서 이성적 반응보다 감정적 반응이 더 자주 일어나는 이유는 무엇일까?

　종교는 인간에게 심대한 영향을 끼친다. 종교는 단순하거나 피상적이지 않다. 무엇보다 종교는 내밀하고 은밀하다. 심지어 종교를 믿지 않는 사람도 그렇게 여길 정도다. 예기치 않게 종교에 관한 의견을 요청받게 되면, 마치 아픈 곳을 건드린 듯한 반응을 보이는 경우가 많은 것도 바로 이 때문이다. 이는 마치 처음 보는 사람에게 아내와 자녀를 사랑하는 이유와 방법을 설명해달라고 묻는 것과 같은, 부적절한 행동으로 비춰질 수 있다. 모든 사람은 세상의 의미와 삶의 의미에 대해 자기만의 생각이 있다. 그 생각이 아무리 모호하더라도 말이다. 누구나 자신만의 세계관을 태어난 날부터 지금까지, 평생 동안 완성해나간다. 그리고 아마도 자신의 세계관에 어긋나는 상황에 직면하면 맞서 싸울 것이다. 누군가가 자신의 기본 신념을 건드린 순간, 세계관을 완성하기 위해 평생 들였던 노력과 수고가 돌연 눈앞에 생생하게 떠오르면서, 그걸 다시 한 번 들추고 싶지는 않다는 심리에 빠진다. '기본 신념 같은 건 없다'는 게 기본 신념이라 하더라도 말이다. 이는 당연히 이해가 간다. 날마다 새롭게 자신의 기본 신념을 시험대에 올리면서 산다면, 인생 부적응자 취급을 받아도 할 말이 없을 것이다. 오로지 이런 이유 때문에 고도로 이성적인 사람이 극도로 불합리한 세계관을 피력하고, 이성의 칼날로 이러한 세계관을 교정하는 것을 완강히 거부하는 경우가 많은 것이다. 세계관이 불합리하면 불합리할수록, 산들바람처럼 약한 논박으로도 카드로 만든 집처럼 허망하게 무너질 거라는 위기감이 무의식중에 커지기 때문이다. 그렇다면 이 모든 질문을 완전히 처음부터 다시 시작해야 할까? 아니다. 우리는 무의식적으로 이런 생각을 막아버리고, 공격성을 발동해 자신의 기초 정신이 도전받는 상황을 거부한다. 그렇기 때문에 자신이 '과학적 세계관'을 지녔다고 자부하는 사람들도 이 주제에 대해 합리적이면서도 과학적으로 논증하기가 절대 쉽지 않다.

하지만 이 책이 설명하는 기독교의 실제 역사를 인정하고 싶지 않은 심리적 근거는 또 있다. 특히 독일 역사뿐만 아니라 서구 전체의 역사도 자기네가 심한 잘못을 저지른 시기를 잊지 않고 있다. 홀로코스트뿐만 아니라 십자군 전쟁, 마녀 박해, 다른 대륙을 거리낌 없이 착취한 만행에 대해서도 생각한다. 그런 부담을 떠맡으려면 자신감이 강해야 한다. 이것이 바로 고유의 정체성을 건강하게 지킬 수 있는 유일한 방법이다. 하지만 이렇게 하기 어렵기 때문에, 많은 사람이 자기네 역사의 답답한 부분을 일단 부인하고 재빨리 다른 이에게 떠넘긴다. 또 이렇게 함으로써 부담을 덜었다고 느낀다. 이는 사람들이 교황 비오 12세가 나치의 만행에 침묵했다고 부당하게 비난했을 때 명백하게 드러났던 현상이다. 이 사회는 이러한 사회심리에 적극적으로 봉사하기 위해 상당한 기간 동안 기독교, 특히 가톨릭교회를 이용했다. 구약성경은 이런 종류의 메커니즘을 '속죄양의 희생' 개념으로 설명한다. 즉 유대민족은 의식을 거행하며 자신이 지은 모든 죄를 속죄양에게 뒤집어씌운 다음, 홀가분한 심정으로 광야로 쫓아버린다. 그렇게 모든 부담을 떠안은 속죄양은 언젠가는 광야에서 죽을 것이고, 그렇게 되면 죄는 자연스럽게 사라진다. 2005년 3월, 프랑스 종교철학자 르네 지라르^{René Girard}는 〈차이트〉지와의 인터뷰에서 다음과 같이 설명했다. "지금 우리는 이 세상의 모든 악을 성경을 경전으로 삼는 종교들 탓으로 돌리는 과정 중에 있다. 우리는 이런 짓을 상당히 잘하고 있다. 이렇게 함으로써 우리는 죄에서 벗어나 안도한다. 이 모든 죄를 기독교 탓으로 돌리니, 우리는 그동안 폭력과 은밀하게 공모했다는 사실을 더 이상 시인할 필요가 없다." 이런 수법을 활용하면, 심지어 자신이 진보적이고 도덕적으로 우월하다고 느낄 수도 있다. 사실은 둘 다 해당되지 않는데도 말이다. 그러나 이런 수법으로 결국 이탈리아 출신 교황이 아무튼 독일 홀로코스트에 연루된 죄과가 있으며, 폴란드 출신 교황이 유대인 대량 학살에 책임이 있다는 인상이 세상에 널리 퍼진다. 이는 기이한 결과라고 할 수밖에 없다. 이렇게 심리학적으로 설명하려는 시도를 지나치게 부각시켜 비판할 필요까지는 없다. 하지만 역사학자들이 기독교를 면밀하게 연구하며 밝혀낸 여러 성과까지 반발하고 부정하는 기묘하고 비합리적인 태도를 보이는 이유에 대해 조금이라도 해명할 필요는 있어 보인다.

당연히 자기 역사를 제대로 직시해야만, 건전한 자신감을 발전시킬 수 있다. 또 개인 및 국가 정체성에 대한 적절한 감각을 개발할 수 있다. 아울러 개인이나 국가를 요란하게 과장하는 짓도 멈출 수 있다. 나는 독자가 이러한 깨달음에 이르도록 돕기 위해 이 책을 썼다. 그러므로 기독교인뿐만 아니라, 진실을 두려워하지 않고 편견도 없는 무신론자를 위한 책이기도 하다.

희생자를 위해 희생을 치른다

민족학을 공부하다 보면, 종교가 없는 사회는 단 한 곳도 없다는 사실을 알게 된다. 종교는 적어도 초기 구석기시대부터, 그러니까 최소 4만 년 전부터 존재했다. 하필 '종교와 관련해서는 음치나 다름 없는' 사상가들이 오늘날 종교를 다시 담론에 끌어들인다. 이는 주목할 만한 일이 아닐 수 없다. 그들은 아득한 옛날에 죽어버린 종교 예식 구조뿐만 아니라 실제 종교 자체에도 관심을 기울인다. 위르겐 하버마스는 종교가 "종교 특유의 정신이 별다른 인지 과정을 거치지 않은 채 세속 사회가 시행하는 법체계에 적응하고 말면 안 된다"고 변론한다. 막스 베버는 종교에 대한 열정이 사라지면 과연 무슨 일이 일어날지 걱정된다고 말한 바 있다. 오늘날 세계에서 너무나 많은 것이 종교를 통해, 특히 기독교를 통해 탄생됐기 때문이라는 것이다. 그런데 철학자 한스 요나스Hans Jonas는 다음과 같이 의심한다. "과학 계몽주의가 근본부터 철저히 파괴해버린 '성스러운 것'의 범주를 원상회복시키지 않는다면, 과연 우리는 윤리를 제대로 소유할 수 있을까? 오늘날 우리가 차지하고 끊임없이 획득하는 극한의 힘을 억제할 윤리를 말이다." 한스 요나스는 이런 상황을 아주 긴장감 넘치게 조망한다. "우리는 무언가가 위험에 놓여 있다는 '사실'을 알고 나서야 '무엇이' 위험에 처해 있는지를 안다."

이 사회는 그 어느 때보다도 영적 기반이 필요하다. 이는 단순히 국민총생산GDP을 증가시키기 위해 국내 소비를 촉진해야 한다는 수준의 이야기가 아니다. 순전히 기술 관료적인 접근법만으로는 더 이상 첨예화된 사회·정치 문제를 해결할 수 없다. 누구나 이 사실을 잘 안다. 마찬가지로 순전히 자연과학적 관점만으로는 별로 도움이 되지 않는다. 위르겐 하버마스는 '정신의 귀화'를 두려워한다. "이 '정신의 귀화'라는 소실점은 인간의 이미지를 물리학, 신경생리학, 진화론 차원으로 확장해 과학화한 개념으로, 이를 통해 인간의 자아개념도 완전히 탈사회화된다." 아무리 인지 능력이 뛰어나고 일을 관철하는 능력이 엄청나더라도, 개인만으로는 국가를 만들 수 없다. 20세기 들어 전면적인 세속화의 시대가 도래했다. 이에 따라 국가 질서를 새롭게 합법화시켜야 하는 문제에 직면했다. 국가는 세계관 차원에서 중립적인 태도를 보여야 한다. 그래서 독일 연방헌법재판소 재판관을 역임한 에른스트 볼프강 뵈켄푀르데Ernst-Wolfgang Böckenförde가 한 유명한 발언은 이

기독교 콘서트

러한 취지에 잘 맞는다고 볼 수 있다. "세속화된 자유주의 국가는 스스로를 확실하게 보장할 수 없는 조건 아래에서 유지되고 있다."

하지만 이러한 조건이 흔적도 없이 사라진다면 과연 어떻게 될까? "너 이 희생자 자식!"(Du Opfer!)이라는 말은 오늘날 독일 학교 운동장에서 매우 불쾌한 욕설로 취급받는다. 희생자를 경멸하는 짓은 단순히 비인간적인 행위에만 머물지 않는다. 우리 사회의 기반까지 타락시킨다. 사회학자 에밀 뒤르켐^{Émile Durkheim}은 희생자는 사회에 없어서는 안 되는 존재라고 밝혔다. 왜냐하면 '타인을 위한 개인의 희생'은 모든 사회에 꼭 필요하기 때문이라는 것이다. 예를 들어 과학연구자 사회에서는 이러한 희생이 필수불가결하다. 자신이 기꺼이 희생되겠다는 의향이 없었다면, 20세기 독재에 대한 저항도 전혀 존재하지 않았을 것이다. 또한 위르겐 하버마스는 '공동 이익을 위해 희생을 감수하는 것'이 불가피하다고 생각한다. 하지만 다음과 같은 하버마스의 발언만으로 과연 충분할까? "자유공동체 일원인 시민이라면, 경우에 따라서는 이름도 모르는 낯선 동료 시민을 대신해 분연히 일어나 공동 이익을 위해 희생을 감수할 준비가 되어 있어야 한다." 단순히 이런 요구만으로는 충분치 않은 상황이 발생한다면 어떻게 할 것인가? "내 나라는 그런 나라가 아닐 것입니다." 앙겔라 메르켈^{Angela Merkel} 전前 독일 총리는 난민 위기라는 결정적인 순간을 맞아 우려 섞인 목소리로 이렇게 천명했다. 신념에 따라 적극적으로 동의하는 게 아닌데도, 어쨌든 낯선 사람을 위해 희생을 감수하는 것 자체로 충분하다고 생각하는 게 과연 타당한가?

난민 위기를 계기로, 우리 사회의 기독교 뿌리에 대해 새롭게 성찰할 필요가 있다는 사실이 적나라하게 드러났다. 확고한 신념을 바탕으로, 난민에게 도움과 보살핌을 베풀겠다고 자발적으로 나선 기독교인과 기독교 공동체가 사방에 있었다. 몇 년 전, 무신론자로 유명한 독일 좌파당 원내대표 그레고르 기지는 "신을 부정하는 사회에서는 연대 의식이 사라질 수 있다"고 우려한 적이 있다. 이러한 두려움은 이미 독일 일부 지역에서 현실화되었다고 볼 수도 있다. 하지만 이 말이 수많은 무신론자가 강렬한 인도주의 충동에 사로잡혀, 잔혹한 전쟁에 희생되어 우리나라로 탈출했지만 더 이상 오도 가도 못하게 된 난민을 돕기 위해, 사심 없이 희생할 의향이 전혀 없었다는 의미는 아니다. 당연히 그런 일은 일어나지 않았다.

희생이라는 종교 개념을 영성 차원으로 승화시킨 것은 문화적으로 위대한 성취였다. 초기 그리스 시대 철학자 헤라클레이토스^{Heraclitus}는 신전에 희생제물을 바치는 관례를 냉소적으로 반대하면서, 차라리 영적 희생을 하라고 요구한다. "새로운 피로 신전을 더럽히는 주제에 살생죄를 씻어내려 하다니!" 그리고 예언자 이사야는 거룩한 영적 메시지를 새롭게 선포한다. "황소와 어린 양과 숫염소의 피도 나는 싫다! 공정을 추구하고 억압받는 이를 보살펴라! 고아의 권리를 되찾아 주고 과부를 두둔해 주어라!"(이사야서 1장 11절, 17절) 신약성경에서 예수는 예언자 호세아가 했던 발언을 두 번 언급한다. "정녕 내가 바라는 것은 희생제물이 아니라 신의다. 번제물이 아니라 하느님을 아는 예지다!"(호세아서 6장 6절) 일반 사회에서는 종교를 조롱하는 경향이 있기 때문에 많은 이가 이러한 사회적 충동을 억제하지 못할 수 있다. 최근 르네 지라르는 아이러니하게도 다음과 같이 말했다. "종교사를 살펴보면, 기회만 생겼다 하면 기독교 성찬 전례를 식인 잔치와 비교하지 않고 못 배기는 경우가 많다." 하지만 이러한 비교는 성찬 전례에 담긴 사회혁명의 잠재력을 완전히 간과하는 것이다. 제대에서 성찬 전례를 거행할 때, 모든 신자는 누구나 예외 없이 그리스도의 피를 나누어 받는다. 그 결과 모든 이는 사실상 같은 피로 맺어진 관계, 즉 혈연관계를 이룬다.

기독교인은 종교적인 충동으로, 종교가 저지른 폭력에 희생된 이가 입은 상처를 보듬어준다. 하지만 이때 기독교인은 "어떻게 기독교에서 관용과 폭력이 공존한단 말인가"라는 질문에 대답해야 한다. 최근 들어 반기독교 논쟁에서 구약성경을 즐겨 언급하는 경향이 있다. 하지만 거기서도 신은 카인에게 '표'를 찍어 주어, 형제를 살인한 자를 보호하는 면모를 보인다. "그런 다음 주님께서는 카인에게 표를 찍어 주셔서, 어느 누가 그를 만나더라도 그를 죽이지 못하게 하셨다."(창세기 4장 15절) 그리고 오늘날 유대교뿐만 아니라 기독교 또한, 구약성경에 가득한 시대적 한계 상황에서 못 벗어나는 구닥다리 요소를 제거하고 영적 의미에 초점을 맞추는 법을 잘 안다. 아우구스티누스는 이를 다음과 같이 설명한다. "안식일, 할례, 희생제물 규정 같은 율법 명령과 계명은 이제 더 이상 지킬 필요가 없다. 하지만 여기에는 경건한 신자라면 누구나 이해할 수 있는 심오한 비밀이 내포되어 있다. 모든 것을 글자 그대로, 즉 융통성 없이 곧이곧대로 받아들이는 것만큼 해로운 짓은 없다는 비밀이다. 그러나 성경에서 영적 의미를 밝혀내는 것만큼 유익한 행동도 없다는 점을 강조하고 싶다." 사실 신약성경을 토대로 신체 폭력을 정당화하려는 행위는 매우 부적절하다. 기독교 신자가 이러한 사실을 잊을 때마다, 기독교 지도자는 예수는 화해와 평화를 추구하는 이를 축복했으며 항상 원수까지도 사랑하라는 말씀을 했다고 거듭 주의를 환기시킨다. 그렇기 때문에 전쟁 도발을 꾀하는 자는 절대 신약성경을 진지하게 언급하지 못한다. 기독교인이 해방과 관련된 사안에 항상 개입되는 건 전혀 놀라운 일이 아니다. 폴란드나 동독 또는 많은 선교 국가가 그렇다. 기독교인은 이들 나라에 미션스쿨을 설립해, 원주민 해방 운동가에게 정당한 논거를 제공했다. 그 결과 썩어빠진 유럽 식민체제는 타격을 입고 붕괴했다.

하지만 관용을 일반적인 무관심 차원으로만, 즉 "아무래도 상관없다"는 의미로만 해석하면 절대 안 된다. 그런 식으로 이해한다면 사회에 혼란만 초래할 뿐더러, 다른 한편으로는 근본주의적 반응을 일으키게 될 것이다. 초기 기독교가 관용을 어떻게 이해했는지를 살펴본다면 오늘날의 시각에서 보아도 상당히 새로우며, 심지어 세계사와도 연관을 지을 수 있다. 그래서 프랑크푸르트 출신 사회학자 카를 오토 혼드리히Karl Otto Hondrich는 교황 요한 바오로 2세가 사망했을 때 다음과 같이 언급한 바 있다. "요한 바오로 2세가 보인 관용은 신학 사상을 기반으로 하지 않는다. 교황의 생각을 공유하지 않는 사람들에게 마음속 깊이 관심을 보이는 데 바탕을 둔다. 이를 인간적 연민 또는 인류애라고 일컬을 수 있을 것이다."

기독교와 교회의 역사를 스캔들로 뒤바꾸는 것 자체가 스캔들이다. 이 책은 최신 국제 역사 연구의 현황을 보여준다. 이러한 연구 결과, 기독교는 수 세기 동안 진행된 논쟁의 잔재로부터 조심스럽게 해방된다. 참으로 놀랄 만한 성과가 아닐 수 없다. 기독교의 은밀한 역사를 발견하는 작업이, 배타적인 의도는 전혀 없었는데도 불구하고 주로 가톨릭교회에 치중한 데에는 이유가 있다. 지난 5백 년 동안 개신교 저널리즘이 가톨릭 홍보를 훨씬 능가하지 않은 적이 없었다. 그렇기 때문에 이 책에서는 가톨릭교회에 대한 잘못된 지식이나 통념을 바로 잡은 부분이 적지 않다. 여기에 덧붙여, 개신교는 대체로 기독교가 처음 등장한 뒤 1천5백 년 동안 기독교인이 저지른 오류에 대해 책임지기를 거부한다(개신교는 16세기에 등장하기 때문이다 – 옮긴이). 바로 이런 이유로, 이 책을 읽다 보면 가톨릭교회가 스캔들 관련 주제에 압도적으로 많이 등장한다는 인상을 받을 수도 있다. 어쨌든 이 책은 기독교 역사 전반을 다룬다. 신이 존재한다는 논거를 알고 싶으면, 내가 쓴 책인 《신–가장 위대한 존재의 소사小史》Gott-Eine kleine Geschichte des Größten 를 추천한다. 또한 가톨릭교회에 대해–그리고 현대 심리치료에 대해–보다 자세히 알고 싶으면, 내가 쓴 책인 《봉쇄된 거인–가톨릭교회를 정신 분석하다》Der Blockierte Riese-Psycho-Analyse der katholischen Kirche를 추천한다.

마지막으로, 어느 예언자도 '교회가 전 세계를 정복할 것'이라고 말한 적이 없다는 사실을 꼭 기억해야 한다. 이런 점에서, 기독교는 성공을 추구하는 종교가 아니다. 많은 신자가 교회를 찾는 사람이 너무 적은 현실을 보고 애석해하는 경우가 있다. 하지만 예수가 최후를 맞이한 순간, '교회 출석률'은 약 8%에 불과했다는 사실을 유념하자. 즉 열두 사도 중에서 '주께서 사랑하시는 제자'인 요한만 십자가 아래에서 고통을 감내했다. 그리고 신약성경은 세상 종말 때에 엄청난 규모의 배교, 적그리스도, 그리고 지상낙원이 아닌 이 세상의 극적인 몰락이 올 거라고 예견한다.

맺는 말

20세기 무신론 이데올로기는 세계혁명 이후 완벽한 사회가 도래해, 원칙적으로 결점이 없는 불가역적인 진보를 이룬다고 전망했다. 또는 세계 지배의 임무를 맡은 완벽한 인종이 필연적으로 등장할 거라고 보았다. 그래서 현존 사회주의가 무신론 이데올로기가 요구하는 사항을 충족시키는 데 실패하자, 마르크스주의자들은 이를 재앙으로 여겼다. 또한 히틀러는 독일 민족이 세계 지배를 위한 투쟁에서 패배했기 때문에 몰락하는 게 논리적으로 타당하다고 생각했다. 반면 기독교는 이와 다르다. 기독교는 불완전한 이들의 종교, 신의 은총을 바라는 죄인들의 종교다. 마르틴 루터는 바로 이 점에 뜨거운 감동을 받았다. 예수가 성경에서 가장 유약한 인물이자 배신자로 묘사되는 베드로 사도를 교회의 수장으로 임명한 것은 결코 우연이 아니다. 따라서 교회의 역사가 급진적인 비폭력이라는 초기 기독교의 기원을 배신하는 약점으로 점철됐다는 사실은 기독교인의 입장에서는 전혀 놀랍지 않다. 성경은 거듭 인간의 연약함을 이야기한다. 하지만 바로 이 연약함 때문에 인간이 믿음, 소망, 사랑을 실천하면 신의 은총을 누린다는

기독교 콘서트

약속을 받는 것이다. 대부분의 이단은 교회와 신자가 약하다는 사실을 인정하려 들지 않았다. 그리고 이러한 약점에 절망한 나머지, '순수한' 교리와 이른바 '순수한' 구루에 전념했다. 그리고 이는 대부분 인간을 혐오하는 결과로 이어졌다. 인간이 연약하다는 사실을 이해하고 자비를 베풀지 않는다면 인간다운 사회는 물론 인간다운 교회도 존재할 수 없다.

2000년 3월 12일, 교황 요한 바오로 2세는 성 베드로 대성당에서 사순절 첫째 주일미사를 집전하며 교회가 지은 죄를 고해했다. 그는 인간 카롤 보이티와Karol Wojtyła가 아니라 성 베드로의 263대 후계자인 교황 자격으로 고해를 했다. 당시 보도된 바와 같이, 이는 '역사적으로 전무후무한 행동'이었다. 교황은 다음과 같이 용서를 구했다.

"심지어 교회 사람들도 신앙과 도덕의 이름으로 진리 수호라는 임무를 위해, 때로는 복음과 일치하지 않는 방법을 불가피하게 투입했습니다……."

또한 교황은 기독교인이 '약속의 민족에게 저지른 죄가 결코 적지 않음을 인정하기를' 기도했다.

아울러 기독교인이 '교만과 증오, 다른 사람을 지배하려는 의지, 다른 종교와 사회 집단에 대한 적대감'에 이끌렸다고 고해했다.

또한 '너무 자주 굴욕을 당하고 배제된 여성들을 위해' 기도해야 한다고 강조했다.

"학대 당한 미성년자를 위해, 가난하고 소외된 사람을 위해, 그리고 마지막으로 태어나지 못한 아이들을 위해 기도합시다."

교황은 다음과 같이 자발적인 책임 의식을 발휘하면서 미사를 마첐다.

"다시는 사랑과 진리에의 봉사에 모순이 일어나지 않도록 해주소서. 다시는 교회 공동체에 대적하는 몸짓이 일어나지 않도록 해주소서. 다시는 어느 민족에게도 상처를 입히는 일이 일어나지 않도록 해주소서. 다시는 폭력의 논리를 또 수용하는 일이 없도록 해주소서. 다시는 가난한 이와 낮은 이를 차별하고 배제하고 억압하고 무시하는 일이 없도록 해주소서."

교황 프란치스코는 항상 교회가 지은 죄를 마치 자신이 지은 것처럼 진지하게 생각하며, 교황 자신도 죄인임을 거듭 강조한다. 그래서 교황은 강론을 끝낼 때마다 청중에게 자기를 위해 기도해 달라고 부탁하는 일을 절대 잊지 않는다. 프란치스코 교황도 다음과 같이 말한다. "참 그리스도인은 완벽하지 않습니다."

20세기 이데올로기는 자신이 잘못을 저질렀다고 자백하면서 무너졌다. 반면 기독교는 자비로운 신의 은총으로 새로운 희망을 끌어냈다. 자신이 죄를 지었음을 자각하고, 지은 죄를 확실하게 세상에 고해했다. 5백 년 전 루터가 지은 죄와 나란히, 새천년으로 들어서는 전환기에 교황 요한 바오로 2세가 한 고해와 나란히. 기독교인은 신이 2천 년 기독교 역사를 구원의 역사로 만들었음을 믿는다. 인간은, 심지어 기독교인은 끔찍할 정도로 연약한데도 말이다.

이 책은 이른바 '교회의 스캔들'을 다룬다. 하지만 실제 교회의 역사는 이 책에 전혀 등장하지 않는다. 이 책에는 성인들의 이야기, 영적 각성의 이야기가 등장한다. 아울러 위대한 사람들의 이야기, 무엇보다도 침묵 중에 고통 받는 사람들의 이야기도 등장한다. 그리고 기

기독교 콘서트

독교가 이룩한 아름다움의 역사 이야기도 등장한다. 예를 들면 중세 시대 하늘로 높이 치솟은 대성당, 미켈란젤로 부오나로티^{Michelangelo Buonarroti}의 프레스코 벽화, 요한 세바스찬 바흐^{Johann Sebastian Bach}의 〈마태 수난곡〉이다.

기독교 콘서트

교양인이 알아야 할 기독교 2천 년의 스캔들과 진실

제1판 1쇄 인쇄   2022년 06월 15일
제1판 1쇄 발행   2022년 06월 17일

지은이   만프레트 뤼츠
옮긴이   오공훈
펴낸이   김덕문

기획   노만수
책임편집   손미정
디자인   블랙페퍼디자인
마케팅   이종률
제작   백상종

펴낸곳   더봄
등록번호   2015년 4월 20일
          서울시 노원구 화랑로51길 78, 507동 1208호
대표전화   02-975-8007 ‖ 팩스 02-975-8006
전자우편   thebom21@naver.com
블로그   blog.naver.com/thebom21

한국어 출판권 ⓒ 더봄, 2022

ISBN 979-11-92386-02-7 03900